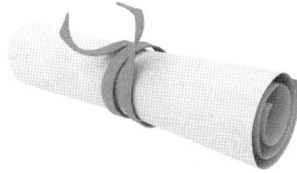

黄埔风云榜
Huangpu Popularity Ranking List

HUANGPU
POPULARITY
RANKING LIST

在民国蒋记黄埔系中，何应钦系是一个隐藏得很深的影子派系，何本人也只能够屈居"八大金刚"之首，成为民国时期蒋介石身边最成功的"二把手"。

他有龙蛇之心，却无龙蛇之胆，坐视李宗仁、白崇禧逼宫倒蒋，主张武力讨伐西安事变，这些微妙的机会都没有让他成为真正的"王者"。

他两次遭到了日本人的秘密行刺，却因为秉承蒋介石的旨意签订了丧权辱国的《何梅协定》而被目为"亲日派"、"卖国贼"、"汉奸"。

他刚过花甲之年就被拨出了国民党核心权力圈，但是，他安心做蒋的"顺民"，充当花瓶式的"顾问"，虽然失权失势，但于蒋氏父子面前却从不失宠。

他是一个有信仰的人，洁身自好，心有所属，对身外之物看得淡一些，不贪财，不贪色，不贪杯，处事不愠不火，养就比较淡定的心态，从而成就了他的长寿人生。

黄埔名将何应钦

HUANGPU
POPULARITY
RANKING LIST

孙 嫘◎著

人民东方出版传媒

东方出版社

责任编辑：孙兴民

装帧设计：史宪罡

版式设计：东昌文化

责任校对：张　彦

图书在版编目（CIP）数据

黄埔名将何应钦／孙嫘　著．－北京：东方出版社，2014.1
（黄埔风云榜系列）

ISBN 978－7－5060－5550－5

I.①黄…　Ⅱ.①孙…　Ⅲ.①何应钦（1890~1987）－生平事迹
　Ⅳ.① K827=7

中国版本图书馆 CIP 数据核字（2012）第 250840 号

黄埔名将何应钦

HUANGPU MINGJIANG HEYINGQIN

孙　嫘　著

东方出版社 出版发行
（100706　北京市东城区隆福寺街 99 号）

保定市北方胶印有限公司印刷　新华书店经销

2014 年 1 月第 1 版　2014 年 1 月北京第 1 次印刷

开本：710 毫米 ×1000 毫米 1/16　印张：27　字数：373 千字

ISBN 978－7－5060－5550－5　定价：48.00 元

邮购地址 100706　北京市东城区隆福寺街 99 号

人民东方图书销售中心　电话（010）65250042　65289539

发行电话（010）65210059　65210060　65210062　65210063

版权所有·侵权必究

凡购买本社图书，如有印制质量问题，我社负责调换。

服务电话：（010）65250042

黄埔名将何应钦
HUANGPU MINGJIANG HEYINGQIN

目 录
CONTENTS

绪 论
二把手的酸甜苦辣

民国的那段历史纷乱晦暗，外族的入侵，内部的争夺都加剧着这个命运悲惨的民国的不幸。在这片战火四起、军寇横行的土地上，那些位高权重者以为自己可以操纵众生命运、国家前途，但岂料，一切都不过是过往云烟，一场虚妄。在这众多只"操纵"家国命运的手之中，有一只是属于何应钦的，但何应钦从来都知道一己之力并没有回天之术，所以性格偏于内敛的他选择了低调地行事，用一层暗色掩盖自己的原色调。这也是致使后世的许多人对他不了解，从而怀有偏见的原因之一。

俗话说，乱世出英雄。20 世纪上半期动荡的中国很不幸地符合了乱世的标准，在这段英雄与败类层出不穷的岁月里，鱼龙混杂的还有那些色调复杂，让人难以给出一个确凿评价的人物。何应钦就是其中一个。

何应钦这个人物很复杂，从乡下的放牛娃成长为民国国民政府的"二把手"，有人说他是"福将"，有人说他是"国民政府的总管家"；有人说他是"亲日派"，有人说他是"现实家"；有人说他是抗战斗士，有人说他是反共先锋……无论是做军政部长时"何婆婆"式的小气，还是退居孤岛后养兰修身的"外交家"，围绕着何应钦这个人有太多的争论与矛盾。

一、"福将"与"儒将"

不错，何应钦是矛盾的。他面带书生气，鼻梁上一副眼镜衬得整个人文质彬彬，根本不像是一位在战场上叱咤风云的将军。他性格温和，说话语调缓慢，和脾气火爆的蒋介石形成鲜明的对比，被国军将领们暗地里称为"慈母"。他对妻子体贴入微，甚至到了言听计从的地步，被人明里称赞为"中国最好的丈夫"，暗地里却被笑作是"妻管严"。何应钦对这一切都毫不在意，他依旧不紧不慢地协助蒋介石调配军队，一如既往地照顾家人。但是，就是这样貌似温吞的一个人，东征北伐，龙潭建功，被称为国军的"福将"，声名显赫一时。

何应钦在早年间率军打过几次漂亮仗，尽管后来有人会对何应钦的军事才能提出怀疑、非议，且惊讶于蒋介石为什么会让一个对军事不怎么内行的何应钦在自己身边一呆就是几十年。"存在即为合理"，何应钦能在蒋介石身边任要职多年，除了他对蒋的忠心以外，他的军事才能虽然在国军将领中算不得出类拔萃，但是在蒋的心中却很早就得到了认可。

当然，何应钦的"福将"称号并没有伴随他挨过岁月的蹉跎。一方面是因为，何应钦跟随蒋介石之后，其所任之职大多是后方调度，鲜有机会上前线领兵作战。1928年蒋介石复职后，何应钦因与桂系于1927年合力逼蒋下台所以在蒋复职后受到冷落，蒋撤去其东路军总指挥一职，后来又被任命为北伐全军总司令部参谋长以及军政、参谋、训练总监三部之训练总监等有名无权的虚职。1929年，何应钦就任中央编遣主任，负责改编整顿蒋军及被蒋介石打败的桂系军队。1930年，何应钦41岁这一年，他就任国民政府军政部长一职，军政工作繁琐复杂，却直接关系着前线部队的战力部署等重大问题，何应钦在这一职位上一做就是15年。

军政部长虽然名位很高，却没有实际兵权，何应钦要在喜欢专权的蒋介石身边负责管理、调动全国军队也有一定的复杂性。自从蒋介石 1928 年复出后，何应钦就很少直接带兵上前线打仗了，蒋介石看重他的组织协调能力，遂任命他到后方做军政部长，对何应钦来说，这是喜忧参半的事。在工作过程中，何应钦大多能够在法律条令内规矩地办事，但凡遇到蒋介石插手的事，何应钦一律按照蒋的授意行事，唯蒋之马首是瞻。何应钦心里很清楚，只有顺着蒋介石的意思办事，自己的乌纱帽才能戴得长久，地位才能稳固。

何应钦后半生并无多大战绩的另一个原因是因为，蒋介石的专权使得他在部署作战指挥过程中常常受到干扰，致使许多政令朝令夕改，不得要领。1938 年何应钦就任军委会参谋总长，抗战期间何应钦又就任中国战区陆军总司令，下辖 28 个军共计 86 个师，在国军将领中成为仅次于蒋介石的权威人物，一时之间显赫无双。但光鲜的只是表面，蒋介石性格急躁，容易发怒，作为军政部长，何应钦要处理一大堆容易出错的细碎事务，不免经常被蒋介石斥责，给脸色看。因为何应钦太过于遵从蒋介石的意见而丧失了主见，又因为长久不去前线对许多具体作战事务不了解的缘故，他的许多作战计划常常被动且有欠考虑，不得不承认，无论是在与红军的较量中还是与日军的作战上，何应钦的失误也是国军屡战屡败的原因之一。这种情况一直延续到他在内战期间就任国民政府国防部长的时候，蒋介石对外名义上已经下台，但他仍在幕后频频插手本该由何应钦负责的军政事务，许多命令不经蒋介石及时批准仍无法实施，何应钦的国防部长的职位只是虚名。

何应钦算不得国军的猛将，他的作战记录在龙潭一役之后就鲜有出彩的地方，"福将"的称号也被他后期乏善可陈的军旅生涯所断送。所以，依笔者所见，何应钦与其被称作是"福将"，倒不如被称作是"儒将"来得贴切。

二、权臣与主子

何应钦历任盟军中国战区陆军总司令、国民政府行政院长、国防部长，一度被认定是蒋介石军事权力的钦定接班人。但何应钦与蒋介石之间的权力纠葛并不像旁人想得那么简单。

黄埔军校时期，蒋校长与何总教官的关系融洽，蒋野心勃勃，或明或暗地培植自己的势力，何应钦作为蒋的助手深得蒋的信任。何应钦虽说得到蒋介石的信任，但后来蒋对他心怀芥蒂。这最初的心结还要从1927年蒋介石被逼下野的事件说起。

1927年，北伐失败，在桂系势力的逼迫下蒋介石迫于无奈只得下野，让蒋介石感到心寒的是他平日里颇为信任的何应钦竟然与桂系一鼻孔出气，默许桂系逼自己的下台，何应钦这样做也有自己的考虑，并不是针对蒋介石本人，这一点蒋介石是明白的，但是事情既然已经发生，心结就已经结下。

另一件事是1936年"西安事变"，何应钦主张以武力营救蒋介石。有人说，何应钦想以武力来激怒张学良、杨虎城，让他们失去理智，杀掉蒋介石，从而为自己踏上权力的最高宝座扫清障碍。因而，何应钦在西安事变后采取的武力营救手段被视为"夺权逼宫"，此事被认为是二人关系的转折点。但这种借刀杀人说并不成立。一方面是因为"西安事变"事发突然，当时各种消息传闻满天飞，情形极为混乱，在这种信息混乱的情形下很容易就选择以武力来解决问题，而且何应钦主张以派兵围困西安，并不是要主动攻击张、杨，把他们逼上绝路从而拿蒋开刀，只是要围困张、杨，对其施加军事压力，彰显中央的威权，这成为后来双方谈判时和谈保蒋派手握的一个重要筹码。而后来的事实也证明了何应钦兵困西安城取得了应有的效果。另一方面，何应钦的性格决定了他不会成为蒋介石的威胁。相比于国民政府的大多数官员，何应钦性格偏于稳重内敛，甚至带有一些无主见的优柔寡断，他对权力不是没有野心，但他更害怕承担风险。何应钦缺乏作为一个最高统治者的胆略和魄力，这决定了他不可能也不会爬上国民政府权力的最顶峰。因而，他愿意受气地跟在蒋介石后面做一些统筹指挥工作，对于蒋介石的位子，何应钦并不曾觊觎过。在"西安事变"之前的岁月里，何应钦有好几次机会可以将蒋取而代之，但是他并没有背叛蒋介石，相反，为了得到蒋介石的信任，他在工作中一直克制住自己的意见主张，唯蒋之命是从。何应钦在用人上也十分谨慎，生怕引起培植党羽之嫌，凡事皆请蒋介石批示，甚至连任用一个营长也不会擅自决定。正是何应钦的这种谨小慎微的性格，才使他成为蒋介石身边极少数被完全信任的人，而也因为蒋的信任，他才能在国民政府中数十年官位显赫，才能风光无限地坐在日军投降仪式的主席台前。

但何应钦的利用价值随着抗战的结束而逐渐消失了。抗战结束，何应钦与日本军界便利的沟通能力已经失去作用，再加上蒋介石决心与共产党打内战，更加注重身边将领的军事才能，所以蒋介石在抗战胜利后抛弃了何应钦，转而提拔了何应钦的老对手陈诚。1946 年 6 月，何应钦被蒋介石远远地支派到美国去了。作者一直都为何应钦的好运气感叹，大权旁落且被"流放"出国的际遇对一个人来说算是人生中的一段低潮，但恰恰是何应钦不在国内的这两年，国军在内战中全面败退，顶替了何应钦职位的陈诚成为国民政府上下归咎的对象，何应钦却因祸得福，躲过一劫。

相比于陈诚，蒋介石不看好何应钦，但陈诚的屡战屡败使局势对国民政府越来越不利，这时，蒋介石终于想起自己多年的老部下、老搭档何应钦来。蒋介石两封电报终于把何应钦从美国给"请"了回来，蒋、何二人为了反共又重新合作一把。

蒋介石败退台湾地区后重用陈诚，何应钦被蒋介石冠上虚位"供养"了起来。虽说是被蒋介石故意冷落，但何应钦对渐渐淡出国民政府核心政治生活的状态似乎并没有多大的不满，他终日养花会友，渐渐活出一番超然淡定的姿态来。纵观蒋介石与何应钦相处的几十年，两人之间有过争执，有过合作，但总的来说两人的伙伴关系是稳定的，中间虽有不快，但总体上来说，两人的命运是休戚相关的。

三、"亲日派"与知日派

何应钦在后人眼里形象不佳，一方面是因为他追随蒋介石积极反共，逆历史潮流而动；另一方面，也是遭人诟病最多的地方是他的"亲日"派头。

说何应钦是反共先锋，一点也不冤枉他。他在国民政府为政的数十年间，时时刻刻都把反共作为自己工作的第一要务，即使在抗战期间国共两党合作的时期，何应钦作为国民政府军政部长对共产党也是严加防范、限制，"反共"永远优先于"去日"。

后人说何应钦是"卖国贼"，但是，何应钦并不是"亲日派"。何应钦被国人骂作"亲日派"的主要原因有二：一是他在 1933 年主持华北军事时，蒋介石对日妥协，何应钦替其与日签订了丧权辱国的《塘沽停战协定》，承认日本侵占东三省和热河的合法性；另一个是 1935 年，何应钦与梅津美治郎签订了让国人感到愤怒和耻辱的"何梅协定"。如此条约签订之后，何应钦被国人骂为"亲日派"、"卖国贼"、"汉奸"，甚至有人把他与汪精卫相提并论。但历史中总有些人是要忍辱负重的，就像当年西太后奉行对外妥协政策，李鸿章不得不每每顶着国人的咒骂和自己内心的耻辱感与各国列强签下一个个不平等条约一样，何应钦何尝不是蒋介石的替罪羔羊？就像他一方面签订"卖国条约"，后来又担任受降主官一样，何应钦身上有太多的矛盾，让人一时之间看不清他的真实面目。

何应钦是不是亲日派，最清楚的应该是日方。但有资料显示，何应钦在 1935 年初担任国民政府军事委员会北平分会委员长期间，曾遭到过日本人精心策划的两次暗杀。1935 年 2 月，日本侵华大本营密电关东军司令部，指示要"适当刺激一下中国军方"，以诱使华北守军做出反抗或变相反抗，从而为日方扩大侵华战争制造借口。关东军司令南次郎大将遂召集他的特工人员反复策划，决定暗杀何应钦，以激怒蒋介石和中国华北守军。

或许是因为何应钦命不该绝，日本的两次暗杀行动都正好被偶发事件所打断，从而使何应钦逃脱了险境。但可笑的是，日本人一边在积极地准备暗杀何应钦，国人在另一边却在高声怒骂何应钦是"亲日派"。其中的苦涩，恐怕只有何应钦自己知道。

何应钦不是"亲日派"，但他与日本军界确实有着较为密切的联系。何应钦早年在日本军官学校留学，他当时的日本同学中有好多人后来都进入了日本军界，比如说侵华日军总司令冈村宁次，就曾是何应钦当年军官学校的校友。何应钦在晚年与日军军界高层往来密切，但何应钦的对日妥协却与此无关。

何应钦之所以奉行对日妥协政策，笔者认为原因有二：

首先是因为，何应钦在日留学的经历让他认识到日本军力比国民政府军力要强大很多，抗战的过程注定是漫长而又艰辛的。再加上那个时期国民党内部派系纷争不断，各派系都希图在抗战中消耗对手，保存己方实力，因而抗战总有见死不救，或是遇敌即撤的情况发生。于是，何应钦的对日政策总是以妥协退让为主，想利用中国广袤的地理资源慢慢把日军拖住，然后再伺机反抗。

其次，相比于日军的侵略，何应钦总认为共产党是国民党政权更迫近的威胁，鼓吹所谓"攘外必先安内"，对日妥协政策的不仅仅是蒋介石一人，在反共上面，何应钦与蒋介石可谓是气味相投。

何应钦了解日本，因为更清楚中日的实力对比差距悬殊，他的对日政策看起来就软弱无力。他面对强敌，一味地忍辱负重。所以说，何应钦并不是"亲日派"，他只是一个把现实看得过分清楚的消极的现实主义者而已，与其说他是"亲日派"，倒不如说他"知日派"更恰当。

何应钦的行为做派并无甚大的差池，在国民党军政界堪称是廉洁的典范。他虽然积蓄颇多，但是生活较为俭朴，所有积蓄大部分是因为节俭所得，并无盘剥地方、侵吞资产的劣迹。何应钦对部下也很和蔼，从不骂人，也很少高声训斥部下，与性情暴躁的蒋介石形成鲜明的对比，被国军将领们戏称为"慈母"。何应钦作风正派，平时不近女色，夫人王文湘不能生育他也坚持不另娶如夫人，因而一生没有嫡系后代，只是在1930年末收养了弟弟何辑五的女儿，取名何丽珠。

总之，何应钦，一个周身充满了矛盾的民国高官，从兴义山坳小村的放牛娃逐渐成长为民国国军的"总管家"，从"亲日派"到"野心家"，从抗日斗士到反共先锋，他身上引发的争论太多了，多得人们往往难以辨别哪个才是真正的何应钦。他从小山坳中走来，留学东洋，负戟北伐，领战东征，积极反共，隐忍抗日……何应钦的一生很难用"光荣"或"卑劣"这种字眼来概括，但可以肯定的是，他的一生，反映了在那个特定时代的历史动态与脉搏，充满了传奇与波澜。

第一章
从"乡巴佬"到"海归派"

第一节　客栈枪声

　　1921 年是值得被历史铭记的一年。这一年夏天，一个全新的红色政党在东方诞生了，中国的革命由此开启了焕然一新的面貌。而在昆明，虽然还是初冬，虽然是四季如春的"春城"，也已经是凉意丝丝。一天夜里，寒风阵阵，街上行人寥寥无几，偶尔有一两个人经过也是匆匆而去。在一家小客店里，有几个三十出头的男人正在品茗闲聊，坐在中间的那个眉头微锁，似乎有一些忧愁，又有一些愤愤不平，只听得他在说："没想到我今天竟落得如此地步，虽然品珍兄信得过我，让我做这云南讲武堂的教官，可是我现在是有力无心啊！刘显世肯定不会放过我，说不定他派来的刺客就潜伏在周围，所以我不可轻易露面；只得先暂避一下，等事态平稳再商议任教一事。"

　　坐在左边的那位轻轻地抿了一口茶说："这一点，敬之兄尽可放心，在云南我也是响当当的人物，我一定尽全力确保您的安全，您尽管来我们讲武堂做教官，其他的事不必操心，我保证您的安全。您与柏龄在日本时是同学，您又在贵州做过讲武学校校长，你们两个合作，相信一定可以把学校办得风风火火！"右边的年轻人也说："是啊，敬之兄，你就不要推脱了，这讲武堂的教官啊，是非您莫属了。"

　　中间的男子刚要开口推辞，忽闻一声枪响，接着就听得客店内一片哭声，他被外面的哭喊声惊动了，来不及多想，就拔出手枪开门察看。正当他还没有弄明白怎么回事的时候，听见有人大叫一声他的名字，他闻声一楞，下意识地"嗯"了一声，这一"嗯"不要紧，只听得"砰"的一声枪响，然后他便感到一阵剧烈的疼痛，随之血流如注，倒地不起……

一转眼就出了两条人命，显然前头被刺杀的那位并不是这刺客的目标人物，可惜了前面这位好端端地做了替死鬼。那么，后面这一位又是谁呢？他到底倍刺死了没有呢？是何人要把他置于死地呢？

后面这位中枪之后血流如注，倒地不起，但是那一枪打过去，并没有命中要害，再加上被及时地送往医院抢救，他总算是捡回了一条命来。这个大难不死的人就是名震一时，并且在民国历史上备受争议的黄埔名将何应钦，而千方百计要置他于死地的就是他以前的老上司，贵州省长刘世显。第二天，昆明各家大小报纸就登出了"黔军参谋长何应钦遇刺身亡"的消息。

第二节　泥凼少年

1890年4月2日，何应钦出生在贵州省兴义县泥凼乡风波湾。兴义县城旧名黄草坝，周边有方圆数十平方公里的山间坝子，虽然是一个名不见经传的穷乡僻壤，却以盛产中药黄草而闻名。它虽地处黔、滇、桂接壤的南盘江畔，是所谓"鸡鸣三省"的要冲，又是黔西南最富庶的地区，但开发较迟，直到1798年才设县，隶属兴义府（今安龙县）。民国初年，全县在籍人口不过4万多，其中土著少数民族约占六分之一，俗称"客籍"的外来人约占六分之五。

何应钦先世原居江西临川，其太高祖何景鸾随清军出镇贵州，于清咸丰初年移居兴义定居。何应钦的高祖何振璜，以贩牛致富，遂于兴义城郊的巴骨山田坝置水田，每年可收租谷二百余担，成了本县大户之一。何氏家族虽已由行武转为经商兼农，但仍保留着舞拳弄棍的祖传遗风。其曾祖何云鹏，承父业，与人结伙贩牛上云南，下广西，餐风饮露，其时道路不靖，土匪横行，时有丧命之虞。

当时黄草坝虽已有县城，但远不及明洪武初年即设营汛的捧乍城（今兴义市捧乍镇）繁荣。何家贩牛常往来于捧乍，见那里人烟稠密，商业繁盛，是毗邻广西、云南的大牲畜市场，行商走贩趋之若鹜。于是，何云鹏就将田产变卖，举家迁至捧乍城。捧乍自明初以来就是官府的驻兵重地。兴义置县后，安义镇左营守备就驻扎在此。

何家迁到捧乍后不久，就感觉那里并不如自己当初想象中的那般繁华，因为那里不仅有太平军和广西天地会起义军的威胁，还有杜文秀回民起义军的压力，还会受黔西南回民起义军的直接攻击。在那兵荒马乱的年月，百业萧条，牛贩子们的营生更加艰难。何家未雨绸缪，不待捧乍的居民大批逃难，便率先向深山更深处的东南河谷地带寻觅新的谋生之地。于是，就来到了捧乍的泥凼风波湾。

泥凼位于兴义县城南 40 多公里处。背靠大山，面临深谷，犹如一把做工粗劣、比例失当的椅子。椅背是陡峭的马路坡绝壁；只有几十户人家的泥凼街子就拥挤在这窄小不平的椅面上；街子以下的斜坡起伏着，直通云蒸雾锁的达力河谷，宛若椅子的腿。站立在这椅面之上，满目是苍茫的山峰林箐，只有脚下河谷槽子边，错错落落的梯田才显示出当地人顺应自然求生存的壮举。要不是炊烟的招惹、鸡鸣犬吠的吸引，谁也

何应钦故居

11

不会想到那浓荫叠嶂之间，会有一条街子。站在泥凼街上，往南纵目，那绵延的群山之后，便是当年汉武帝欲命夜郎王发十万精兵直下番禺的柯江。

站在何应钦故居门前，秋高气清之晨，目力可及广西龙州（今隆林）；宅后石崖，挺拔耸翠，宛如巨象蛰伏。翻过这形势峻伟的石崖，渐入佳境，便可看见总面积达三千多亩的泥凼石林。在土、石相间的台地和缓坡上，千奇百怪的石林参差错落，拔地凌空，有的如猛虎呼啸出山，有的如游龙腾云乘雾，有的如鹰隼振翮欲飞……更有六座奇峰怪石，巧妙地组成"山川"二字，显得雄劲挺拔，气势磅礴，使许多古往今来的大书法家们，在这大自然的鬼斧神工前面自愧弗如。何应钦的出生地，就在这石林边。他在这壮美多姿、气象万千但却闭塞、落后的森壑崖间度过了自己的童年岁月。

居住在兴义南盘江一带的布依族人，历来就有种棉、纺纱、织布、缝制衣衫的传统。在"洋纱洋布"尚未在兴义城乡行销的时候，经营土纱、土布和染布业是颇为走俏的。何家到风波湾定居后，因周围都有农民起义军的活动，只好放弃了相传已久的贩牛旧业，以多年积攒下来的银钱，买了一架木织布土机，开起一片小染坊。女人织布，男人染布，卖布。何云鹏重新开辟了这条谋生新路以后，便将家业传与何应钦的祖父何春荣。

当时何家的染坊，是采用当地出产的土靛染色，一般仅能染青、蓝两色，全系手工操作。每逢附近的狗场（今靖南）、布雄、仓更、捧乍赶集，何家人便背上自家织染的布去兜售。因此，有人称何家为"何青布客"。土法染布是十分辛苦的，往往累得腰酸背痛，布染成什么颜色，操作者的手脚也会成什么色。至于卖布赶转转场，更是"磨脚板皮养肠子"的苦事，起早摸黑，一天要赶上百里的路程，还要提防"山大王"们的拦路抢劫。好在泥凼只此一家染坊，没有竞争。不几年功夫，何家就慢慢地有了丰厚的积蓄。何春荣开始在泥凼附近购买田地上百亩，迅速跻身于地主之列，染织也雇起了帮工，成了泥凼的一方首富。

　　1861 年，贵州各族人民反清大起义在全省燎原开来。云贵总督吴文熔命令各地坚壁清野，筑堡齐团，联村并寨。兴义知县赵大松要县境各地士绅富户出钱出人筹办团练，镇压回民起义军。何春荣便成了泥凼团练的创办人。

　　自参与镇压回民起义军以来，何春荣与泥凼附近上布塘的大户史氏结成至交。史氏 1862 年率团练随何春荣进城代替官兵防堵回民起义军时，因城破被俘，被起义军关进大牢。这个史氏便是何应钦的外祖父，但其名字已难查考。

　　据泥凼的老人们说，在史家夫人蓝氏筹款赎夫的过程中，曾得助于何春荣的资助，遂将史家二女儿许配给何其敏。这史家二女儿便是何应钦的母亲。因史、何二姓在泥凼一带组织团练镇压回民起义有功，何应钦的外祖母蓝氏死后，墓碑上就刻下了"皇清待诰节操"的铭文。

　　何应钦的父亲何其敏（1853—1929），字明伦。他继承父业以后，勤俭操持，不敢懈怠。何家在泥凼虽是首户，但家底并不丰厚，出租土地，雇工染织，自己也经常走城转乡买进卖出。据何应钦的四弟何辑五回忆说："家君明伦公，务农之余，兼事贸迁，家道因称小康。"而在何应钦的传记中则记为："祖春荣公，承父业，积资甚丰。父其敏公转业经商，营染织工厂，获利倍徙。"何辑五所云，尚称属实。后者所说的"染织工厂"，不过是对只有几个人规模的小手工作坊的一种"美称"。何其敏本人不仅要直接参与染坊的经营，即便是子女们也不能过饭来张口、衣来伸手的阔少、小姐式生活。何其敏持家的原则是：银钱是从一根根纱子中赚来的，花钱的时候也得像抽纱一般细细地花。何家对待佃户、帮工，虽不是一毛不拔，却也因乡绅们的积习濡染，八个人的饭菜总想要匀给十个人吃。兴义一带谓棉纱、布匹为"泡货"。"泡货"经营者的诀窍是"松卖纱，紧扯布"，意思是卖纱子时是捆得松，使买主看起来堆垛大些；卖布时量尺寸则要将布扯紧，一尺布兴许只有九寸七八。何家既加入了经营土布的行业，自然会遵依此道。

何其敏的染坊和土布生意虽越做越兴旺，但还不到发财发富的地步。他性行勤俭，但不免为人抠馊。但他毕竟是一方富户，且从祖父辈那里就多少领会到造福桑梓既是积德也是兴利的古训。泥凼的第一所义塾，便是何其敏出资创办的。最初虽然只是为了教育自家孩子而找的先生，但随后也收附近子弟入塾。泥凼的第一所初等小学堂就是以此为基础开办起来的。民国初年，何其敏曾作为兴义县南区代表被推举人县团防局任帮办，主管斗诉之事。其妻史氏病逝后，便以士绅名分参与民国初年的自治及兴学这类的事情。至于何应钦发迹以后，他也做了不少有利于家乡的公益事业。

何应钦降出生时，正是何其敏家道稳步上升的时期。何其敏早年曾读过四书五经，略通文墨。他共有 5 个儿子，6 个女儿。长子应桢，1929 年曾代理兴义县长 4 个月；次子应禄；三子应钦；四子辑五（原名应瑞），曾任潮梅警备司令、浙江省监察委员、贵州省建设厅长等职；五子纵炎（原名应炳），曾任贵阳储蓄汇业局局长、台湾地区邮政总局局长。六个女儿是：何应凤、何应碧、何应翠、何应秀、何应满、何应相。

何应钦四五岁时，便打着光脚板与两个哥哥及小伙伴们满山乱跑，拾柴、烧木炭、扯猪草之类的家务劳动，也勤于去学。六七岁时，已开始显示出他那种倔犟和忍耐的性格。为了达到自己的某种目的或心理上的追求，他能吃亏，能忍气，肯下蛮力，不轻易半途而废，有一种执著的憨劲。小伙伴们常奚落他，却又喜欢同他玩耍。但凡拿重的，爬高的，跑远的，冒险的，都是他何老三的事。有一次，他同邻家的孩子上山放牛玩耍，别人怂恿他说："何老三，你敢骑那头黑牯牛，我就输个桃子给你吃。"何应钦明知那头黑牯牛脾气暴得要命，谁骑到它背上，它都要拧着脖子又跑又跳，非把你摔下来不可。但何应钦二话没说，就往黑牯牛背上扑。黑牯牛一个猛冲，让他扑了个空，跌在地上，啃了一嘴泥。他爬起来，一边吐着口中的泥沙，一边嘟嘟囔囔地骂着，又向黑牯牛扑去。好不容易翻上牛背，不料黑牯牛一甩头，一蹶屁股，又把他抛出老远。额上碰起了青包，鼻子也出了血。他爬起来，揉一揉疼痛的前额，顺手在地上扯了几片苦蒿叶塞进鼻孔，又再次向黑牯牛冲去，任这犟牛狂奔乱窜，他死抱住牛脖子不放，直到黑牯牛平静下来。放牛娃们欢呼着："何老三赢喽，赢喽！"回到家中，母亲见他鼻青脸肿，问他和谁打架，他闷了半晌才说："和牛打架！"

南方冬天都以木炭取暖，何应钦自幼就上山砍柴，回家烧火，自小对木炭也就很熟悉，什么木炭烧制得好，什么木炭颜色不佳，久而久之，甚至于一望就知。不过，此时他万万想不到的是，他懂得的辨别木炭好坏的这一点小知识，三十几年之后，居然轻易地救了他自己一命。

何其敏以工商而至小康，深知个中甘苦，不愿子孙再走他的老路。且信奉"万般皆下品，惟有读书高"，迫切希望儿子们发愤苦读，求得功名成就，从泥凼冲闯出去。他狠狠心，花了银子从城里请来一位塾师，教儿子们念书写字，解说历代兴亡存废的历史。何应钦五六岁时，常常被父亲叫到染坊里为两个哥哥伴读。他表面憨厚愚钝，但记忆力和理解力并不差。七岁时，已大体能背诵《三字经》了，并且对古人温席、让梨、悬梁、刺股之类的故事，虽结结巴巴，却也能说出个首尾来。对其中的"扬名声，显父母，光于前，裕于后"之类的说教，似也隐约有所领悟。因为他比一般的小孩努力并且懂事，所以老师和家长都很喜欢他。

何应钦从小就受到了何其敏严厉的管教，何其敏长期养成俭朴而兼吝啬、耐劳而不乏钻营、执著而不冥顽的性格，对何应钦产生了不小的影响。何应钦从小就从祖、父辈创业守成的艰辛中体会到"勤能补拙"的含义，并在稍懂事后就开始下意识地付诸实践，在泥凼读私塾期间，对于先生所布置的功课，他从来都认认真真地完成，其他同龄人都跑出去玩了，他非得把功课做完了才去玩。在家务劳动中，他虽然力气不如两个哥哥，但却能比他们手脚勤快，很少推三阻四，因此经常受到父母和邻居的夸奖。他身体结实，食量好，兄弟姐妹们取笑他，说："酒醉真君子，饭胀哈脓包。"他咧起厚嘴唇,笑着乜斜地瞟别人一眼,便又低头吃自己的饭。

第三节 "乡巴佬"进城

　　1902 年 8 月 15 日,清政府颁布了学堂章程。因这一年是壬寅年,历史上俗称这一章程为"壬寅学制"。按照这一章程,各省先后迈出了从旧式书院向近代学堂前进的第一步。在兴义,"壬寅学制"一颁布,下五屯富绅刘官礼、刘显世父子,就以灵敏的嗅觉和果断的行动,把创办近代教育作为地方起衰振弱的突破口和日后开辟权力之路必不可少的基础。他们利用自己把持的兴义五属团防经费和其他人望尘莫及的声望,主持全县兴学事宜。刘官礼把全县划为中、东、南、西、北五个学区,动用团防经费,先在县城两湖会馆与圣庙之间办起了兴义县中区第一初等小学堂。这所学堂,一改过去旧书院的许多陈规陋习和教学内容,吸收了西方近代教育的某些形式和内容,故被称为"洋学堂"。

泥凼石林

泥凼属于南区,但因地方偏僻,人家不多,教育基础也差,拟议中的南区两所初等小学堂是设在距泥凼约四五十华里的狗场、捧乍。当县城附近的士绅们开始把出钱出力支持"洋学堂"作为"服务桑梓"的善举争相效仿之时,在泥凼这块近代文明之风尚刮不进去的地方,人们却听信谣言,认为"读洋书,就要信洋教;信洋教,就要灭祖宗"!"读洋书,就要说洋话、装洋人；装洋人，就要挖眼割鼻，再换上蓝眼睛，配上高鼻子"……当爹妈的，怕儿子读了洋书，变成不认父母祖宗的忤逆种；作学生的，怕进了洋学堂被挖眼割鼻，都把"洋学堂"视为洪水猛兽。因此，泥凼的私塾仍在何其敏等人的支持下办得红火。

这时，已经开始在私塾中读四书五经和学做八股文、试帖诗的何应钦，对此将信将疑，他无论如何不能想象一旦自己换成蓝眼睛、高鼻子后，还能再念书。百闻不如一见。有一次，何其敏到县城卖布回来，兴致勃勃地对人讲起县城"洋学堂"的所见所闻：进了中区第一初小的学生，衣服、书本、笔砚都由学堂发给。学生们身穿洋服，手拿洋书，还挂着绣花的笔套、扇袋，就像做官一样威风。刘三爷爷（刘官礼）还用自家的轿子接送学生，连知县大人也与他们一道吃饭、开会，没有看到哪个学生被挖眼割鼻！父亲既然对"洋学堂"这么感兴趣，更使何应钦心向往之。看着自己身上的青布长衫和手中像油炸过一般焦黄的私塾课本，何应钦萌生了到城里进"洋学堂"的念头。当他向父亲提出这一请求时，何其敏心疼钱，不肯答应，要他弟兄几个等到官家在泥凼办起"洋学堂"后再说。

转眼间到了 1904 年，全县的初等小学堂已办起 21 所，但没有一所能赶得上县城的那一所。狗场、捧乍的学堂仍跟过去的私塾差不多。何应钦弟兄还依然在泥凼听冬烘先生之乎者也地说教。而这时的县城又发生了新的变化，在全省都有些名气的笔山书院，经过扩建和改造，办起了兴义县立高等小学堂，聘清贵州教育界名流徐天叙、张协陆、聂树楷等人前来执教，招生的告示也贴到了泥凼。不仅兴义府各属的学生前去入学，就是邻近的云南罗平、广西隆林等外省学生也慕名前往。看到这个情景，何其敏不免心动，但把老大、老二、老三三个儿子都送到县城读书，显然是一笔巨大的开支。在他犹豫不决之时，突然一声枪响，使何其敏的思想受到震动，迫使他将儿子送到县城读书。

事情的经过是这样的：1905 年初春的一天中午，何家的大人们都在染坊忙碌，何应钦独自爬到父亲居住的二楼玩耍。他见板壁上挂着父亲心爱的铜炮枪，出于好奇，便取下来摆弄。他曾跟随家人到山上打过猎，以为这铜炮枪也像打猎用的土火药枪一样，需要点燃导火线才会响，便无所顾忌地摸这扳那。不料扣动了扳机，"砰"的一声巨响，把何应钦吓得心惊肉跳，枪的后坐力把他撞到房子的板壁上。待他回过神来，看见屋里弥漫着硝烟，天花板被霰弹打了一个大洞，屋顶的瓦片也被击碎，阳光直泻进来。他知道闯下大祸，不待家人赶来，便从后门逃到舅舅史永康家躲藏起来。翌日天刚亮，他又从舅舅家逃跑出去，不知去向。何家人急得如热锅上的蚂蚁，派人四处寻找，整个泥凼都闹翻了。几天以后，城里卖布的熟人带信来说，何应钦已经考取了县立高等小学堂，要家里送钱去读书。何其敏一听说找到了儿子，大大地松了一口气，又听说要钱读书，忽然觉得老三有出息，认为自己把儿子整天关在家里也不是办法。于是带上盘缠，带着老大、老二何应祯、何应禄一道进城。于是，何应祯、何应禄也考取了县立高等小学堂。何其敏为了节省开销，只让何应钦读高小，而让何应祯、何应禄读附设在县立高等小学堂内的公费师范传习所。

兴义高等小学堂的规模在当时的贵州也是不多的，前后三进，共有斋舍 26 间，操场、花园、鱼池俱全，连劝学所也设在里面。院门北向文笔山，门额上依然保留着楷书的"笔山书院"四字，大门两侧有石刻对联一副："平地起楼台，看万间麟次，五月鸠工，喜多士情殷梓里；斯文无轸域，况榜挂天开，笔排山耸，愿诸生迹接蓬瀛。"右联的旁边挂着"兴义县立高等小学堂"的木漆校牌。登上九级台阶，步入山门，有青石围护的泮池，池畔边金桂两株，虽不是花开季节，却也给人以清芬四溢的感觉。

何应钦身着仍散发蓝靛气味的崭新的青布长衫，脚踏着乡里人常穿的棕耳草鞋跨进了这儒雅斯文之地。他的来临，引起了城中那些细皮嫩肉、制服整齐的士绅子弟的好奇。在他们眼中，这浓眉大眼、宽鼻厚唇、举止粗俗的乡下人，该脱掉长衫，进铁匠铺去抢大锤才是，哪配成为他们的同窗呢！当时的高等小学堂一年级开设了国文、算学、修身、历史、体操等课程，较之泥凼私塾所教的内容丰富多了。而且把跑、跳、打拳之类的玩耍也列为功课，更使精力旺盛的何应钦特别感兴趣。由于他基础差，脑子也不灵便，学起功课来远比一般城里的学生吃力。加以他一副乡下人的打扮，土里土气，说起话来有一股"酸味"，不像县城附近的口音平正明顺，同学们暗中叫他"乡巴佬"。对于同学们或明或暗的嘲讽奚落，何应钦虽然心里不快，但表面上却装得毫不介意，以致有胆大的同学居然敢于当面称呼他"乡巴佬"，他也应答。

自古高才多出寒门。刚进校时，何应钦每天早上六点钟左右就起床，然后到操场里跑步，做柔软体操。当家在县城的同学三三两两吃着早点踏进校门的时候，他早已在僻静处温习功课。因为怕同学们笑他的口音是"乡巴佬"，他平常不爱多说话，但学习上他却喜欢打破砂锅问到底，操着泥凼土音"为啷格这样"、"为啷格那样"地问个不休，时不时惹得同学们哄堂大笑。他喜欢体操课，因为投合了他好动的脾气，但动作却做得僵硬，过分地追求规范而有似木偶。开学之初，有一次上体操课，他的稍息、立正做得还不错，但操练正步时，却出了同边手，机械呆板得令人忍俊不禁。别人笑他，他却一本正经，不笑。体操老师纠正了几次，他还是做不规范，以至于被罚了站。下课了，老师、同学散去，他仍站在操场边一动不动，如木桩一般。

偏偏不巧，与他同桌的同学是有名的"烂肚皮秀才"李芳之。这李芳之有些歪才，喜欢吟诗作对，说话刻薄而诙谐。周围同桌，他经常取笑、奚落何应钦，还给何应钦取了个绰号"何骏宝"。兴义人称呆板蠢笨的人为"骏宝"。"何骏宝"的雅号一传开去，何应钦就更引人注目。李芳之打听到何应钦家是乡下开染坊的，便开玩笑地对他说："敬之，我看你家门上应该写上四个字，保准生意兴隆。"何应钦信以为真，问他："写哪四字？"李芳之一字一顿地说："好色者来！"何应钦乍一听，顿时脸红筋胀，差一点就撸起袖子来揍李芳之一顿才解恨。李芳之见他动了怒，就笑着解释道："如果不喜欢颜色，哪个来染布？所以我说，进染坊者，均为'好色'之徒。"何应钦一听，说得不无道理，也"嘿嘿"地傻笑起来，骂道："你这烂肚皮！"

升到高小二年级，何应钦土气和刻板耳的作风虽然丝毫没有被城里同学同化多少，但由于他的勤奋刻苦，门门功课都很优秀。加之他为人随和，又勤于公共杂务，逐渐得到师生们的好感，人们对"乡巴佬"也不再单纯地只是奚落与瞧不起了。教他的先生常对班上的同学说："何应钦的悟性虽然不如你们，但是他一直很勤奋诚恳，他以后取得的成就必定在你们之上。"

1906年，贵阳开办通省公立中学，各高等小学选送学生去应考。兴义县立高等小学堂堂长徐天叙带领学生王文华、魏正楷、窦简之、熊凤阶、高致祥等13人到贵阳参加考试，结果13人以第1至13名的优异成绩均被录取，一下子就名震全省学界。这对仍在兴义读书的何应钦影响颇大，鞭策他更加勤奋地去实践他信奉的"吃得苦中苦，方为人上人"的奋斗哲学。

何应钦的国文教师窦纯庵，为清朝的拔贡，可能大家还不甚明白这拔贡的含义。从前的举人考试，三年一科，正式的名称叫"乡试"，也雅称为"乙科"，考上的就是举人了。乡试都在各省省会举行（每年秋八月）。乡试的考场，就称为"贡院"，比如说江南贡院就是很有名。科举时代，挑选府、州、县生员（秀才）中成绩或资格优异者，升入京师的国子监读书，称为贡生，意谓以人才贡献给皇帝。清代贡生，别称"明经"。正途出身的贡生，另有"拔贡"、"优贡"、"副贡"三种。拔贡逢酉年一选，也就是十二年考一次，优选者以小京官用，次选以教谕用。所以这何应钦的国文老师在教员中也算得上旧时代学识渊博的知识分子。在他所教过的学生之中，他对何应钦备极钟爱，经常对其进行鼓励敦促，不厌其烦地为何讲解四书五经等古文，并告以必须熟练背诵才能活用，于是，何应钦每日孜孜不倦地反复背诵，渐渐地就获益良多，国学基础由此就打下了牢固的底子。读书极为勤奋，老师甚至于预测何应钦："少有大志，存王者之心，不为龙便为蛇。"

1906年秋冬之交，清政府陆军部命令贵州武备学堂改名为贵州陆军小学堂，校址在贵阳城中南明河畔。有关当局通令全省各县立高等小学堂选送在校生应考。在外省和贵阳，许多士子、青年秀才和童生都把投考陆军小学当作救国的一条出路，而在兴义，近代学堂初创，学子读书心正切，把陆军小学堂招生视为寻常招兵，认为当兵的是吃皇粮、刮百姓的"粮子"，系走投无路者就食活命的卑劣手段。因此，兴义高等小学堂无人报名。不知是谁向学堂当局提议，说何家三兄弟同在一校，理应从中选一人去应考，以为学堂争争光。自然，为人老实、勤奋刻苦、身强力壮的何应钦便成为三兄弟中最理想的人选了。陆军小学堂是清廷官办的，待遇优于一般学堂，学生的膳食、服装、靴鞋、书籍、文具等都由学堂供给，每月还可发些零用钱。在何应钦心目中，这真抵得上是半边官了。因此，不待与家里打什么商量，便爽快地答应去报考陆小。学堂当局又动员具有武夫素质的兴义鲁屯人李敏华（字蕴奇）、新场人李儒清也去报名。就这样，何应钦稀里糊涂地被人推着，迈出了日后飞黄腾达的第一步。贵州陆军小学考选的标准是：一是国文、算术的学科考试必须优良；二是体格必须是甲等；三是品行必须端正。何应钦符合这些标准。到省会贵阳又经过一番甄试，才算正式录取。

在兴义高等小学堂就读的四年时间，何应钦虽常受揶揄，却赢得了不少好感。在他成了统率国民党三军的军事长官以后，也并不以曾经被人称作"乡巴佬"而感到有损体面。相反，他善于利用今与昔一洋一土、一

何应钦与麦克鲁等合影

1945 年 9 月 9 日，日本签字受降仪式结束后，何应钦（中）在麦克鲁（前右）、肖毅肃（中后）陪同下走出中国战区签字受降仪式会场。

高一低的这种强烈对比，以显示他个人奋斗的辉煌价值。因而，他不以少年受辱为耻，反而对于学生时代的平庸和不甚光彩的往事津津乐道。人说"贵人多忘事"，而何应钦却对一般显贵羞于启齿的往事记忆犹新。1945年初，刚刚就任盟军中国战区陆军总司令职不久的何应钦，偕参谋长美军中将麦克鲁由昆明经兴义返贵阳，在兴义逗留了5天。当天下午在县政府举行招待会，何应钦遇到当年高等小学堂的同学时，竟直呼别人当年的浑名，当着麦克鲁的面自称"乡巴佬"，反弄得对方惶恐困窘。

第四节　赴日留学

1907年春，贵州省陆军小学开学了，何应钦也进入到了新的环境中学习。在新的学习环境中，何应钦学习依然很刻苦，当时的他还是比较保守，从不参加在校学生的进步团体与活动，而潜心各门功课的学习，其中战术学、军制学、兵器学、地形等科成绩优异，训练科目中的操典、野外要务、射击、马术等经常名列前茅。1908年冬，何应钦在贵州陆军小学毕业，被选送武昌陆军第三中学。该校位于武汉南湖，学校师资、设备都不错，课程较深，国文要读《马氏文通》，数学包括大代数、解析几何、立体几何、立体三角等，因为生性比较愚笨，何应钦比以前更加用功，别的同学假日外出游玩，他仍闭门苦读，尤其重视地理课，经常对照地图，查找关塞、山川，很有兴趣。1909年秋，陆军部在武昌三中等校考选留日学生，一向刻苦用功、自认为"勤能补拙"的何应钦，竟以第一名应选。考试成绩名列第一，别的学生也对他刮目相看，好心地跟他开玩笑说："行啊，何敬之，你以前的功夫没白费啊，这回要到外国去风光咯！你是不是早就知道会有这么一天啊？早知道也不跟兄弟说一声，真是太不仗义了！"这时的何应钦也只是笑笑，并不多言。

何应钦和一起去的谷正伦、朱绍良、李毓华等20人，一起在东京日本振武学校学习。次年进入日本陆军士官学校学习，就在这一时期的 1910 年，何应钦加入了同盟会。有一天，何应钦正在宿舍内看书，隔壁的谷正伦过来找他说："敬之，别看了，他们说要去参加同乡会，很多人都去了，可以认识很多咱们中国来的人呢，咱们赶紧去吧。"虽然一起来的都是旧时相识的人，但是毕竟是在异国他乡，所以能认识自己的同胞还是非常开心的，何应钦就这样兴冲冲地和谷正伦一起去了一个小礼堂。很快，他认识了比他高一届的学员蒋志清（蒋介石），在何应钦的眼中蒋介石是一个稍微有点冷峻的人，所以在日本的时候，二者并没有太多的交往，或许他们两个谁也没有想到几年以后他们会开始长达半个世纪的纠缠不清的"君臣"关系吧。当时两人虽然不过是一般的认识，但毕竟为十几年后的合作奠定了人脉基础。

留学日本时的蒋介石

日本学校的学习和管理比清朝的军事学校严格得多。何应钦一开始对于日本学校的管理方式并不适应，不过，日子一久，也就慢慢地适应了。何应钦在学校中非常重视学校的军事教学科目，并喜欢不断地琢磨、研究日本军队教学方法的特点。

但是，当时的中国处在内忧外患的时期，清政府腐败无能，对外来的侵略大部分都是妥协退让，中国人在外面也经常受人嘲笑，特别是日本人，虽然自己是弹丸小国之民，偏寓海岛，仍然喜欢拿中国刘学生开玩笑，时不时地露出轻蔑不屑之情。这使得何应钦非常压抑和愤恨，一方面他对日本人的无礼行为非常气愤，另一方面也恨清政府的昏庸无能。在当时进步学生革命思潮的影响下，何应钦原来所一贯秉承的愚忠的思想也受到了很大的冲击，慢慢地开始树立了反对清政府统治的革新观念。辛亥革命前夕，何应钦加入了同盟会。

1911 年秋，辛亥革命爆发，各省纷纷响应。在云南起义胜利的影响下，贵州革命党人在 11 月 3 日晚发动起义，攻占巡抚衙门。迫于革命党人的压力，清廷贵州巡抚沈瑜庆不得不交出了政权。当时留学日本的中国学生，听到这个消息后受到很大的感染，都纷纷回国投身于火热的革命当中。何应钦回到上海的时候见贵州形势已平稳，就投奔了沪军都督陈其美，在沪军当少校参谋，在训练科任职，而当时蒋介石恰好也在上海军任团长，这样一来何应钦与蒋介石就又从同学变为同事关系。在陈其美部，何应钦有几次向陈其美建议，认为部队训练可以采用日本军事教学方法为主，对军官重在训练其成为战斗教练，而士兵则以训练其射击、拼刺等战斗技能为主。这些建议大部分都被陈其美采纳了，这也是后来黄埔军校筹建时蒋介石想到何应钦当总教官的一个原因。而且，在后来的蒋记黄埔军事集团中，蒋、何并称，何应钦被称之为蒋的"大金刚"。

在辛亥革命期间，何应钦忙于军务，很少回家，父母虽年迈多病，母亲连病重时也没有通知他，1912 年 10 月的一天，何辑五突然推门进来，泣不成声地说："三哥，母亲她去了……"何应钦惊闻噩耗，一个跟跄摔倒在地，半天没有缓过神来，等他稍微清醒了一些，痛哭流涕，一直重复这几句话："儿不孝啊！！！"接着他急忙赴黔奔丧，在母亲坟前痛哭未能报答养育之恩。

陈其美的所部大都是由江浙地区的青帮成员组成，名义上是革命军，实际上是一群吃喝嫖赌的乌合之众。蒋介石是浙江人，不仅与陈其美为同乡，还与陈部上下臭味相投，所以就为陈其美所信任，重用。但是，何应钦是贵州人，没有地缘优势，在陈其美部就有点格格不入了，同事邀他去进赌场入妓院，都被他一口拒绝。何应钦不沾酒色，由此被陈部上上下下视为"异类"，何应钦也自知上海并不是他的久留之地，是去是留，一时难以决定，心中感到极为苦闷。

到了 1913 年 9 月，讨伐袁世凯的二次革命失败。辛亥革命前后回国参加革命的留学生再次来到日本，其中也包括何应钦、朱绍良、谷正伦等人。从振武学校结业以后，何应钦与王绳组、陈鸿庆等人，一起进入宇都宫步兵第 59 联队实习。次年秋，何应钦正式进入日本陆军士官学校第二十七期步兵科学习，该校把军事学科的教学做为主课，另外每周都会有两次包括马术、劈刺等野外军事训练的任务。

1916 年 5 月，何应钦毕业。他与谷正伦等正在商量回国后的去向时，忽然听到有人敲门，原来是国内寄来的信件，展开看完，马上喜上眉梢，对大家说："各位，我们的机会来了，贵州督军兼省长刘显世和黔军负责人王文华邀请我们贵州籍学生回黔，共同支持家乡的革命事业呢！"此话一出，大家顿时欢欣鼓舞！几天以后，何应钦就同谷正伦、朱绍良、李毓华、王绳祖、张春圃等一群年轻人就怀着一颗颗热切的心踏上了去上海的轮船。由此，何应钦就遇到了他人生中的第一位"贵人"、兴义同乡王文华。而朱绍良和谷正伦就因为何应钦的关系后来都青云直上，朱绍良官至西北军政长官，谷正伦官至贵州省主席。

第二章
贵州新秀

第一节　贵州政坛千里马

在旧民主革命浪潮的冲击下，在我国的大多数省份，省级政要人物都存在新、旧两派之争。新派倾向于南方，旧派倾向于北方。贵州亦不例外。1916年兴义系军阀刘显世、王文华掌握贵州军政大权。刘显世是王文华的亲舅父、叔岳父。王文华、王伯群两兄弟都是舅父刘显世一手带大的。虽然这两个人是亲戚，而且属于共同执政，但是二者关于治国安邦却有迥然不同的想法，由此在兴义系军阀内部形成了"旧派"与"新派"两种势力。而贵州兴义系军阀集团以刘、王二人为核心，其主要成员不是刘、王的宗亲姻亲、乡邻故旧，就是他们的同窗挚友、弟子门生。旧派以督军兼省长的刘显世为首，新派以黔军总司令王文华为首。刘世显习惯于用封建宗法制加强统治，树大根深，依靠秘书长兼中国银行贵州分行行长熊范舆、贵州财政厅长张协陆、郭重光、何麟书、华之鸿、唐尔镛、任可澄等人而形成贵州"旧派"势力。而王文华在军事上慢慢地建立起自己的势力，他受资产阶级民主革命思想的影响，伙同其兄王伯群，借助从日本回国的朱绍良、何应钦、谷正伦、张春圃等留学生，以及符经甫、李仲公等青年知识分子来巩固和加强自己的地

刘显世

位，他们代表了贵州的进步力量，并与"旧派"的矛盾日益加深。

王文华1888年生，兴义下五屯人，家道富有，就读于师范学校，与张忞为忘年交，时张百麟支持的自治学会声势浩大，文华每从张百麟游学，剪辫发，趋革命。早在宣统年间辍学，当小学堂教员，暗中加入同盟会，属美国三藩市支盟，而人却在贵州。虽是一介书生，却并不文弱，长得身材高大，从未沾过军事，却敢作敢当。

辛亥革命之际，杨荩诚、张百麟在贵州起事响应，沈瑜庆召刘显世，文华适在军中。听说杨荩诚称都督，乃请命去贵阳游说。张百麟很高兴，迎刘显世，授以要职，王文华亦出任管带。随即省内内部矛盾激化，水火不容，刘显世请滇军来助援，王文华为先锋，驱逐赵德全，奉唐继尧为贵州都督。唐继尧任命王文华为贵州警察厅长。未几，唐继尧回任云南都督，刘显世得以主政贵州，为都督，王文华请编练新军6个团，以日、德军事操法训练，自任第1团团长。

梁启超欲讨伐袁世凯，令王伯群密语王文华，预伏起事。袁世凯大总统授予王文华为陆军步兵上校，文华不接受，力劝刘显世起兵反袁。刘显世一时犹豫不决，王文华对他说："吾志与民国同命，舅氏不谓然，请以第一团兵变告北京。吾自驰助蔡君，灭家亡身吾独任之，事成则归舅氏。"失败归王文华，成功归自己，刘显世这才打定了主意，任命王文华谓护国第1军右翼东路司令，率三团黔军入湘参战。初战不利，经月始能相持。1916年5月，北洋卢金山、马继增溃败，黔军占据了湖南的大部分，时人誉称王文华为"黔中第一伟人"。

功业初成，王文华以练兵为当务之急，1917年3月，组建黔军第1师，自任师长，网罗日本士官学校毕业生何应钦、朱绍良、谷正伦、张春浦、王纯祖、李毓华于麾下。黔人侧目，呼为"新派"。北京政府段祺瑞总理召集各省督军会议，贵州遣王文华与刘显潜与会。段祺瑞素来不喜士官生，闻王文华手下将领皆为士官生，竟拒绝让王文华列席会议。王文华怒而出走，于沪上拜谒孙中山，加入中华革命党。已而孙中山赴穗护法，王文华返黔以为奥援。

乱世出英雄，何应钦知道，要在乱世成大功立大业，必须手握重兵。刚留学回来并抱有满腔报国热情的何应钦虽然一段时间与"旧派"人物相处不错，但他更佩服王文华，欣赏王文华敢于担当的做法，就在这时他又受到王文华的提拔重用，所以他自然成为了"新派"一员，并依靠自己在日本的所学，凭借踏实肯干的性格逐渐成为"新派"中的骨干。但初涉政坛的何应钦也不想得罪刘显世，对刘恭谨有礼，表面上事之如父，小心谨慎地周旋于刘、王二人之间，一时并成功地做到了"刀切豆腐两面光"。黔军第 1 师成立，王文华任命何应钦为团长，何应钦作为贵州政坛的千里马，开始崭露头角。而且，何应钦在几乎没有什么战功的情况下即攀升为炙手可热的贵州权贵，凭借的一是政治手腕，一是裙带关系。

王文华有个胞妹王文湘，初长成人，小姑独处，王文华为她提亲，提了不少黔军将校，以便为自己网罗一位得力而可靠的左右手，可是，心高气傲的王文湘一个也瞧不上。由于何应钦与王文华接触较多，所以双方经常相互走动，于是一来二去的何应钦就认识了王文华的妹妹王文湘，当时的何应钦仪表堂堂，待人非常有礼貌，深得王文湘的芳心，以至于她对这个远房表哥魂牵梦绕，情有独钟，而王文湘虽然出身富贵之家，但禀性平实俭朴，能够吃苦耐劳，而且知书达理，也让何应钦为之倾心。二人就渐渐地相互产生了好感，而王文华于公于私都乐得成全这一件好事。1917 年农历三月初十，在王母的主持下，何应钦与王文湘在贵阳结婚。朱绍良与谷正伦也分别当上了贵阳城里名门望族的乘龙快婿，娶上了知书达理的富家大小姐。才俊配美人，一时轰动贵阳城。

何应钦能够娶到王文湘为妻，自然十分珍惜。婚后，两人十分恩爱。何应钦在国民党官场内被称为"第一好丈夫"，并不是人们讥诮他惧内，而是说他一生无女色之好。王文湘嫁给何应钦之

何应钦与夫人王文湘结婚 60 周年庆典

后，既为何主持家政，又能帮助他从事社会活动，可以说是尽职尽责。

何应钦刚刚立足黔军，又做了王文华的妹夫，可谓双喜临门。王文华虽然看重何应钦的才能，两人又沾亲带故，虽然委任他为黔军团长，但是，还是对何应钦有所防范，不愿意给予何太多的军权。在王文华的极力推荐下，1917 年 7 月，何应钦被任命为贵州讲武学校校长。讲武练兵，显然是为人作嫁的事情。适逢刘存厚与戴戡在成都开战，何应钦受命支援戴戡，任援川黔军第一支队参谋长，随支队长韩建铎出征。但是他们路上遇到了洪水耽搁了行程，当他们克服困难到达川边时，戴戡已经兵败自杀。支援的黔军遭到四川军队的阻击，何应钦主张强攻，韩建铎则认为应该等待援军到了之后再发起进攻，两人争执不下。

1917 年 11 月，刘存厚的川军再次攻打贵州，北洋政府任命四川查办使吴光新援助刘存厚部。王文华、袁祖铭（第一支队长）进入四川东部，与吴光新部激战 20 多天，打退了刘存厚与吴光新的进攻，何应钦被任命为黔军第一支队参谋长。11 月 22 日，孙中山发电报命令四川和贵州的革命军一起攻打重庆，此后几天，何应钦部参加了黄桷桠激战，相持 10 天，吴光新部弃城而逃，黔军于 12 月 3 日进驻重庆。攻下取重庆，王文华自封为靖国黔军总司令。

1918 年初，王文华派遣袁祖铭去进攻刘存厚，攻下成都。袁祖铭居功自傲，请命于刘显世，正好刘显世怕王文华独大，乐意晋授袁祖铭为第 2 师师长。王文华认为袁祖铭此举太跋扈。王、袁之间由此结下了仇恨的梁子。

在贵州讲武学校，何应钦根据自己在武昌陆军中学和日本士官学校的经验，以日本士官学校的教学方法为样板，制订了教学、训练大纲。招收入伍一年以上的高小或中学毕业生，设置战术学、兵器学、地形学等课程，并特别聘请日本人能村少校为顾问，因此办学成绩不错。何应钦不但拒收刘显潜（刘显世堂兄、贵州游击军总司令）送来的素质极差的考生余万斤、邓万昌等十多人，而且治校颇严。一次熄灯号后，何辑五外出未归，何应钦不徇私情，禁闭何辑五3天。虽然贵州讲武学校在当时并不十分有名，但却使何应钦有了教学、管理学校的实际锻炼，并为他后来在黄埔军校的教学奠定了基础。

1917年俄国的十月革命，不仅把俄国带进了苏维埃共和国的时代，也给邻近的中国送来了马克思列宁主义。贵州虽地处偏远地区，新思想的传播速度缓慢，但落后、动荡的社会生活状况以及地方旧派军阀的黑暗统治，促使这一地区产生实业救国等主张，社会上鼓吹民族独立、民主自由、主权在民的言论也逐渐多起来。

在贵阳，《贵州公报》、《铎报》等报刊，报道、评论俄国革命，贵州各报也大量刊登介绍新文化、新思潮的文章。受这种思潮的影响，贵州的中、小学课程设置也增加了自然科学课和外语课。1918年3月，贵阳川剧班排演了一对乞丐夫妇参加贵州的救国储金运动的《乞丐储金》的剧目，来反对1915年袁世凯接受辱国丧权的"二十一条"，观者看了之后都深受感动。随着贵州各界纷纷创办各种社团，何应钦感到：国家的进步依赖于世风的维持，社会的改良应该多吸取民间有识之士的智慧。中华民国虽然是有着五千余年辉煌历史的国家，现在却处于专制的淫威之下，所以要让国家富强，必须吸取民间有识之士的智慧，改良社会。

何应钦认为，组建社团是个一举两得的好差事，因为由"新派"来组建进步社团，一来可以推动贵州的新文化运动，二来又可以利用这个机会把社团抓到"新派"手中，这个主意正中当时的黔军总司令王文华的下怀，于是1918年11月10日，在何应钦和王文华的共同努力之下，少年贵州会在贵阳忠烈祠举行成立大会。

何应钦主持大会，他宣讲了《本会缘起》，并且做了精彩的讲演：

> 诸君试看我贵州，又属于垂暮古国中的老病者。辛亥之年，护国之事、护法之役，强为兴奋，再起再蹶。想医其者纵然尽心竭力，而病家却不相信，致使灵药也失效，近来更有人讳疾忌医。照此下去，何日能医好贵州的病？应钦在日留学，听说东洋、西洋的医生，都时兴心理疗治之术，目的使病人振兴精神，健其意志。以便他忘记自己之病躯，而发皇其朝气。应钦虽不懂医道，但也略知，生病之人，精神奋兴而血气流行，生机就不绝，体质也就不衰。在此基础上，医生察病施方，药效立现，病者也就不再讳其病而忌其医，无须多少时日，病去而延其年，哪能因老病而死去呢？如果不这样，医者自医，病者自病，各不相牟，体质日渐消弱，我们贵州岂不要病死了吗？中国岂不要病死了吗？应钦所比方的体质者，就是社会。而组织社会者，便是人民。这就是我辈之所以欲聚我同胞，充实其体力，活泼其天机，游肆其艺术，奋兴其意志，相互激发而忘其耄耋而却其病苦。如能做到这一点，那么，我贵州、我中华，少年进取之气蓬勃兴旺，然后社会诸事业才有发展的希望。这就是我辈同人所以要发起成立少年贵州会的原因。

会后，贵州各界要人纷纷为少年贵州会捐款表示支持。少年贵州会设学务部、游艺部、体育部、交际处、纠察处、总务处等六大部门。由于是军人出身，又在日本专门学习过军事，所以何应钦特别重视体育训练，他认为体育既能强身健体，又能砥砺品节。后来在何应钦倡导下，贵州第一次全城性的运动会就是由少年贵州会举办的。而学务部经常组织讲学活动，曾聘请王文华主讲哲学，陈衡山、任可澄主讲国学，何应钦主讲军事学，刘显世主讲阳明学，邱醒群主讲政治学，刘敬吾主讲经济学。

少年贵州会游艺部积极排演新剧来支持新派运动。1919 年 1

月 14 日，他们编演的话剧《人道引》（又名《黑奴恨》），借达德学校剧杨公演。何应钦虽然对表演歌唱一无所长，但他认为用演新剧的形式更胜过讲演，因此颇为热心，专门来到剧场，向观众介绍该剧的演职员。在五四运动中，少年贵州会和达德学校把北京爱国学生讨国贼、争国权的爱国行动编成新剧演出，深受各界群众欢迎。3 月 1 日，少年贵州会主办的《少年贵州日报》创刊，该报发刊词宣称旨在"砥砺品节、阐扬正义、振作朝气、警醒夜郎、审辨政潮、灌输新智、监督官吏、通达民隐"，何应钦还特别在省议会介绍这八条宗旨来使大家共勉，《少年贵州日报》成立以后，邱醒群、符经甫等先后任总经理，王聘三、谢笃生、刘介忱等先后任总编辑。到 1919 年年底，少年贵州会已经在贵州省内成立了 76 个支部，成为当时贵州最大的社团。

《红少年》封底画《课余》（谢笃生）

第二节 "民九事变"

孙中山屡令王文华出兵，王文华乃与黄复生、叶荃率部东进援鄂，计划会师武汉，北定中原。然四川已乱，卒不克果。当五四爱国运动的热潮涌到西南贵州大地时，当权者的态度不一，以王文华为首的"新派"领袖，认为北京学生的要求无可非议，应当谴责北洋军阀政府的丧权辱国行为。王文华通电讨贼，且亲往贵州讲武学校演说。而"旧派"人物却唯恐运动"过激"干扰了当局的统治，因此态度暧昧。

1919 年 5 月中下旬，贵州各报纷纷报道北京五四运动情况和各地声援北京学生的消息，贵州学生也热烈准备声援北京学生。当上海成立国民大会的消息传来时，何应钦找到刘显世，要求少年贵州会联合省议会，共同发起筹备成立贵州国民大会，刘显世表示同意。

5月28日，贵州国民大会筹备处成立，何应钦任主任，筹备处一经成立就很快发出了召开贵州国民大会的公告。6月1日，贵州国民大会成立大会在梦草公园举行，会场周围挂满对联、警句、漫画，各界群众代表数千人涌向会场，他们手上的白色三角小旗写着"不还青岛誓不休"、"力争主权，发扬民气"、"声讨卖国贼"等标语，最引人注目的是主席台前悬挂的何应钦等人共同拟写的两副对联，一副对联是：

> 鲸吸东溟，回首中原方逐鹿；
>
> 鳌断西极，伤心此日说亡羊。

另外一副对联比较长，气势颇盛：

> 朝避虎，夕避蛇，安得亿兆同心，效田横五百人长埋海岛；
>
> 海如带，山如砺，莫使舆图变色，随燕云十六群终古沉沦。

在成立大会上，何应钦宣布了开会宗旨，主要是声讨日本蛮横不顾公理导致青岛问题在巴黎和会交涉失败。他声称现在全国多省已发起成立了国民大会，反对我国代表甘作卖国贼，我们贵州也不能袖手旁观，今天成立国民大会，是要与全国民众一道，共同挽救国家。各界代表先后发言，一致要求出席巴黎和会的中国代表拒绝签字，废除中日间一切密约和不平等条约；北洋政府严惩卖国贼段祺瑞、曹汝霖、徐树铮、章宗祥、陆宗舆、靳云鹏6人；保全北京大学，释放被捕学生等。

会后，数千名各界群众高呼反日爱国口号上街游行。走到督军省长公署时，何应钦与各界代表十多人进公署请愿，要求刘显世遵从民意。刘显世当场表示自己也是国民一分子，对于有益于国家的事莫不一致拥护。警察厅长派警察在大十字一带戒备、监视游行队伍，见何应钦在游行队伍前面，只好下令撤去警戒。

贵州国民大会的召开，是贵州反帝爱国运动正式形成的一个标志。何应钦是发起人和组织者。1919 年 6、7 月间，留日学生救国团代表闵季骞和全国学生联合会代表康德馨、聂鸿逵等人先后到达贵阳，他们向何应钦介绍了贵州及外地学生在学生运动中的情况，并告知他准备成立全国学生联合会贵州支会，何应钦代表少年贵州会和贵州国民大会，热情地接待了闵、康、聂等代表，表示支持他们的爱国行动。而郭重光等"旧派"头面人物，认为既是趋重民治，就应军民分开。

从 6 月 1 日召开国民大会到 7 月 16 日全国学生联合会贵州支会成立的这一时期，学生虽是贵州反帝爱国运动的主力，但运动的领导权却掌握在何应钦、张彭年等为代表的新旧两派政客手里。但是，"新派"与"旧派"在对待时代潮流和学生运动的态度上是有区别的，同时也与兴义系军阀内部"新派"与"旧派"的斗争是有联系的。

在学生联合会贵州支会筹备成立过程中，张彭年等代表"旧派"利益的政客，在控制学生运动并与王文华、何应钦争当领导者的动机的驱使下，提议将贵州学生联合会改名为"贵州学界联合会"，以便教职员可以参加，由省教育会派人领导。张彭年为了把学生运动限制在"旧派"集团认为"合理"的范围之内，还要求在学生组织中设立"评议部"，学生发表的一切文稿及组织活动，事前都应该征得"评议部"的许可。

讲武学校的学生找到了何应钦，何应钦认为张彭年管得太宽了。他针锋相对地表态支持讲武学校学生，说讲武也得学点文，于是，商量确定了四条主张：一、由于日本侵占我山东、青岛一切权利，我辈学生当永远不用日货。二、成立学生组织，目的在鼓吹民气以为外交后盾，我辈学生对于压抑民气者，与之不共戴天。三、既是学生组织，名称应为学生联合会，否则绝不承认。

四、学生联合会的组织机构，原有根据，断不能任意加减。讲武学校所拟议的四条意见，获得了贵州各校代表的一致赞成。

张彭年、刘敬吾当时分别兼任南明中学、法政学校校长，于是制止这两个学校的学生上街游行。刘显世也命令警察厅长李映

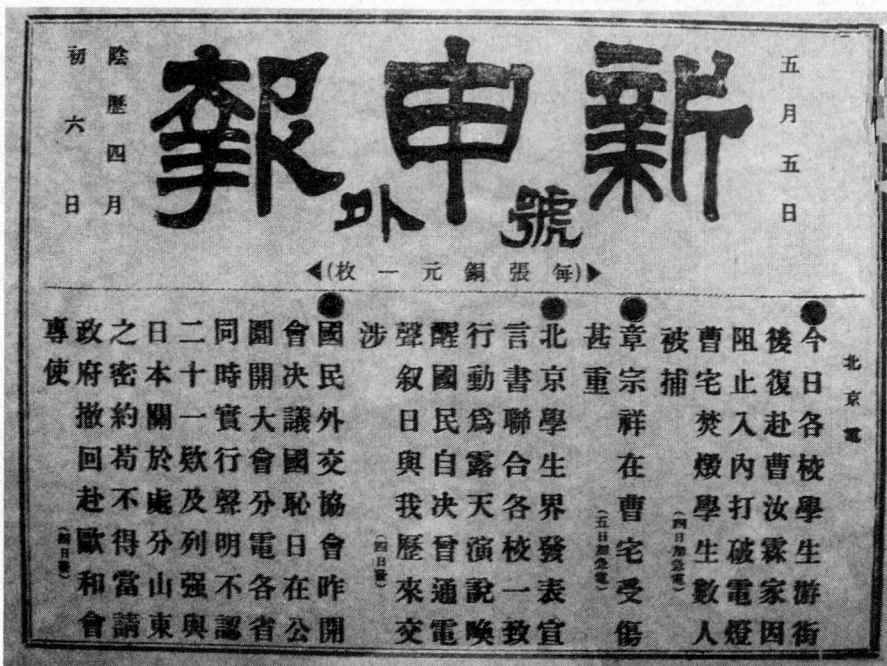

《新申报》号外

爱国学生激愤之下火烧曹汝霖私宅，痛殴章宗祥的消息震动全国，这是《新申报》为其出版的号外。

雪制止学生游行，警察厅特意派人到贵州各校传达训令："为维持治安，防止坏人借机滋事，7月16日学联贵州支会成立的时候，只准开会，不得上街游行。"

各校学生听到后十分气愤。何应钦听说后，就给讲武学校学生鼓劲撑腰，说："讲武学校，就要讲武嘛！诸君今后出去，都是带兵打仗之人。带兵的难道还怕警察不成？你们只管出去，我就不信李映雪敢抓你们！"讲武学校学生随即联络了法政学校和师范学校部分学生，冲进警察厅，李映雪见学生来势汹汹，忙从后门溜走。

学联贵州支会成立后，与少年贵州会、贵州国民大会一道，进行爱国宣传，开展抵制日货活动。在五四运动影响、冲击下，何应钦学生时期忠君报国的思想以及后来在日本留学时期崇尚的立国治国的思想已被民众运动、新文化思想所代替。何应钦受到当时把盛行的民主主义、民治主义、民本主义、平等主义、平民主义、庶民主义、民族自决主义等，都可解释为"德谟克拉西"的启发，在 1919 年 8 月 1 日少年贵州会的理事会上，将该会宗旨改为："民族自动自决的庶民主义。"

在五四运动中，何应钦的思想情感和表现是其一生中较为进步的时期。但是，少年贵州会毕竟是贵州新军阀控制下的社团，由于当时贵州新旧两派斗争的加剧，何应钦也陷入激烈的争权夺利与互相混战的旋涡中，少年贵州会昙花一现般的进步倾向也逐渐消失。

1919 年，长期隐而未发的新旧两派的矛盾，终于借着"渝柳铁路借款案"爆发了。3 月 30 日，在广州工作的王伯群，在征得刘显世同意后和华侨实业公司主任赵士觐签订了"渝柳铁路"草约，约定由华侨实业公司承包修筑由重庆经贵阳至柳州的铁路，同时还草签了借款 500 万美金开办贵州实业的条约。然而，在省议会讨论草约时，王文华又提出要从 500 万美金的借款中提出 100 万补发黔军历年欠饷，刘显世等旧派人物对此不满。而同一年，恰值王文华的妻子刘从淑因家庭不睦病亡，刘显世对王文华潜怨相加，便改变主意，与不同意借款的熊范舆等人一起彻底反对"渝柳铁路草约"。

王文华和何应钦等人在黔军中具有绝对的领导权和声望，但是苦于省内财权和政权历年都被旧派把持，便借此发动了一系列反对旧派的夺权行动。他们先在《少年贵州日报》上发表文章，暗指张协陆的财政厅有黑幕，借助报纸和少年贵州会的宣传鼓动，在一般民众中煽起了对财政厅的愤怒，此外，这些人还将群众的愤怒引向整个旧派集团。在制造了不利于旧派的民意之后，他们又收买了一批议员，许诺给他们每个人另给 80 元津贴，鼓动这些人在省议会表决中通过初审张协陆历年账目议案。

在对张协陆制造了外部的攻略之后，何应钦、王文华又指使黔军伤兵到财政厅闹事，索要欠饷、恤金，还手持棍棒闯进张家。张协陆于民不能安抚，于政不得支持，家庭和公事都遭到滋扰，不胜其苦。但是，这样仍然不能挫动旧派人物的地位，于是，二人商议了更为狠毒的招数。

11月26日，陈廷策接到了王文华的请柬，说是王总司令邀请做客，同时邀请的还有刘显世督军、张协陆、熊范舆、郭重光等人，意在借着宴席，和气商议，希望军政两方消除误会，往后能同舟共济。陈心下犯疑，但是看邀请的诸人，加上还有王文华的舅舅刘显世，量此宴上旧派人物众多，怎么也演不了"鸿门宴"这出把戏。便欣然前去。

宴上果然是一片和谐，王文华、何应钦、谷正伦等新派人物都表示要抛弃旧怨，建立新的关系。饭后，陈廷策玩了麻将，吸了大烟，11点左右起身归家。深冬隆夜，酒后的陈廷策行至三板桥小巷时，被两颗子弹击中倒地。陈身受两枪却并未立即毙命。陈廷策被刺，何应钦、王文华次日一早便去看望。但是社会上依然传言何应钦刺杀反对借款派人物，一时，旧派人物悬心难安。而王文华、何应钦却步步紧逼。

11月28日，省议会正式提出查办财政厅长张协陆。同时，王文华与何应钦又想出了对付张协陆的新办法。二人商议，等到12月3日，便举行一次平民大会，将张协陆的罪状公之于众。会后再煽

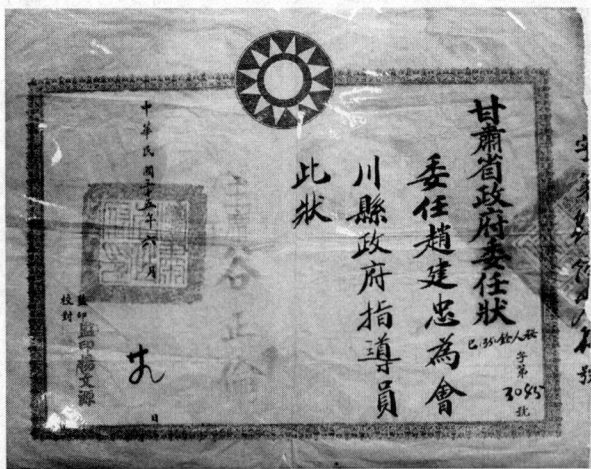

谷正伦签发的甘肃省政府委任状

动流民、乞丐等到张协陆、熊范舆家分财产，然后将之押往省议会听审，并且安排张协陆的弟弟张彭年来主持，审判后决定立即枪毙。

12月1日，刘显世迫于压力，同意省议会从严查办张协陆。张无路可走，于次日半夜服毒自杀。

与此同时，王文华、何应钦、谷正伦、王伯群等人又成立了"贵州政治委员会"，以"刷新政治"为宗旨，要"审议贵州政治上一切应兴应革事宜"。王文华等人借口军民分治，请任可澄出任贵州政治委员会会长。这个被王文华、何应钦等人实际把持的贵州政治委员会，要求刘显世废除督军称号，或者让出督军一职给王文华。

王、何碍于舅甥关系，不能强夺刘显世的督军之职，于是，就趁着旧派人物吓破了胆子，不敢再任职之时，来了个偷梁换柱，将省中一应军政财权悉数安插新派人物去担任。刘显世坐在督军任上，犹如无薪之釜，只是一个空架子。何应钦在夺权过程中，终于捞到了想慕已久的贵州省警察厅长之职。刘显世面对此种情形，便软了下来，向王文华、何应钦许诺，等到南北统一之后，让新派人物在贵州任要职，王文华与何应钦这才罢休。虽然，王文华、何应钦等人暂时停止了向刘显世"逼宫"，不等于他们就放弃了夺取督军大权的企图。但是，让对黔督一职恋恋不舍的刘显世没想到的是，1920年6月，滇督唐继尧竟然通电自废督军称号，刘世显只好跟进。

1920年初，熊克武排挤在川的滇黔军，王文华复赴重庆，与川军开战。出兵进川之后，王文华将黔军重整为5个混成旅，何应钦任第5混成旅旅长，王文华率领主力入川，何应钦留在黔中守卫省内。鉴于经过几年的磨合，又加之有郎舅这层裙带关系，王文华以为能拴住何应钦的心，为了确保后院安全，不被"旧派"暗算，便任命何应钦为黔军中将参谋长兼全省警务处处长。在省内身兼三职，何应钦的权力一时不可小觑。

时黔军官兵多信服王文华，唐继尧颇忌之，欲以韩凤楼取代王文华，刘显世迟疑不决，刘显潜、王华裔、薛尚铭等皆反对王文华。王文华怒集众曰："副帅今一傀儡耳，黔事皆归于郭重光、熊范舆、何麟书之辈，何堪复问！"不久，王文华在滇、黔"倒熊之役"中显出败退迹相，刘显世便鼓动黔军第2师师长袁祖铭独立，此后又在黔军中散布王文华的谣言，使黔军中出现了分裂。这时，贵州新旧两派已经公开对立，刘显世还组织了以袁祖铭为首的"靖难军"，向王文华发难，同时预谋向驻在省内守"家"的新派人物何应钦动手。

工于心计的何应钦自从掌握黔军的大权之后，表面上对王文华极为恭顺，言听计从，暗地里却韬光养晦，蓄势待发，用心培植自己的党羽，武的方面他吸纳了同学朱绍良和谷正伦为左右二膀，文的方面他网罗了他的亲信李仲公和邓汉祥为心腹幕僚。同时，何应钦又不断排挤王文华的部下，企图把"王家军"变成"何家军"，以致当时黔军中流行一句话："姑爷当了家，大舅成菩萨。"

10月，王文华对川作战告败，暂栖军于重庆，准备将黔军带回黔中。刘显世惧怕黔军归来坐大，便和袁祖铭等人谋划布置，欲使黔军无处可去。话说兵来将挡，水来土掩。王文华为避时议，遂携参谋长朱绍良、幕僚双清赴沪客游，暗中指挥卢焘、谷正伦、孙剑峰、何应钦等回师贵阳，准备与旧派兵戎相见。

11月初，王文华和他的幕僚双清在上海滩"一品香"旅馆包了两间上等客房，却只留下双清在"一品香"住下，王文华则住在上海租界静安寺路其兄王伯群家中，时不时到位于上海英租界内的"一品香"里来，和双清聊天、下棋，偶尔在这里睡上一个晚上。"一品香"距离静安寺路王伯群家只有一公里远，每次王文华从静安寺路来"一品香"都是坐王伯群的小汽车来。

在贵州这边的何应钦，也早在暗中动作，把王文华表弟孙剑锋率领的黔军总司令警卫营调进城内，只等着时机成熟，一个暗示，孙便动手制刘显世于不期然之间。但表面上，何应钦还是每天去给舅舅问好，显得勤谨孝顺。把孙剑锋从遵义调进城中之后，为了迷惑旧派，还给孙等人放了几天假。在旧派这边公开竖着"靖难军"的旗帜和黔军对抗的这个时候，何应钦表面显得有些麻痹大意。

但是，深谋细算的何应钦，遇上了胆大心狠的孙剑锋，两人商议，要将旧派中的一些重量级人物——清除，把刘显世的旧派政团彻底搞倒，然后从中各谋其利。孙剑锋是王文华的表弟，同时也是刘显世大儿子刘建吾的大舅子，因此，刘显世对此人并无防备。但是这个人野心大，不认亲。当时新派内部，谷正伦想要突破何应钦的势力上升，因此撺掇孙多杀人，好在事后清算时，让何应钦多担罪责。被激后的孙剑锋，一下子开列了二十多人，拿来单子给何应钦过目，何应钦虽然除敌心切，但是不肯滥杀，认为只杀关键的对手，达到目的便罢。于是，二人来到省议会找到张士仁议长，张看过单子，心中暗惊，不免对何、孙二人有些害怕，于是也建议只杀要紧的几个人物。

11 月 11 日午夜，照样是深冬隆夜，何应钦安排警察在全城戒严，黔军警卫营兵分两路，包围了省长公署；随后，刽子手和士兵组成行刑队兵分四路杀人。何麟书闻听变故，躲入地道，逃往邻家，刽子手搜寻未得，便杀死何麟书的侄儿和何麟书分别只有 7 岁和 3 岁的两个儿子；刽子手闯进丁宜中家里，丁家院大宅深，没能找到丁宜中；郭重光、熊范舆则皆被砍头。是为民国贵州政坛的"民九事变"。

上海滩，11 月 13 日，双清急匆匆地从外面回来，递给王文华一张报纸，兴奋地说："王总司令，刘老贼（刘显世）下台了！"王文华夺过报纸一看："11 月 11 日夜，代理黔军总司令卢焘指挥旅长谷正伦、何应钦等发动政变，郭重光、熊范舆被杀，刘副帅（刘显世）通电辞职。"报上还刊载有贵州省议会推举王文华为省长的消息。

清洗成功，刘显世知道自己大势已去，辞了省长之职。众推王文华为贵州省长，王文华为避"外甥逐舅"和"以下犯上"之嫌，考虑再三，决定不赴任。11 月 15 日，在得势的新派人物操纵下，省长由议会"民主选举"出来的任可澄担任,任可澄拒不任职,于是,便由政务厅长周鸿宾代任。而黔军总司令部迁进了原先的督军省长公署,成为了贵州军政的最高指挥机关。何应钦因指挥政变之功,被任命为黔军总司令参谋长。事变之后,何应钦得到了缴械游击军的所有枪支弹药,将自己的新编第5混成旅重新装配,使其力量与其他四旅不相上下。

刘显世被自己的外甥和外女婿夺走权柄,又恨又气,扬言要自杀。在王文华的母亲、刘显世的姐姐刘显屏的劝慰下,便于11月18日在林子贤卫队护卫下到兴义老家去了!

"民九事变"之后,王伯群认为王文华急着返回贵州弊多利少,就建议王文华去广州找孙中山,一则可以进一步取得孙中山的信任,二则暂避犯上逼舅下台的嫌疑。年底,王文华从沪赴广州谒孙中山,被孙中山任命为军事委员会常务委员,旋奉命赴浙劝说卢永祥进兵北伐,复联络周素园等黔省革命同志,欲共返贵州执政。

卢永祥

第三节　出走与遇刺

何应钦曾受王文华指托在"民九事变"后主持过几日省议会,推选任可澄任省长,但任可澄潜回安顺老家,坚辞不就。后来何应钦只好逼政务厅长周鸿宾兼代省长,名为代省长,实际上仅仅是为了保管印信。

1920年11月22日,原任警察厅厅长、省警务处长、黔军第5混成旅旅长、讲武学校校长、少年贵州会主任理事、81县同乡会会长等职务的何应钦取代谷正伦兼代黔军总司令部参谋长,集军政大权于一身,权势显赫,招致了谷正伦和自认为在"民九事变"中有功却未升任团长的孙剑锋的妒恨。

正当王文华准备回到贵州主持军政事务时，他的部下袁祖铭，因被王文华削去兵权，怀恨在心，正好在上海碰上与王文华有仇的前贵州省议会议长张彭年，二人一拍即合，秘密准备暗杀王文华。

辛亥革命后，袁祖铭一直是王文华的得力助手。袁祖铭小王文华一岁，生得牛高马大，重江湖义气，很能打仗，又结交很广。1917 年以来，袁祖铭在川滇黔地方军阀争战中屡立战功，声望渐高，当上了黔军第 2 师师长。王文华与袁祖铭本来相处很好。但是，刘显世为了搞垮王文华，有意从中挑拨离间。而袁祖铭野心很大，甘心为刘显世所用。1920 年黔军回黔时，王文华见袁祖铭心怀异志，极不放心，便将各团归还旧制，统归黔军总司令部指挥。袁祖铭成了光杆师长，有职无权，无所事事。

在王文华到上海后不久，袁祖铭也到了上海，住在表弟何厚光家里。何厚光乃帮派人物，性情贪婪，袁祖铭时不时就接济他，所以，表兄弟之间的关系处得极好。袁祖铭来上海就是为了找王文华算账，他知道逃不过王文华的防范，便常去王伯群家与王文华、朱绍良等聊天下棋，以麻痹王文华等人。

一天晚上，袁祖铭、何厚光在街上闲逛，突然遇到了袁的老乡、前贵州省议会议长张彭年。老乡见面，自然要亲热一番，三人便走进茶馆，品茗聊天。袁和张都是贵州政坛有头有脸的角色，最关心贵州时局，话题自然就扯到了王文华头上……

12 月初，袁祖铭、张彭年、何厚光秘密去了北京，会见了刘显世的胞弟刘显治。刘显治对王文华逼其胞兄下台恨得咬牙切齿，于是，数人一番计议，决定一面向北京政府报告王文华倒向孙中山一事，一面派何厚光回上海组织人暗杀王文华。

一天晚上，上海滩"一品香"旅馆临近马路的两间客房住进了两位陌生人，原来这两人都是青帮中人，一个叫石忠卿，一个叫张克明，他们住进"一品香"旅馆是为了执行一项"死刑密令"。

原来何厚光在北京接受了刺杀王文华的任务之后，立即潜回上海，花重金雇来了专业杀手石忠卿和张克明，让他们住进"一品香"旅馆，摸清王文华的活动规律，伺机行刺。而何厚光则躲在对面的四马路小花园"协记商栈"，观察动向。

张克明、石忠卿受雇后，白天躲在"一品香"客房里，通过窗户严密监视马路上的情形，等待王伯群的小轿车出现。

王文华和双清住进"一品香"时曾跟店主打过招呼，要店主对他们的包房绝对保密。因此，除了王伯群、朱绍良等位数极少的几个人外，没人知道他们在"一品香"包了房间。然而，就在张克明等住进"一品香"后的次日下午，双清房里的电话突然响了起来。双清觉得奇怪，拿起电话，小心翼翼地问："你是谁？"对方没有说明自己是谁，只说："王将军在吗？请你提醒他，有人要刺杀他。"双清心里陡然抽搐一下，说："感谢您的提醒。"有人要暗杀王文华，早几天曾有几位贵州同乡也在街上就提醒过他。可是，他觉得这一次情况不同，打匿名电话的人似乎知道内情，而且，听口气好像刺客已经在行动了。

双清越想越觉得害怕，便风风火火地赶到王伯群家。王伯群听了他的讲述，也觉得事态严重。立即找来了朋友李元著，请他打探内情。李元著曾在青、红两个帮派里混过。他认为刺客肯定是青帮里的人，而且打匿名电话的人一定跟刺客比较熟悉。五天之后，打匿名电话的人被找到了，这个人知恩图报，透露行刺事宜已感谢王文华当年给了他一口饭吃。不过，只说刺客准备在"一品香"到静安寺路的途中行刺，其他相关情形则死也不肯开口。

半个月后，到了1921年。在新年的第一天，王文华带着劝说浙江督军卢永祥支持孙中山这一重要任务从广州回到上海。王伯群设宴为王文华接风洗尘，李元著、朱绍良、双清作陪。席间，双清告诉王文华：有人要暗杀他。王文华不信，大手一挥道："我王文华没做什么亏心事，谁会来害我？"王伯群一脸严肃地说："文华，双清说的是事实。"王文华显然不把所谓的危险放在眼里。

"王司令，你不要掉以轻心。有确切证据表明：不仅有人要害你，而且他们已经做好了准备。"李元著说完，便将匿名电话一事详细地说了出来。见众人都是如临大敌，王文华也不由得不相信了。

李元著曾在黑道混过，对黑道盯梢暗杀的方法很熟稔。他建议王文华以后不要坐王伯群的小汽车，因为刺客大概不认识王文华，但应该认识王伯群家的轿车。王文华拗不过众人，以后去"一品香"旅馆总是坐黄包车。两个月过去了，一切风平浪静。

李元著估计得没错。张克明、石忠卿两人带着望远镜和手枪在"一品香"客房里盯梢了两个多月，一直不见王伯群家的那辆轿车现身"一品香"门口。由于王文华改坐黄包车，而且也不常来"一品香"，张、石两人难免失望，估摸着行刺行动或许会落空了。

1921年3月16日，王文华在王伯群家闷得慌，便早早地来到"一品香"跟双清下棋。过了两个月提心吊胆的日子，王、双两人下得特开心，不知不觉就到了下午四点多。突然，王伯群来电，说："李协和（烈钧）和卢小嘉来会你，说有要事商量，请在旅店等候。我差汽车去接你，这样比较快些，你以为如何？"两个多月过去了，不见什么风吹草动，王文华觉得坐一次汽车也没有什么关系了，便说："也好。"

卢小嘉是代表父亲卢永祥来和王文华谈判的。王文华一想到孙中山交派的任务，哪敢怠慢，放下电话，就往外走。尽管过两个多月毫无收获，但是，在何厚光的厚酬严督之下，张克明和石忠卿丝毫不敢怠慢，一直坚持对"一品香"门口来往的汽车监视。这天下午四点五十分左右，张克明突然兴奋地叫了起来："终于来啦！"石忠卿赶快掏枪站到了窗户边。

然而，王伯群的汽车停稳后，却无人下车。石忠卿不免有些失望，张克明耐心地说："耐心点，做好准备！"果然，不到10分钟，一个身材高大的汉子走出了旅馆，左手拎着公文包，奔向汽车，右手拉开车门，准备上车。事不宜迟，石忠卿即刻扣动了扳机。一声枪响，王文华左臂中弹，转动身体，仰头朝身后望去，不意胸脯正暴露在张克明的枪口下。张克明见状，大喜，毫不犹豫地连发两枪。王文华应声跌倒，随即被人拖进了车内……王文华当场殉命，年仅33岁。1930年，王文华被南京国民政府追赠为陆军上将。

王文华被刺死，贵州一时没了主心骨，局势骤变。除了与旧派的斗争之外，"新派"内部的权力之争也开始加剧。其中第2混成旅旅长谷正伦与第5混成旅旅长何应钦矛盾最为尖锐。何应钦虽任职颇多，但是只掌握少量武装力量，实力不如其他4旅，另外3旅中，第1旅旅长窦居仁附和何应钦，第4旅旅长张春圃与谷正伦接近，第3旅旅长胡瑛则保持中立。新军内部各成一派，混乱不堪。

此时何应钦想让妻兄王伯群出任省长，又排挤同意暂任省长的任可澄，于是谷正伦与任可澄又接近起来。后来任可澄怕何应钦与谷正伦的矛盾波及自己，执意辞职。何应钦为达到与即将返回贵州的王伯群共同执掌军政大权的目的，又想让素来与世无争的卢焘暂时代任省长。他对负责省署行政事务的政务厅几位科长说："现在我们要卢（焘）任代理省长，卢如果不答应，你可以在中堂上点起一对大红烛，中间放上省长印，请他来；要是他不来的话，还要去请，一定要请他来。只要能把他骗来，就把他硬捧上台。"连黔军总司令也不愿做的卢焘被拖来，坐在省长椅子上，哭笑不得，

王伯群篆书

王伯群（1885—1944），贵州兴义人。自幼熟读易、书二经，后专攻数学。从日本东京中央大学政治经济系毕业后加入中国同盟会。后任交通部长等职，平生不畏强权，极力筹办实业，为国家谋利益。图为王伯群篆书。

只好答应暂时任几天代省长。

这时谷正伦也不甘示弱，他一面继续与任可澄联系，一面极力拉拢孙剑锋反对何应钦，并许愿只要排挤走何应钦就让孙剑锋做省长。何应钦为缓和与孙剑锋的关系，任命孙剑锋为第5混成旅第7团团长，并调来贵阳，结果弄巧成拙，孙剑锋与谷正伦，加上与谷正伦联盟的第4混成旅旅长张春圃内外联合倒何，倒何大军逼近贵阳，何应钦感到自己无法扭转局面，以不愿"萁豆相煎"为名，连夜出走，拟奔昆明投奔滇军总司令顾品珍。为安全计，他行踪诡秘，不走大路，而是绕行小道或雇马车，或坐羊皮筏子，什么也雇不到时就干脆步行，一直到达云南曲靖后才放心地坐长途汽车抵昆明。刘显世决定秘密刺死何应钦，他采纳幕僚的建议，从死牢中提出两名死囚当刺客。这两人都是江湖上叫得响的角色，一个叫卢照辉，绰号"土净王"，另一个叫张云飞，绰号"瘦燕"，前者是血债累累的惯匪，后者是飞檐走壁登堂入室掠取财宝的惯盗。1921年11月，二人分别潜入贵阳，不料被警方"眼线"盯上，先后落网，被囚于督军衙门看守所内，眼看被处死只是早晚的事了；谁料却绝处逢生，被刘显世委以充当刺客的重任，便都发誓愿效犬马之劳。在他们还没瞅准下手的机会时，何应钦就已从贵阳失踪，刘显世分析判断：何必逃往昆明无疑。便命杀手直扑昆明。两人带上何应钦的照片，结果比何应钦还早三天就来到了昆明，一到后就立即查遍了全市小旅馆，均未发现何应钦，料想其尚未抵昆，张云飞便扮作人力车夫，卢照辉扮作行人，每天都在车站守候目标的出现。何应钦坐汽车到昆明后，等所有的人下完车后才下来，他站在那里，从容不迫地拂去身上的灰尘，四下打量一番，见无什么异样，才松了一口气，走出车站大门，巧得很，便有一辆人力车迎面而来，车夫点头哈腰地热情招揽生意，这车夫不是别人，正是"瘦燕"张云飞，但是此时人多眼杂，"瘦燕"并没有轻举妄动，而是老老实实地与何应钦做起了"生意"，敲定价钱便拉着客人直奔市内三圣寺而去。

三圣寺是座小庙，位置相对隐蔽又不引人注目，而且何应钦有位朋友的舅父在庙里做都院，因此便成了何应钦来到昆明后的首选落脚之地，他打算先在此地盘桓几天，看看风头再作下一步的打算。"瘦燕"把何应钦送到三圣寺后，便满心欢喜地去人力车行归还了租来的人力车，并与"土净王"卢照辉汇合，二人决定当晚即去三圣寺行刺。双方如此这般商量好了之后，下午，"土净王"说出去有点事，谁料直到半夜才喝得醉醺醺地回来，倒在床上便不省人事，怎么叫都叫不醒，"瘦燕"万般无奈，原先拟定的计划遂告落空。

第二天，"瘦燕"去三圣寺暗访何应钦是否仍在，不料何应钦小心谨慎，住了一晚便挪了窝。"瘦燕"估计他不会这么快便离开昆明，于是便和"土净王"分头去全市的大小旅店寻找，终于在一家名叫"五源诚"的客店里打听到了何应钦的下落，为免夜长梦多，事不宜迟，

三圣寺

两人决定晚上下手。何应钦因旅途劳累，在旅馆睡了大半天觉，直到近黄昏才起床去附近转了转，买了些卤菜和一瓶泸州大曲，与几个人缩在屋内小斟几杯，一瓶酒尚未见底，刺客却已临门了。

可是，这行刺的事情也没有想象中的那么顺利，"瘦燕"白天来侦察时为避免惹人怀疑，并没进店门，只是向店伙计打听清情况，问是不是有一个姓何的男客人在此居住，虽然得知是有，却不知何应钦住哪间房。于是两人到来后，早就按计划作好了分工："土净王"敲门待老板闻声出来开门时，"瘦燕"便飞身上房直奔后院账房间去查看旅客登记簿，弄清底细后便下手。而"土净王"则与老板胡搅蛮缠，说自己的老婆和野男人住在店里，要进去捉奸把两人揪出来去见官府。老板见他满身酒气，目露凶光，哪能

放他进去捣蛋，但又不敢得罪，只好耐着性子解释、赔笑脸。纠缠了一阵，估计"瘦燕"已查清房间了，"土净王"便向店主提出"借"几文酒钱，拿上银元后才扬长而去。但并不走远，就在隔壁的小巷内藏着，准备接应"瘦燕"。

"瘦燕"在账房看了旅客登记册，发现唯有一个房间住的客人姓何，便又飞身上房直奔后院的目标，伏在黑灯瞎火的厨房顶上，直盯着对面那间客房的窗口。客店为省钱装的都是 15 瓦的白炽灯，电力不足，窗玻璃上映出个人影一动不动坐着像是在想心事。这时天下起小雨，"瘦燕"拔出枪期待目标能站起来这样更容易命中，但那人就是不动弹。"瘦燕"全身被雨淋湿实，在等不及了，就伸手在瓦楞里摸到一颗石子向窗户掷去，那人果然受惊而起，拉开门来向外张望，"瘦燕"抬手就是一枪，只听那人"唔"了一声便栽倒在门槛上。"瘦燕"以为已击中目标，便纵身跳出围墙正欲离去，忽闻客店内一片哭声。原来，何应钦住店用的是化名，而"瘦燕"打死的是一个姓何的宣威火腿商人，枪声一响，旅店前后院十几间客房的人都被惊动了，火腿商人的两个伙计一看老板倒在血泊中，一个哭着喊"舅舅"，一个大叫"抓凶手"。"瘦燕"一听立刻楞住了：不曾听说何应钦带外甥过来，怎会有人喊他舅舅？莫非杀错了人？于是，"瘦燕"又重新飞身上了墙头，伏在上面往院里观察。随后便出现了开头所提的何应钦被刺一幕，何应钦被外面的哭喊声惊动了，开门察看。而"瘦燕"留意到这一持枪人物，但不知是否就是所要行刺的目标，灵机一动，便大喝一声"何应钦"，何闻声一楞，下意识地"嗯"了一声，"瘦燕"便高叫"奉刘督军之命找你算账"，甩手就是一枪，见何应钦已倒地，遂急急遁去，找到"土净王"后两人当夜便离开昆明，回贵阳交差领赏去了。

何应钦右肺中弹，血流如注，当即被送入法国人开办的医院医院，经全力抢救，总算保住了性命。少年得志的何应钦，他人生中的第一小峰巅就此遇刺而落幕。直到晚年，他在台湾地区说到他的三个私人仇敌时，还把刘显世放在首位。

第三章
黄埔名将

第一节　黄埔总教官

何应钦在昆明遇刺之后，在昆明医院呆了近半年的时间，身体稍微好转了一些就转移到了上海，投奔王伯群，做了寓公。他在上海疗养近两年，身体渐渐恢复。1924 年初，孙中山在中国国民党第一次代表大会上决议筹备创建陆军军官学校。任命蒋介石为军校筹备处委员长，何应钦经过王伯群、王柏龄等人的介绍，在 2 月 8 日离开上海来到广州与蒋介石在广州南堤军校筹备处见面。蒋介石当时正是用人之际，而且何应钦也在贵州办过讲武学校，蒋介石认为他是个人才，于是就把何应钦推荐给孙中山。孙中山随后任命何应钦为大本营军事参议，协助廖仲恺筹备建立黄埔陆军军官学校的一些事项。

对于孙中山，何应钦的印象最初是来自于 1911 年参加辛亥革命时陈其美对孙中山先生的描述。当时，何应钦在陈其美的沪军中任营长，还是一名没有毕业的学生。陈其美对孙中山先生钦佩异常，向何应钦赞叹说："中山先生主张自由、平等、博爱，除继承中国优良传统而外，更吸收西方外来优秀文化，实在是一位伟大的思想家和政治家。"何应钦因此对孙中山有着一份敬意。对于第一次面见孙中山，何应钦也记忆深刻，他后来回忆当年拜见孙中山时的情景时说："国父以一种极慈祥的口吻，垂询了我的身世和经历，并和我谈了一些革命军人的要义。他对我说：'在广州同

陈其美戎装照

我革命奋斗的军队，固然不少，但我都不敢说他们就算是革命军。'第二天，国父手令派我为大本营参议，要我在广州住下。"闲居几年的何应钦，自然十分重视这次复出的机会。但是这次何应钦并没有就此留在广州，而是先回到上海处理一些事务，直到黄埔军校培训教官的时候才再一次举家来到广州。

1924 年，孙中山正式下令建立中国国民党陆军军官学校。军校校址选定在广州市区东郊的黄埔岛上，因此，"黄埔军校"后来就成为了这所军校更加为人熟知的通用名称。

何应钦也以大本营参议的名义，加入到紧张的军校筹办工作中。黄埔军校建立之初，孙中山就是要建立一支由国民党领导的国民革命军队。这时的蒋介石心中有些个人的小算盘，经常闹情绪，动不动就像受到老师宠爱的小学生一样，跑回老家浙江奉化玩山游水去了。这样一来筹备军校的事情，便落在了廖仲恺这位国民党元老身上。何应钦的到来在很大程度上减轻了廖仲恺的负担，他在苏联军事顾问鲍罗廷指导下协助廖仲恺料理军校教官的选拔、训练事务，在一个月对下级干部训练、考选的过程中，何应钦工作勤勉，尽职尽责，廖仲恺、鲍罗廷都感到很满意。

廖仲恺很早就提出了"以党制军"的军校办学思想，要实现这一思想，必须得通过对军校教官的反复灌输、教化才能实现，因此，军校的各级官长甄选工作就至关重要。按照当时的规定，下级官员的选择，应该先由各方举荐，经审查通过，然后再到广州考试任用。何应钦当过五年的贵州讲武学堂校长，对于此事，可以说是很熟悉的了。3 月 24 日，军校筹委会责成何应钦主持考选下级干部，并且对这批干部进行短期训练，以使他们能担负起训练学生的任务。何应钦最初想在训练中采用日本的军事训练方法，但是，当时军校的建立是在苏联顾问的指导下进行的，于是，何应钦便在顾问鲍罗廷的支持和指导下，制定了模仿苏联的考选和训练计划。

何应钦共考选了四五十名下级干部。筹委会还从广东省警卫军讲武堂及江西讲武堂毕业生中挑选了学生分队正副队长，他们连同考上的下级干部，都由何应钦统一带领训练。因此，这些人以后成为黄埔军校的军官后，都对何应钦有一种亲切和信赖感。

1924年4月26日，何应钦为考选军校下级干部举行实战演习，由何应钦、王柏龄任演习指挥官。演习的题目是假设一支登陆部队，从校门前上岸进攻军校后面的升旗山。王柏龄、何应钦分别设定一种方案：王柏龄的甲案为迂回作战，虽然进攻时间比较慢，但是又牺牲较小，关键时候能够为继续战斗保全有生力量；何的乙案为正面攻击，虽然有全军覆没的风险，但进攻速度快，速战速决。这天正赶上蒋介石到黄埔军校视察筹备情况，演习结束后，蒋介石对这次演习进行讲评，肯定何应钦的方案，十分赞赏这种"冒险犯难"的精神。

在何应钦考选训练下级干部的同时，国共两党在各地的领导人都在想尽办法突破各地军阀们的阻挠，为军校招收第一期学生。革命的热情和国共两党的号召，让很多青年排除万难，争相报考。1924年5月5日，军校第一批学生进校，编为一、二、三队，还有备取的学生被编为第四队，总数是499人。5月10日，何应钦被任命为军校总教官，负责军事教学、训练。从6月5日开始，经考选合格的499名学员，正式入伍进行训练。

6月16日，黄埔军校举行盛大的开学典礼。孙中山和夫人宋庆龄，国民党要员及粤军、湘军、滇军首脑等悉数到会。而军校负责人蒋介石、廖仲恺、何应钦等则在校门口恭迎，在雄壮的军乐声中，最引人注目的是军校大门两侧的对联："升官发财请往他处；贪生畏死勿入斯门"，横批是"革命者来"。

在开学典礼上，孙中山先生着重讲了成立军校、创建革命军队的意义。他认为：

说到民国的基础，一点都没有。这个原因，简单地说，就是由于我们革命，只有革命党的奋斗，没有革命军的奋斗；因为没有革命军的奋斗，所以一般官僚军阀，便把持民国，我们的革命，便不能完全成功。我们今天要开这个学校，是有什么希望呢？就是要从今天起，把革命的事业重新来创造，要用这个学校内的学生做根本，成立革命军。诸位学生，就是将来革命军的骨干，有了这种好骨干，成了革命军，我们的革命事业，便可以成功，如果没有好革命军，中国的革命，永远还是要失败。所以今天在这地开这个军官学校，独一无二的希望，就是创造革命军，来挽救中国的危亡。

尽管何应钦后来跟着蒋介石站到了反对革命的立场上，孙中山的这次讲话还是给何应钦留下深刻的印象。此刻身为军校总教官的何应钦，笔直站立，纹丝不动，与军校的全体干部、学生注视着缓缓升起的党旗校旗，意气风发，高唱校歌。

黄埔军校开学典礼

在午后三点的黄埔军校阅兵式中，何应钦任阅兵指挥官，指挥四队学生，精神焕发、步伐整齐地正步通过检阅台。随后学生们还进行了分列式表演和训练表演，军校学生短时间训练所表现出的较高军事训练素质，受到孙中山的赞赏，也令当时在场的粤、湘、滇、桂等军阀深为佩服。

黄埔军校建立后，何应钦虽然担任了黄埔总教官，但不安心于黄埔军校工作，准备北上另谋高就。于是，李仲公在上海接到了何应钦"粤局暗淡，决心另求出路"的来信。李仲公 1890 年出生，贵阳人，18 岁考入北京法政学堂学习，1913 年底受汤化龙、孙洪伊进步党的资助，与李大钊等人东渡日本留学早稻田大学，攻读政治经济学。1918 年，李仲公应黔军总司令王文华之邀回黔，任黔军总司令部参赞和贵州政治会议委员，参加过护国、护法诸运动。李仲公是何应钦敬重的人，何就将自己的苦恼如是相告，是去北京投奔当政的北洋政府，还是回贵州地方去另辟蹊径？李仲公立即回复一长函"将当时世界大势和南北情况作了详细的分析，并指出中国革命的高潮必将到来，黄埔党军必有发展，北洋政权必将崩溃"等种种理由去劝阻何应钦，打断何北上的念头，北洋已成众矢之的，不过是昨日黄花，认为去北京乃是与枭雄为伍，没有什么发展前途，不妥，最好在黄埔安心干下去。李仲公此举，成就了国民党蒋记黄埔军事集团的二号人物何应钦，从而进一步加深了两人的感情和友谊。

谋定而动。虽然黄埔军校是在经费少、人员少、枪支少的艰难环境中创办起来，但是在国共两党的共同努力下，全体师生在教学、训练中仍然热情高涨。何应钦也受到这种蓬勃向上的精神的感染，坚持同师生一起训练，以身作则，对部下、学生也比较谦和，受到军校内的同事和学生的尊敬。而身为军校教授部主任的王柏龄本来被蒋介石在军校倚为心腹干将，可是，他却好女色，整天寻花问柳，沉溺于广州城内烟花柳巷，还抽大烟，不务正业，遇事不见踪影。蒋介石到军校有时找不见王柏龄，而每次必定能找到何应钦，渐渐地蒋介石就把要王柏龄担当的任务交给何应钦，时日一长，何应钦慢慢地得到蒋介石的信任，同时他也十分尊敬蒋介石，二人的关系逐渐密切。何应钦也和其部下军事教官刘峙、顾祝同、钱大钧、陈继承等相交甚好，工作上也干得有声有色，初步奠定了他在黄埔军校的地位。他在蒋介石心目中的地位也越来越重要。由此，何应钦开始与他人生中最重要的贵人蒋介石建立起比较密切的关系。

当时，孙中山先生亲自出任军校总理，廖仲恺是黄埔军校国民党党代表，蒋介石任校长兼粤军总司令参谋长，三人构成了校本部，是军校的最高领导机构，下设政治、教练、教授、军需、军医、管理六个部门，各部都有正副主任，另设教官室主管战术训练事宜，后又设立教育长一职主管教育。在军校建立之初，各部领导以共产党和国民党左派为多，军校的军事顾问仍然是鲍罗廷。在军校的教学工作上，何应钦则主张仿效日本的军事教育施教方式，而主持教练部的邓演达则比较赞成苏联式教育方针，两人时常发生激烈的争执。

由于黄埔军校聘请的外籍军事顾问都是苏联人，所以军事教育主要采用苏联的军事理论，由苏联军事顾问负责指导。苏联顾问团会同何应钦、邓演达、王柏龄、严重等进行研究，重点做两项工作：

（1）制订军事教育计划，按照一个月入伍教育、六个月正式教育的期限，妥为安排各科目的进度、日程，并定出实施的详细办法。

（2）重新编写典、范、令和战术、兵器、筑城、地形、交通通信五大教程，由顾问团提供苏联红军最新、最适用的资料作为编写的基础材料……每一个新科目，都先由顾问和何应钦总队长集合队、区队长教练一番……然后再去教学生。

因为教官们都重讲授，轻示范，理论和实践脱节，所以一开始何应钦也感到很为难，但是为了军校的军事教育正常进行，他只得暂时放弃他所熟悉的日本士官学校的军训模式，虚心学习苏联的军训模式。切列潘诺夫曾这样评价何应钦：

何应钦将军对于我们关于改进教学程序的各项建议也是全盘采纳的。不过，我们不久就发现，对他提建议必须关起门来，不能有旁人在场。这位将军显然是怕"丢面子"。我和尼古拉把他请进顾问办公室，锁上门，用上几百个汉语词汇，边说边做手势，搬运教具箱，在沙盘上示范，向他说明我们的意图。然后何应钦把课程重新演示一遍，当我们确信他已弄懂，我们就竖起右手大拇指，对他说声"不错"或者"挺好"。此后，何应钦就走了。他召集他属下的队列军官，必要时还召集士官，向他们进行训练。目睹他的这种变化，着实有趣：何应钦在我们屋里活像一个小学生，而此刻，当他自鸣得意地把学来的东西进行传授时，俨然是一位大教授了。不过说句公道话，他向别人教授我们制定的课程是挺不错的。

何应钦在黄埔军校的时候待人很诚恳，同时又工作勤恳，和同事们相处很不错，但这并不是说他就没有有狭隘的一面。军校教育长方鼎英曾任用在贵州争权时和谷正伦联手反对何应钦的张春圃，引起何应钦不满，竟跑过去质问方鼎英为什么会接收张春圃，说张"教教书倒不要紧，若干别的，则可伊兹（日本话，这个家伙的意思）是在北洋军阀吴佩孚那里乱钻的人，今天也钻到我们的革命军里来，我们只好卷着被包走好了"。方鼎英有些生气，正色说："你讲这些是什么话！大丈夫不北走胡必南走越，我们不去找张春圃，你能禁止吴佩孚要他吗？张在汉口闲居很久，我才找他来的。吴佩孚那里，他并没有去钻，或者钻也并没有达到目的，这正是我们需要的人，你何必这样小觑人家呢？"

经过在黄埔军校半年多的军政训练，学校学员的素质得到了很大的提高。1924 年 9 月，何应钦受命筹备军校教导团，10 月代理军校教练部主任一职。在军校教官的共同努力下，何应钦制定了以"取精用宏，加紧教练"为主旨的军事教练方法，具体在学科教授方法上："（1）对于党义和政治的灌输与训练，编出种种问答题，使授学者相互问答，记忆领会，而便记忆。（2）战斗间必须了解的事项，比如地形地物的利用，射击军纪、步哨守则等，可以编成歌诀，使其唱熟，而便运用"；（3）在术科教授方法上："讲解，由教官先作说明；图解，用图表再加解说；模型及沙盘；示范，由下级干部以实战行动，表演示范；实习，令学生练习实

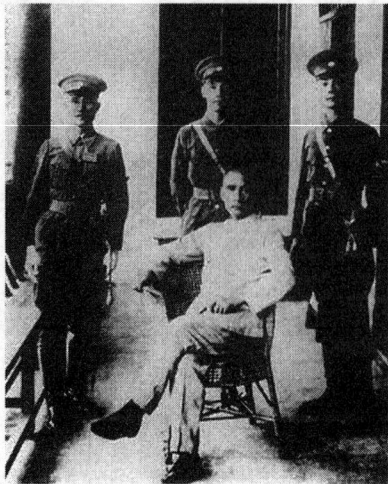

孙中山与蒋介石（中）、何应钦（左）、王柏龄（右）合影

际动作，体会实战经验；检讨，实习中检讨各项动作之得失。"

11月8日，由何应钦担任演习指挥官，黄埔军校第一期各队学生在鱼珠圩及珠村附近进行战术实施的演习，进行毕业考试。在月末宣布的考试成绩中，共有456人及格，11月20日，何应钦辞去军校总教官及代理教练部主任的职务，出任军校教导团第1团团长。经过在在黄埔军校培养和训练，国共两党合作所建立的第一支军队就诞生了。在这支军队中，有很多学生是共产党人，由于当时是蒋介石任校长，后来他制造了一系列的运动将共产党员清除出了黄埔军的队伍，后来黄埔军又变成了蒋介石中央军的一支忠实地核心队伍，后来蒋记黄埔系高级将领的黄埔名将陈诚、胡宗南、周至柔、桂永清、杜聿明、黄维等人，当时尚为第1团的下级军官或是普通一兵。

第二节　激战淡水，勇夺棉湖

新派军阀陈炯明1922年冬退据粤东东江一带后，一直和广州孙中山领导的革命政府相对抗。1924年冬，陈炯明趁孙中山北上之机，自封为"粤军总司令"，纠集洪兆麟、林虎等部约3万余人，号称10万大军，在英帝国主义及北洋军阀段祺瑞政府的支持下，准备进攻广州。

1925年于1月18日广州军政府军事委员会召开军事会议，讨论当下局势。杨希闵、刘震寰置陈炯明即将进犯广州的严重形势于不顾，要把队伍开往西江、广西进行西征。而加伦将军则认为目前的当务之急是解决陈炯明的威胁，进一步巩固广东的革命政权，以保证孙中山先生顺利北上。这时，与陈炯明积怨较深的蒋介石也赞成东征，于是军事委员会否决了杨、刘的方案，决定东征讨伐陈炯明。

接着由广州军政府组成的东征联军做了较详细的战略部署，由滇军杨希闵任左路，从河源、老隆出发直奔兴宁、五华进攻陈军林虎部；桂军刘震寰任中路，围攻在惠州驻守的陈军杨坤如部；粤军许崇智任右路，进攻淡水、平山，从海陆丰出发到潮汕，攻击陈炯明主力洪兆麟等部。鉴于黄埔军校学生的坚决请战，军委会决定将黄埔军校两个教导团编入东征联军（右路），由蒋介石、周恩来和第1团团长何应钦、第2团团长王柏龄带领参加东征。1月31日，黄埔军校师生举行东征誓师典礼，"誓同生死，奋勇杀敌！"震天，师生士气高涨。

1925年2月1日傍晚，第1团从军校乘船出发向沙角前进，第二天向北棚一带集中。2月6日，东征军右路占领东莞、石龙，之后东征军继续沿广九铁路线向北开进。2月10日，何应钦率领部队击退在平湖驻守的敌军。

随后东征军就来到了淡水城，淡水城虽然是个小城，但城墙坚固，城壕又宽又深，城前面是大片开阔空地，易守难攻，并且淡水距惠州仅70里，敌人援军很快就可以到达。在苏联军事顾问和粤军师长张民达的建议下，蒋介石决定在敌方援军未到前攻下淡水。2月13日，东征军分三路围攻淡水城。并经过讨论决定在15日早五点进攻。何应钦亦考虑到黄埔军第一仗就碰上攻坚战，决定组织敢死队担任攻城任务，经过筛选最后决定敢死队由110名官长士兵组成。

按照预先制定的计划，2月15日一早，东征军向淡水城上开炮，攻城开始。六点二十五分，敢死队向城东南分三路冲锋，攻至城下，发现云梯未按预先计划运到，失去了攻城的绝好时机，敢死队遭到很大牺牲，队长蔡光举身负重伤，被救护下来，叶或龙、刁步云、江世麟3位排长壮烈牺牲，教导第1团第1营营长沈应时脚部受伤。蒋介石又气又怕，脸色铁青，何应钦害怕被蒋介石训斥，竟躲进斜坡灌木丛的后面。危急之时，苏联军事顾问切列潘诺夫建议用"人梯法"登墙，并冲下高坡，接近城墙豁口，亲自示范，敢死队按其方法勇敢攀登，不久就把黄埔军校旗帜插在了南门城头，左路也用同样的方法登上城楼。进城之后与城内敌军展开巷战，黄埔军士气高昂，杀声震天，到七点三十分，东征军完全占领淡水城。东征军入城之后，何应钦凭借原有的实战经验马上派出警戒，命令教导第1团的两个营在城内搜索，另外又派了一个营在城外巡逻。

到了下午三点，敌军援军从惠州、平山赶来，敌我双方展开激战。下午四点，粤军第2师参谋长叶剑英通报敌情："左翼敌人已被击溃，我师拟以一部移增右翼，请你们去接防。"何应钦便火速向蒋介石报告战况，同时去第1营方面观察。但见这时粤军第7旅因子弹将尽，退却下来，北门的教导第1团也被粤军第2师预备队冲散，秩序大乱，何应钦正在整顿队伍的时候，叶剑英又飞马赶到，对何应钦说："左翼敌人确已退去20里，我师正在追击，现在应当火速迎击右翼敌人，请贵团接应。"何应钦派立即第2营营长刘峙率第4、5两连进行反击，接近黄昏的时候，敌人误以为这两连是自己人，放松了警惕，黄埔军一靠近仙人石高地，就端着雪亮的刺刀冲锋，敌军措手不及，仓皇败退，淡水城化险为夷。

首战告捷，东征军官兵士气大增，右路东征军继续追踪敌军，抢先占领高地等有利地形。何应钦一面组织部队休整待命，一面派出侦察队窥探敌情，并根据已掌握的洪兆麟部的"三冲战术"，用侦察队诱敌暴露。2月20日，东征军与洪兆麟部主力在羊塘周附近开战，洪部企图冲垮东征军防线，东征军正面与敌部之右、中、左翼，激战两个小时，多次打垮洪兆麟部的冲锋，大大的挫伤了敌军的锐气，敌军无心恋战，全部退却。第二天，东征军占领平山、攻下三多祝，2月27日到达海丰，3月初向潮汕进军。

右路东征军作战勇敢，为革命事业出生入死，指挥东征军左、中两路的杨希闵、刘震寰却消极观战，按兵不动，当何应钦与洪兆麟军在淡水、等地决战时，杨、刘竟然置孙中山在重病中发来的进兵电令于不顾，妄图陷黄埔军和粤军于绝境，以策应滇系军阀唐继尧占据广西，颠覆两广革命政权。右路东征军进攻潮汕时，杨希闵竟然率领亲信部队向河源、老隆一带撤军，致使右路东征军后路被敌军林虎部1万多人从兴宁、五华抄袭，陷于困境。

3月10日，林虎部截断右路东征军与广州的联络线。东征军以粤军陈铭枢第1旅和欧阳驹警卫旅从河田进攻林军的后方；张民达第2师在潮安聚集，防止洪兆麟残部袭击。3月12日，林虎军右路前队到达鲤湖，左路前队到达红湖（距棉湖5里），后来又退到和顺；同日下午，黄埔军教导第1团抵棉湖，教导第2团到湖尾，而担任右翼的粤军许济第7旅与黄埔军失去联络，敌我双方均严阵以待，准备决一死战。

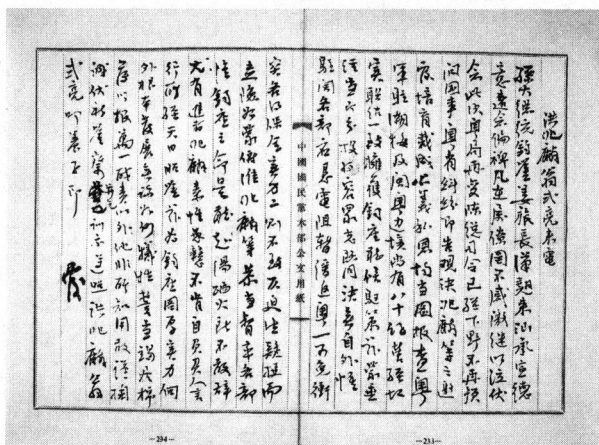

洪兆麟、翁式亮致孙中山的电文手扎

3月13日晨，等教导第1团渡河之后，何应钦便命令第1营向和顺方向搜索前进，第2营、第3营随后，学兵连担任警戒，监视敌情。上午八点，第1营在距和顺4里地的曾塘村与敌军遭遇，展开激战。当时林虎军兵力近万人，东征军仅一千多人，相差悬殊，但是革命军依然作战英勇，多次粉碎敌人的进攻计划。上午十点，右翼敌军占领距第1团团部仅两三百米曾塘村，何应钦令第2营营长刘峙，率领总预备队第6连向敌人冲锋，同时，命令炮兵向曾塘村东部和村内连发4炮，敌军溃退，革命军遂夺回曾塘村。到十一点二十分，敌军数百人从村东南田地中冲出再次向曾塘村反扑，向第2营的5连、6连猛烈攻击。何应钦见形势危急，命令预备队第 4 连参加战斗，增加左翼力量攻敌右侧。他自己也亲率团部特务连及团部人员，接应第四连。当敌军再次冲锋至距何应钦指挥部几百米、形势危急之时，担任警戒的学兵连，迅速增援第 2 营左侧，学兵连以区区几十人的力量坚守阵地，配合刘峙的第 2 营，与敌军对峙达 3 个小时之久，赢得了时间，使教导 1 团从非常被动的地位中摆脱出来。

至午后两点半，左翼战况处于相持阶段，右翼战况相比较为激烈。第 3 营与赶到的粤军第 7 旅猛烈冲击和顺北面高地的敌军，迫使敌军退向和顺方向，第 1 营也从战场中央向和顺前进。在和顺附近，敌军开始反击，用机枪猛烈扫射，第 7 旅被迫后撤，第 1、3 营伤亡惨重。敌军反扑，冲到一团指挥部前 100 多米处。敌军包围黄埔教导团指挥部："活捉蒋介石！""活捉何应钦！"……生死攸关，急得惊惶万状的蒋介石躲在指挥所里直跺脚，认为这次若不被俘，也会死于乱枪之下，不禁仰天长叹："非战不力也，天亡我也。"流着眼泪对何应钦说："何团长，你必须守住，不能后退，否则不但我们完了，恐怕广州保不住了，只有誓死抵抗，我们才能等到第二团的支援。"就大局而言，此战关系到黄埔军以及广东革命根据地的生死存亡。就个人而言，如若战败，蒋介石、何应钦都性命难保。此时对何应钦和第 1 团而言，非战即死。深知其中利害的何应钦当时也流着泪说："既然非拼即死，那我就去了！"

何应钦也感到只有拼死一搏才能脱离困境，他亲赴第一线，督军作战，率领数十名官兵向敌人猛烈射击，并用疑兵之计，令士兵大造声势，同时在多方安插旗帜，以疑惑敌军，敌军见此不敢冒进。同时，何应钦又心生一计，叫几个副官拿起话筒向林虎部喊话："林虎部的官兵们，你们的督军陈炯明正在与我们商量起义，决定在阵前起义，每人犒赏'袁大头'一千元，如不放下武器，决以军法从事！"一边让教导团的残兵败将骑上战马，驮上银圆，掩护蒋介石突围。何应钦走在最前面，不打一枪一炮，向林虎部官兵抛掷银圆："犒赏来了！犒赏来了！"林虎部官兵尽管对革命军的喊话将信将疑，但是，当看到白花花的银圆叮叮当当地滚落在自己的脚边时，也就不得不相信对方了，于是纷纷你抢我夺，顿时阵脚大乱，何应钦乘机率领残部冲击，展开近身肉搏战。在肉搏混战中，何应钦身先士卒，极大地鼓舞了全团士气，救了蒋介石一命。两军相峙到下午四点，东征军左翼钱大钧率教导第2团正距棉湖十几里处集结，听到棉湖方面激烈的枪声，钱大钧率队出发支援第1团。钱大钧赶到棉湖以后，从和顺南面敌军司令部侧背发起进攻，在东征军的前后夹击下，敌军向五径富、河婆方向狼狈逃窜。

棉湖苦战，堪称以少胜多、转危为安的关键性一战。黄埔军打败林虎主力，歼敌500余人，俘虏敌团长、营连长数十人及士兵1千余人，缴获步枪及轻重机枪等共1千余支，大炮数门，成功地牵制并击溃敌军，取得东征以来最有影响的一次胜利。同时黄埔军也付出了巨大牺牲，副连长、排长伤亡甚多，全团牺牲270人。不过，棉湖之战的大赢家是何应钦，棉湖大捷使何应钦一战成名，使他与蒋介石结为"生死之交"，并奠定了他在蒋记黄埔系中"大管家"的地位。

当时，蒋介石拉着何应钦的手说："我们是大难不死，必有后福。我们要永远记住3月12日这一天。这一天是我们生死与共的日子，我们结拜成兄弟吧。"于是，两人喝了血酒，发了毒誓，义结金兰，蒋为兄，何为弟。蒋介石说："我的天下就是你的天下，有我蒋介石就有你何应钦。"何应钦也指天发誓："我何应钦为义兄效忠，生死不渝，虽肝脑涂地亦不悔。"自此以后，每一年的3月12日，就成为了蒋、何两人同生死共患难的纪念日。

3月15日下午，黄埔军校教导团在河婆镇集合，总结棉湖胜利。廖仲恺、苏联军事顾问加伦将军和蒋介石先后讲话。廖仲恺说："自出征以来，我校师生打很多胜仗，而且昨日棉湖一战我军以一团人对抗十倍于我的敌人，使敌人十几次冲锋，不能破损一点，到最后还要被我军打退。我们革命军不过受了四个月的训练，而能得此成绩，可与黄花岗的烈士媲美。"

加伦在讲话中首先称赞这次战役的成功，并指出这次胜利在世界战争史上都是屈指可数的，他接着说："由此可以告诉我们同志，教导第一团能如此奋斗，中国革命一定可以成功！"加伦随后当场解下身上的佩剑，赠给何应钦。

随后蒋介石说："教导团自从黄埔出发，到了今天，已经打了很多的仗，只有进没有退。就是反对我们的帝国主义者，如英美日法等各国新闻，亦称许我们勇敢，真不愧为革命军。"

棉湖一战奠定了何应钦在黄埔系军人中的地位，也加深了蒋介石对何应钦的信任，为他们以后的合作打下了坚实的基础。

棉湖战役后，粤军第 7 旅协同张民达师，从五径富方向追击敌军，军校教导 1、2 团和粤军陈铭枢、欧阳驹旅，继续向林虎的大本营兴宁、五华进军。3 月 17 日上午黄埔军攻下安流，蒋介石命令军队乘胜追击直奔五华。18 日夜，何应钦命令 1 团各营包围五华城，并潜伏于城外。部下建议五华城不以强攻，只可智取，于是何应钦派小部军队假称敌军，骗开了城门，打了敌军一个措手不及，顺利地占领了五华城；3 月 20 日教导 2 团攻下兴宁，敌军林虎率领衰兵残将仓皇逃走。

因为指挥有功，第一次东征刚刚结束，何应钦便被升为第 1 旅旅长。5 月 21 日，何应钦奉命回师广州，准备讨伐叛变的杨希闵、刘震寰。6 月 9 日，东征军攻克石滩，逼近广州东郊。6 月 12 日，东征军在蒋介石的指挥下，进攻被叛军占据的龙眼阁、瘦狗岭，13 日一早杨希闵遭到东征军猛烈攻击，溃退入城。14 日，何应钦率部消灭杨、刘部下第 3 军。平定刘杨叛乱后，何应钦又升为第 1 师师长，下辖刘峙、沈应时、钱大钧 3 个团。

1925 年 5 月 30 日上午，上海工人、学生 2 千多人，分组在公共租界各马路散发反帝传单，进行讲演，揭露帝国主义枪杀顾正红、抓捕学生的罪行、反对"四提案"。租界当局大肆拘捕爱国学生。万余名愤怒的群众聚集在老闸捕房门口，高呼"上海是中国人的上海！""打倒帝国主义！""收回外国租界！"等口号，要求立即释放被捕学生。英国捕头爱伏生竟调集通班巡捕，公然开枪屠杀手无寸铁的群众，打死 13 人，重伤数十人，逮捕 150 余人。其中捕去学生 40 余人，4 名学生遇害，6 名学生受伤，路人受伤者 17 名，已死 3 名。6 月 1 日复枪杀 3 人，伤 18 人，制造了震惊中外的"五卅惨案"。当天深夜，中共中央再次召开紧急会议，决定由瞿秋白、蔡和森、李立三、刘少奇、刘华等组成行动委员会，具体领导这次斗争，组织全上海民众罢工、罢市、罢课，抗议帝国主义屠杀中国人民。这个提议迅速得到全国各界人士的支持，形成了声势浩大的"五卅运动"。6 月 23 日，广州各界群众在东校场举行声援"五卅运动"的大会，何应钦带领军校学生 700 多人参加集会，并担任总领队。当游行队伍走到西堤沙

基口时，租界内的英国士兵突然开枪射击游行队伍，法国军舰也向游行队伍开炮轰击，导致队伍中死伤数百人，黄埔军校学生也在游行中遭到很大损失。

五卅运动浮雕

8 月 20 日，廖仲恺惨遭暗杀。8 月 31 日，黄埔军校举行廖仲恺追悼大会，何应钦、周恩来联名撰写廖仲恺祭文，蒋介石借审理"廖案"之机，整顿、改编了广东军，趁机掌握了军政大权。从此，国民革命军正式取代党军成为革命军新的名称，蒋介石、谭延闿、朱培德、李济深、李福林分别任第 1 军至第 5 军军长，何应钦任第 1 军第 1 师师长。

第三节　再败陈炯明

东征军讨伐杨、刘叛军时，主力部队撤离了潮汕一线，如此

一来就给了陈炯明的残部得以喘息的机会。1925年夏，陈炯明残部卷土重来，驱逐驻守在东江的粤军许崇智部，7月占据惠州。同时，与陈炯明相互勾结的川军熊克武、邓本殷企图分别从北路、南路联合陈军，形成三面夹击之势，准备向广州进攻。

面对陈炯明残部咄咄逼人的嚣张气焰，广东革命政府决定进行第二次东征，以彻底扫除陈炯明余党。1925年9月28日，军事委员会任命蒋介石为东征军总指挥、汪精卫为党代表、周恩来为总政治部主任兼第一师党代表率领国民革命军进行第二次东征，何应钦、李济深、程潜分别任第一纵队、第二纵队、第三纵队队长。这一次东征军吸取了上一次东征的经验，加强了政治宣传工作，在周恩来直接领导下，成立了230多人的宣传队，并制定了《战时政治宣传大纲》，在宣传队的宣传、鼓舞下，国民革命军得到沿途广大群众的热烈支持，军队也情绪高涨，士气旺盛。

惠州被称为南方第一坚城，位于广东南部中端，城外有陡峭险峻的飞鹅岭，城池坚固高深，三面环水，自古以来就是兵家必争之地，也是第二次东征首先要打开的屏障。当时在惠州守城的是陈炯明第6军杨坤如，约2千多人。东征前蒋介石曾致电杨坤如，劝他认清形势，尽早罢兵让城。杨坤如却没有认清革命形势，自以为是地认为倚仗惠州地势险要，而且当时惠州地区有3千人驻守老隆，3千人驻守紫金，2千人驻平山，2千人驻梅隆，均向惠州城靠拢，妄图里外夹攻围歼革命军，有恃无恐，对蒋介石的警告置之不理。

10月9日，第一纵队到达博罗、湖镇一带，蒋介石确定攻城计划，决定让第1师、第3师和第2师第4团及炮兵两营担任攻城任务。在攻城之前，何应钦率领一部分人先冒险乘船到惠州附近进行侦察，并在距惠州城1公里左右的高地上观察敌军城防，熟悉惠州地形的骆凤翔认为："惠州三面环水，只有北门外边有一小块旱地，所以攻击的重点应该放在北门。"经过商议，何应钦决定以第2师第4团主攻北门。

东征军于10月13日上午九点开始攻城，命令炮兵向北门城楼和西北角城垣发炮，同时轰击敌军的炮兵连。午后两点，在东征军猛烈的炮火轰击下，北门城楼被炸开，步兵发起冲锋，第4团进攻北门，另有一部扛起竹梯，逼近北门城墙，准备越过城墙进入城内与敌军正面交锋，杨坤如凭借高城暗堡，下令轻、重机枪齐发，以阻止东征军入城。其他各处也一起发动攻击，第3师第7团进攻小西门，第8团进攻东门。攻城激战之时，苏联军事顾问建议军队坚持冲击，被何应钦拒绝。

一直到了下午五点，仍然没有攻进城内，何应钦见天色渐晚，于是命令部下组织突击队再次冲锋，但是由于敌军的位置优势，我军一直不得入内。当晚，敌军为防东征军攀城，把装有棉花的罐子点着汽油抛下，城下顿时一片火海，使攻城部队无法接近城根。

首次攻城不成，蒋介石神情沮丧，有放弃进攻惠州的想法。参谋长胡谦也态度消极地称东征军攻城为"以肉击石"主张放弃先取惠州的作战计划。而周恩来和苏联军事顾问则认为夺取惠州乃是第二次东征之关键，力主继续攻城。并合理的分析了当下的形势，认为只有攻下惠州，重创敌军，才能进一步打开东征胜利的大门。然后周恩来根据亲自观察地形所见与苏联顾问共同分析攻城失利原因，提出新的攻城方案。总指挥部采纳了周恩来的意见，决定仍由第3师第8团协助第2师第4团主攻北门，第3师第7团和第1补充团攻西门。并组织加攻城敢死队配合主力部队，以确保攻城胜利。

10月14日下午两点，东征军继续发起总攻。蒋介石亲自到飞鹅岭炮兵阵地指挥，针对前一天攻城时的教训，命令炮兵集中火力摧毁敌军城楼工事。于是第1师炮兵营山炮1连，隐蔽地推进到北门外距城楼约500米处，几炮即将守敌的侧防机构打哑。担任北门前线指挥的何应钦急忙命令第4、第8团团长趁机向敌军发动猛攻，于是两团士兵乘敌军机枪毁坏的瞬间，扛起竹梯扑向城脚，敌人惊慌后撤。第4、第8团攻城先锋队奋勇攀城，到三点五十分，第4团连长陈明仁，率该连最先登上城楼。何应钦率领总预备队随后涌进。与此同时，第 7 团与第 1 补充团攻破西门，共产党员陈赓、许继慎、曹渊、孙一中等，也随各团先锋队攻上城头。杨坤如见大势已去，久留无益，便急忙带伤从东门狼狈逃走。

惠州之战的胜利来之不易，东征军特别是共产党员、共青团员付出较大牺牲。这些人以自己的鲜血换来了东征军的顺利推进。

东征军炮轰惠州北门

拿下惠州之后，蒋介石命令革命军向潮梅进发，第一、二、三纵队分别从海丰、三多祝、河源迅速击溃敌军。1925 年 10 月 17 日，何应钦和周恩来率第 1 师继续东进，22 日攻破赤石地区东都岭、宋公岭一带敌军防线，当日上午占领梅陇，下午攻下公平、河田、河婆。而蒋介石所随第 3 师因轻敌冒进，失利于华阳。林虎等敌军乘势南下，打算与驻守棉湖、鲤湖一带的洪兆麟部联合，在河婆一带夹击东征军第 1 师。当时蒋介石被困在羊高圩，非常惊恐，想要拔枪自尽，幸好有陈赓劝说才放弃轻生的念头，之后也是在陈赓的保卫之下才得以脱险。10 月 29 日，一纵第 1 师在阳埠与敌部遭遇，双方激战将近一天，傍晚敌军退守至罗甘坝。30 日，何应钦、周恩来奉蒋介石令，留 1 团的兵力防守河婆，率另外两团追击甘坝方向的敌军，与敌军在横岚相遇，虽敌众我寡，但何应钦、周恩来指挥若定，沉着应战，东征军奋勇杀敌，重创敌军。

在东征军第一、二纵队各师的包围夹击之下，敌军在安流、双头遭惨败，此战歼敌4千余人，缴获步枪4千余支。敌军主力既败，残部也无心恋战。因此东征军第三纵队只有五华一战稍为激烈，其余皆势如破竹，顺利拿下兴宁、梅县。一纵何应钦、周恩来部也顺利进入普宁、揭阳、潮州。11月7日，随着东征军二纵队占领饶平，东江全境收复。11月13日，三纵、二纵部分别从大埔、漳溪进军福建永定，击溃陈炯明残部，俘虏1千余名。第二次东征取得全面胜利。

两次东征的胜利，是国共两党团结合作的结果，也证明了孙中山先生的"联俄、联共、扶助农工"的政策的正确性。反映了黄埔军校政治、军事训练的丰硕成果。经过第二次东征，蒋介石如愿以偿，掌握了广东革命政府的军政大权，但他此时感到自己的军事实力还不足以称霸天下，还要借助于共产党继续北伐，铲除北洋军阀，所以这时他并没有表现出反共的倾向。即使到1927年悍然发动反革命的四一二清党罪恶之际，据历史学家杨天石先生近年来翻读解密的蒋介石日记，蒋介石在日记中也没有留下任何私密性的文字痕迹。

经过两次东征，何应钦被蒋介石视为得力助手，深得蒋介石的信赖和器重，同时何应钦也把自己的顶头上司蒋介石做为靠山，对他惟命是从，并尽心尽力帮助蒋介石巩固其在黄埔军中的威信，帮助蒋介石形成他的黄埔嫡系集团。东江收复后，何应钦被任命为潮汕善后督办，同时又兼任黄埔军校潮州分校校长、惠潮梅绥靖委员。1926年1月，何应钦当选为中国国民党第二届候补中央执行委员，1月20日，又接替蒋介石任国民革命军第1军军长，成为在黄埔军事集团和国民革命军中的实力派人物。

第四章
出师北伐

第一节　军校内部矛盾激烈

　　两次东征取得了重大胜利，粤军势力也归附于蒋介石，国民革命军的力量也进一步壮大，但是由于期间孙中山先生的去世，国共两党失去了联系的核心纽带，黄埔军校内部的潜在矛盾却慢慢地被激发出来，渐趋激烈。蒋介石虽然早有大权独揽的野心，但他认为北洋军阀的力量没有完全被消灭，仍需利用孙中山"联俄、联共、扶助农工"的三大政策做掩护，借助中共力量铲除异己，以待羽翼丰满，伺机而动。他一面冠冕堂皇地说什么"中国革命，实实在在说一句，是完全为农工阶级来革命的。大家必须明白这个意思，才能做一个真正革命者。"一面却在第 1 军政治部连以上军政人员联席会上提出：（1）黄埔军校内及第 1 军中共产党员活动均应公开，并将名单呈报上来；（2）军校内国民党员如有愿意加入共产党者，须向军校国民党特别党部声明并请准。蒋介石企图伺机将军校内共产党组织一网打尽的险恶用心被第 1 军政治部主任周恩来看破，于是以此事关两党关系，体兹重大，须请示中共中央决定为由，没有交出共产党员名单。

　　"中国青年军人联合会"和"孙文主义学会"的矛盾争执是导致军校矛盾激烈的开端。

　　中国青年军人联合会的前身是青年军人代表会，是黄埔军校为平定商团叛乱，1924 年 8 月与广州各军校、军事团体联合组成的。该会创建初期，规定凡是黄埔军校的学生，都是青年军人联合会的会员，黄埔军校的教职员也有很多参与其中，中国青年军人联合会实际上成为共产党人领导的革命团体，成立之后积极宣传国共合作和革命理论。

国民党右派势力对青年军人联合会的浩大声势感到恐惧，于是开始暗中破坏，戴季陶、王柏龄等人鼓动一些人退出青年军人联合会，组建"中山主义研究社"（后改名孙文主义学会），反对共产党，反对国共合作，反对三大政策，孙文主义学会正中蒋介石的下怀，得到他的暗中支持。

孙文主义学会计划在 1925 年年底正式成立时举行大游行作为反击，对青年军人联合会施加压力。蒋介石得知后，痛斥孙文学会的负责人愚蠢，其实他是认为时机不到，但是又不便明言。他先是指出："青年军人联合会和孙文主义学会，在国民党未改组前，不能承认。"然后又召集军校青年军人联合会、孙文主义学会联席会议，作出两会干部准许互相加入；两会在党校及党军须承本军校长及党代表之指导；团长以上高级长官，除党代表外，不得加入两会；两会会员，彼此有不谅解时，得请校长及校党代表解决等四项决议。实际上，就是为了加强对两者的控制，以备将来为自己所用。

1926 年 3 月 18 日晚，时任黄埔军校校长的蒋介石指使亲信，以军校驻省办事处的名义，到中山舰舰长（代理海军局局长）李之龙家中传达命令，声称奉校长命令，要海军局速派得力兵舰 2 艘开赴黄埔。其实，这是蒋介石精心设计的第一步，先制造假命令把中山舰调出广州，以便为其罗织罪名埋下伏线。

李之龙接令后，随即通知中山、宝璧两舰于 3 月 19 日晨开往黄埔，因李之龙接到的命令是以军校教育部长邓演达的名义转达的，所以李之龙到了之后便向邓请示任务。邓却回答不知道有什么任务，无奈之下，中山舰等于当天下午返回广州。这其实是蒋介石的一箭双雕之计。

这时，蒋介石和属于右派的孙文主义学会分子开始放出谣言，称"共产党要暴动"、"李之龙要造反"和"共产派谋倒蒋、推翻国民政府，建立工农政府"等。同时，蒋介石开始大举逮捕共产党人。3月19日深夜，蒋秘令逮捕李之龙、解除中山舰武装，派兵包围省港罢工委员会以及苏联顾问和共产党人的住宅以及全市共产党机关，还扣押了军内国民党左派党代表和政治工作人员40多人，严密监视邓演达。当广州市内一切布置妥当后，蒋介石电令驻扎潮汕的第一军，将全军共产党代表撤销并

李之龙肖像

驱逐。周恩来闻讯，赶来质问蒋介石，蒋介石说："李之龙及中山舰有叛变的嫌疑，幸亏发觉得早，李之龙已被捕，中山舰解除了武装，第1军的所有共产党员，为了保障他们的安全，已集中看管。"不由分说，又将周恩来软禁1天。蒋介石等人制造"中山舰事件"，目的是夺取在粤海军实力，清除军队中的共产党力量。此举背叛了孙中山制定的"联俄、联共、扶助工农"三大政策，是国民党右派势力分裂国共合作、企图夺权的信号。蒋介石阴谋策动的中山舰事件，是极其拙劣的。"中山舰事件"以后，以周恩来为代表的全体共产党员退出第1军。

　　这一时期的何应钦，却表现得十分沉稳，他内心十分清楚蒋介石是什么样的角色，蒋介石并虽然没有过高的威信，却有上海滩帮会中普遍存在的痞气，他也明白蒋是靠什么掌握了军政大权，蒋介石并不是一个简单的角色，为了达到目的，蒋介石会使出一般人所不屑不齿的手段，他认准了只有跟着蒋介石，才能站稳脚跟，平步青云。于是，他虽然在各种场合跟着蒋介石高喊"反共就是反革命"、"打倒帝国主义、打倒北洋军阀、打倒贪官污吏、土豪劣绅"等响亮口号，实际上却尽量不动声色地配合蒋介石的阴谋。何应钦这一时期在黄埔军校，无论带兵打仗还是训练管理，

都是严格按照蒋介石的意旨做事和处理问题，对于蒋介石的阴谋可以说是心领神会，对孙文主义学会采取暗中支持的态度。

何应钦在中山舰事件中，看起来并未露面，但第1师坚决执行蒋介石的命令，配合了蒋介石在广州的阴谋活动。而且，蒋介石在制造"中山舰事件"前夕，就曾向何应钦发出密电，电文看似是请教，实则是投石问路，窥测何应钦的态度。密电大意是："广州某要人，联合某重要方面，蓄谋逼兄下野，兄之处境极苦，茫茫大地几无容身之地，午夜彷徨，苦思无策，吾弟何以教我？"电文中的"某要人"指汪精卫，"某重要方面"指中共和苏联顾问。此时何应钦是认准了蒋介石，决心跟着蒋介石走下去，在军校、在黄埔系中站稳脚跟，而且，将来也可以跟着蒋介石谋取更大的抱负，立即复电，明确表示自己的支持态度，："大张挞伐，弟决率黄埔军为后盾，设广州不利，可到东江坐镇指挥……"蒋介石接得何电，心中更加有了底气，大感快慰，说："生我者父母，知我者鲍叔。"何应钦的武力挞伐主张助长了蒋介石的反革命决心和步伐，当即决定发动"中山舰事件"，杀害共产党员李芝龙等人，步入了背叛孙中山和民主革命的反革命泥潭。

第二节　征战福建，北伐江浙

1926 年 7 月 6 日，国民党中央执行委员会通过而发表了一篇文辞犀利、气壮山岳、举世闻名的檄文——《北伐宣言》。《北伐宣言》由李仲公起草，蒋介石几次润饰而成，列举了帝国主义及其卖国军阀给中国人民带来的苦难和罪恶，宣言了国民革命军出师北伐的宗旨、目标和决心：

北伐宣言

中国人民之困苦至今日而极矣：以言农人，则血汗所获，尽供兵匪之掠夺，预征特捐，有加无已，终年辛苦，不得一饱，鬻田卖牛，寖成失业，此犹侥幸者也。至如直鲁豫京兆等省区之农人，则兵匪所过，村里为墟，老弱死于沟壑，壮年多被俘掳，男为牛马，女被奸淫，其或能逃出虎口，幸保余生，亦不过皇皇如丧家之狗，不操下贱之业，即作他乡之鬼而已。以言工人，则终日劳作所获，仅能苟延性命，既无余资，又鲜保障，平时日日有失工之虑，灾患一至，不免沦为流氓之列；此时欲商无资，欲耕无地，不降为苦力，以逐渐消耗其性命，则直成饿殍而已矣。以言商民，则外被洋商售卖洋货、贩运土货之压迫，内受大小军阀土匪、苛捐重税及明抢暗索之剥削，鲜能获什一之利，而频蒙亏本之灾；驯至小资生意不堪损失，倾家荡产，比比皆是。以言知识界，则教者恒以薪金久欠，徒忧哺啜，而不能传其智能；学者每以匪患兵灾，断绝资斧，而无以进其学业；加以百业凋敝，虽属聪明才智之士，难免彷徨失业之忧；至于直鲁豫各省，年年烽火，学校关闭，小学教员沦为苦力，青年学生多成饿殍，更无论矣。其他各省军阀部下之军人，则多数本系农人工人，为求生计而投军者；然而投军之后，不但生计仍无可托，且为野心军阀驱而置诸死地，大好热血，不用以靖国难、救人民，乃徒以受军阀豢养之故，反用以屠杀人民，为军阀争功名、求富贵，世间惨事，孰有过于此耶？至于经营工业企业家，在从前固为社会上之富裕者，然至今日，则销场不佳，利益全无，工厂停闭，成本呆滞，即或勉强开工营业，而困于苛税勒捐，无法支持，即不投降于军阀，即乞灵于洋商，不但事业已非我有，资本则丧失大半矣。

总而言之，居今日之中国，除少数军阀、官僚、买办、财阀之外，全国人民入则有老弱待哺之忧，出则无立业谋生之地，行则逢掳身丧命之变，居则罹举家冻馁之祸，灾害深于水火，困苦甚于倒悬，凡此皆帝国主义之侵略及卖国军阀之窃权之所致也。帝国主义经济上之侵略，其剥削之巨，岁辄万万，数十年来未尝或息也。迨中国之人民膏血已尽，仅存皮骨，彼为债主，我为债户；彼不劳而坐获，我终日充牛马；彼为经济的主人，而操命令指挥之全权；我为经济的奴隶，而居被驱使之地位。帝国主义在经济上剥削中国之不足，更在政治上利用万恶之卖国军阀，造成笔难尽述之罪恶。帝国主义者既使军阀窃取政权，又使军阀盗卖国家；既使军阀永演阋墙之争，令吾民受尽兵刀之苦，更嗾使军阀压迫革命运动，欲吾民永无自决之日；既使军阀式的政治发生土匪，更使土匪变成军阀，军阀生生不已，人民困苦无穷。以军阀为刀俎，以吾民为鱼肉，如此则无怪乎中国农民不能安于乡，工人不能安于市，商民不能安于行旅，知识界不能安于校舍，军阀下之军人恒辗转惨死于连年之内战，甚至经营工业之企业家亦惴惴不能一日安其生也。

帝国主义侵略之程度日益加深，军阀之暴虐日益加重，则中国全国人民之困苦，自然日益加重。近者北方军阀混战经年，北京政府已不存在，我中国中部及北部人民，不但无好政府，而且亦无恶政府；不但无从减少既有之痛苦，亦且无法减轻新痛苦增加之速度。继此以往，指顾之间，不难使数千里土地变为荒墟，数万万人民化为虫沙，岂但政治的及经济的奴隶而已。本党于此时机，熟察前因后果，深知中国人民困苦之根本原因，在帝国主义及其工具卖国军阀；深知目前中国之唯一需要，在建设统一政府。统一政府成立，则外足以抵抗帝国主义之恫吓压迫，内足以杜绝军阀之祸国殃民。

统一政府不成立，则外祸益烈，内乱益甚，中国人民之困苦，亦将如水益深，如火益热，中国人民将无噍类矣。

本党从来主张用和平方法，建设统一政府，盖一则中华民国之政府，应由中华人民自起而建设；一则以凋敝之民生，不堪再经内乱之祸。故总理北上之时，即谆谆以开国民会议，解决时局，号召全国。孰知段贼于国民会议，阳诺而阴拒；而帝国主义者复煽动军阀，益肆凶焰。迄于今日，不特本党召集国民会议以谋和平统一之主张未能实现，而且卖国军阀吴佩孚得英帝国主义者之助，死灰复燃，竟欲效袁贼世凯之故智，大举外债，用以摧残国民独立自由之运动。帝国主义者复饵以关税增收之利益，与以金钱军械之接济，直接帮助吴贼压迫中国国民革命；间接即所以谋永久掌握中国关税之权，而使中国经济生命，陷于万劫不复之地。吴贼又见国民革命之势力日益扩张，卖国借款之狡计，势难得逞，乃一面更倾其全力，攻击国民革命根据地，既使匪徒扰乱广东，又纠集党羽，侵入湘省。本党至此，忍无可忍，乃不能不出于出师之一途矣。本党敢郑重向全国民众宣言曰：中国人民一切困苦之总原因，在帝国主义者之侵略及其工具卖国军阀之暴虐。中国人民之唯一的需要，在建设一人民的统一政府；而过去数年间之经验，已证明帝国主义者及卖国之军阀，实为和平统一之障碍，为革命势力之仇敌；故帝国主义者及卖国军阀之势力不被推翻，则不但统一政府之建设无希望，而中华民国唯一希望所系之革命根据地，且有被帝国主义者及卖国军阀联合进攻之虞。本党为实现中国人民之唯一的需要，统一政府之建设，为巩固国民革命根据地，不能不出师以剿除卖国军阀之势力。本党为民请命，为国除奸，成败利钝，在所不顾，任何牺牲，在所不惜。本党为求遵守总理所昭示之方略，尽本党应尽之天职，宗旨一定，生死以之。愿全国民众平日同情于本党之主义及政纲者，更移其平日同情之心，进而同情于本党出师，赞助本党之出师，参加本党之作战；则军阀势力之推倒，将愈加迅速，统一政府之建设，将愈有保障，而国民革命之成功，亦愈将不远矣。

统一政府建设万岁！

国民革命成功万岁！

中国人民自由解放万岁！

中国国民革命军万岁！

国民政府

吴佩孚书法对联

7月9日，为了消灭吴佩孚，动摇北洋军阀的统治。国民革命军在广州举行誓师北伐大会，北伐军以主力第4、7、8军进攻湖南、湖北；第2、6军进入江西；何应钦率第1军第3、14两师驻扎在潮海，巩固广东边界。

蒋介石进驻长沙之际，贺龙由湘西遣派贵州人毛景周到长沙拜见国民革命军总司令部秘书处长李仲公，请求收编，给予名号和款械，随从北伐。此时，李仲公负责分化吴佩孚系黔军袁祖铭部工作。贺龙由"土匪"起家，后来投靠川黔"土军阀"，时为袁祖铭部旅长。为了分化袁祖铭部，扩大国民革命军阵营，加上有同乡好友毛景周的"疏通"，李仲公遂向蒋介石进言，得以委任贺龙为国民革命军师长，并向所部拨发补给和枪弹，毛景周因此担任了贺龙师教导团团长。

北伐军进展顺利，前线频传捷报。何应钦听到前线战报，备感鼓舞；同时顾虑自己手下只有第3师和第14师以以及一个独立团，怕周荫人部一旦压境，战力不足，于是请示蒋介石增加部队。蒋介石回复何应钦，说："我料定福建周部在武汉战局没有稳定以前必不敢进犯广东，眼下应该先进攻江西。"

8月27日，原来计划进犯广东的敌军曹万顺、杜起云在北伐军的争取、劝说下，决心投奔北伐军，他们派代表秘密到汕头，把周荫人的军事计划交给何应钦，并表示如果北伐军要攻打福建，两部愿为内应。何应钦原来的忧虑解除，于是向蒋介石请示攻打福建，蒋却以先歼灭江西敌军，以免腹背受敌为由，令何应钦速催部下攻占赣州，何应钦无奈，只好从命。

不久，赖世璜就拿下赣州。但是潮汕形势却并未得到缓解，周荫人接到孙传芳的命令，与陈炯明勾结在一起，对广东虎视眈眈。何应钦赶到攻打福建的时机已到，并且有内应，如果这时候进军福建，集中兵力击溃敌军主力，则敌败我进，可收到事半功倍之效。蒋介石这才答应出兵福建。

于是，何应钦委任王绳祖为潮州卫戍司令，率黄埔军校潮州分校的学生400余人，维持治安。命令何辑五为汕头卫戍司令，协同王绳祖保证潮汕后防警戒，还下令在汕头海域马苏口一带设水雷，以防敌海军偷袭。何应钦还加紧与福建境内的"福建参谋团"加强联系，以便他们响应北伐军进入福建。

9月17日，何应钦发表讨周攻闽宣言，东路北伐军向福建进军。何应钦按照苏联顾问的计划，将第14师调到高陂，第3师调到松口，独立团调到饶平，并向蒋介石报告了情况。周荫人见北伐军进入福建，急忙将准备支援江西的部队调回，一起进攻何应钦的粤军。

9月末，何应钦决定以小股部队牵制敌军主力，而以主力部队突袭周荫人的指挥部和补给兵站永定。因为永定的守卫力量相对薄弱，是进攻的一个突破口。何应钦将此计划电告蒋介石，蒋介石却指示："出于政治上的考虑，我们不批准主动发起进攻。"何应钦无奈，只得从命。

1926年10月8日，何应钦从三河坝到大埔县城。当时敌军侦察部队越过省界，何应钦找到敌军进攻的借口，又见敌军部队前后脱节，认为是向敌军发动进攻的大好时机，于是命令第3师、第14师强渡三河坝，进攻敌军两师。

10月9日，北伐军第3师两个团从大埔向永定发起攻击，当日下午，第3师第8团、第7团，分别在永定城东和城西南与敌援军激战，敌军败退。

10月10日一早，何应钦命令部下向永定城东西高地发起攻击，由于敌人来势凶猛，何应钦命令炮兵、工兵同时参战，并亲自率领总预备队到城西南督战。到了下午五点，前来支援的敌军被打退，城东高地的敌军也支持不住，纵火逃窜。周荫人没想到北伐军出兵神速，见大部援兵不能及时赶来，只得带领十几个亲信，狼狈逃走。

　　10月11日，何应钦率部从永定回师，第二天在松口遇到敌军，在观音凹附近激烈交战，敌军企图突围，被北伐军火力封住没有成功。13日拂晓，北伐军分左右两个纵队进攻松口，并从右翼突破，占领两个高地以后攻击敌军，敌军几次突围，伤亡较多，但因为人多，仍与北伐军对峙。恰好此时北伐军第九团赶到，协同左右纵队围攻松口敌军，敌军溃败，向隆文方向逃窜。仅永定、松口两次战役，北伐军就缴获敌军步枪4千余支，大炮十余门，俘虏敌兵近4千人，生擒敌师长及团营长50余人。

　　10月16日，蒋介石电任何应钦为东路军总指挥。何应钦收编了战败的部队，同时命令在江西战事收尾的第14军参加东路军对福建的战争，同时新任命的曹万顺第17军由上杭分两路沿汀江两岸北上，北伐军几路夹击敌军，使周荫人残部无心恋战，一时间逃散各地。这时周荫人在福建的主力只剩下退守漳州的张毅第1军。何应钦于11月初率部进逼漳埔、的时候，张毅见寡不敌众，弃城逃跑。何应钦率第3师，于11月10日进驻漳州。

　　由于"福建参谋团"和中共福建省委代表的协助，福建海军表示愿与北伐军合作，拦截张毅部队，迫使张毅进退两难，最终被

曹万顺与宣中华等人合影

　　1927年2月，国民革命军第十七军进占温州。图为曹万顺军长（中）和宣中华、郑恻尘、胡识因等在温州合影。

迫接受北伐军收编。同时，北伐军又派人策动福州城防司令李生春反正，李见周荫人大势已去，表示愿意反正接受北伐军的收编。12月9日，东路北伐军进入福州。进入福州之后，何应钦将"福

建参谋团"成员卢兴邦的民军部队收为新编第一独立师。卢兴邦乘周荫人部与北伐军交战，后方空虚之机，迅速夺取福建北部的政治、经济中心南平，并截获大批武器，稳定了闽北地区，对何应钦彻底平定福建起到积极作用。

福建战局的顺利之所以异常顺利，是与整个北伐大势有关，首先，福建民众支持北伐军，北伐军未至闽境，已有曹万顺、杜起云两旅愿做内应；其次，周荫人兵力虽多但却指挥失当，兵力分散，何应钦很容易找出破绽，适时突击；第三，苏联军事顾问富有作战经验，对北伐军的作战部署提出了可行的建议。这些因素综合起来使何应钦再一次成为国民党的"福将"。

福建平定之后，成立了临时政治会议，何应钦任代理主席。但是这个位置还没坐几天，蒋介石便催着何应钦进军浙江，何应钦在稍作休整之后，便马不停蹄的率军进入浙江。

北伐军在福建、江西战场的胜利，使得北伐军与北洋军阀对浙江、江苏、上海的争夺更为激烈。虽然孙传芳部来势汹汹，但是其部下的第3师师长周凤岐和浙江省长陈仪都归附北伐军，孙传芳并不能在短时间之内与北伐军决一胜负，所以一时敌我双方在浙江处于僵持、对峙局面。

为了尽快消灭在浙江的孙传芳，蒋介石可谓是下足了功夫，他命令白崇禧率领4个师从江西进入浙江，任北伐东路军前敌总指挥。同时任命何应钦为东路军总指挥，率领6个纵队在1月15日前赶到衢州、严州地区，与白崇禧会师，于钱塘江左岸进攻杭州。另外又派一部人马从浙江南部的处州、温州出发，彻底肃清周荫人残部，然后从钱塘江右岸进攻杭州。这样一来对杭州形成左右夹击之势，企图一举攻下杭州。

对北伐军来说，之前浙江的形势极为不利，孙传芳部下将领孟昭月，未等北伐军周凤岐、陈仪等站稳脚跟，就在1926年12月22日清晨，分两路突袭杭州，拘留了陈仪，然后分兵到富阳等处，打败周凤岐主力，周部被迫于1927年元月9日退至衢州附近。北伐军在杭州外围的部队，也因为在宁海一战的失利，撤退至温州地区。

1927 年 1 月 20 日，白崇禧率部到达衢州，立即召集周凤岐、陈仪部的各将领开会，当时何应钦的东路军大部分还在福建延平、南平一带，因形势紧急，白崇禧认为趁敌军尚未站稳脚跟，应该抓住战机，先歼灭金华、兰溪敌军，而不能等从福建进入浙江的部队再一起行动。白并将军队编成中央军、右翼军、左翼军和总预备队四个部分，并指挥军队于 1 月 27 日、29 日攻占龙游、洋埠等地。2 月 3 日，北伐军拿下桐庐之后，白崇禧便计划进攻杭州。见过数日的艰苦奋战之后，北伐军于 2 月 15 日占领新登，2 月 16 日占领富阳，并最终在 2 月 18 日占领杭州。

而何应钦部则进军缓慢，直到 2 月 23 日才到达杭州。到达杭州之后，何应钦便和白崇禧召开军事会议，分析敌我情况，制订进攻南京、上海的计划。经过商议后决定以总指挥所的第一、二、三各纵队沿沪杭路前进，攻打上海，同时以东路军直属的第四、五、六各纵队及第 2 军，向常州、丹阳前进，占领两地后，其中一部右旋回向无锡、苏州一带进发，协同第一、二、三纵队，争夺淞沪地区，其余的主力左军旋回向南京前进，与右军共同攻打南京。

苏联顾问建议，由白崇禧部分别进攻、占领上海和苏州；程潜部经宁波或广德进攻南京；何应钦部则从杭州进攻镇江和南京，这一建议得到了北伐军总司令部的蒋介石、何应钦的极力支持。

3 月 10 日，何应钦离开杭州，赴前线指挥部队。到了 3 月 20 日，何应钦各部连克戴埠、张渚、溧阳、横林、常州、丹阳等地，白崇禧的东路军也接连攻下松江、苏州，乘胜进军上海。1927 年 3 月下旬，驻守南京的敌军在北伐军的三路围攻下，力战不支，弃城而逃，北伐军顺利占领南京。

在 1927 年 3 月国民党内部宁汉之争日渐激烈之际，蒋介石令北伐总司令部秘书处长兼国民党中央执行委员会（中央党部）书记长李仲公率领秘书处随中央党部迁到武汉，以便做一些"缓冲"工作，但蒋介石把有关反共的右派活动均交由秘书处机要科长陈立夫专管，不让李仲公与闻其事。当时，李仲公的态度是既不赞同邓演达、唐生智等国民党左派人士倒蒋，又不赞同蒋介石绝俄反共，企图维护北伐团结统一局面。当时，汉方均认为李仲公是蒋介石的"亲信"。这时，贺龙部驻扎在九江、汉口之间的武穴。在武汉国民党中央发动反蒋独裁，准备出兵讨蒋之际，唐生智威胁贺龙："你帮我们打蒋还是帮蒋打我们"，贺龙为了取信于武汉政府，以保全自己，就用出了"计捕李仲公"这一招来。3月13日，李仲公在汉口秦晏里川军驻汉办事处邀约朋友吃饭，也邀约了贺龙和他的秘书长、贵阳人严仁珊赴宴。贺龙借此向唐生智密报说李仲公在秦晏里川军驻汉办事处召集西南在武汉的师、旅长和川黔军代表秘密集会，策动刘湘领衔反对武汉中央，并由川黔出兵讨伐武汉等情形。"事态"好像于汉方非常不利，唐生智随即将此"情况"上报武汉国民党中央，谭延闿乃紧急召集中央"临时会议"，同邓演达、徐谦等人商议对策。由于徐谦力主拘捕李仲公，决议将李仲公"暂予扣留"，交唐生智执行，唐便将这一任务交给了贺去办。3月15日夜，贺龙邀李仲公到他的办事处"宵夜"，遂将李仲公押交唐生智总指挥部扣留，直到4月17日始由邓演达保释出来，从邓的口中获悉了被扣原委。

北伐的节节胜利，使得蒋介石在与汉方争夺国民党正统地位，上演了宁汉之争，也使得蒋介石的反革命野心也进一步膨胀，在何应钦、李宗仁和白崇禧的支持下，蒋介石加紧了反革命政变的步伐。一方面他准备镇压共产党，清除异己，另一方面也威胁同情共产党和不服从他统治的各地方实力派军官。

1927年3月6日至4月初，蒋介石制造了一系列的反革命事件，先是枪杀赣州总工会委员长共产党员陈赞贤，然后武力解散拥护三大政策的国民党南昌市党部，还捣毁赞成国共合作的国民党九江市党部。在这期间，蒋介石曾电令何应钦、白崇禧："听说匪党在上海有革命政府，凡是这一类的组织应该立即取消。"攻占南京之后，蒋介石召集秘密反共会议，国民党的一级要员何应钦、陈果夫、陈立夫、李济深、李宗仁、白崇禧等到会，均表示支持蒋介石清党反共的行动计划。会议当晚，蔡元培、李宗仁等就在上海召开所谓"中央监察委员会"紧急会议，提出要"查办共产党"。

从 4 月 6 日开始，蒋介石密令各省开始"清党"，首先白崇禧派军队查封了在上海的国民革命军司令部总政治部办事处，逮捕了 19 名"有嫌疑"的工作人员，为"清党"烧了第一把火。何应钦按照蒋介石的命令在南京开始动作，4 月 9 日夜，何指挥第 1 军第 1、2 师，得到第 40 军配合下，突然包围并解除驻南京第 6 军 3 个团的武装。紧接着，他又派军队包围了国民党江苏省党部及江苏总工会，10 日晚上，何又派军队解散了南京共产党支部，两天逮捕了多名共产党员和革命群众。何应钦在南京的行动无疑使他成为蒋介石叛变革命的帮凶，他随着蒋介石一道在反革命的道路上越走越远。

"四·一二"政变前夕，蒋介石给何应钦的"清党"函

1927 年 4 月 12 日，蒋介石在上海举起了反革命的屠刀，制造的震惊中外的"四·一二"反革命政变。他命令驻上海的第 26 军，伙同"中华共进会"等流氓武装，突然袭击上海总工会、工人纠察队总指挥处和 14 处工人纠察队驻地，疯狂屠杀工人，随后两天，又搜捕和屠杀共产党员和罢工抗议的工人、民众，3 天共杀害近 500 人，5 千余人下落不明。

蒋介石此举，名为清党，实际上只是清共产党，这一举动破坏了国共两党的合作，4 月 20 日，中共中央发表《为蒋介石屠杀革命民众宣言》，指出"蒋介石业已变为国民革命公开的敌人，业已变为帝国主义的工具，业已变为屠杀工农和革命群众的白色恐怖的罪魁"。

4 月 17 日，武汉国民党中央召开国民党二届三中全会，发表命令，宣布开除蒋介石的国民党党籍，免去其本兼各职，"着全体

将士及革命民众团体"，将蒋介石"拿解中央，按反革命罪条例惩治"。近代史上著名的"宁汉分裂"局面由此发生了。但是，蒋介石却不顾国民党武汉政府的声讨谴责，为了实现其消灭北洋军阀，笼络各地方实力派，进而统一全国的愿望，决定继续北伐。1927年5月1日，宣布继续北伐并任北伐军总司令，任命何应钦、白崇、李宗仁分别为第1、2、3路军总指挥。命令部队沿津浦路向北进军安徽、山东，直逼北京。

为了配合蒋介石的反革命行动，何应钦在接受命令后，将自己统领的部队的军队区分重新做了调整。1927年5上旬，何应钦多次请示蒋介石进攻扬州的计划。后来，何应钦又两次电告蒋介石，具体陈述第1路军与第2路军的协同作战计划，并详细阐述进军扬州的路线，蒋立即回电，表示同意何的意见。5月15日，何应钦命令第1路军沿江部队假装开始攻击，同时开炮轰击，来牵制吸引敌军，策应第2路军东进，两军配合攻打扬州。

武汉政府这一期间反对蒋介石的呼声很高，当时取代李烈钧任江西省主席的朱培德，曾给何应钦写过一封长信，历数蒋介石的罪状，并规劝何应钦加入到反蒋的阵营中，何应钦把这封信给李宗仁看，李宗仁问他："你把这信给总司令看了没有？"何应钦说："虽然现在没有，但我我当然要给他看的！"可见何应钦当时实际上已经和以李宗仁为代表的桂系达成了默契，他虽然不会公开加入到反蒋的阵营中，但他对蒋的一些做法以及反蒋的势力的力量是心中有数的，他决定采取坐山观虎斗的策略，听任鹬蚌去相争，自己得渔翁之利。

当时，何应钦部奉命继续北伐，至5月20日，北伐军先后攻破水家湾、瓜埠、仪征等地的敌军。孙传芳见北伐军来势迅猛，于是向清江浦一带撤退。5月23日，何应钦部下攻克扬州，占领靖江。5月28日，何应钦又亲自率第1路军连克南通、如皋、姜堰、泰县、邵伯、东台、富安等城镇。6月中旬，何应钦部到达海州及清江浦一带，这时何应钦再次对第一路军进行调整部署，将全军分为右翼军和左翼军，到6月底，何应钦的下属部队在山东已屡建奇功，先后收复莒县、占领日照。

这时，手握重兵、进军顺利的冯玉祥部已分布在陇海线上，既可从徐州直扑南京，又可从郑州直捣武汉，战略地位非常重要。而南京方面北伐军已攻克徐州，武汉方面北伐军也拿下郑州。因为冯玉祥战略位置的重要性，所以成为汉、宁两方争为同盟军的焦点。武汉北伐和南京北伐军分别同冯玉祥开了"郑州会议"和"徐州会议"，企图拉拢冯玉祥。汪精卫的武汉方面以河南归冯为诱饵，劝冯玉祥支持武汉国民政府，共同反蒋反共，冯玉祥表示此刻北伐形势顺利不宜进攻蒋的军队，而应继续北伐。蒋介石的南京北伐军与冯玉祥就肃清敌人吴佩孚等部，继续北伐，攻占北京、天津及"清党"问题达成协议。冯玉祥虽然并未同意南京方面的率部自平汉路南下威胁武汉的要求，却于 6 月 21 日致电汪精卫等，要求汪精卫与蒋介石合作，以大局为重，共同北伐。

蒋介石为保存嫡系第 1 军的实力，同时防止武汉政府东征，遂将何应钦部从前线调回，驻守南京、镇江。本来李宗仁、白崇禧的第 2、3 路军已攻占山东不少城镇，北伐进展顺利。不料武汉政府方面却将唐生智的第一方面军进驻黄梅一带，张发奎的第二方面军进驻九江，准备东征讨蒋。蒋介石得到消息后，急忙命令李宗仁停止北进，速回南京商议军情。李宗仁到达南京之后，蒋介石问他如何应对武汉方面的东征，李说形势所迫，只有从山东调回主力第 7 军，暂时放弃徐州，加强安庆、芜湖防线。蒋介石认为前方形势虽然严峻，但徐州是战略要地，如果放弃的话一定会影响士气，所以应该坚守徐州。李宗仁无奈，只好返回徐州部署，命令第 10 军军长王天培任

隶书七言联（冯玉祥）

前敌总指挥。

第 7 军南撤后，孙传芳军乘机反攻，北伐军先前占领的山东临城、滕县、台儿庄等地相继失守。蒋介石急忙令白崇禧第 2 路军，放弃围攻临沂的计划，速增援第 3 路军，白崇禧率部收复韩庄、临城，但是由于敌众我寡，北伐军处在包围当中，不得脱身。迫于形势，两天后，蒋介石传令撤军，徐州空虚，7 月 24 日被孙传芳部占领。

此时，蒋介石见武汉方面东征意向并不坚决，不顾李宗仁等国民党高级将领的劝阻，执意要夺回徐州。7 月 25 日蒋介石从南京出发奔赴前线，决定亲自指挥作战。8 月初，蒋介石指挥第 1 军两个师和第 10 军、第 27 军、第 32 军、第 40 军，会同陇海线东段南侧白崇禧的两个军，向孙传芳部发起进攻。这时敌军假装撤退，引诱北伐军一路深入追击，等到北伐军逼近徐州时，敌军的精锐部队从北伐军左翼突袭，截断北伐军的退路，结果北伐军首尾难顾，全线溃败。敌军乘胜穷追不舍，北伐军见立足不稳，不得已全部撤至长江以南，两军隔江对峙。北伐军对江苏和山东的战役先胜后败，告一段落。

第五章
"助"蒋下野

第一节　默许桂系逼宫

在"宁汉分裂"之际，何应钦政治野心初露。其时，武汉方面将蒋介石开除出国民党，中共、冯玉祥、阎锡山、汪精卫等拥有实力的党派和人物对蒋介石也是磨刀霍霍，一李宗仁、白崇禧为首的桂系也与蒋介石同床异梦，就是蒋介石认为绝对可靠的由黄埔党军改编而成的第1军也在何应钦的掌握中。何应钦认为蒋介石正处于四面楚歌之中，正是一个谋蒋之位、夺蒋之权的好时机。于是，何应钦便默许桂系上演的"逼宫"闹剧。

不过，关于桂系"逼宫"这段史实，近人着墨不少，但不是鱼鲁亥豕，就不免含糊其辞，熟知这段史实内幕的人，除了当事人之外，至少还有何应钦的幕僚李仲公这个人物。李仲公建国后曾任全国政协文史委员，他在自己的回忆录《我的历史交代》手稿本中曾详叙当时为此事在蒋、何之间周旋的过程。

1927年8月，徐州先得后失，北伐军兵败退至江南，蒋介石亟待成功的心理受挫，恼羞成怒，他不便于将责任推到李宗仁、白崇禧身上，又必须为失败找一个由头，于是嫁祸给前敌总指挥、第10军军长王天培，下令拘押王天培和第10军政治训练处主任甘嘉仪。白崇禧、何应钦也同意拘押王天培，不过白崇禧是从徐州战败的责任出发，而何应钦则以徐州战败为由，泄6年前王天培拥戴袁祖铭将何应钦赶出贵州的私愤。原来这王天培是何应钦在贵州时的一名部下，曾经屡次违背何应钦的意思，中间还有一次倒在了袁祖铭"靖难军"的旗下，明确反对何应钦。

其实，蒋介石抓王天培并非单为追究战败责任。南京政府的北伐本来十分顺利，江苏、山东很多地方也已经被收于囊中，但是由于武汉政府方面曾一度准备东征讨蒋，分散、牵制了南京政府北伐军的兵力，蒋介石孤注一掷，集中大量兵力志在徐州，没想到进了敌人的圈套，不但失了徐州，还丢了原来就已经占领的长江以北的广大土地。蒋介石正在那里羞愤交加之时，南京政府方面的许多军事将领，却于8月初请求武汉政府委任职位，武汉中央军事委员会在8月4日加委南京政府方面来归的13名军长中，头一个便是第10军军长王天培。蒋介石拘押王天培，实际上有"杀一儆百"之意，他这样也是做给南京方面的其他将领看的，并没有真的要处死王的意思，但是他没料到这一举动竟然会把王天培送上绝路。

徐州战败就像一根导火线，断了蒋介石的后路，把蒋介石逼到了下野的当口：北面，孙传芳军队刚刚打败北伐军，耀武扬威，对南京虎视眈眈；南面，武汉政府方面唐生智于8月9日发出讨蒋通电，历数蒋介石"窃政"、"误国"、"叛党"等罪行，声称"奉中央命令率师伐罪"，再次准备东征，并派何健为江左军总指挥，程潜为东征江右军总指挥，沿长江两岸向南京进军；南京政府方面，桂系的李宗仁、白崇禧北伐以来，一直充任前锋，并协助蒋介石发动四·一二政变，却受到蒋介石的排挤，对蒋十分不满。而蒋介石的嫡系将领、第1路军总指挥何应钦，此时也对蒋介石不满。在四·一二政变后，蒋介石曾密令何应钦找个机会收缴白崇禧部的枪支武器，因为在北伐中何应钦和白崇禧两人曾分别任东路军总指挥和前敌总指挥，除经常商议军情，私人关系也不错，何应钦内心实在不愿意用解除对方武装这种心理反差很大的举动

王天培肖像

对待白崇禧。另外，何应钦、白崇禧的部队实力接近，白崇禧又足智多谋，何应钦认为北伐尚未成功，自己部队先行内讧，势必两败俱伤。何犹豫再三，没有执行蒋介石的密令。何应钦也曾经面见蒋介石，详细的陈述训令难以执行的原因。生性多疑的蒋介石虽然同意何应钦的分析，却同时也怀疑何应钦与李宗仁、白崇禧过于接近，受到桂系的拉拢、软化。因为不满蒋介石的专横跋扈，特别是被无端指责为督师不利和迁就桂系，何应钦虽然一直听命于蒋介石，对蒋介石下野也持不挽留的态度。

北伐失利，蒋介石人心尽失，在内忧外攻的形势下，其实他早已有了下野暂避风头的心理准备，他对李宗仁讲："武汉方面一定要我下野，否则势必不肯善罢甘休，那我下野就是了。"他在回南京途中就命陈布雷起草了下野宣言，但是事实上，蒋介石仍寄希望于开重要会议时多数军政要员支持他留任，继续由他带领南京政府西拒武汉政府，北伐孙传芳敌军。蒋介石决定挥师沿江而上，企图一举攻克武汉，先头部队已到达了九江，而总指挥何应钦和前敌正、副与总指挥白崇禧却按兵不动了。

1927年8月11日，蒋介石在南京的国民党中央会议上提出辞职，吴稚晖等表示挽留，蒋介石在离会前表示："我服从监察委员会。"8月12日再开军事会议，蒋介石力言陈武汉国民政府比北京的北洋政府更为南京政府的心腹大患，不克武汉，寝食难安。李宗仁、白崇禧等桂系力主与武汉政府合作，同时白崇禧暗示胡汉民从旁掣肘。可是，蒋介石命令何应钦、白崇禧继续西进，攻打武汉。可是，尽管蒋介石说得唇干舌燥，何、白二人却置若罔闻，老蒋问二人有什么意见，二人也不作声。

白崇禧不表态，拜把兄弟何应钦也装聋作哑，蒋介石不由得气上心来，便厉声质问他们二人为何不说话？于是，白崇禧便慢条斯理地答道："总司令要停止北伐，去打武汉，岂不违背先总理中山先生的遗教，而令亲者痛仇者快？我们认为本党内部的问题，还是以和为贵。"这时正在气头上的蒋介石一听见白崇禧竟敢公然反对他，甚至还当面指责他背叛国父孙中山，顿时恼羞成怒，歇斯底里地喊叫起来："我不和！我不和！要和你们去和！要和你们去和！"这时老蒋猛然意识到桂系正在"逼宫"，逼他下台，遂将计就计，以辞职相威胁："你们要去和，我蒋介石就离开，就辞职，我看你们有什么本事来收拾这个局面？"蒋介石这句话一出，白崇禧便不愠不火地答道："为了顾全大局，团结本党，总司令离开辞职，我们坚决拥护。"白崇禧这话直接顶在老蒋的心口上，弄得他很尴尬。

一言既出，驷马难追。蒋介石醒悟到逼他下野乃是早有预谋，若不下野，白崇禧定会堂而皇之地以"讨逆"的名义与他兵戎相见，而他一旦落处在武汉与桂系的夹击之下，后果将会不堪设想。此时如果无人出来救场，蒋介石就只好履行"诺言"，主动辞职。但他环视左右，在座的只有把兄弟何应钦可以站出来为他解围，给他一个继续留下来的台阶。因为如果何应钦主动出言支持他，白崇禧便不敢再肆无忌惮地继续逼他下野了，若再由何应钦说话转圜挽留，不仅使他有台阶可下，还会把桂系导演的这场"逼宫"闹剧一举化于无形。蒋介石屡屡以求助的目光向何应钦示意，可他万万没有想到的是，坐在身旁的何应钦竟装聋作哑，一言不发。蒋介石一气之下，咆哮着："好！好！好！我下野！我下野！"怒气冲冲地拂袖而去。随后，吴稚晖、张静江等人召开军事委员会议，想挽留蒋介石，何应钦却明确表态说："蒋先生是自己要走的，他走了会好些。"

散会后，蒋介石心烦意乱，在房间里来回走动，半小时后，让侍卫去请何应钦来。何应钦到了之后，蒋介石问何应钦对李宗仁、白崇禧的意见有何看法，何应钦慢吞吞地说："在当前形势下，我也只能同意他们的建议。"何应钦的回答让蒋介石深感失望，何应钦告辞后，蒋介石于当晚就宣布辞去国民革命军总司令等职务，8月13日在上海发表下野宣言，14日，偕邵力子、陈果夫、张群等及卫队离上海回浙江奉化老家。

蒋介石的此次下野虽然看似无奈之举，一时使他很难堪，但是从长远来看，却给了他"以退为进"的机会，蒋的下野，一方面可以使他扔掉北伐军兵败徐州这块烫手的山芋，另一方面，也有利于他进一步积蓄力量，以便将来东山再起。

陈果夫

蒋介石回到奉化住了几天，扫墓祭祖之后，便转道上海，带上如夫人陈洁如东渡扶桑，表面上好像不再置身政局，暗地里却派出心腹幕僚，北上鲁晋，西去武汉，与汪精卫、阎锡山等人议和，达成相互支持的默契。

而且，蒋介石下野之后，宁汉合作的局势并不乐观，武汉政府方面依仗南京暂时失利，企图大权独揽，而李宗仁、何应钦、白崇禧坐镇南京却不想让一分一毫，双方在很多问题上并没有达成共识。冯玉祥、李烈钧等也感到蒋的离职不利于南京政府和整个大局，于是电请蒋介石复职。曾默许桂系逼蒋下野的何应钦，没有了蒋介石这个靠山，内部一方面受到了亦感到蒋介石遥控的黄埔同学会的压力，另一方面也受到了李宗仁和白崇禧的排挤；外部不仅要面临不稳定的武汉军队，又要面对咄咄逼人的孙传芳敌军的威胁，仿佛肩上担子重了许多。8月中旬，南京政府的一部分将领诚惶诚恐地致电蒋介石，恳请蒋介石回南京主持军政事务。

然而蒋介石对何应钦默许桂系"逼宫"的做法感到非常失望，他不动声色地命朱绍良、曾扩情等抓住黄埔同学会，任命贺衷寒任黄埔同学会训练总队队长加紧对黄埔军的训练以备后用。其实此前当北伐军初到江浙的时候，蒋介石就曾通过黄埔毕业生，收编散兵和招收新兵，组建了7个补充团，用以扩充实力。蒋介石刚刚下野，李宗仁、白崇禧就打起了补充团的主意，向何应钦提出，为了加强战斗力，防止孙传芳部南侵，必须整编部队，建议将补充团的兵员、装备充实到各军当中。何应钦考虑补充团是蒋介石一手组建的，应该先征求黄埔同学会的意见。李、白便用激将法，说何应钦不能指挥黄埔同学会，何应钦一时逞能，下令撤销这七个补充团，充实到各军。蒋介石听说之后非常生气，责骂补充团的黄埔学生没有抵制，并说何应钦愚蠢，迁怒于他。何应钦考虑到北伐浙江、江苏时，他的部队一直殿后，没有显示出战绩来，因此打算调部队赴长江北岸前线作战。何应钦部下朱绍良赶忙找到何应钦，说明桂系有野心，不要被他们利用，又说蒋介石下野前曾经秘密指示黄埔同学会，要他们加强团体，保存实力。可见蒋介石并不是真的打算隐退。而是在等待时机东山再起。何应钦这才如梦初醒，连称："差点上当！"他赶忙改变了计划，把部队集中在沪杭线上。

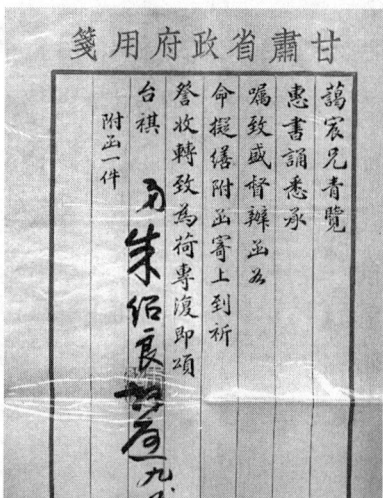

朱绍良致盛世才的信

8月14日，何应钦、朱绍良释放了第10军政治训练处主任甘嘉仪，但是和他一起被抓的第10军军长王天培于却在9月2日深夜被害于杭州拱宸桥丛冢中。前面已经说过王天培和何应钦有过私仇，那么就很容易推断出杀死王天培的人就是何应钦，或者是受何应钦所使。但是何应钦并不是以个人的名义发出的杀害王天培的密令，而是以军委会的名义发出的。因为是蒋介石下令抓的王天培，所以一般人都会认为王是被蒋介石所杀，却不知道是何应钦借了军委会的刀除掉往日仇人，在何应钦貌似忠厚、迟钝的外表下，终于露出其阴险狭隘的另一面。

第二节 龙潭建功

蒋介石黯然下野后，何应钦与李宗仁、白崇禧组成军事常务委员会，集体领导国民革命军，共同执掌国民革命军军事大权。

而孙传芳、张作霖等军阀看到蒋介石下野之后国民党军政内部的矛盾与纷争，遂蠢蠢欲动，秘密商定由张作霖部遏制冯玉祥、阎锡山，孙传芳部南渡长江，与唐生智南北夹击南京国民政府军。

何应钦也估计到北洋军阀部队势必趁蒋介石下野之际反扑，早在1927年8月12日就命令第1军、第6军、第17军各师在宝应、高邮、六合、天长等地，部署攻势防御。15日，为增加防区作战力量，何应钦将第1路军分为3个防区，分别由曹万顺、刘峙、赖世璜任指挥官。

8月16日，何应钦、李宗仁、白崇禧以军委会名义通令各军：

> 此次蒋总司令宣布辞职，中央已议决慰留。在蒋总司令未回任以前，一切军政军令，即由本委员会负责处理；各部队仍隶本委员会统一指挥之下，努力革命工作，胜利终归吾党。望饬属一体遵照，此后无论何部调遣，悉听本委员会命令，不得擅自移动。

考虑到敌军步步向南入侵，军委会命令所有前线部队，全部撤至长江南岸，利用长江天险守卫南京等要地。同时何应钦、李宗仁、白崇禧亲自出征，何应钦的第1路军担任乌龙山以东长江下游一带防备；白崇禧的第2路军在安徽东部，防御在皖北敌军，同时警戒长江上游地区；李宗仁的第3路军担任南京附近防御津浦路敌军的防务。

此时南侵进军顺利的孙传芳已经急不可耐，他顾不得召开联军军事会议便自行决定指挥主力部队渡江作战。孙军共6万人，兵分三路：第一路从浦口附近抢渡长江，进攻南京；第二路从大河口附近抢渡长江，占领龙潭车站附近高地，会攻南京；第三路进攻镇江，牵制在上海的北伐军。海军杨树庄则表示严守中立，既不帮助孙传芳，也不帮助蒋介石。

为减轻来自武汉方面压力，李宗仁赴九江参加汪精卫、谭延闿等在庐山召开的会议。会上，李宗仁陈述蒋介石已下野，宁汉应全力台作，共同北伐，特别是武汉政府唐生智的部队应停止东进，使南京政府军队能够集中力量讨伐北洋军阀，汪精卫同意派谭延闿、孙科一起赶到南京，与南京国民政府共同商讨合作大计，但手握重兵的唐生智却无视汪精卫的决定，坚持把部队开到芜湖。

李宗仁在与谭延闿、孙科乘坐军舰返回南京的过程中，舰途经芜湖江面的和县境兔耳矶时，发现近百艘帆船从北岸驶来，李宗仁看清是孙传芳的联军，急忙命令用炮轰击，前来接应的陈调元也命令该轮船上的士兵用手提机枪扫射，经过几个小时的交战，才击溃敌军。

李宗仁回到南京之后，顾不得向南京方面汇报庐山会议情况，便急着命令胡宗铎率第19军速去兔耳矶，立求把已经渡过长江的孙传芳联军全部歼灭。根据与北洋军作战的经验，李宗仁判断孙军在兔耳矶强渡实际上是佯攻，本意吸引北伐军主力防守长江上游，然后乘下游防务空虚之时从长江下游渡江，于是命令夏威率第7军总预备队的8个团迅速调到东部，在乌龙山后方集结准备迎击敌军。

果然，孙传芳部的试探性渡江失利后，十分不悦，决定集中主力部队从长江下游强行渡过长江。1927年8月25日夜，孙军力图牵制、切断北伐军左右两翼的部队，命令一部分军队由望江亭、划子口、大河口三处，强行突破北伐军在乌龙山、栖霞山及龙潭一带防线；同时命另一部自八卦洲、十二圩等地向燕子矶、笆斗山、镇江奔袭。孙军渡江时，虽然遭到阻击，但还是突破了北伐军的防线，占领了龙潭车站和车站附近之高地。随后孙军借着北风浓雾，强攻乌龙山、栖霞山阵地，经过激战，北伐军大

乌龙山风光

部分阵地被敌军攻陷，幸好这时夏威率第7军的8个团及时出击，才夺回栖霞山的一部分阵地，这时何应钦也派出南京警备师的一个团协助夏部攻击敌军。

敌军占领龙潭车站，切断了沪宁交通线，龙潭以东的北伐军无人指挥，形势十分危急。恰巧白崇禧前往上海筹借军饷，但因与上海商界会商，没能在本打算的1927年8月25日下午四时乘专车离开上海回南京，而是改坐当天午夜的专车，车刚到无锡的时候，前面的煤车因孙军破坏铁路而出轨，白崇禧从无锡下车，得知龙潭车站失守，于是电令驻扎在京沪线东段的第1军第14师卫立煌率部夺回龙潭车站，同时电令在沪杭线上的第1军各师火速驰援卫立煌。被蒋介石控制的第1军各师原打算遵照蒋介石的训示"保存实力"，但大敌当前，南京危在旦夕，大多数人认为此时应与桂系军队团结一致，打败孙军，守卫南京。经过第1军的一直努力，北伐军于8月26日早晨夺回龙潭车站。

孙传芳这时决定破釜沉舟、孤注一掷，亲自过江指挥，并令渡船撤回北岸，断了自己的后路。1927年8月28日晨，孙军趁北伐军的援军还未赶到，发动凶猛的攻势，再度占领龙潭车站。得势之后，孙传芳到龙潭水泥厂坐镇指挥，由于联军势众，北伐军抵挡不住，栖霞山阵地失守，北伐军不得已后撤至南京城外麒麟门一带。

李宗仁对素能打硬仗的第1军此次作战战斗力脆弱十分不解，于29日清晨乘车到第1路军总指挥部拜访何应钦。到了何应钦的指挥部，一见到处都显示出要转移、撤退的架势，李宗仁严肃地说："现在战局这样紧急，首都存亡所系，你不能一走了事！"何应钦却说："德邻兄，我的军队打不得了呀！你看栖霞山两得两失，还都是你的军队夺回来的！"李宗仁一听何应钦这句话，脸一下子就拉下来了，他辞色俱厉地对何应钦说："敬公，你真要走，我可对你不客气了……在这紧要关头，你一走，必然影响民心军心，南京守不住了……"何应钦见李宗仁说得如此严重，似乎也意识到守卫南京的意义，连忙吩咐副官道："不走了，不走了。叫他们搬回来。"

何应钦随李宗仁来到军委会，仍然不肯以第1军为主力，说第1军作战不力，要第7军、第19军为反攻孙军的主力，李宗仁答应他的要求后提出第7军和第19军补充子弹需要，要何应钦从南京库存的七八百万发子弹拨60万发子弹给两军，何应钦嫌多，只答应给30万发，李宗仁觉得何应钦真不愧有"何婆婆"的绰号，在战局这样紧张的时刻仍然这样小气，实在可笑。

1927年8月29日，何应钦、李宗仁共同电告白崇禧，约定30日从东西两面同时进攻在龙潭的敌军。然后，何应钦率军到麒麟门督战，收容撤退的部队，溃退官兵见何应钦率部队增援，信心顿增，很快占领了白虎山，夺回了东阳镇。这时第1军第1师、第3师等部队，也到达龙潭附近。李宗仁也急调第7军第1、3师及第19军沿铁路、江边向龙潭西北部挺进。

8月30日，北伐军按照预定计划从东西两侧进攻龙潭，两军在龙潭周围的黄龙山、青龙山、大石山、雷台山等阵地展开激战，由于北伐军多处位置偏低，每战强行仰攻，伤亡重大。早晨四点，敌军集中部分主力部队，向第1军阵地猛攻企图打退北伐军，遭到北伐军的极力反抗未能得逞。随后敌军又扑向第21师第63团的刁家桥阵地，右翼渐渐感到兵力不支，何应钦急令从到达仓头镇附近的第58团中抽出一营增援刁家桥，其余协同第4、8两团，攻下山口村、正盘山阵地。敌军倚青龙山、黄龙山地势险要拼命反攻，被北伐军各军协力打退。此时第1军在南京的部队，都在龙潭战场激战；第7军第1、3两师攻占蒋洲后也向龙潭发起攻击，敌军已经处在北伐军的三面包围、夹击之中。敌军在黄龙山、青龙山、虎头山、七星洞阵地顽抗，北伐军奋勇冲击，至午后二时，北伐军已经占领青龙山高地，虎头山、七星洞一带高地。随后两军激战于黄龙山、小山、雷鼓台一线各阵地，这时海军以炮火支援，北伐军士气大振，在午后三点攻占黄龙山，五点拿下龙潭，敌军溃退至长江岸边。孙传芳见形势危急，登上小汽艇逃命。

这时孙传芳仍不甘灭亡，决定做垂死一战，于8月31日早五点向龙潭车站和水泥公司发起猛攻，何应钦亲自指挥北伐军迎击，命令第 7 军一部分兵力从龙潭沿铁路攻击侵入水泥公司的敌军，激战三个小时，敌军溃败，向花家荡、常天寺、少洲田、西老圩、舟子桥一带逃遁。到下午两点，龙潭、柴洲敌军被全部歼灭。此次战争史称"龙潭之役"，参加战争的孙传芳部 6 万军队，死伤 2 万多，被俘 3 万多，还有少量溃逃，北伐军缴获各类枪 4 万支，这就是何应钦后来经常提起的"龙潭大捷"。龙潭大捷

孙传芳肖像

是何应钦一生中引以为荣的得意之作，也是他与白崇禧联合指挥、精神上偕同的战果。

对于蒋介石而言，虽然何应钦在桂系"逼宫"行为中有默许、推波助澜之嫌，但何应钦率领的蒋记黄埔嫡系仍然效忠于他蒋介石，何应钦本人也没有想要与蒋介石一刀两断，所以，龙潭获胜当天，何应钦向蒋介石报捷。蒋介石评论说："此役关系首都之安危，革命之成败，在国民革命军战史上实占重要之地位，战斗之激烈，可与棉湖、松口、汀泗桥、武昌、南昌诸役相当，或且过之。各将领深知此役关系之重大，均能奋不顾身，何总指挥之果毅杀敌，夏师长之督攻黄龙山，刘峙师长之头部受伤，卫立煌师长之落水不顾，均能表现军人奋斗精神也。"

1927 年 9 月 2 日，南京政府军事委员会下令第 1、3 两路军的一部分并分为右翼军、中央军、左翼军三路，渡过长江，分别向淮、扬、盐、阜及津浦路沿线前进，对孙传芳残部进行追击。9 月中旬，为了表彰何应钦指挥龙潭之战有功，南京政府特赠予何应钦"捍卫党国"的奖旗一面。

9 月 17 日，南京、武汉、上海三方面代表在上海开会，决定

在宁汉合作初步达成的基础上，成立国民党中央特别委员会，改组国民政府和军委会，何应钦当选为军委会委员，也成为14人主席团的成员之一。

9月26日，何应钦将他手下的部队改编为第1、第9、第32三个军，由刘峙、顾祝同、钱大钧分别任军长，何应钦亲自任第一路总指挥。不久，国民政府军委会决定西征、北伐双管齐下，以何应钦、白崇禧的第1、2路军为北伐主力，李宗仁第3路军居中策应；程潜和朱培德的第4、5路军担任西征，讨伐在北伐中不服从命令的唐生智。

接到命令之后，何应钦于10月中旬令第1军、第9军、第17军、第26军分别在各个地方集结，准备对孙传芳的部队进行全面的追击。11月初，为了便于与冯玉祥的东进部队一起夹击徐州孙传芳军，何应钦在滁州前线指挥第1路军各军北进，接连攻克明光、临淮关、凤阳等地。11月中旬，第1路军经两小时激战，又攻克了蚌埠。12月初，何应钦又率领第1路军，从蚌埠、临淮关、宿迁等地，会同从西面向徐州进攻的西北军，围攻徐州，经过近一周的争夺，北伐军和西北军占领徐州，孙传芳军败退。

正当何应钦庆幸桂系"逼宫"成功、取得龙潭大捷、信心大增、踌躇满志的时候，才几个月的时间，蒋介石又像神话似的重新登上政治舞台，只是何应钦没有料到的是，蒋介石复职后的第一个动作就是针对他而采取的。

第三节 "因功"降职

其实，在下野之后蒋介石就影射何应钦没有起到维持蒋记黄埔系的作用，蒋介石在1927年9月20日发表的《告黄埔同学书》中指出，北伐失败的第一个重大的原因就是黄埔系的全体同学意志不能统一，精神不能团结，有些人不顾团体的重要，只逞私人的意气，同室操戈，自相残杀，还感慨说清党难，清心更难。在蒋介石的话里这不清心的人，何应钦也算一个。然而，反应迟钝的何应钦竟然未能听出蒋介石的弦外之音。

蒋介石从日本回到上海，寄住法租界吴忠信的寓所，12月，当蒋介石准备复出的时候，冯玉祥、阎锡山都发出了拥戴蒋介石复职的电报，只有何应钦迟迟没有发出。蒋介石非常不高兴，他给何应钦的部下李仲公写了一信，让李仲公到上海来谈话。刚一见面，蒋介石就开门见山地问李仲公："你见到敬之了没有？"李仲公回答："听说敬之已经到上海来了，但还没有见着面。"蒋一听何应钦就在上海却没有来见他，更为不高兴，声色俱厉地说："现在冯焕章（冯玉祥）、阎百川（阎锡山）都发出对我的拥戴电，他何敬之为什么还没有所表示？你去问他：他究竟安的什么心？他究竟有什么打算？"李仲公见蒋介石有些气恼，知道事情不妙，连忙替何应钦解释说："敬之对介公一片忠心，他哪会有什么打算？只是他这个人在政治上反应迟钝，是一个不叫说不敢说，不叫动不敢动，只知勇敢作战、埋头工作的人，我立刻就去找他，保证明天您就能看见他对您的拥戴电。"蒋介石说："你去告诉他，不要麻木不仁。"

李仲公来到环龙路何应钦的住宅，告诉何应钦蒋介石让他来上海的目的，说明蒋介石在等着看他的拥戴电，并问何应钦："他专等第一军将领们的拥戴电以便入京，冯玉祥、阎锡山都发了，你为什么还没有发？"何应钦却说："我就不像他那一套独裁专制的作风，以第一军的名义发拥戴电，我得先问一问刘峙、顾祝同等前方将领的意见，因为他们的复电还没有到，所以还没有发。"李仲公见何应钦如此不开窍，又不好直接跟他说蒋介石问他"打什么主意"的话，便耐心地劝道："他上次因健生（白崇禧）逼他走你未曾支持他，已经对你不满了，你这样做，岂不更增加了他对你的疑心，说明你与白崇禧是同谋么？黄埔军是他的命根子，你发电还要征求将领们的意见，这个理由，怎好拿去回复他。我看，你今天必须把电发出才好，否则，他决不会轻意放过你的。"何应钦这才听了李仲公的话，考虑了一阵，不由得叹息一声，苦笑一下，才慢吞吞地说："好嘛，那就请你代我拟个电报发出去应付他老蒋吧。"

12月20日，何应钦与鹿钟麟、刘峙、顾祝同、夏斗寅、庞炳勋等将领联名，发出拥蒋复职的通电，电报说：

> ……当此徐州克复，顾瞻前途，难安缄默，认为当务之急，首在完成北伐；欲完成北伐，必须统一指挥；果使军事胜利，军阀悉除，则对外一致力争，不难废除不平等之条约；对内各抒所见，亦有从容讨论之可能；党国兴亡，关键系此。用谨以至诚，请蒋总司令以党国为重，总领师干，东山再起，完成北伐，更盼各方面同志一致敦促，俾军事指挥，早归统一……

何应钦的通电发出去后，1928年1月4日蒋介石离开上海赶到南京，1月7日，通电宣告恢复国民革命军总司令职务，负责筹备四中全会事宜。就这样，蒋介石在下野5个月之后，在英、美两国势力的支持下，在国内各派势力的妥协下，奇迹般地复出了。2月7日国民党召开第二届四中全会，何应钦仍当选为军委会常务委员，这时何应钦一颗悬着的心才算彻底落到肚子里，他以为没事了，李仲公也认为既然何应钦发了拥戴蒋介石复职的电报，应该会得到蒋介石的谅解。

谁都没有想到的是蒋介石在并未告知何应钦的情况下，就在2月9日去了徐州，第二天就让陈立夫带信约已任交通部次长的李仲公和交通部部长王伯群一起到徐州面谈。李仲公料定蒋介石约他肯定仍然是为何应钦的事，急忙赶到斗鸡闸寓所与王伯群商量对策，两人正谈着，忽然接到王文湘从成贤街何应钦住宅打来的电话。王文湘说不知道为什么，他家住宅周围的护卫队突然都撤走了。过了一会儿，出城打猎的何应钦回来发现情况不对，也来找王伯群。

陈立夫前脚刚离开斗鸡闸，何应钦、王文湘就走了进来，看到恰好李仲公也在，王文湘气急败坏地说："大事不好，老蒋不讲交情，把我家的警卫全调走了。"何应钦十分恼火地抱怨说："老蒋对我究竟是什么意思？他昨夜到徐州去也不事先通知我，调我为总司令部参谋长也不与我商量，把我的面子都丢尽了，不管他要怎样，我决不接受，抗命就抗命，看他怎么处置我？"

王伯群、李仲公再三劝说何应钦不要如此在意，李仲公还有保留地说了一些蒋介石对何应钦不满的话，并耐心地开导何应钦："哪会有那样严重？你先不要着急，不要不冷静，即使他对你生疑，你们之间毕竟有段深厚的历史。他是个重感情的人，怎么会凭点疑心就处置你？今晚我要去徐州见他，尽力从中调停，希望能大事化小，小事化无。不过他的脾气你也知道，喜怒无常，刚愎自用，爱之如漆，恶之坠渊，是说得出做得出的。既然他还存在一天，你的实力还斗不过他，你就不能与他搞得过僵。还有他对你猜忌最不放心的是你与桂系的关系，你对此事往后须要善处。"王伯群也劝何应钦不要与蒋决裂，说："老蒋调你去当他的参谋长，虽不带兵，仅仅是一个幕僚长，一举一动又在他的眼皮子底下，但你也必须去，将计就计嘛。借此你可以与他重修旧好，冰释前嫌，韬光养晦，以待时机。青梅煮酒，闻雷失惊，难道这一套你还不会？"听了李仲公和王伯群的劝告，何应钦仔细地考虑了一下，无可奈何地长叹一口气，答应就参谋长职，还拜托李仲公在蒋介石那边多多为他周圆。

由于王伯群当时有病在身不能赶到徐州，所以李仲公独自到徐州见蒋介石，见到蒋介石之后，便假说何应钦队之前所谓非常的内疚，愿就参谋长职，一切听从总司令的安排。蒋介石认为何应钦只要就职就好，但仍然无法排遣自己下野一事的愤恨，越说越激动："你去告诉何敬之，不要打错主意，上次白

李仲公签名照

崇禧逼我，如果他说一句话，我何至于下台。他要知道，而且必须知道，没有我蒋中正，决不会有何应钦。他怕白崇禧，难道就不怕我蒋中正吗？这次的拥戴电，他竟迟迟不发，是何居心？现在桂系向北方大肆宣传，说我已不能掌握黄埔军队，能掌握的只有何应钦，他这样做，是不是故意替桂系撑腰，塌我的台，叫我对北方怎样说话。所以，我就来前方试试看，我究竟能不能掌握黄埔军。"蒋介石又重复说了几遍："没有我就没有他，他必须知道。"又突然厉声喝道："叫他滚出国去罢，看我离了他行不行！"李仲公见蒋介石越说越气，知道蒋因为下野之事对何愤恨到了极点，赶忙尽量说何应钦"不懂政治，不认识革命环境，头脑简单，行动迟缓"，并用了一个比喻说："敬之跟随你多年，他的个性你当然知道，他对你确是忠诚不二的，不过，由于才庸性缓，譬如：他是你的两臂，一举一动，本来是应该听头脑指挥的，而他也确实是听你的命令的。但受了才力的限制，你命令他两臂同时动，并在一定的时间内向着一定的方向达到一定的距离，他动是动了，却只动了一臂或者两臂都动而动得极慢，甚至有时迷失了方向乱动起来；在这样的情况下，在他是以为听命的了，而在你则看他是不听指挥，甚至认为他是有异动的嫌疑了，然而他确是对你忠心的，这就是敬之近来行动失当和犯错误的病根所在。所以，我敢保证他是不会有异心，更决不敢有异心的。"经过李仲公这一番扬蒋贬何的比喻，蒋介石脸上出现了笑容，他语气平缓地对李仲公说："好，好，既然这样，你回去告诉他：我因离部队久，第1军的军风军纪日渐废弛，他可以在沪休养一下，等我把部队整理好，成立第一集团军，还是叫他回来随我北伐。"蒋介石说完还提笔给何应钦写了一封信，叙说他们在东征途中订下的生死之交，以及他对何应钦如何倚重信任，最后还以继承人相许。

李仲公回到南京之后，把蒋介石的亲笔信交给何应钦，尽量挑好听的对何应钦说，还隐瞒了蒋介石说得较为激烈的话，说明蒋还是信任他的，何应钦感到稍微心慰了一些，心情也没有那么糟糕了，随后也给蒋介石回了一信，表示对蒋"以报恩泽，虽肝脑涂地亦不悔"。为了给自己也找个台阶下，同时表示顺从蒋介石的意思，2月13日何应钦给蒋介石发出一封电报，主动请辞第1路军总指挥，电文如下：

> 钧座出巡，士气百倍，北伐完成，指顾可期。惟查第一路指挥之部队纵有十余军之多，作战正面縣互数百里，军运联络诸多不便。拟请将第一路各部队区分数路或数纵队，以专责成。所有各路或纵队即请钧座就近直接指挥；将第一路总指挥部撤销，则统一指挥之效可收，而应钦亦得仰体钧意，专心后方事务。统筹兼顾，计莫逾此，特陈管见，伏乞采纳施行。

这场隐藏在蒋、桂之争幕后的蒋、何争夺蒋记黄埔系领导权的争斗，最终以何应钦的失败而告终。虽然已经请辞了第1军总指挥的职位，还是得罪了蒋介石，何应钦心里明白，这一次自己一下子就失去了总领一线部队的权力，代价相当惨重。从此，何应钦在与蒋介石打交道的过程中更加小心，他深刻的体会到了"伴君如伴虎"这句话的含义，从此以后更加谨慎、对蒋介石是察言观色、唯命是从。但是也许是何应钦的秉性所致，他始终不能像陈诚那样，善于揣摩蒋介石的心理，慢慢地被蒋介石所重用。从另外一个层面来说，显赫的几仗已经打过，何应钦少了直接带兵的机会，大部分时间都是辅佐蒋介石管理、调动国民政府军，渐渐地失去了在军队中的威信，所以他在国民党军队中一人之下，万人之上的地位也逐渐动摇、丧失。

蒋介石接受了何应钦的辞呈，将原第1路军改编为第1集团军，自己任总司令，同时兼任北伐军总令兼，分别任命刘峙、陈调元、贺耀祖为第一、第二、第三纵队长。何应钦被"入壁夺符"，此一打击，对他有如当头棒喝。

但是毕竟与何应钦合作了这么多年，蒋介石这时并不是要把何应钦一脚踢开。他在敲山震虎，把何应钦镇住之后，又予以拉拢。不久，蒋介石命令何应钦任总司令部的参谋长，这样既削了何的实权，也表示留有余地。随后，何应钦怀着非常惊恐羞愧的心情，暂时告假两个月，在上海避居。蒋介石亲自赶到上海抚慰邀请，何应钦才半推半就地就任参谋长一职。何应钦和蒋介石是日本士官学校的校友，两人可以说是旧相识，蒋介石出任黄埔军校校长的时侯，就委何应钦任军校总教官。北伐开始后，蒋介石任总司令，何应钦则任以黄埔学生军编成的国民革命军第1军军长。第二次北伐开始后，蒋介石由命何应钦任第1路军总指挥。两人合作了这么长的时间，何应钦对蒋介石几乎是惟命是从，到头来却落得个贬职的下场。这前前后后的周折，使何应钦对蒋介石有了新的认识，也知道蒋介石绝不是好惹之人，在蒋面前更是加倍小心，事事察言观色，不敢有半点差错，生怕被反复无常的蒋介石再一次一脚踢开。在蒋介石和何应钦的宦海生涯中，这仅仅是一个小插曲，他们之间的密切关系，是国民党上层人士所熟知的。所谓"多年的媳妇熬成婆"，在国民党军队中何应钦素有"何婆婆"之称，谁能说这里面没有蒋介石的栽培之功呢？从何应钦在军界、官场的经历中，人们也可以看出蒋介石老辣的手段和唯我独尊的用人之道。

第六章
新军阀混战

第一节 裁军操盘手

一直对外寇挑衅手软的何应钦在面对起蒋介石的内部政敌来却又是另外一副模样。1928 年 4 月 7 日，蒋介石发表《渡江北伐誓师通电》，决定再次北伐。何应钦作为北伐军总司令部参谋长，留守南京指挥调度。

北伐军进军顺利，1928 年 5 月初占领济南，当时驻扎在济南的日本军队突然袭击中国军队，制造了济南惨案，杀害国民政府官员蔡公时等 17 人。蒋介石虽然非常生气，但并没有做过多的追究，而是命令北伐军绕道继续北伐。6 月初，蒋介石、冯玉祥、阎锡山、李宗仁四路北伐军联合在一起，直逼北京、天津，在北京的奉系军阀张作霖见大势已去，只好通电出关，带领自己的嫡系部队开到东北三省，6 月 8 日，北伐军进驻北京。1928 年 6 月 4 日凌晨 5 点 30 分，张作霖乘坐的专列经过京奉、南满铁路交叉处的三孔桥时，被日本关东军预埋炸药炸毁，张作霖被炸成重伤，等送回沈阳后，不治身亡，史称皇姑屯事件。张作霖死后，张学良经过一点时间的思考，决定归顺国民党政府。12 月末张学良宣布东北易帜，这一次北伐战争宣告结束。

北伐结束之后，全国各派系暂时得到统一。而这是摆在国民政府面前的最大的问题就是部队超编，军费开支过大，影响民生。蒋介石也想借裁军的名义大权独握，巩固、加强自己的嫡系部队，

张作霖

削弱、遣散各地方实力派，以逐步实现自己真正统一全国的目的。6月24日，蒋介石提出《呈请设立裁兵善后委员会文》，认为：

> 北伐已告完成，军事应谋结束，裁兵之举，斯其时矣。唯是一切善后敷施，经纬万端，既须有精密之规划，尤应有专责之机关，以期事半功倍，成效易于昭著。中正筹思所及，爰拟设裁兵委员会。由中央选委重要人员为主任，协同各部及建设委员会办理裁兵事宜……是会似应于最短期一月内筹备成立，切实进行，庶几化兵为工，可期早日实现。

同时，蒋介石、何应钦、宋子文等开始拟定《军事善后整理案》和《军事整理案》，开始大肆为裁兵造舆论，为自己的阴谋冠以实行和平建设、节省财政开支的名义。6月28日，宋子文、吴稚晖在上海全国经济会议上提出《请政府克期裁兵从事建设案》，通电全国对国民党各部进行裁兵。

何应钦自然不肯落后，准备接受蒋介石裁兵编遣重任的。此时何应钦虽失兵权，但毕竟是黄埔军校的元老，又是东征、北伐的主将，与桂系以及云南、贵州、四川等地方实力派关系也比较好，早已被蒋介石当做出任裁兵工作的合适人选，何应钦本人也不愿意放弃这个重获蒋介石信任的机会。何应钦明白，裁军工作虽然是富国强兵的好事，但不能得罪蒋介石，必须按照蒋介石的想法和意旨去办，否则自己便会像上一次一样没有立身之地。

6月30日，军委会举行"军缩会议"，何应钦在会上报告了军队状况，指出："全国现在收入大约50000万元，而每年200余万军队所耗军费约为80000万元，全部支付军费尚差30000万元，何况还有其他用途。所以应该缩减军队人数，以节省开支。"会上，何应钦还宣布了蒋介石关于裁兵的意见，其中包括取消司令部、统一训练、开垦土地等 11 项。

7 月 11 日，蒋介石召开汤山会议，冯玉祥、阎锡山、李宗仁、白崇禧等原地方实力派军阀到会。蒋介石在会上提出将要举行编遣会议，并请冯玉祥、阎锡山、李宗仁、白崇禧等参加。会上，蒋介石再次把裁军提到有关国家存亡的高度，提出《军事善后意见书》，指出：

> 拟分全国为十二军区：一、苏皖赣，二、闽浙，三、两广，四、两湖，五、四川西康，六、云贵，七、陕甘，八、鲁豫，九、燕晋，十、热察绥，十一、东三省，十二、新疆青海（外蒙、西藏当别定办法），每一军区所驻军队，以四万人至五万人为限。各军区长人选，由各集团军总司令与总指挥推荐，军事委员会审议，分别任命，每军区内裁兵剿匪，及一切整理军队事宜，均予军区长以全权，责令于一军以内办理完善，或疑军区制有分割地盘之嫌，则可明定军区长官不得兼任省政府主席，以杜把持政治之弊。

其实，各地方实力派大多都不太满意《军事善后意见书》中关于地盘的划分。因为冯玉祥的第 2 集团军占有陕西、甘肃、河南、山东，因未取得河北地盘，心中不满；李宗仁、白崇禧也嫌地盘太小，因为他们的第 4 集团军仅占据广西、湖南、湖北与汉口市；而蒋介石的第 1 集团军占有广东和较为富庶的华中地区；阎锡山的第 3 集团军也占有山西、河北、察哈尔、绥远和平、津两市，地理位置优越，物质资源都比较丰富。但是因为北伐战争刚刚结束，他们又不好挑明了说，只好暂时忍一下。他们估计蒋介石的裁兵必有名堂，准备看看再说。

7 月 20 日，蒋介石又提出《军事整理案》方案，具体为四条：

一、国防会议为最高军事统率机关，隶于国民政府。

二、国军之编成，一、二、三、四集团军及后方部队，先抽最精锐及立有战功各师，归中央直辖，先编六十师，再求精减为五十师。

三、编遣部队裁遣方法，另设国军编练部、宪兵编练部、警保设计部、工兵设计部及屯垦设计部等五部来接纳裁遣的部队。

四、军事整理，属于陆军如上述，海军从新建设，设航空局，兵工厂分两期整理，军事学校要统一设立且恢复军医、军需、兽医学校，整理现有要塞，政训部专任内部训练和教育士兵。

蒋介石虽然没有正式公布编遣方案，但是仅仅提出要开编遣会议，冯玉祥和李宗仁、白崇禧等久已经有了许多意见，他们不便明说蒋介石的编遣会议实际上是想削弱其他派系力量，增强自己实力，却十分抵触编遣会议，谈了一些意见。唯独阎锡山一言不发，对蒋介石表现的十分恭顺，一方面是因为从地盘划分上，他已占有晋、冀、察、绥四省和平、津两市，心里比较满意。另一方面，老谋深算、静观其变是阎锡山的一贯作风，即使遇到对自己不利的情况，他也不会采取与蒋介石硬顶的方式。所以待7月下旬蒋介石、李宗仁、冯玉祥等相继离平南下之时，阎锡山却虚晃一招，借口回家服侍生病的老父亲，在离开北平，路过石家庄到河南境内后，又折回石家庄，返回山西太原。

在蒋介石指示、督促下，何应钦等对经过对《军事整理方案》斟酌、修改，于8月7日提交给国民党中央常务委员会，并于8月8日向国民

党二届五中全会正式提出《当前军事整理方案》，8月14日，该方案勉强获得通过，共五项原则：

一、军令政令，必须绝对统一，军队必须十分完备，逐渐实行征兵制，破除个人为中心之调度与习惯。

二、全国军队数量，必须于最短期间，切实收编；军费在整个预算之下，至多不得超过百分之五十，而经理制度，更须统一。

三、军事教育，统归中央，各军各地方不得自设军官学校，及类似军官教育之学校；凡年富力强学识俱优之精壮军官，须调入陆军大学或专门学校训练，以统一其意志。

四、裁兵计划，必须与总理化兵为工及移民垦殖之旨，与第一次全国代表大会殊遇革命军人之议决案相合，与国家及人民之能力相应。

五、今后之国防计划，须发展海军，建设空军。

冯玉祥、李宗仁等虽对蒋介石、何应钦提出的方案有看法，但因尚未开始编遣会议，也不好多说什么。10月10日，何应钦任国民政府委员，10月末，何应钦与胡汉民等七人，讨论商议四川省的军政问题，选择四川为暂不实施编遣任务的云、贵、川三省的试点参加编遣，任命刘湘为川康裁编军队委员会委员长，刘文辉为四川省主席，要求两者合作完成对四川的编遣计划。

10月上旬，国民党中央执行委员会召开第五次会议，决定撤销军事委员会，成立军政部、参谋部、训练总监部，10月18日任命何应钦为训练总监部总监，何于是辞浙江省政府主席职就任训练总监部总监。

编遣会议前，国民政府开过几次非正式会议，讨论军队编遣问题。1929年1月1日，"国军编遣会议"在南京正式开会。蒋介石以国军编遣委员会长的身份致答词，作了《关于国军编遣委员会之希望》的报告，吴稚晖代表国民党中央致训词。会上发布的《国军编遣委员会开会宣言》强调了这次编遣会议的四大原则：一不偏私，二不欺饰，三不假借，四不中缀。

在 1 月 5 日、1 月 8 日和 1 月 11 日分别召开的的编遣会议召开前三次大会上，通过了《国军编遣委员会会议规则》、《国军编遣委员会临时秘书处组织规程》、《确定军费总额实行统一财政办法提案》等提案。

1 月 17 日，第四次大会通过了《国军编遣委员会进行程序大纲》，将全国分为中央直辖各部队、海军各舰队、第 1 集团军各部队、第 2 集团军各部队、第 3 集团军各部队、第 4 集团军各部队、东三省各部队、川康滇黔各部队 8 个编遣区。

1 月 22 日，第五次大会通过了《国军编遣委员会编遣区办事处组织大纲》，决定在全国各地设立南京中央直辖各部队编遣办事处等 8 个办事处。2 月中旬何应钦被任为中央编遣区主任。

在编遣会议讨论具体方案时，形成了蒋介石与冯玉祥针锋相对的局面，蒋介石抓住冯玉祥的提案只有少数人同意的机会，提出首先编遣第 2 集团军的计划，冯玉祥不服，冯提出第一集团军收编南北部队十余万人，人数最多，应该首先裁撤，第二集团军是在北伐中屡次建功的正规部队，如果收编的军队留下不裁，反而裁有功之臣，有欠公平。蒋介石说第 1 集团军也有编遣计划，并要何应钦详细说一下各军的编遣计划，何应钦支支吾吾说了些不很切题的话，并未提出具体编遣方案，冯玉祥非常不快。在蒋介石明确设立 8 个编遣区后，冯玉祥大声说："咱们刚刚打完仗，军队还没有复原，应该先暂时缓一口气，再进行编遣。"蒋介石不满地哼了两声说："对，对，并不是即刻就进行，不过我们应该先成立一个机构专门负责这件事。在我们这个会上只是讨论如何把这个机关组织起来，便于以后裁军的顺利进行，就算达成了任务。"散会时，冯玉祥满脸怒容地走出会场。第二天以生病为借口，不再参加会议了。蒋介石怀疑冯玉祥是装病，就派孔祥熙前去探望，表示慰问，孔祥熙走进冯家院子的时候，还听见冯在屋里大声和别人说话，但是等他刚一进屋，冯玉祥已躺在床上，蒙着棉被不住声地呻吟了。

1月25日编遣会议暂时告一段落。而这时冯玉祥、阎锡山、李宗仁等各派军阀也逐渐悟出了蒋介石的诡计，原来蒋介石是想让他们相互攻击，将来好坐收渔翁之利。编遣会议明显的偏袒第一军，会议的不公，使形式上刚刚统一的中国，埋下新军阀混战的危机。

第二节　中原大混战

1929年2月下旬，原来由李宗仁命令取代程潜任湖南省主席的鲁涤平，因为逐渐亲近将军而获得大批军火，这一举动引起桂系将领夏威、胡宗铎、陶钧等的不满，于是第52师、和第15师，突然袭击长沙，赶走鲁涤平，武汉政治分会抓住这个机会以"潜运军械，阴谋破坏"的罪名，撤免鲁涤平，由何键接任湖南省主席。这一举动使桂系正好中了蒋介石的圈套，2月22日，蒋介石派何应钦和李济深去长沙彻查"桂军侵湘事"，何应钦还特别对记者说国民政府这样做并无武力恐吓之意，完全是维护中央政府的威信。蒋介石与桂系在湖南的进一步矛盾加剧。

对于一直想吞并、消灭桂系的蒋介石来说这是一个绝好的机会，于是，蒋介石在3月26日以国民政府名义发布《讨伐令》，任命何应钦为总参谋长，朱培德、刘峙、韩复榘分别任讨逆军第1、2、3路总指挥，分几路进兵武汉。同时收买桂系将领俞作柏、李明瑞、杨腾辉做内应，桂系军队很快招架不住，撤出武汉。4月5日，胡宗铎、陶钧、夏威联名通电下野。5月初，何应钦按照蒋介石的命令赶到武汉，负责整理两湖"党务"和部队整编、训练。5月5日，李宗仁通电讨伐

何　键

"党贼"蒋介石，由此拉开了冯玉祥、阎锡山、李宗仁与蒋介石在中原和鲁西南混战的序幕。

在进攻桂系的时候，蒋介石曾鼓动冯玉祥的6个师参战，并承诺攻下武汉之后将两湖地盘拨给冯玉祥，而且任命他为行政院院长。5月14日，蒋介石在南京接见了从山东到江苏的杨虎城，将原属冯玉祥人总司令的第二集团军的暂编第21师，改隶于蒋介石任总司令的第一集团军新编第11师，不日改为新编第14师，杨仍任师长，其供给经费改由军政部拨给。

可是，收复两湖之后，冯玉祥见蒋介石对所承诺的事只字不提，十分愤怒，把原驻山东的孙良诚部及在河南的冯部军队，全部西撤。冯玉祥在华阴召开军事会议，公开表示要反蒋。并计划在排兵布阵之后，先逼迫阎锡山表明态度，一同反蒋，假如阎锡山不肯从命，就先打到山西，再去进攻蒋介石。

蒋介石则一面准备与冯玉祥开战，一面企图收买冯玉祥的将领韩复榘、石友三等人。据邓哲熙回忆，蒋介石"用国府的名义下令讨伐冯玉祥后，阎锡山由太原电冯，劝他出洋，自己愿意陪同出国。冯接阎电，随即通电下野。……但反蒋这口气没有出，于是派邓哲熙、曹浩森（冯的参谋长）到太原找阎，希望阎共同反蒋。……而阎闪烁其词"，反而"约冯过河到晋面谈"。蒋介石还企图用3月31日在南京城郊汤山诱骗、囚禁李济深的说法，邀请冯玉祥入京"议事"，被冯玉祥识破他的阴谋，集结重兵准备应战。5月22日，何应钦从武汉回到南京，向蒋介石报告两湖党务整理情况与军队状况，然后在对记者的谈话中，污蔑冯玉祥，说冯玉祥破坏平汉、陇海铁路，是为了阻止中央政府军的进攻，并勾结苏俄，接受他们枪械弹药的援助，同时构筑坚固的防御工事，准备长期与政府军对峙。

在惯于玩手腕的蒋介石的策反下，冯玉祥部将领韩复榘、石友三、刘镇华、杨虎城、马鸿逵等相继倒戈，冯玉祥部的作战主力涣散，无力与蒋军对抗。内部倒戈，冯玉祥的西北军的声威大落，悉数撤退到了潼关，闭关自守。5月23日蒋介石操纵国民党中央常务会议，决定将冯玉祥永远开除党籍，并且革除他的一切职务。由于内外压力所迫，冯玉祥在于 5 月 27 日通电宣告隐退，解除兵权，混战暂告停止。而蒋介石还不罢休，拟让阎锡山劝冯玉祥出洋。

短暂的内部混战结束之后，蒋介石、何应钦决定继续落实编遣计划。1929 年 6 月 13 日，国民党召开三届二次全会，会上通过了《继续执行编遣会议决议案》。

6 月 25 日，国民政府委派阎锡山为"西北宣慰使兼办军事善后事宜，护冯出国。"当天，阎锡山当即复电给南京的赵戴文，决定"偕冯出洋"。

26 日，阎锡山又"与冯玉祥联名通电出洋，并另再电请中央开去本兼各职"，电请国民政府开除本兼各职以便随冯出国考察。同日，还"上蒋总司令宥有电——冯因病未克赴平"，电文称："……焕章既未克行，山拟俟稚晖先生及孔、赵两部长到晋见面后，即行赴平，晋谒钧座，报告一切。谨肃奉复。"

蒋介石 6 月 25 日到达北平，分电阎锡山与张学良到北平会晤。一见阎锡山主动请求出洋，蒋介石于是假意挽留，派代表孔祥熙、吴稚晖、赵戴文赴太原会晤阎锡山，劝阎锡山不要出洋。行前，吴稚晖致电阎锡山，文曰："太原阎总司令勋鉴：坛密敬恒等于今日下午五时随蒋主席抵平，宥晚敬恒等三人，由平起身来晋，敬述一切，驰电奉闻。吴敬恒、赵戴文、孔祥熙同叩有印。"次日，阎复电表示欢迎，说："北平总部行营转吴稚晖先生、孔部长庸之兄、赵部长次陇兄钧鉴：密有电诵悉。骀从枉顾，至表欢迎，均径以待，伫盼高轩。阎锡山宥辰印。"

6 月 28 日，吴稚晖等到达太原，劝阎勿出洋并到晋祠慰问了冯玉祥。同日，阎锡山"与吴敬恒等联名致中央执监委员俭电——请免对冯之处分。"文曰："北平蒋主席转南京中央党部执监委员钧鉴：树密此次于豫鲁撤兵，冯君玉祥养病华山，消息阻滞，部属未明真相，或不免有怀疑误会之处。锡山近在邻省，见闻较确，敬恒等衔命抵晋，与渠面谈，尤能深自怨艾，实属深明大体。值

吴稚晖书法对联

此党国初建，渴望和平，冯君既已解除兵权，愿即出洋游历，钧部当必俯念前勋，崇尚宽大。拟请将其前之处分，咨照国民政府即予免除。将来报告全体会议，以示笃念勋劳之意。谨合词电恳，伏乞垂察为幸。吴敬恒、孔祥熙、赵戴文、阎锡山叩俭印。"作为说客，吴稚晖等人奉蒋介石之命到晋具体"敬述"了些什么，结果如何，虽未见文字记录，但从此前此后及诸多电文中，都可窥测出是与蒋、阎、冯之间相互争斗之事有关，与阎、冯下野出洋有关。

6月29日，阎锡山行以退为进之策，以个人名义单独给蒋介石发出了"艳午电"——"同去为免战祸，编遣可除割据"，电文称：

北平蒋总司令钧鉴：

树密稚晖、庸之、次陇诸同志来晋，备聆钧谕，谆谆以勿轻言去为嘱。惟锡山尚有愚见，谨为我钧座披沥陈之：（一）西北军善后事宜，如无人主持，必致横生枝节，此点为钧座所荩虑，锡山亦熟筹之矣。山不去，是使其部下认此次为骗局，因疑生惧，铤而走险，战祸即在目前。此时如遴派一冯部所信任之军事大员前往，将中央对彼谅解之意，剀切说明，加以优遇，以安其心，使之真认识此后为中央直辖部队，不生其他疑虑，再按照编遣会议办法，实行编遣。锡与焕章同行，对于焕章不失信，其部下自能安心，善后自易着手。（二）国家统一，舍军权集中，别无他法，各集团军化整为零，始能免除割据之患。且非化整为零，不能消灭反对者利用之目标。反对者利用之目标消灭，以后则反对者皆变为赞助者矣。故为现在军事计，为将来立国计，均当如此。如虑编遣未实行以前，不免有小部分发生纷扰，然此不过社会上稍感不安，决不至危及国本，轻重权衡，间不容发。现在军队认识主义与国家均有相当程度，未可以旧日之例推测将来。山若不去，焕章亦不能成行，反动者正好利用之也。并及鉴察，发电后即起程赴平，先此电陈，请容面禀。阎锡山叩艳午。

6月30日，阎锡山携跟随自己多年、能言善辩的交际处长梁汝舟等来到北平，与蒋介石晤谈了两小时，说明冯玉祥出洋的决心及本人必须陪同出洋的理由。当时的情形是阎锡山唱主角，掌握了主动权，就像梁汝舟所述："这时蒋明知这是一出戏剧，但是也不能不上台参加。"接着，阎锡山托说自己病得不轻，住进了法国医院，蒋介石亲自到法国医院来慰留、劝阻。于是，阎提出"先编遣，后出洋"的主张，并有电文称："我办三区编遣，二区编遣由筱山（石敬亭）、瑞伯、兰江（刘郁芬）任之。"经过一段时间的周旋与讨价还价，阎锡山才接受了蒋介石的慰留而戏剧遂告落幕。

7月11日，阎锡山离平返晋，而实际行动中，却在此后的半年时间内，秘密地导演了由挽禁冯玉祥到联合冯玉祥及其他一些有反蒋图谋的地方军政要人，发动了一场举世闻名的中原大战，亦即阎冯倒蒋大战。

1929年7月16日，国民政府军队编遣委员会常委会决议在8月1日召开编遣实施会议。8月1日，国民党军队编遣实施会议在南京召开。身为国民党中央党部代表的胡汉民发表了《实施编遣为国家民族生存之大道》的训词，他认为，编遣会议开过7个月仍然没有切实行动的原因是"由于中央要实施编遣，而有一部分带兵的，自摒于革命阵线以外，不肯奉命去实施，而作最后的一逐，于是形成事变，耽搁了编遣"。此次会议上，蒋介石表示会后一定要实施编遣。

接着国民党还通过了《国军编遣各部队裁留标准》、《国军编遣委员会点验实施规则》、《国军编遣委员会实施编遣惩奖条例》、《陆军编制原则》、《国军编遣委员会安置编余官兵实施办法》、《国军编遣委员会编余官兵分遣办法》等条例。8月6日编遣实施会议召开闭幕式，蒋介石宣读了《编遣实施会议闭会宣言》，把对编遣会议的决议案实施与否提到"革命与反革命"、"革命与假革命"的高度，再次强调编遣军队的重要性。

但是，蒋介石高调召开编遣实施会议并不能掩盖各派新军阀势力间的矛盾，反对蒋介石集权、裁兵的战争不断发生。其间，蒋介石是冯玉祥为眼中钉肉中刺，必欲除之而后快，一度采取刺杀行动，要从肉体上消灭冯玉祥，而派去具体执行刺杀冯玉祥的指挥者就是何应钦。

1929年秋，蒋介石令调杨虎城率新编第14师由山东到河南，驻防南阳一带，并委杨虎城为南阳守备司令，统领南阳府各县行政、钱粮，继又委任杨虎城兼任讨逆军第7军军长。

正当山雨欲来风满楼之际，何应钦忙于替蒋介石奔走，又冒出了一件痛心之事。9月15日，何其敏在兴义老家去世。何应钦得到消息之后，准备回到贵州奔丧，向蒋介石提交辞呈。由于当时蒋介石与冯玉祥、阎锡山的矛盾加剧，正在筹划战备，身边少不了何应钦这个左右手，于是，蒋介石亲自到何应钦的住处来慰问，"勖以移孝作忠"，并退还了辞呈，让何应钦在南京祭奠，"以尽孝思即可，不必拘丁忧旧制，使党国蒙受影响"。何应钦很是无奈，就打消了为父奔丧之念。

身为人子，当年母亲去世未能奔丧，而今父死又不能回家奔丧，何应钦唯恐因此被讥于时，特派人往访戴季陶、胡汉民。正好戴季陶不在南京，只找到了胡汉民。胡汉民以元老加长辈的身份建议，中华民国的正式礼制尚未颁布，守制之丧服亦没有规定，不如择一简朴而能示哀思悼念的形式来祭奠亡者。何应钦颇为重视"忠孝两全"，不愿大操大办丧事，因而依"礼与其奢也宁戚"

的古训，以极为简单朴素的形式在南京守制行礼。

10 月 10 日，西北军将领宋哲元、石敬亭、孙良诚等 28 人联名通电，推举阎锡山为总司令，冯玉祥为副司令，从潼关出关讨伐蒋介石。对此，蒋介石一面利用唐生智与冯玉祥之间的矛盾，要唐部攻打冯部。另一方面，又令何应钦往开封前线指挥作战。10 月 14 日，蒋介石任命何应钦、唐生智为第 1、2 路总司令，讨伐西北军。何应钦离开南京，赴开封行营，指挥整编为 13 个师的原第 1 集团军及收编桂系及各地方武力约 12 个步兵师，抵御阎、冯联军的进攻。

10 月 26 日、27 日，是预定在南京公祭何其敏的日子。26 日，何应钦赶回南京。他此番移孝作忠，夺情为蒋，蒋介石大受感动。蒋介石领衔，率谭延闿、胡汉民、戴季陶、林森、古应芬、于右任等人组成治丧委员会，"开吊之日，素车白马，哀荣一时称最"。各军政要人的挽联、像赞布满灵堂。蒋介石为何父题写了像赞，赞其"兴学造士，练团卫州。革命军起，命子相投，曰毋内顾，党国是忧。子唯而出，十葛十裘，功垂竹帛，伊吕与侪。遗像清高，光动斗牛"。既溢美了死者，也称赞了何应钦。

10 月 31 日，何应钦、方本仁抵太原，敦请阎锡山就任南京政府委任的陆海空军副司令，并商议解决西北军事问题。据阎锡山的高级

隶书七言联（胡汉民）

将领、当年曾经负责接待来晋的重要人物的阎部炮兵司令周玳回忆，1929 年，"冯玉祥入晋后，蒋介石又怕阎冯结盟倒蒋，于是今天派张群、吴铁城等要员携带巨款入晋拉阎，明天封阎当什么'陆海空军副司令'，想让阎把冯驱出山西，使互有猜忌的阎、冯彻底决裂，但阎总不为所动。"这说明号称"乱世野狐"的阎锡山似乎不吃蒋介石封官许愿、重金收买那一套。

在太原，何应钦被阎锡山安排住在傅公祠。查《冯玉祥日记》，1930 年 2 月 28 日记载："……下午三时，抵太原北门外车站。……直驶傅公祠下榻。间壁即山西省党部。未久前，曾接待何应钦，吴稚晖在也。三点，送百川回寓所。……。盖傅公祠，为傅山（青主）故居，傅精研岐黄，隐居不仕，有道德，有文章，为晋人夙所崇拜，故今日该祠已成为并市一名胜地也。"

据周玳的回忆文章所载，"一天，蒋突派何应钦带一营官兵和两台无线电来到太原，何在阎锡山的高级宾馆傅公祠住定，早去介休青龙山打猎，晚请阎的炮兵司令周玳共品野味，绝口不谈正事。偶忽会阎，亦为扯淡，缄口不谈正事。"

狡猾的阎锡山对何应钦的言行举止十分纳闷。过了六七天，阎锡山终于忍无可忍了，不由得叫来周玳，问道："敬之究竟此来做甚？"周如实禀报，说自己也一点也不知道。阎锡山就嘱咐周玳道："今晚吃饭时顺便问问他的来意。"

当晚，周玳照命行事，何应钦毫不掩饰地说："委员长让我和你们老总商量，把冯玉祥就地解决。"刺杀冯玉祥，周玳一听，惊得非同小可。饭毕立即去见阎锡山。

原来，何应钦赶到太原的目的就是代表蒋介石与阎锡山秘密商谈，以收买、拉拢阎锡山，刺杀对手冯玉祥。但是，从当时阎锡山暴露出来的种种迹象表明，何应钦此行任务比较艰巨，甚至于都很难完成。

翌日，何应钦即亲自去阎锡山，说明来意，而阎锡山不置可否，问："你打算怎办？"何应钦回答："让我带来的官兵换上便衣，冒充土匪，把他毙掉。"阎锡山一听，连连摇头，说："不行！

谁都知道山西没有土匪，这已不是一两天的事了。假借土匪，蒙（我）交代不了天下人之耳目。"这次谈话无果而终。

又过了两天，何应钦等得不耐烦了，又来找阎锡山，开门见山地说："假借土匪你不同意，那我就带队伍穿着军衣公开把他干掉，你就宣布是中央的队伍干的好了。"阎锡山又摇了摇头，不愿意冒天下之大不韪，说："这也是不行的！你们在中央这样干那倒使得，在山西，明人一眼就知道是蒙勾来你们干的。"

这样过了十几天，何应钦拿出来的方案，阎锡山总感觉不满意。何应钦在独自沉闷了约半个月之后，他悄悄地带着两名随从回了南京一趟。蒋介石听了汇报，决定口头上给阎锡山下一道"刺杀冯玉祥"的命令。

11月12日，何应钦返回太原，又去见阎锡山，说："我已把这里的情况向委员长报告了，委员长叫你执行，不用我办了。这是委座口令，非办不可！"阎锡山却说："你口说无凭，蒙不能接受。叫委员长给蒙来个命令，好对人有个表示。"

原来蒋介石的目的是一箭双雕，既想借阎锡山之手除掉冯玉祥，又想让阎锡山背上卖友求荣的骂名，在反蒋势力中失掉威信，为他日除阎创造条件，他当然不会下什么书名命令，授人以柄。

阎锡山终不肯灭冯玉祥，由此，何应钦完不成蒋介石交给他的刺冯任务，没有当成杀手，只好悻悻离去。何应钦此前就被刺杀过一次，只是命大，没有被刺死，此时却不知自己几年之后也成为了日本人两度行刺的对象。

阎锡山深知与蒋介石的决战在所难免，私底下曾对为他在冯、阎之间奔走、联络的心腹李书城、周玳等人，袒露自己的心迹，说："老实说，蒙和焕章（冯玉祥字）是唇齿相依的关系，蒙怎能看着他让蒋消灭？再说，反正咱也不能做不仁不义的事！"

阎锡山为了防"齿寒"而拒"唇亡"。最后，阎锡山老奸巨猾，思前想后，决定直接请求南京政府暂缓刺杀冯玉祥，于是，1929年11月26日，他发出一封电报："致赵戴文宥午电——请中央暂缓处分焕章"，电文称："南京赵院长鉴，希密，闻中央将下令处置焕章，希速谒介公千万缓办，俟我筹定办法再说，至要。山宥午印。"

不过，阎锡山不愧被称之为"乱世野狐"，总以自身的利益为重，最终，阎锡山被蒋介石开出的丰厚条件给收买了。蒋介石、何应钦分别在许昌、开封指挥，冯玉祥孤军作战，溃败而逃。

刚刚打败了冯玉祥的军队，广东张发奎又联合桂系军队讨伐蒋介石。于是，蒋介石就任命何应钦为广州行营主任，指挥何键、朱绍良及海军陈绍宽等赶到广东平息战事。12月6日，何应钦下令全线出击，在北江东岸各阵地与张桂联军开战，经过8天激战，击溃联军，收复广东及周边地区。

这时，石友三在浦口起兵，再次背叛蒋介石，而唐生智也心有不服，则于12月5日在郑州响应，通电反蒋，宣布就任护党救国军第四路总司令，于是，两军沿平汉线南下，准备夺取武汉。为了争取反蒋力量，扩大反蒋同盟，唐生智并委任杨虎城为其第一方面军总指挥，要杨虎城附冯、阎合击蒋介石。

杨虎城权衡数日，决定不附和唐生智反蒋，乃于12月9日电报蒋介石：唐生智变生，全军闻之，无不愤慨。现决定在淅川、西硖、内乡一带，酌留兵一部以资戒备，其余各部向南阳集中，除派专员与在洛阳坐镇指挥的何应钦切实联络外，拟着第1旅、第2旅星夜向驻马店开动，袭敌侧背，相机直取许昌，以期肃清唐生智部。又因唐生智将杨虎城列入其反蒋通电的西北军高级将领名单中，杨还在电报中否认与唐为伍反对蒋介石："至唐生智电列有虎臣之名，其为捏造假冒，固不待辩而且明也。"杨虎城率部向叶县、许昌、襄城推进，转而向南包抄偷袭驻马店。

12月中旬，何应钦返回南京后，蒋介石又命令他指挥河南南部的各军，讨伐唐生智。1930年1月1日，国民政府授予编遣、征战有功的何应钦一等宝鼎勋章。1月2日，何应钦指挥部队，冒着大风雪在豫西南军事重镇驻马店地区打败唐生智主力部队，其中杨虎城部攻克驻马店后的报捷："唐生智仓皇溃走，是役计毙敌一千余名，俘虏三千余名，步枪六千余支，大炮、迫击炮二百三十余门，机关枪八十余挺，截获火车三十余列，铁甲车二列，其他军用品无算"。此时北方还是隆冬腊月，滴水成冰，唐部饥寒交迫，无力再战。1 月 8 日派代表求见何应钦，1 月 9 日，唐生智通电下野，表示悔过。蒋军在豫西南大胜。

唐生智

到 1930 年 1 月底，广西方面桂军也已消灭 11 个团；张发奎部也受到重创；西北方面，其精锐各部也已经丧失殆尽，再也没有力量造反，将来可以用政治方法解决。而津浦路方面石友三也向中央保证，津浦通车完全没有问题。

2 月，蒋介石电令新编第 14 师改编为"中央直辖的陆军第 17 师"，下辖 3 个旅 9 个团，第 7 军军长杨虎城兼第 17 师师长，并授予杨虎城二等宝鼎勋章。

与两年前何应钦被削掉兵权，情绪低落相比，两年后的 1930 年年初，何应钦以其对南征北战、筹划编遣的兢兢业业，甚至"顾忠不顾孝"的工作精神，又重新得到了蒋介石的信任，在国民政府军高层总算是站稳了脚跟。

第三节 新任军政部长

1930 年 3 月 10 日，蒋介石任命何应钦接替冯玉祥出任军政部部长之职。也许当时何应钦自己也没有想到，这一职务会成为他任职时间最长的职务，何应钦作为国名党政府军政部长的时间长达 15 年。

军政部直接隶属于行政院，是国民政府军队的最高行政机关，掌管全国陆、海、空军行政，并直接受陆海空军总司令——蒋介

123

石的指挥。军政部下设总务厅、陆军署、海军署、航空署、军需署、兵工署、审核处，并在部长下设政务次长、常务次长各一人。军政部长虽然名位很高，却没有实际兵权，另外辅佐蒋介石管理、调动全国军队也有一定的复杂性，并不是一件容易的事。自从蒋介石第一次下野复出后就很少直接带兵的何应钦，接受这一任命时应该说是喜忧参半。

尽管如此，何应钦接到任命时情绪还是较为高涨，刚一到任他就发表了《就任军政部长对全体职员训话》的讲演，认为"武力是国家的生存和发展的唯一的保障"，中国之所以沦为半殖民地国家，不断遭受帝国主义的侵略和压榨，"就是因为没有足以保障国家独立的良好武力"。他进一步阐述说：

> 我们远远地悬一个很大的目标，就是如何能使全国的武力，成为本党的武力，民众的武力，国家的武力，而使此武力确能保障中国之自由平等。我们在军政部服务，绝对不宜存勉强敷衍的心理，我们要以全副的精神，集中在这一个目标上，时时刻刻的去想，时时刻刻的去做，要把军政部看作一个改良军政创造国家武力的机关，不要仅仅把它看作个办公事撑撑场面的机关。如果在军政部而仅仅存着一种随便应付的观念，就是不明白自己的责任。

何应钦在演讲中提出军政部的三点办事方针：

> 第一，要完全遵据总理的遗教，绝对奉行国家的法令。
> 第二，用人必须以人才资格成绩为本位，按照陆军官佐任免条例去办。
> 第三，必须注重廉洁，实行经济公开。

在办公的过程中，何应钦一般都能够按照国民政府的法律条令去办，但其中凡有蒋介石插手或授意的事，何应钦一律按照蒋介石的意旨行事，唯蒋介石马首是瞻，他心里明白，只有顺着蒋介石的意志，才保住自己在国民党军政界的地位。

何应钦在用人上十分谨慎，生怕引起培植党羽之嫌，凡事皆请蒋介石批示，甚至连任用一个营长亦不擅自决定。用人时，何应钦较重视贵州人，但要有真才实学，从来不徇私情。如其四弟何辑五，多次被提名，何应钦以其没有高级军校学历，不予采用，并要何辑五进陆军大学将校班学习。其侄何绍周，在何应钦鼓励下留学日本，然后再考陆大，成为高级将领。何应钦到任后，即调贵州人谢伯元任军政部上校主任秘书。其他贵州人逐年成为国民党军队高级将领的，有一部分是同何绍周情况类似的，文官方面均有大学、专科以上的学历。

何应钦在国民党军政界堪称是廉洁与经济公开的典范。他虽然积蓄颇多，但是生活也比较俭朴，所有积蓄大部分是因为节俭所得，并没有蒋、宋、孔、陈四大家族以及一些官员盘剥地方、侵吞资产的劣迹。何应钦平时不近女色，对部下也很和蔼，从不骂人，也很少高声训斥部下。何一生没有后代，也坚持不另娶夫人，而是在1930年末收养何辑五的女儿，取名何丽珠。

这时，一直没有与蒋介石全面冲突的阎锡山，借着蒋介石近来战事不断、军队疲惫之机，从1930年年初开始，不断指责、批评蒋介石实行独裁统治，以武力消灭异己，劝蒋介石"礼让为国，舍此莫由"。同时纠集各地方实力派与改组派、西山会议派一起组成反蒋联盟。3月15日，鹿钟麟、白崇禧、张发奎等第2、第3、第4集团军将领联合通电全国，推举阎锡山为陆海空军总司令，冯玉祥、李宗仁、张学良为副总司令，历数蒋介石专制独裁的十大罪状，并出兵反蒋。蒋介石一面在陇海线部署防御，一面继续分化、拉拢一些地方实力派将领。何应钦被任命为武汉行营

张发奎与李宗仁（左）在桂林公馆合影

主任。

1930年4月1日，阎锡山、冯玉祥、李宗仁分别在太原、潼关、桂平通电就任反蒋的陆海空军总司令和副司令职。由于前一年陕西大旱，饥民蜂起，冯玉祥为巩固其反蒋的后方，委任第二集团军后方总司令刘郁芬代理陕西省政府主席。4月2日，刘郁芬为了借助于甄的力量来收束饥民，稳定西府不乱，就委任甄寿珊为陇游击司令。4月5日，冯玉祥致电杨虎城，以江苏、浙江地盘为饵，请杨虎城回归反蒋同盟，同声讨蒋，杨接冯电后即报告蒋介石。蒋委杨为何成浚任总指挥的讨逆军第三军团中央军司令官，杨率部相继攻克南召、方城，围攻襄城、叶县等地。

6月初，桂系军队攻陷长沙之后，分出一部分兵力北进，何应钦先布"空城计"再集中兵力袭取长沙的战略部署，使战局发生转换。6月中旬，何应钦指挥部队收复长沙。6月底，何应钦命令全线出击，桂军败退。

7月18日，蒋介石委任杨虎城为讨逆军第十七路总指挥。而杨虎城也乐意为蒋介石所收编，以为自从1927年6月1日杨虎城奉国民革命军第二集团军总司令冯玉祥之命，率部从三原出发北伐，在豫、皖、鲁与奉军和直军余部死命拼杀，苦战经年，后又转战豫东，"威名震撼，遐迩咸闻"，"迭克各城，厥功甚伟"，但是，冯玉祥待部下有亲疏之分，视杨虎城部为"杂牌军"，致使其部"军乏给养，士兵宰马为食，日尽一餐，夜间出操以御寒"，并以全国编遣会议决议裁军为由，将杨虎城部由"军"缩为"暂编第21师"。杨虎城难免对冯玉祥心怀不满，如今为蒋介石收编，成为中央军，实则是为部队生存另寻了一条新的出路。

7月下旬，彭德怀率红军第3军团攻下长沙。

7月23日，蒋介石又以陆海空军总司令之名义委派甄寿珊为陕西讨逆军第一路总指挥，命令他举兵反击冯玉祥。时值陕西大饥，饥民为了活命纷纷应招入伍，甄部很快就组成了"西北民军"，甄自任总司令，下属8个师、1个混成旅、1个直属团，继而又招兵买马，扩编为3个军11个师，毕梅轩、杨万青、黄彦英分任军长。总指挥部设岐山，"跨据咸阳、高陵、富平以西数十县"。9月1日，甄在凤翔通电就职。

8月24日，蒋介石升任杨虎城部第1旅旅长冯钦哉为第71师师长。第十七路开始下辖第17师、第71师两个师。

9月初，何应钦又依仗人多势众，率领部队夺回了长沙。何应钦指挥的南线战局的顺利，使蒋介石能够集中兵力对北方冯玉祥和阎锡山。杨虎城第十七路以占领西安为目标，9月7日克宝丰，9日克临汝，22日克叶县，30日克鲁山。

9月18日，张学良发表拥蒋通电，同时进兵关内，呼吁各方罢兵，支持蒋介石。阎锡山、冯玉祥见讨蒋联盟中桂系既将失败，张学良又站在了蒋介石的一边，大势已去，也先后通电退兵。10月9日，蒋军俘虏冯、阎所部10万军队，占领洛阳，中原大战结束。蒋介石班师返回南京，任命何应钦为郑州行营主任，主持前线军事以及西北善后事宜。而在陕西，何应钦制造了杨虎城枪杀甄寿珊的悲剧。

10月2日，杨虎城第十七路军克登丰，9日克洛阳，10日克新安，14日克渑池，18日克阌乡，25日克潼关，27日占领华阴和朝邑，28日占领大荔和华县、渭南、临潼，29日占领西安。

在杨虎城部10月25日攻克潼关，刘郁芬于10月26日率部退出西安之后，甄寿珊即率部从岐、扶急进，兵布泾阳、三原，委任了凤翔、岐山、麟游、彬县等地县长。到杨虎城进抵西安时，渭北的部分和西府的大部已为甄部所占有。

10月29日，南京国民政府委任杨虎城为陕西省政府主席。杨即委任随军襄赞的南汉宸为陕西省政府秘书长，组织省政府机关；委任马青苑为西安警备司令，维护省府治安；委任第十七路总部宣传处长陈子坚署理长安县县长，布告安民；颁发"励精治陕"布告，厉数冯玉祥祸陕罪行，力主从速统一全省的军民两政。

10月31日，蒋介石升任杨虎城部第2旅旅长孙蔚如为第17师师长、第3旅旅长马青苑为第58师师长。至此，第十七路下辖3个师，杨虎城在蒋介石的支持下一路坐大，俨然中央政府主持陕西军民两政的总代理人。

11月1日，杨虎城偕高级幕僚进抵西安，发表讲话和致词，强调"收束武装"，统一省政。这一天，《新秦日报》刊出了好几条时政新闻：一为"昨日甄寿珊向杨主席报告，刘贼及诸委已被围于富平谢村一带，职部第一师毕梅轩正攻击，不日即可肃清"；一为"陕西讨逆军第一路总指挥甄寿珊在菊花园设立驻省办公处"。殊不知，甄寿珊这些举动最终"自己把自己推向了一条绝路"。其时，陕西讨逆军第一路总指挥部已由岐山移驻三原县城，甄寿珊只带一个骑兵卫士连与总部文职人员共约百余人，由三原到西安。

一山不容二虎，陕西反冯的两支劲旅，杨虎城部和甄寿珊部似乎要"叫板"了。陕西局势好像又出现了新军阀"对决"的苗头。也就在这一紧要关头，国民党中央执行委员、国民政府军政部长、陆海空军总司令郑州行营主任何应钦来到了西安。

11月4日，何应钦飞来西安，表面上是代表国民政府主席、陆海空军总司令蒋介石来慰问第十七路军和陕西灾民，骨子里则是在陕人陕军中拨弄是非，尤其是挑拨甄寿珊和杨虎城这两个新崛起的地方诸侯之间的关系，制造矛盾，以便坐收渔利。杨虎城与甄寿珊，两人本来私交颇深。何应钦一面以中央的名义指令杨虎城收束陕西各路人马，尽快结束战争，安抚老百姓；一面又背着杨虎城暗地里召见甄寿珊，允许甄再扩编几个师，独立于杨虎城之外，直属中央。接着，何应钦反过来又对杨虎城说：甄寿珊"竟尔请求编制八师，似此军事结束之际，胆敢扩张兵力"，"显系害民之小军阀，和平统一之障碍者"，责令杨虎城对其"执行枪决，以除障碍"。而"当杨虎城得悉何应钦与甄寿珊见面的情况后，甚为愤怒"，加上何应钦的刻意挑拨离间，企图借刀杀人，深感到甄寿珊是在同他争夺主政陕西的大权。

11月6日，何应钦飞返郑州，行前考虑到杨虎城未必会奉命处决甄，所以在临上飞机时再次面谕杨虎城："将甄寿珊克日枪决，勿稍放松。"杨虎城权衡再三，顾不得两人之间本来不错的个人交情，随即派人捉拿甄寿珊，并发出《布告》，内称："旋奉何主任面谕"，"爰于本月 6 日将甄寿珊押赴刑场，执行枪决"。11 月 7 日，西安的新闻报纸全文刊登了讨逆军第十七路总指挥部和陕西省政府处决甄寿珊的布告，同一天，甄寿珊的部将毕梅轩、张仞天、杨万青等在三原发表通电，拥护杨虎城。杨虎城委派连瑞琦为代表，赴岐凤对甄部官兵做解释，"说明枪毙甄寿珊，是奉南京中央的命令，与其他的人无关"。又委任李云溪为特务师师长，收编甄寿珊部属，把甄的旧部改编了三个旅，并派全权代表随连瑞琦到西安欢迎李云溪到凤翔就职。一时之间，"杨虎城枪毙了甄寿珊"，就成为了西安巷议的热门话题，物议杨虎城的做法者甚多，说"虎城做事，不应如此"。

对于何应钦假第十七路总指挥部和陕西省政府之手处死甄寿珊，杨虎城的内心也是矛盾的痛苦的，面对物议微词，多次公开解释事情原委，表白心迹和苦衷。

11 月 16 日，杨虎城在武功县欢迎会上，专门就杀甄一事做了解释："武功的灾情问题，牵连到甄士仁身上。武功灾情之重，何主任早在洞悉。甄士仁只为个人势力，不顾民众痛苦，竟在灾情最惨之武邑，征粮征款，不恤民艰，并在何主任面前一再要求编制。何主任代表中央来陕，为全国整个计，为西北统一计，觉得甄士仁显系是害民之小军阀，和平统一之障碍者，故一再面嘱虎城，执行枪决，以除障碍。虽经本人一再请求，而何主任始终为西北前途统一计，临走将上飞机时，仍严下命令：将甄士仁克日枪决，勿稍放松。本人系中央派遣来陕，中央一切命令，不能不服从。最后无法，只得执行中央命令，将甄士仁枪决。此间或有不能谅解者，以为虎城做事，不应如此。"

杨虎城书法

11月18日，陕西讨逆军第一路总指挥驻京代表牟文卿、甄寿珊的儿子瑞麟，分别告"御状"，呈文国民政府，状告杨虎城"擅杀"中央命官甄寿珊，"实为藐视中央，弁髦法纪，妒忌贤能，残杀同志，若不严予惩处，其何以彰公理而服人心"。

12月14日，《西安日报》报道："杨主席悯念与甄士仁的私交，事后从丰拨给甄士仁抚恤洋6000元。"报纸针对杨虎城"擅杀"甄寿珊一说，再次明言："枪决甄寿珊，系中央之命令，势在必行。"同时，何应钦等人也未出面申明杀甄并不是中央的命令，国民政府也未追究杨虎城"擅杀"之罪，而且，牟文卿和甄氏兄弟的"御状"也只在国民政府文官处与陆海空军总司令部之间转了个圈就没了下文，如泥牛入海无消息。可见，杨虎城"奉中央之命令行事"非虚，何应钦的确是制造甄寿珊悲剧的罪魁祸首。

尽管杨虎城以"抚恤"的名义从丰抚恤甄寿珊遗属，以对自己奉命杀甄在心理上有所解脱，并期借此安抚甄的旧部，不起事端，然而，毕梅轩、杨万青、苏纪昌以"为西北民军总司令甄寿珊报仇"为由，于1931年1月6日在凤翔哗变，公开反杨，枪杀特务师师长李云溪、师参谋长尚天初等人。杨虎城派第17师师长孙蔚如率两个旅急驰西府追剿平叛，并亲赴岐山、凤翔、宝鸡安抚和善后。历时半年，事方平息。6月23日杨虎城电报蒋介石："毕梅轩和杨万青两部已经收编，分别编为杨子恒旅补充团、马青苑师第二独立团。"但是，何应钦种下的祸根并没有就此消弥，直至1936年"西安事变"期间，毕梅轩再度叛杨而出陕，从南京到潼关，秘密潜回西安，密谋策划搞垮第十七路军，事情泄露，杨虎城当即派人前往缉拿，毕闻风而逃。

第七章

"攘外"手软,"安内"手狠

第一节 消极抗日

蒋介石重新掌握政权之后就忙着继续实行自己的反革命策略,接连发动了三次对红军的围剿。正当蒋介石的第三次"围剿"快要失败的时候,1931年9月18日,日本帝国主义悍然发动"九·一八"事变,在东北沈阳制造事端,先是炸毁柳条湖附近南满铁路的一段路轨,反诬中国军队所为,然后命令关东军炮轰东北大营,进攻沈阳,随后迅速侵占东北各地。

而此前蒋介石于7月23日在江西发表《告全国同胞书》,首次声言"唯攘外应先安内,去腐乃能防蠹"。8月16日蒋介石致电东北军统师张学良,嘱咐张学良说:"无论日本军队以后在东北如何寻衅,我方都应该力避冲突,予不抵抗。你千万不要为了逞一时之愤,而置国家民族于不顾。"事变后,张学良急电请示蒋介石,问蒋介石的态度,蒋的回电仍是"日军的这次举动,不过就是平常的寻衅性质,为了避免事件扩大,绝对不可抵抗"。

事变发生后,按照蒋的指示,张学良下令不抵抗,东北军在锦州坚持了一段时间后,仓皇撤入关内,日军在占领区内肆意妄为,烧、杀、抢、掠,无恶不作,至1932年1月,东北完全沦陷为日军占领区。

9月28日,何应钦以军政部长名义,发表《告诫全国军人书》,在他的一大段慷慨陈词中,真正关键的话,却是"忍辱负重""静候国际公道之解决"。可见他和蒋介石是一样的，对日军的疯狂野心视而不见。因此，在1932年"一·二八"淞沪战役中，何应钦的态度也极为消极。

"九·一八"事变后，日本军国主义先后在天津、青岛、汉口、福州、重庆、上海等地寻衅闹事，扩大事端，进一步侵略中国的野心暴露无遗。1932年1月18日，日本的5个僧侣，在上海闸北引翔港三友实业社工厂前挑衅闹事，被该社的工人驱赶。1月20日凌晨，几十名日本浪人以此为借口，借助日本陆战队的4辆铁甲车赶到三友实业社，放火焚烧厂房，并打死、打伤中国巡捕3人。之后日本政府不但不对自己的无礼行为道歉，反而要求中国政府道歉并取缔抗日运动等，并且大举在上海增兵，逼迫国民政府答应他们的无理要求。

面对日军不可一世的嚣张气焰，驻上海的国民政府第十九路军总指挥蒋光鼐、军长蔡廷锴和淞沪警备司令戴戟，于1月23日在龙华警备司令部召开驻沪部队营以上军官紧急会议，决定迎头痛击来犯日军，死守上海，绝不出让我国的一分一毫土地。会后蔡廷锴、戴戟联名致电孙科、何应钦等，说："日本军队强迫我接受不能忍受的条件，是对我国军人人格的极大侮辱，我等为了保全国家人格，决在上海附近抵抗来犯日军，即使为此牺牲全军，也义无反顾。"而此时，蒋介石对日军挑衅尚无迎战的决心，于是一面急电上海市长吴铁城让其暂时对日军妥协，一面叫何应钦到上海做蔡廷锴等人的工作。

1月24日何应钦赶到上海，对蔡廷锴说："现在我国还没有强大起来，国力很弱，对战争的一些事项都还没有准备，日军虽然对我国有压迫，但是政府会通过外交途径进行解决。上海敌方要十九路军撤退30公里的无理要求，政府本该拒绝，但为保存国力起见，不得已忍辱负重，准备命令十九路军在最短的时间内撤到南翔以西的地区，重新布防。希望你能遵照中央的意思，对军队做出重新部署。"蒋介石还叫张静江出面劝蔡撤军，遭到蔡廷锴的严词拒绝，他当即就表示要痛击日寇，扬我军威。1月27日夜，何应钦向十九路军连续发了三次电报，要该军"忍辱求全，避免冲突，万勿妄动，以免妨碍国防大计"。

1 月 28 日晚十一点半，日本海军陆战队在装甲车掩护下，在天通庵路、虬江路等处，突然向中国军队发起攻击，正在待命换防的十九路军 78 师第 6 团忍无可忍，奋起反击，经过几小时的激战毙敌 300 余人，伤数百人，虽然伤亡严重，却沉重地打击日本侵略军的嚣张气焰。

奋起反抗的国军

1932 年，日军对上海发动进攻，制造了"一·二八"事变，中国守军奋起反抗，给日军以沉重打击。图为在竹林中与日军作战的中国军队。

日军在上海挑起战争，十九路军奋勇反抗，在全国军民要求抗战的呼声下，国民政府被迫抗战。由于日军的进一步逼近，国民政府决定暂时迁都洛阳，留军政部长何应钦、外交部长罗文干、交通部长陈铭枢等负责南京事务。

日军遭到十九路军的重创，急忙请求停战，以延缓时间从国内调兵增援。日军的这一举动正中蒋介石的意思，指示国民政府接受日本的停战请求，何应钦按蒋介石的意旨，在 1 月 29 日发表致各省电，电文如下：

上海冲突，由日方声请停止，各国领事居间调停，继续停战三日，暂告段落。中央决定方针，一面从事正当防卫，不以尺土寸土授人，一面仍遵用外交方式，要求各国履行其条约上之责任。查正当防卫之定义，为抵抗紧急不正当之侵略行为。现在日军在沪既要求停战，我方即应沉着应付。否则，"人不犯我，我不犯人"，误用正当防卫转成诱起战争之口实，国际同情亦易随之而失矣。现国联已援用第十五条采取较有效之制裁，是外交方面或有转机之望。并盼各省军政长官深体中央意旨，确切明了正当防卫之意义，即对于此次上海冲突、勿涉嚣张，启日寇借口宣战之机，失国际同情之利，对于外侨，应一体尽力保护，制止借用名目，非法侵害以靖地方，而利国家。

然而正是蒋介石、何应钦"一面抵抗，一面交涉"的方针，给日军以得以喘息的机会，有充足的时间从容调兵，在国民政府的一再纵容之下，日军置国际舆论于不顾，增派驱逐舰、巡洋舰、航空母舰数艘，运送数千名日本海军陆战队士兵，陆续到达上海。而此时十九路军知道日本善罢甘休，也将第 60 师、61 师调至淞沪前线，严阵以待，同时第 78 师也全部进入前线防御阵地。

1 月 30 日，国民革命军第 88 师师长俞济时从杭州致电蒋介石，请求增援第十九路军。蒋介石于 2 月 1 日复电俞济，告知"中本日随政府同人已到豫，贵师行动，一听何部长命令，如运沪作战，务希奋勇自强，以保荣誉"。从这封回信中至少说明蒋介石表面上还是主张"奋勇"杀敌抗日。而同日下午，当国民革命军第 87 师 261 旅旅长宋希濂到军政部面见何应钦，向他陈述全旅官兵要求到上海参加淞沪抗战的愿望的时候。何应钦却说："十九路军不听命令。叫他们撤离上海他们不撤，反而同日军打起来了，破坏中央的整个政策，弄得很难处理，你们还来要求开往上海参战！这是不行的。"宋希濂扫兴而归，由此说明何应钦的这一消极抗日的主张表面上与蒋介石的奋勇杀敌是相矛盾的，但实际上是与蒋介石"一个鼻孔里出气"。

　　基于下属军官部队高昂的抗战热情，宋希濂决定再次请战，当晚十一点，宋希濂率全旅营长以上干部 30 余人，乘坐一辆大卡车开到南京鼓楼斗鸡闸何应钦公馆的门前，再次向何应钦请求赴沪参战。何应钦没想到这么晚还来了这么多人，稍微有点尴尬。对于大家的请战要求，他慢条斯理地说："日本现在是世界上头等强国，工业发达，拥有现代化的陆海空军。我国没有自己的工业，机枪大炮都不能造，一切要从外国买来；国家没有真正的统一，各地方军阀口头上拥护中央，实际上各自为政，又有共产党到处捣乱，这样的国家，这样的形势，怎能同日本人打呢？"何应钦的话引起了青年军官们的极大反感，一位姓王的营长很动感情地说："我是部长的学生，也跟部长当过参谋，我听过您多次的讲话，您总是勉励大家说，当军人的要保卫国家，爱国爱民，才算是尽了军人的天职。但是九一八事变我们采取不抵抗政策，致使丧失了整个东北，全国人民都骂国民政府丧权辱国，骂我们军人无耻，现在日本人打到大门口来了，我们还不起来抵抗，这同部长平日对我们教导的话，是多么不相称！难道作为我们的老师，作为我们的长官，竟要我们甘心当亡国奴吗？我们是决不愿意当亡国奴的！"一席话说得何应钦感到无地自容，很不自然。直到深夜一点，何应钦见群情激昂，才改变压制抗日的态度，和气地对大家说："明天一大早你们就开到幕府山、狮子山、下关一带，对江面严密警戒。现在南京空虚，等我调第 259 旅从徐州开回来之后，再视情况的发展，如果有必要，再派你们这个旅到上海参战。"何应钦虽然暂时答应了宋希濂等军官的请战要求，实际上仍然寄希望于国际调停而不希望与日本人发生正面冲突。

　　2 月 3 日，日军又突然出动飞机轰炸闸北。当 2 月 6 日蒋介石由洛阳来到浦口时，张治中见十九路军在上海孤军奋战，对战事和国家前途十分担忧，于是向蒋介石表示了自己的看法，张治中对蒋介石说："我们中央的部队都加入到淞沪会战中才好，如果现在没有别的人可以去，我愿意去。"蒋介石此时也仔细权衡了淞沪之战的形势，了解十九路军作战的困难，于是同意张治中的意见，并与何应钦通电告之此事。当日收到何应钦电报："张文白（张治中）兄以国难当头，愿率领军旅效命疆场，查八十七师师长正在遴员，可否即以文白充任，并加给以军长名义，使其指挥87、88两师。乞示遵。"蒋于2月8日批复："87师师长以张文白继任，中甚赞成，请即委如何。"张治中于是受命接任第5军军长兼第87师师长，率87师、88师赶赴淞沪战场。由此可见，身为军政部长的何应钦其实只起到了一个传声筒的作用，完全视蒋介石的意见行事。

2月5日，蒋介石曾致电何应钦，指示："如日本陆军登陆参战时，则我空军亦应参加沪战，除与陆军预定协同动作外，空军动作，总以飘忽无定，出没无常，使敌猝不及防。"何应钦接到蒋介石的电令后，马上致电上海市长吴铁城和十九路军总指挥蒋光鼐、军长蔡廷锴：

> 密。我原配属十九路军在江西剿匪之航空队，因见日机连日轰炸我闸北、吴淞一带无抵抗之市民，侵害我国领空主权，迫不得已起作正当防卫，但除对日机加以抵抗外，即对日海军决不抛掷炸弹……

2月6日，日本援军4000人到达上海。2月7日、8日，中国第十九路军打退日军对吴淞、蕴藻浜等处的进攻。上海各界民众热情高涨，纷纷支持十九路军抗击日寇，而何应钦却唯恐战事扩大，中国遭受更大地损失。作为蒋介石在南京的代言人，何应钦在战端开始的时候就希望尽快停战，他在2月上旬多次致电上海市长吴铁城，说明自己的忧虑和主张。这几份电报，反映了何应钦对淞沪战役的紧张和焦虑。他强调军费紧张，并且因为"剿匪"而调不出军队，希望十九路军"适可而止"，赶紧停战，不要再打。他痛惜十九路军的巨大牺牲也许是真情实感，但在"痛惜"之后，他又忠实执行蒋介石"攘外必先安内"的政策，期望迅速停止沪战，哪怕是屈辱。他寄最大希望于国际调停，以免除自己精神上、责任上的巨大压力和负担。他宁可坐视十九路军孤军作战，而不肯再调部队，并委婉责备在上海的中国军队、各地方代表要求停战的条件过于苛刻，令日本人难以接受。

关于是和是战的根本态度，使何应钦与坚决支持十九路军抗敌的陈铭枢之间矛盾尖锐起来。陈铭枢主张调胡宗南、梁冠英部紧急支援上海，打击日本的嚣张气焰，而何应钦则担心战事扩大。陈铭枢认为战区扩大对日本不利，一来它们调兵速度缓慢，短时间内不能纠集更多的兵力。这对中国军队来说是一个机会。二来日本如果胆敢寻衅炮击我军的渡江部队，则会遭到国际上的谴责，国际舆论对其更加不利。但是，何应钦得到了蒋介石、汪精卫的暗中支持，陈、何的矛盾逐渐变成陈铭枢与蒋介石之间的矛盾。何应钦多次对陈铭枢说："仗不要打了，打了十几天也够了。"陈说："前方的官兵要打，老百姓要打，我能叫他们不打吗？开战以来，我们牺牲了多少生命

陈铭枢

财产，难道我们就这样罢了不成。"两人争执激烈，互不相让，有时在电话上说急了，把话筒都扔了。

中方代表多次和日本方面就上海问题进行交涉，日方却态度强硬，坚决要求中国军队撤出上海市区。何应钦向蒋介石去电汇报了几方商洽情况。蒋介石虽然已经派出张治中率领两个师赶到上海，但并没有抽调"剿匪"部队增援淞沪战场的决心，在指望国际调停不成，沪战逐步升级的前提下，便与何应钦的"适可而止"方略不谋而合。蒋介石于是指示何应钦等，做好停战准备。

2月13日，日本的第9师团到达上海增援当地的日军。18日下午，日军第9师团长植田谦吉中将蛮横地向十九路军和上海市长发出最后通牒要求中国军队撤出上海，这一要求当即就被十九路军严词拒绝。此时张治中的第5军也到达了上海，蒋光鼐对上

海军队做了重新部署。任命张治中为左翼军指挥官，负责庙行镇、蕴藻浜至吴淞西线一线的防务，命蔡廷锴为右翼军指挥官，负责南市、龙华、北新泾、真茹至闸北、江湾一带的防线。

2月20日，日军发起总攻，以主力进攻庙行、江湾一线第5军和第十九路军阵地，中国官兵奋勇抗击，到26日，日军总攻失败，中国军队以极大的牺牲赢得了一场暂时的胜利。

两军激战之时，积极支持十九路军抗战的陈铭枢分析日军此次失败后，必定会有更大的进攻举动，于是请求蒋介石派部队对上海军队进行支援。但以"攘外必先安内"为基本政策的蒋介石此时却根本无意再往淞沪前线调兵增援。3月1日日军再次增兵发起总攻，很快对十九路军形成包围的态势。张治中、蒋光鼐分别向蒋介石、何应钦等电告战局不利，而蒋介石与何应钦却对上海方面的增兵请求置之不理。在形势危急、援军不至、伤亡惨重的情况下，中国军队只好撤出淞沪战场。国民政府做了极大的让步，5月5日，中日双方在上海签订了《中日停战协定》。

何应钦在"一·二八"淞沪抗战中表现颇合蒋介石的心意，也正是因为如此，当1933年日军进攻山海关，汤玉麟不战而退丢弃热河时，张学良受到各界舆论的指责被迫放弃指挥权，蒋介石想到的接替张学良的第一个人，便是何应钦。

1933年，日本侵略者为了完成建立"满洲国"的侵略计划，截断东北抗日武装与关内的联系，以便分而取之。1月，日本派兵进攻热河，在山海关遭到张学良的手下何柱国部的还击，"长城抗战"开始。日军攻陷山海关后，紧接着紧逼热河。

"长城抗战"开始后，从表面上来看，南京政府很重视"长城抗战"，蒋介石派军政部部长何应钦、财政部部长宋子文、外交部部长罗文干、内政部部长黄绍竑等人专车北上，以全力支持张学良。然而，实际上却并非如此，比如说，何应钦北上支援，其实是要取代任北平军事委员会分会代理委员长的张学良，统领华北各省军队。

2月28日凌晨，何应钦一行抵达北平。几天之后，就有消息传来，说热河省主席、酷爱老虎的汤玉麟对日军不放一枪，先是把200多车的金银财宝运抵天津租界，3月4日率部逃到承德。而日军仅以128名骑兵，一枪不发，不费一兵一卒轻易地就占领了热河。

3月4日，何应钦在北平召开紧急会议，讨论防御和反攻的计划。同时按照蒋介石的命令，将原军事序列及各军作战任务作了调整，重新部署华北军的防线。由于热河失守，全国各方纷纷谴责张学良、汤玉麟，要求缉拿严惩汤玉麟，撤职张学良。张学良也深感热河沦陷与自己指挥不利有关，手下弃阵地逃跑，便于3月7日向国民政府发出引咎辞职的电呈，请求政府"准予免去本兼各职"。

1933年3月7日，蒋介石乘车北上，令何应钦、宋子文去石家庄等候。3月8日，蒋介石到石家庄后即与何应钦、宋子文商量张学良下野办法，并召张学良3月9日到保定面谈。9日早晨张学良到达保定却没有马上见到蒋介石，而是与先行到达的宋子文见面，张学良再次提出自己率军收复承德和辞职的事情。宋子文传达蒋介石的意见，认为热河失守，张学良和中央政府均有责任，张和蒋的关系就像"两人同乘一只小船，本应同舟共济，但是目前风浪太大，如先下去一人，以避浪潮，可免同遭沉没，将来风平浪静，下船的人仍可上船。若是互守不舍，势必同归于尽，对自己对国家皆没有好处"。张学良见蒋介石意在让他辞职，只好表示愿以辞职申张纪律。3月11日张学良通电下野，第二天就离开北平，在上海待了一个月左右，于4月11日出洋考察。

3月12日，国民政府令军政部长何应钦兼代北平军分会代理委员长之职，与何应钦同时到北平的还有蒋孝先的宪兵第3团。何应钦一经到任，便迅速组建自己的参谋辅助班。为加强北平的特务力度，进一步巩固中央政府对华北地区的控制，蒋介石派何应钦的老部下、国民党中央军委会政训处长刘健群到北平，帮助何应钦料理军队的军政工作。

日军攻占热河后，便疯狂扑向长城各口，均遭到中国军队积极抵抗，两军争夺十分激烈。3月11日夜，国民党宋哲元等29军在喜峰口袭击日军，砍杀击毙敌军官兵数百人，严重打击了日军的嚣张气焰。但是3月12日，古北口失守，日军逼近长城，如果日军突破冷口，便可直下滦州，喜峰口若出现闪失，日军即可占丰润、下唐山，截断57军后路。鉴于防守石门寨的何柱国第57军的阵地十分突出，何应钦命令57军于3月20日撤至滦河西岸，然后破坏了滦河大桥。这一行动，受到许多报刊的批评指责，认为这样主动放弃是一种妥协投降的行为。何应钦急忙向记者声明："我军对于滦东的此次军事调动，完全是出于战略需要的考虑，与政治毫无关系，希望大家不要误会。"

3月23日，蒋介石秘密来到北平，在居仁堂召开军事会议。会上，担任古北口防务的第8军团总指挥杨杰要求中央调集部队增援长城各口，提出诱敌深入、转守为攻的战略方针，这个建议遭到了与他素来不和的何应钦表示反对，何应钦以南京亦需要军队防守为由与杨争执了几句。蒋介石肯定了何应钦的意见，指出长城各口不要指望再增加援军，而应以现有兵力进行抵抗。

蒋介石、何应钦关于在华北战场上反抗敌人达成的默契与"一·二八"淞沪抗战时期二者的配合几乎没什么两样，一直都是消极被动的，哪怕是暂时屈从于日本的压力，让日本人得寸进尺，也要集中精锐部队消灭红军，全力"安内"，同时威慑其他不服蒋介石的国民政府的地方实力派军阀。

杨 杰

由于长城内外战事的日益紧张，北平城内加强警戒，部队防守区域开始夜间戒严。一次，日本驻北平的武官酒井隆夜晚在东城苏州胡同闲逛，哨兵见其形迹可疑，于是上前盘问，酒井隆态度蛮横。第二天就带着两名武装日兵硬闯新华门，声言要到居仁堂面见何应钦提抗议，宪兵要求只允许酒井隆单独进去，两名日兵不得入内。酒井隆大闹，何应钦竟准许他们随同酒井隆一起进入居仁堂。酒井隆带着两名日兵，傲慢无礼地闯到何应钦面前，指手画脚地"抗议"昨天夜里中国军队对他的盘问，他的无理取闹让一向对日本人格外宽容的何应钦感到深受屈辱，一改往日说话的和气态度，神情严肃地抗议酒井隆的粗野无礼。酒井隆见何应钦面带怒气赶忙狡辩，说中国哨兵逼他下跪，并要用大刀砍他，他感到在北平生命没有保障，还说因为他与何应钦是士官学校的同学，算是是旧相识，看在他的面子上才来当面抗议，否则已经自由行动了。何应钦竟然听信了他的胡诌，不再抗议，反而向酒井隆解释并道歉。事后，何应钦便下令驻城部队要对外国人客气。不过，何应钦这次记住了酒井隆的名字，12年后日本战败投降，当中国军事法庭对日本侵略者做出审判的时候，何应钦保护偏袒了与他私交甚密的冈村宁次，却把官阶、罪恶都小于冈村宁次的酒井隆列入战犯，总算报了酒井隆的受屈辱之仇。

何应钦原指望在整个华北抗日战线东北部第41军的3万人，可以在多伦以东的山岳地带固守，阻击日军从东北部入侵，从而减轻日军对长城各口进攻的压力。没想到孙殿英的部队军纪涣散，当3月1日日军进攻赤峰附近时，孙军勉强坚持2天，后来因为子弹用尽，援兵不至，边战边退，一直退至沽源一带。

在战线东部，日军重点从滦东进攻中国军队，而此时身为北平军分会代委员长的何应钦，作为华北军政界的最高领导人，却从不亲自到前线督战，只是依据前线各将领的电报及参谋报告的作战情报，在军用地图前主观作出战事推测，以致纸上谈兵，甚至指挥不当，贻误了战机，给中国军队造成了重大的损失，也进一步助长了日本侵略军的嚣张气焰。何应钦在华北战场上的一系列表现，都反映了他遵从蒋介石的意图，对日侵略消极抵抗，勉强维持华北局面。

3月17日，何应钦电告在华北战场的第2集团军总指挥商震和第57军军长何柱国，"计划集结各军的优势兵力在滦河一线，与敌军决一死战"。到了3月下旬，57军各部分别驻扎在石门寨、石河、秦皇岛、海阳镇等前线要点，第53军各部则分别在界岭口、桃林口、冷口等地设防。3月下旬，关东军司令武藤信义命令日军进攻冷口、石门寨等地，并于3月31日发起大规模进攻，经两天激战，在日军猛烈地炮火之下我军全线后撤。4月9日、10日，日军再次进攻冷口，强攻界岭口。我军坚持到12日上午，后来因兵力不支，两阵地相继失守。何应钦只好命令何柱国、杨正治两军再次后撤，撤退到滦河以西。日军趁我军防务空虚之时，侵占卢龙、秦皇岛、抚宁、昌黎，后来经我军拼命反攻才夺回。日军疯狂进攻长城各口，目的正是为了深入滦东，威胁天津、北平。何应钦却在战前判断发误，未能及时派出援军，直到各部队兵败溃退时，才派出援军结果援军还没走多远，前方就已经宣告沦陷了。这期间，中国军队与日军在南天门奋勇激战8昼夜，后来因为工事毁坏，伤亡严重而失守。

4月21日，日军侵入兴隆县城。由于此地东至喜峰口，南越长城至蓟县，西达墙子路至密云，北通承德，战略位置十分重要。所以何应钦命令萧之楚率军分别从马兰关、黄崖关、将军关等地迅速北进，瞅准时机歼灭在兴隆的日军，4月27日晨七点，萧之楚部在骑兵团的配合下，将在兴隆的日军团团包围。日军第8师团长西义一闻讯，急派部队救援，被我军于半路阻击。

此时日军孤立无援，正是一举将其歼灭的好时机。4月29日，萧之楚急调野炮、追击炮支援，准备将兴隆的敌军包围起来，然后一战歼灭，这时忽然接到何应钦电令："兴隆县署之敌，如不易解决时，即以一部监视之，贵军主力应转进至墙子路附近，以后即以墙子路至密云县之道路为贵军后方连路线。"萧之楚无奈，只好命第132旅旅长于兆龙率两个团及山炮连继续包围敌军，主力部队则遵令部队陆续向墙子路转移。次日，我军一面阻击日军的增援部队，一面包围在兴隆的日军，日军则利用当地的地窖，拼死反抗。敌我双方一直僵持不下，5月1日，萧之楚又接到何应钦的电话，何应钦在电话里命令萧之楚："着留两团在墙子路关外对兴隆警戒，以主力集结关内，俾使策应古北口之战。"萧之楚只好忍痛撤下包围兴隆的两个团, 何应钦此举正好使被包围日军脱离险境。我军围敌 4 昼夜的大好时机, 却因为何应钦的瞎指挥而功亏一篑。

4 月 18 日, 何应钦分别致电蒋介石、汪精卫, 说明日军步步西进, 平津危急, 应从军事、外交两方面做准备。4 月 19 日蒋介石电示何应钦:

> 预备三道防线应如计赶筑, 而最后防线似以三角淀为左翼依托点, 由杨柳青经杨村、通县至怀柔; 或左翼固守密云、惟昌平、怀柔、通县、文安、静海皆应有单独城防设备, 将来事实上天津与大沽或有不能放弃情势, 亦未可知。中意以最后防线应最速着手, 并限期半月完成其第一期作业。

4 月 22 日, 蒋介石再次致电何应钦, 指出防守北平的重要性, 蒋介石说:

> 北平城之工事, 务请积极限期完成, 以备万一。倘密云失陷, 东路不保, 则非有此最后之一着, 决不能解决一切。现在缓和方法, 不妨进行, 但恐难生效, 或时不许可, 故必须有此准备, 则缓急皆有可待。

同日, 蒋介石再此对何应钦、黄绍竑指示:

> 如倭决心攻我平津, 则其为期必甚急; 以现在复杂之军心, 必难期其在第一第二线, 如令共同抵抗到底, 此时计划应做最后准备, 且以最后抵抗线工事与平城内复廓应最先着手, 万一倭有取平津征象, 则允许将古北口方面之精粹

黄绍竑

陆续秘密抽入北平城中，以为背城借一之计。

为了加强北平城防，蒋介石还分别给军委会办公厅主任朱培德和军委会第一厅主任唐生智发电报，指示由朱、唐下令，调第87师一个旅到北平附近，调第88师一个旅到保定，第42师冯钦哉部开到通县，重新部署北平周边的军事防务。

第二节　屈辱之路

这时日本通过驻华美国公使詹森，提出中日停战谈判的问题，并承诺只要中国军队表现出足够的诚意，日军可以退至长城线以外。何应钦内心极愿通过外交途径，缓冲中日间的战争，詹森将此时交与英国公使蓝普森，中、日两国都与英国驻华公使蓝普森接触，但是此时何应钦对于日军的忽进忽退心存疑虑，对于华北的前途也是忧心忡忡。4月15日，何应钦与来访北平的山西省政府主席徐永昌谈论战事时，表现出了他的这种矛盾心理，何说：

> 汪蒋均言战则丧师失地，和则丧权辱国，实在不好做主，且有苦衷……盖假定他人当政，即可不丧师不丧权，则应让他人干，否则亦不自馁，若如今日之敷衍，误国罪或过于丧师丧权也。

何应钦的情绪感染了忧国忧民的徐永昌，基于华北军政要员、文化界、经济界知名人士多主张妥协求和的现状，徐永昌于4月20日致电汪精卫，建议早定和战大计。4月22日，蒋介石致电何应钦，认为徐永昌极有见解，建议把徐永昌留在北平帮助何应钦与黄绍竑处理对日本的和战问题，同时指示何应钦派人与英国公使商谈，其中一些细节步骤，可以向汪精卫请示。4月26日在居仁堂召开的北平高级将领议事会上，何应钦提出与日本修订停战协定的事，与会诸将领对于暂时对日缓和一事一致表示同意。

4月27日，何应钦致电蒋介石向他汇报26日会议的情况。当日，蒋梦麟就与蓝普森就此事进行磋商。28日，何应钦再次致电蒋介石："昨晚梦麟晤英公使，云英政府已有复电，大意谓以停止冲突为范围，在此范围内，由英使斟酌办理。"当时外交部长罗文干等并不主张签订停战协定，他们虽然过多寄望于国联解决中日问题，但其坚持不乞怜求和，不签订任何停战协定的立场，还是体现中国外交官的反侵略原则。

此时，正赶上实业部部长陈公博奉汪精卫之命北上。陈刚到北平，便被何应钦、黄绍竑请到居仁堂见面。何说："公博先生，你来得很好，今天请你替我们做一件事……各路军队都败下来了，打败仗不要紧，他们已不奉命令，擅自撤退，宋哲元的军队已撤过了长辛店。这样实在太丢人，所以今天我想请你说几句话。"陈公博没听明白，问何："你的命令还不听，难道他们听我说话吗？"何应钦忙说："不是这样说。我要你对他们说，中央已有办法，不要他们作无谓的牺牲，这样他们的心便稳住了，不至于大家亡命地逃跑。"陈公博不情愿地说："我是奉命劳军，只能说激励将士的话，我哪能空口提出了无根据的和平？"何应钦、黄绍竑表示实在没有办法才会出此下策，陈公博只好答应。午饭后，各将领先后来到，何应钦便说前来劳军的陈公博有中央的指示，陈公博只得按照何应钦事先说的意思对大家说："兄弟今天奉了中央之命来慰劳各位，诸位同志都劳苦功高，中央非常之挂念。自然今日军事很紧张，前方将士浴血苦斗，奋不顾自，不光中央为此感到欣慰，全国的人民对诸位期望颇深。不过中央还有一个意思，即是我们以血肉之躯而与钢铁相拼，中央也不会叫诸位做无谓的牺牲，近期中央当另行想出一个适当办法，使各位不至于终久困苦的。"何应钦仍然不放心，催陈公博速回南京报告，希望中央尽快拿出办法，以稳定北平军心。

4月下旬，刘崇杰、沈觐鼎在与英国、法国公使的交涉中，指出日方的出尔反尔，对北平和天津虎视眈眈，日军如果撤军，我军不反攻，但不签订停战协定。刘、沈这种稍为强硬的态度，其实并不符合蒋介石、汪精卫亟待停战的愿望。于是蒋介石就派出其早已看中的黄郛到华北，与日本交涉停战。此时何应钦也小心翼翼地一再致电前方部队，要求尽力避免与日军冲突，而日军却不断制造借口，说我军继续挑战，于是在滦东集结兵力，蠢蠢欲动。

中国政府方面一再退让，而日本却并不买账。5月2日，在日本东京的军事会议上，关东军参谋长小矶国昭与日军参谋本部、陆军省议定了对中国的"以迫和为主，内变策应为从"的作战方案。次日，关东军司令官武藤下达命令，要求日本兵在关内作战。

虽然何应钦已经命令在兴隆包围敌军的部队后撤，日军却继续往长城线和承德地区调集部队、重炮。对此，何应钦十分担心，在5月6日给汪精卫的电报中说："日军迭次宣言，将再南犯，在战略上必先取密支、玉田之线，使北平为其囊中物。我若退至密支、以后将无险可守，重兵器及坦克车随处均可利用，日军随时均可长驱直入北平矣。"同日，蒋介石电示何应钦：

> 华北军事，应有妥慎应付之必要……敌军全线业已撤退，当不致向古北口一路深入，惟中央各师之在该方面者，连日苦战不停，似应相当隔离，俾便得机整理……我军实力不充，只能妥择战地抵抗，此种战略策定后，宜使全线一体恪遵，怯者固不得擅退，勇者尤不许轻进。论者每持以攻为守之说，欲乘敌人薄弱之点，只贪小利，轻于突击，徒为局部一时之快意，而因事无实济，且最易牵动全线。请兄等与各将领分别面谈，切实申明此旨，共同注意为要。

正如何应钦所料，日军并不因中国军队后撤而有所顾忌，5月7日日军向滦东地区发起进攻，到5月9日，日军已经侵占抚宁、迁安、卢龙。5月10日晚，日军继续向古北口、南天门的中国军队发起猛攻，战斗激烈。心情紧张的何应钦面对巨大压力，于5月12日致电蒋介石，建议请阎锡山出面，负责整个华北的军政指挥之职，但是这个建议遭到了蒋介石的否定。

1933年5月13日后，何应钦见日军频频东犯，我军南天门阵地弃守，古北口沦陷，原来打算的指望中国军队后撤时日军不再追击的默契并未达成，于是决定在5月18日以前撤到密云、平谷、玉田、蓟县、唐山一线，同时让黄郛、陈仪与日本人联系，保证日军不再进逼平、津。但本意旨在威胁平、津，威逼国民政府妥协的日本军队并不买账，尽管黄郛、陈仪不断与日本人交涉，到5月20还是侵占乐丰润、遵化、唐山、蓟县、密云、三河、平谷等地，危及北平和天津。此时一向懦弱、稳健的何应钦突然感到已经无路可走，只能与日军拼一死战，力保平津不失。于是急调傅作义第59军在怀柔牛栏山一带阻击日军，同时5月21日在北平军分会召集各将领开紧急军事会议，命令第4团及第37师移防白河阵地，决定在白河线抵抗日军。

同时，何应钦连发四电致蒋介石，提出我军应付的方针和存在的困难，表示日军已兵临城下，我军已退至白河一线，无

残破的古北口城墙

路可退，只能与敌人决一死战。5月22日，何应钦收到汪精卫的三份电报，说还看不出日军有必攻北平、天津的意图，同时以行政院名义给黄郛发了一份电报认为，除承认伪满、割让东四省不能同意之外，其余条件都可以答应。同日，何应钦、黄绍竑就以北平军分会名义通令各部队撤兵，集中在北平郊区，而军分会等军政机关准备撤往长辛店以南，任命徐庭瑶为北平城防司令，负责北平城内的军事防务。

其实，日军造成逼近平、津的假象，意在"武力迫和"。日方

提出停战条件四项：（1）中国军撤退延庆、昌平、高丽营、顺义、通州、香河、宝坻、林亭口、宁河以南以西，今后不准有一切挑战的行为；（2）日本军也不会越过上述之线进攻中国军队；（3）何应钦派正式任命的停战全权代表前往密云，对日本军高级指挥官表示停战的意志；（4）以上正式约定后，关东军司令官指定的日本军代表与中国方面军事全权代表，在某日某时于北宁线某地，达成成文停战协定。何应钦与黄郛见条件中没有涉及到承认伪满和割让东四省的内容，很快正式答复表，示可以接受。何应钦、黄绍竑、黄郛遂电告蒋介石、汪精卫：

> 关于最近前线军事部署，昨电已详。惟各部队兼月作战，将士伤亡甚多，就昨晚情形观测，已呈不战自退之势。经职等再三筹计，当即召集重要将领，多方激励，众人意志，转为坚定。同时日本中山代办及永津武官与郛约定晤谈，结果由日方提出如下之四项条件……比由职等就从条件。详密商议，金以此时前线情形如彼，而日人复以多金，资助齐燮元、孙传芳、白坚武等失意军阀，有组织中华民国华北联治政府之议。熟权利害轻重，与其放弃平、津，使傀儡得资以组织伪政府，陷华北于万劫不复，何若协商停战，保全华北，徐图休养生患，以固党国之根基，较为利多害少。众意归为一致，于是遵照汪院长迭电指示之意旨，由应钦答复日代办，对其所提四项条件予以接受。并拟于今日派上校参谋徐燕谋为停战代表，偕同日本武官，前赴密云，表示停战之意。嗣后进行协议情形，自当一秉钧旨，随时密呈核示。职等为党国、为地方人民着想，惟有牺牲个人，以求顾全大局，是非毁誉，所不计也。

此时，在怀柔阻敌的傅作义59军正与日军在激战中。5月23日晨四时，日军在炮火的掩护下向我军发动猛攻，我军奋起反抗，经过3小时的激战，因伤亡过重而撤出第一线阵地。当日上午八点，正在怀柔前线部署阻敌计划的傅作义，突然接到北平军分会何应钦电话："让傅作义总指挥亲自到北平面商议要事。"傅答："日军在清晨的时候开始向我军发起攻击，正在激烈战斗中，我不能离开，派参谋长苗玉田去如何？"何应钦应允。苗玉田到北平居仁堂见到何应钦，何说："我们为了北平的安全，不得已与日军停战，已于昨夜达成协议。"何又说："我们准备准备，当再接再厉与日军交战，你们要马上撤到既设阵地。"苗玉田用电话把何应钦的话转告傅作义，傅昨义回答："正在激烈战斗中。"何应钦得知后，在屋里来回踱步，焦急不安。三小时内，何应钦让苗玉田给傅作义打了 4 次电话。傅的回答就一句话："仍在激烈战斗中。"何应钦见老打电话不行，一面着急地对苗玉田说："你回去向傅总指挥说，你们撤至高丽营既设阵地。"一面令参谋人员写下手令："着 59 军即刻停止战斗，向高丽营集结。"傅作义正准备派精锐部队夜袭日军，接到撤退命后心情十分沉重，认为是军人最大的耻辱，傅作义悲愤地对军团总指挥部参谋长陈炳谦说："这样的战斗打得毫无价值，牺牲了这么多的官兵，他们以自己宝贵的生命换来的却是妥协停战，战士们能死而瞑目吗？"晚上，日军暂时撤退后，傅作义才传令部队撤出防线。

从 1933 年 5 月 23 日直到 5 月 31 日签订《塘沽协定》，这一期间，以何应钦为首的北平军分会对日军处处忍让，除答应日本人能可以调 500 名士兵进北平外，还答应日军可以在天津、北平参观城防防御工事。当时北平的城防工事由前线撤下来的刘戡部负责，刘派参谋处处长指导、督促构筑城防工事。一日，一个驻北平的日本宪兵连无理提出要来看中国军队的防御工事，刘戡认为这个要求太过分而坚决反对，刘戡气愤地表示，如果日军非要"参观"他就命令部队向日本人开枪。刘戡和部下来到居仁堂向何应钦说明了情况，何应钦说："工事一定要构筑，日本军人要看就让他们看，绝对不许打。"刘戡不服："我决不让日本人看我们的工事，倘若他们一定要看，那我只有以死来拼。"何说："你为什么不在古北口死，要到北平来死？"刘见何激他，猛一拍桌子，把桌上的茶杯震翻了，茶水洒到地上，同时大声对何说："我到北平是奉你的命令来的，我并不是怕死，我坚决反对这种汉奸的做法。"何应钦见刘戡大怒，只好缓和下来，有些委屈地对刘戡说："假使你是军分会的代委员长，我是师长，我以这种态度来对待你，你作何感想？"刘戡并不答话，一转身，愤愤地走了。何应钦长叹一口气，对刘戡的部下说："要抗战，首先要军队服从命令，目前华北的情形就不是这样。命令要宋哲元的部队集中通县，他们却到廊坊去。要傅作义部队集中高丽营，他们却到长辛店去。

《塘沽协定》签订现场

像这种情况，如何谈得上抗战。所以我甘冒天下之大不韪，与日本人谈判停战。"

5月28日，汪精卫等抵达房山，经过与蒋介石的讨论、商议，取得一致意见。汪精卫于是电告何应钦、黄郛：

本日下午偕哲生、文干诸兄在牯岭与蒋先生会商结果，对于河北停战，弟等本不主张文字规定，唯前方万不得已之情形。已签订内容，弟等自当共负责任。关于成文协定，至关重要，能避免最好，若不能避免，祈参照国防会议决议：（1）限于军事，不涉政治；（2）不可有放弃长城以北领土之类似文句；（3）先经中央核准。弟等因知前方情形紧张，但觉书签订后，我方不挑战，对方自不进攻，则时间稍宽，从长讨论，宁迟勿错。

同日，中国和日本方面互相通告了停战谈判代表团的名单，并定于5月30日中午前在塘沽会面。

5月30日下午二点，熊斌率北平军分会停战谈判代表团到达

150

塘沽。下午四点，中日双方代表团举行第一次会议，双方达成有关谈判的 3 点协议。5 月 31 日上午 9 点，中日双方代表举行正式会谈。上午十一点十一分，双方全权代表正式签署《塘沽停战协定》，协定共 5 条：

一、中国军即撤退至延庆、昌平、高丽营、顺义、通州、香河、宝珉、林亭口、宁河、芦台所连之线以西以南之地区，尔后不越该线而前进，又不行一切挑战扰乱之行为。

二、日本军为确认第一项之实行情形，随时用飞机及其他方法以行视察。中国方面对之，应加保护及与以各种便利。

三、日本军如确认第一项所示规定中国军业已遵守时，即不再越该线追击，且自动概归于长城之线。

四、长城线以南及第一项所示之线以北以东地域内之治安维持，由中国警察机关任之。右述警察机关，不可用刺激日本感情之武力团体。

五、本协定盖印之后，发生效力。以此为证据，两代表应行记名盖印。

国民党屈辱求和，与日军签订《塘沽协定》，这一举动引起全国各界的愤慨。北平、天津等各大报纸都发表专题文章批评何应钦等的卖国行动，同时指责日本人严重侵害了中国的主权和领土完整，全国舆论一片哗然。

何应钦对此大为不满，于 6 月 2 日致电蒋介石和汪精卫，认为：

此次停战协定，日方表示已系十分让步，而我方报纸之宣传，对日本仍多加以侮辱。现日军尚未开始撤退，万一因此又生枝节，前途将益陷于不可收拾之境。闻中央为顾虑舆论计，有主张对于协定力加解释，并非屈服妥协之说。此种办法，不独增国人虚骄之气，并可重陷华北于更危之地，实有百害而无一利。

虽然《塘沽协定》已经签订，但日本的侵略野心却没有就此停止，从这个时期直到"七七事变"抗日战争的全面爆发，何应钦、宋哲元等华北国民政府当政者，一再纵容日本在华北的军事、政治、经济侵略，一步步走上屈辱的道路。

《塘沽协定》第三条要求日军"且自动概归于长城之线"，但是这个极为含混不清的"概归"二字给了日军很大的余地，在中国军队后撤至一定区域后，日军却可随时出入长城一线内外各口，给他们随时准备侵略华北和中国以很大的方便。6月上旬，在关东军司令官武藤下撤军令后，日军却并未撤出长城线以外，而在长城内外集结兵力，继续窥视平津地区。日军虎视眈眈，而这时中国内部却没有统一的政权，除了国民党和共产党之外，还有伪军蠢蠢欲动，1933年6月21日，伪军李际春勾结郝鹏、石友三等，在唐山、秦皇岛分设军政机关，成立"华北民众自治联军政府"，在十几个县活动，聚集近万人。

这样，6月17日行政院驻北平政务整理委员会正式成立，战区接收问题就成为摆在面前的第一个问题。6月22日，政整会委员长黄郛命令殷同与北平军分会代表雷寿荣共赴长春，与关东军会谈关于战区接收的问题。日方虽然答应了中方所提的一些条件，却强硬地把本不在《塘沽协定》所划停战区域内的察哈尔省作为"所示线之延长线"，并要求将本应遣散的李际春伪军改编为保安队，仍在战区活动。会谈结果是：

（一）日本方面停止在平津上空无意义之飞行。中国方面遵守协定，至无须飞行视察之时，则问题解决。

（二）关于战区接收及难民遣返，日本方面愿意协助。

（三）将李际春部队中三千乃至四千改编为保安队，配置于中国军不得进入之地区内，驻地位置由日后协定定之。李际春不问过去之责任，任为保安司令。其余武装部队，听其中方遣散，关东军派幕僚襄助。

（四）铁路接收委任北宁路局与"奉山"路局交涉之。

（五）中国军为处理察东刘桂堂军，以不超越协定所示线之延长线而向东方作战为限。

6月29日，黄郛经过与何应钦的商议，宣布成立战区接收委员会，由河北省政府主席于学忠任委员长，7月2日，黄郛指派殷同、雷寿荣、薛之珩，在大连与日方代表及伪军头目李际春等，会谈接收战区、改编伪军等问题。会谈中，日方要求在北宁路试通唐山以后，芦台至山海关段由中、日、满共同组成委员会进行管理，中方看出日方是借此制造中国政府承认伪满洲国的局面，提出反对。最后商定：

（一）所有战区以内伪军，三分之二遣散，三分之一收编为河北省保安队。

（二）在日军撤走后，北宁路由中国方面管理。

（三）自10日起，中方依次接收滦东、平北地区。

而实际上，在战区接收过程中，李际春部一再要求北平军分会增加编遣费，日军也方面处处刁难，中方接收人员备受屈辱。这一系列的情况都反映了《塘沽协定》的善后事项对中方极其不利，但日本方面却并没有就此止步，进一步加紧对中国的剥削，在同年11月的北平会谈中，进一步向中方施加压力。

11月6日，日本关东军参谋副长到北平，分别拜访黄郛、何应钦后之，提出《关于北支善后交涉商定案》，并威胁黄郛等，该案中方可提出文字变动，但实质不容改动。草案内容是：

第一，关东军同意"北支政权"从速接收不含长城线之长城以南及以西之区域，关于本项之细目，应达成以下谅解：（甲）长城线各关门之警备权，属于日、满侧；（乙）凡有日

本军驻屯之住民地，不应配置武装团体。

第二，"北支政权"在其接收区域内，与长城接续或接近之地区内，容认满洲侧设置必要之各种机关，并对此项机关之业务，与以最善之援助。主要地点暂定为山海关、古北口、喜峰口、潘家口、冷口、界岭口。

第三，"北支政权"在接收地域内，对于日军提供必要之土地房屋，以备日军暂时驻屯。主要地点暂定为

黄郛

山海关、石门寨、建昌营、抬头营、冷口、喜峰口、马兰峪、古北口。在利用滦河运输军需品期间，关东军除在滦州外，在迁安、潵河桥等处根据需要施所要设施及驻兵。第四，"北支政权"应从速决定必要之委员，与"满洲国"间进行通商贸易、交通通讯、航空联络等方面的交涉。

这份草案提出了比《塘沽协定》更为严酷的侵略条件，在中国的土地上，中国政府不但要放弃长城以北和以东的大片国土，承认伪满政权，日军在接收区域内设置机关及驻军时，中国政府还要给以方便。在11月7日双方会谈中，黄郛、何应钦忍气吞声，仅提出"不能涉及政治外交问题"，表示不能承认满洲国，其他条件一律接受。9日晚，双方达成《关于停战协定善后处理会谈》及《关于本会谈文谅解事项》的非正式文件协议，日方在草案主旨不变，仅就个别文字作了改动让步而迫使中方同意，日方仅将第一项改为"希望其将不含长城线之长城以南及以西之地域，从速且完全接收"；第二项"满洲诸机关"改为"关东军指定之诸机关"；第四项中"航空之联络"句删去。这份虽然是非正式的协议，但是其丧权辱国的程度，早已在塘沽协定之上，单单是"不含长城线"

一词，就可以使日军自由的调兵出入长城内外，制造事端，后来日军迫使中方签字的"何梅协定"就证明了这一点。

在随后中日双方通车、通邮的谈判中，中方从据理力争到屈从受辱，对日军的蛮横无理要求一再承认，到1934年冬天，中日双方正式通车、通邮，进一步方便了日本向中国输入兵员和战略物资。

尽管日方屈辱有加，代理蒋介石、汪精卫坐镇华北的何应钦，仍然小心翼翼地注视着日伪的动向，他很想回南京，但受到蒋介石和汪精卫的重托，又平添几分自信，认为这是蒋介石对自己能力的认可，在华北与日本人周旋并非易事，除了我何应钦，还有谁能担此重任?！他期盼着日伪少生些事端，华北多维持几日安定，恰恰在这时传来日本要扶持汉奸在华北成立伪政权的消息。

《塘沽协定》实际上承认了日本侵占东北三省和热河的合法性，并把察北、冀东的大片国土拱手送给了日本人。但是，这些仍然未能满足日本人全面侵华的狼子野心。日本人感到，在他们扶持华北伪政权，制造阴谋，进一步侵略扩张的行动中，何应钦的存在对于他们十分不利。因此，在日本人企图拉拢吴佩孚充任其伪政权首脑的同时，便开始造谣生事，为将何应钦赶出华北制造舆论。1934年8月28日，日本大阪《每日新闻》就开始造谣说：何应钦在北平居仁堂设置秘密机构，调查日"满"对俄国的现状，及日军对华北侵略的倾向，同时任命多名日本人、朝鲜人，分别前往沈阳、吉林，黑龙江等地进行实地调查。

1935年2月，沦落在日伪治下的北平，一如往年一样北风呼啸，寒风刺骨。这一天，何应钦走进办公室一坐下，中校作战参谋屈从松就拿着一叠文件急匆匆地走了进来请他圈阅，突然，文件掉落到何应钦的办公桌旁，屈从松急忙弯下腰到桌下把文件拣起来。何应钦认为屈从松还有些军事头脑，所以平日里待这个作战参谋也还不薄，他可以自由出入何应钦的办公室。今日见屈从松掉落了文件，也没有太在意。待屈从松走出办公室，把放下，何应钦翻开文件，正准备批阅，突然，副官来报，有一位名叫加藤忠康的日本人来访。何应钦一听，原来是他在东京振武学校的老同学加藤忠康，不知道他此行的目的何在，不过，老同学来访，无论如何，还是得热情相待，同窗之谊有时候石中玉可以超越国界，超越敌我。何应钦丢开文件，走进了会客室。

待送走加藤忠康之后，何应钦想起办公室还有一叠准备文件等他批阅，就走进自己的办公室，却发现副官倒在地上，不省人事，以为他昏倒了，急忙叫警卫员进来急救。警卫员进来一摸，发觉副官死了。一查，是被毒气给毒死的。

何应钦一听警卫员汇报了副官的死因，知道有人要加害于他，急令警卫处长严查，发觉屈从松嫌疑太大。而屈从松在副官被毒死之后，也仓惶出逃，在逃往东城苏州胡同途中，被警卫队堵住。何应钦亲自审讯，屈从松全盘招供。

原来此前不久，日本人在企图用造谣来把何应钦赶出华北的时候，日本侵华大本营发出密电，指示关东军司令部，"适当刺激一下中国军方"，诱华北国民党守军做出武力反抗或变相反抗，以为进一步扩大侵华战争制造借口。关东军司令南次郎大将遂召集特工人员，经过反复策划，决定暗杀中国国民政府军事委员会北平分会委员长何应钦，以激怒蒋介石和中国华北守军。南次郎把暗杀行刺何应钦的任务，交给了经验丰富的间谍酒井恭辅和清水次郎。

经日本侵华大本营的批准，1935 年 2 月酒井恭辅和清水次郎以"西药商人"的身份潜入北平，住进了前门饭店，并与潜伏在北平的日本特务土肥原间谍组织取得了联系，摸清了何应钦的官邸地形、周围警戒以及何应钦的活动规律。

清水次郎化装成可怜巴巴的乞丐，操一口足以乱真的河南话，一连几日在何应钦官邸门口讨饭，他的扮相和河南口音，蒙骗了中校参谋、河南人屈从松。出于对"老乡"的怜悯，屈从松竟把清水次郎领进了官邸大伙房，让厨师弄了些剩饭剩菜给他果腹。清水装出一副狼吞虎咽的样子，在伙房混了两个小时，打听到了何应钦的许多情况。

在冬春之际，何应钦办公室主要用木炭取暖，一个大炭盆，放在办公室里面，添加木炭，烧着明火，倒也暖和，为此，何应钦官邸伙夫每半个月直接从市场上购进一批木炭。于是，酒井扮成了卖木炭的小贩，顺利地把一批木炭卖给了官邸的伙夫，并亲自把木炭送进了何氏官邸。原来酒井恭辅和清水次郎将炸药制作成木炭状，混在了这批木炭中。

可是，事有凑巧，这批炸药木炭购进后暂时被存放在伙房门口，一个伙夫一不小心就泼了一盆泔水在这批木炭上，木炭表面由此沾上了一层难看的油垢，看上去色暗质劣。何应钦回忆起来，数日前的确看到一盆木炭颜色不对，当时觉得那些木炭烧起来可能会有烟雾，所以，就下令副官把木炭扔了出去。如今想起来，真是后怕，不是自己自小就和木炭打过很多交道，对识别木炭的好坏很在行，那一次应该就被炸药木炭给炸死了。随着炸药木炭的被丢出去，日本间谍的第一次刺何行动就这样流产了。

一次刺何不成，酒井恭辅和清水次郎并不死心，心生一计，决定从何氏官邸收买内奸。这个时候，他们想到了好心的"河南老乡"屈从松。屈从松很得何应钦的信任，但此人好赌贪色，常出入了八大胡同，又爱附庸风雅，收藏古人字画。酒井、清水决定以重金收买他，用毒气毒杀何应钦。这一计划报给关东军司令部获得批准之后，南次郎批给了20万元的活动经费。

几天之后的一个晚上，清水次郎找到了屈从松，谎称一起乞丐朋友有一幅珍贵的字画，是明代皇帝题跋的董其昌作品，前两天被人骗走了，想请老乡出面主持正义。屈满口答应，并约他们到自己的住处商议对策。当晚，清水次郎就来到屈的住处，直接把1公斤黄金摆在了屈的面前，说明了本意，软硬兼施，威逼利诱，迫使屈最终就了范。

两天之后，何应钦从南京开会回来，屈从松急忙到办公室准备文件请何去批阅，并把毒气器皿带上，尔后，走进何应钦的办公室，假装不小心将文件掉落到地，趁弯腰去捡文件的时候，趁机把调整好了定时装置的毒气器皿放到了何的办公桌下。可让他没想到的是，毒气还没打开，何应钦就离开了办公室乘车外出，屈从松急忙找借口溜回何应钦的办公室，偷偷地拿走了毒气器皿。

几天之后，屈从松故伎重演，不意这一次何应钦随即去会客室会见老同学加藤忠康，结果毒气按时打开，毒死了一名副官。事情已经败露，屈从松深感不妙，急忙出走……

随后，何应钦命令警卫处屈从松押解到南京，半个月后，南京高级军事法庭以"汉奸"、"谋杀"罪判处屈从松死刑。就这样，日本人两次刺杀何应钦的阴谋都破产了。从另一个角度来说，如果何应钦真的是"亲日派"分子，此时又代表蒋介石南京政府主政华北地区，日本人用得着对他采取刺杀行动吗？

1935年3月27日，经过国民党中央政治会议决议特任何应钦与阎锡山、朱培德三人为陆军一级上将，并由国民政府于4月1日正式发布任命，何应钦稍感欣慰。而日本军队却不断寻衅，制造事端。

5月20日，何应钦到太原视察的第二天，就收到北平军分会转来的日本使馆武官高桥坦的电文，声称遵化县长庇护了在该县境内抗日的义勇军孙永勤部，要借口进兵遵化，消灭孙部。在日军和于学忠部联合"围剿"下，孙永勤与少数掩护部队于5月26日牺牲，好在大部分得以突围。

同月月初，天津日租界《国权报》社长胡恩溥和《振报》社长白逾桓先后被暗杀，日军便借胡、白被刺案及孙永勤事，向北平军分会发难。其实，胡恩溥白逾桓此二人都是日本特务机关豢养的汉奸报人，白逾桓还兼任"满洲国中央通讯社"记者。后来经过调查，这两起暗杀事件，其实都是日本驻屯军参谋长酒井隆所指使的，意在嫁祸中国政府，找借口加紧对华北的侵略步伐，以便使整个华北"特殊化"。

5月29日，何应钦与俞家骥，在北平接见酒井与高桥。日方认为中国军队在遵化有援助孙永勤部队之嫌，中方破坏了塘沽协定，而天津日租界两报社长被暗杀的事件，是中国方面的排外之举动。中国政府如果不按日本的意思加以改善，日方将采取"自卫"行动。

同时，日本华北驻屯军向北平军分会提出 6 项通告，其中第一条就是要于学忠下野，河北省政府移至保定。于学忠原是张学良部下的东北军将领，张学良下野后，于学忠任河北省主席，率领 17 万东北军进驻天津等地。在东北军官兵要求打回老家、收复失地的影响下，于学忠将东北军的两个团秘密改穿保安队的制服开入天津市区，坚决拒绝日伪的拉拢、利诱，被日伪视为眼中钉、肉中刺，日伪曾派人暗杀于学忠未遂，于是借胡恩溥和白逾桓被暗杀事件挤走于学忠。

何应钦得到汪精卫的指示，迫于日军压力，开始做于学忠的工作。此前几月，何应钦、黄郛就曾迫于日伪压力，准备将

俞家骥书法

河北省政府从天津迁至保定，找于学忠谈话，于学忠当时认为："天津是中国地方，不能因日寇的威胁，即行迁走。设如迁至保定后，日寇再行威胁，我们还能迁至河北省外的地方吗？"何、黄遂将此事暂时搁置，此次何应钦不得已，打电话劝于学忠辞职，何说："孝侯兄，国家现在已到这个样子，你一向是公忠体国的，在这艰难的时候，你若能表示辞一下职最好。"于学忠不满地回答："我辞什么职啊？辞主席职啊，辞军长职啊？我因为什么要辞职啊？"过了一会儿何应钦打来第二次电话，劝于说："现在时事太困难，外交很难办，你为国家着想，最好还是辞职一下。"于答："这事如系日方提出，我们是中国的官吏，若这么办，将来还有中国官吏没有？外交不管怎么困难，总该讲理，我为国家计，不能做丧权辱国的事……我是中央任用的官吏，中央有权，要免我的职，撤我的职均可，我绝不会闹出意外，可是对外交如此，太软弱啦！"何应钦挂断电话还不到一小时，北平军分会办公厅主任鲍

159

文樾又打来电话，劝于学忠辞职，于学忠还是没有答应。几天后，北平军分会召开会议，何应钦再次提出河北省政府迁至保定问题，这次并没有提日方压力的事情，只是说天津是商业城市，不适合做省会，所以中央决定将河北省政府迁至保定。于学忠心里明白，胳膊终究拗不过大腿，离开天津是大势所趋，自己也要给何应钦一点面子，既然没有以辞职的名义离开天津，那就服从中央决定。6月1日，在河北省政府迁到保定后，于学忠率第51军赶到保定。6月6日，国民政府免去于于学忠河北省政府主席职务，任命他为川陕甘边区"剿匪"总司令。河北省主席由河北省民政厅厅卡张厚琬暂时代理。经国民政府批准，何应钦将北平军分会政训处长曾扩情、宪兵第三团团长蒋孝先等免职，还撤换了天津市长张延谔。

6月4日，何应钦在北平居仁堂接见酒井和高桥，告知5月29日日本人的各项要求大多都已经落实。酒井等认为落实的不够，要求将凡是他们认为有排日倾向的个人或团体，都应改崇免或调离。6月9日，何应钦在居仁堂第二次接见酒井和高桥。何应钦先口头答复日方所要求几点均已办到，即：

1. 于学忠、张延谔已被免职。

2. 军分会政训处已结束，宪三团已他调。

3. 河北省党部已移保，天津市党部已结束。

4. 日方认为有碍两国国交之团体（如励志社、军事杂志社）已结束，已严令平津地方当局负责取缔一切有害国交之秘密组织。

5. 五十一军已决调防。

酒井等对何应钦的答复仍不满足，又提出4点要求：

（一）河北省内一切党部完全取消（包括铁路党部在内）。

（二）五十一军撤退，并将全部离开河北日期告知日方。

（三）中央军必须离开河北省境。

（四）全国排外、日行为之禁止。

日方强硬表示，这四点要求中的前三项是决对不能让步的，并限中国政府在三日内答复，否则日本将采取"自由行动"。何应钦当即表示，第四项须请示国民政府后答复，前三项要求可以接受。

酒井又将一份书写文件交给何应钦，然后离开居仁堂，不一会儿又回来，威胁何应钦，说中央军调离河北是日本军部的决议，绝对不能更改。可是，酒井隆又使出流氓无赖手段，脱掉鞋子，放到谈判桌上，然后盘腿坐在椅子上，时不时地用佩刀敲打桌子，要求何应钦按照日方拟订的条约签字。何应钦不答应，酒井隆竟牛气冲天，骂骂咧咧地出了门，走出大门几步，就当众解开裤带，在院子里面小便起来，弄得何应钦哭笑不得。

何应钦心里极为不快，电告蒋介石、汪精卫酒井相逼一事。蒋介石回电说中央军不易南移。6月10日晨，汪精卫电告何应钦，说中央紧急会议已作决议，对第51军与中央军的撤退没有异议，而且国民政府将重申全国禁止排外、排日的命令。

同日下午6时，何应钦约见高桥坦，口头答复日方提出的四项要求，并附带三点说明：

（一）十日下令，自即日起开始撤退河北省内的党部。

（二）第五十一军预定从十一日开始撤退到河北省外，用火车运输，到二十五日撤完，如因车辆不足或发生故障时，撤退完毕日期，也许要推迟几天。

（三）决定将第二师、第二十五师从河北省撤出。

（四）国民政府决定最近回全国发布命令，禁止排外排日。

何应钦附言：

（一）第五十一军，大概在三天内撤离北宁沿线，严厉训诚不得发生对日不法行为。

（二）中央军，于几天内撤离北平附近，先移动到长辛店，以后尽快调开，但因输送第五十一军的关系，预定约需一月，希望谅解。

（三）以前约定的其他事项，也确实履行。

同日，国民政府发布《邦交敦睦令》，强调"凡我国民，对于友邦，务敦睦谊，不得有排斥及挑拨恶感之言论行为，尤不得以此目的组织任何团体，以妨国交。兹特重申禁令，仰各切实遭守，如有违背，定予严惩"。

至此，何应钦主持的北平军分会以及国民政府，尽了极大的努力力求达到日本的要求。但是日军人并不买账，得寸进尺的提出更多的要求，他们要把屈辱妥协的牌子重重地掷于国民政府，沉重地挂在何应钦的脖子上。

6月11日，仅隔一天，日本驻北平武官高桥坦拟好一份"觉书"稿，让北平军分会办公厅副组长朱式勤转交何应钦，并要何应钦签字盖章后退还。全文如下：

觉　书

（一）在中国方面，对于日本军曾经承认实行之事项如左：

1. 于学忠及张廷谔一派之罢免。

2. 蒋考先、丁昌、曾扩情、何一飞之罢免。

3. 宪兵第三团之撤去。

4. 军分会政治训练处及北平军事杂志社之解散。

5. 日本方面所谓蓝衣社、复兴社等，有害于中日两国国交之秘密机关之取缔，并不容许其存在。

6. 河北省内一切党部之撤退，励志社北平支部之撤废。

7. 第五十一军撤退河北省外。

8. 第二师、第二十五师撤退河北省外，及第二十五师学生训练班之解散。

（二）关于以上诸项之实行，并承认左记附带事项。

1. 与日本方面约定之事项，完全须在约定之期间内实行，更有使中日关系不良之人员及机关，勿使重新进入。

2. 任命省、市等职员时，希望容纳日本方面之希望，选用不使中日关系成为不良之人物。

3. 关于约定事项之实施，日本方面采取监视及纠察之手段。

以上为备忘起见，特以笔记送达。

昭和十年六月十日

国民政府军事委员会分会代委员长何应钦

北平日本陆军武官高桥坦

高桥坦不过是日本驻北平的一个区区武官，竟然拟就措词强硬的"觉书"文稿逼迫国民政府的陆军一级上将，何应钦面对这样一份文稿十分震怒，感觉丢尽了面子，可又无可奈何。稍微冷静下来之后，何应钦分析道：日军此意，无非就是想用书面形式将中方的口头承

日军华北方面军司令部参谋长高桥坦中将（右）

诺表现，以进一步压迫中方就范，再者，日方想要将关于"约定事项之实施，日本方面采取监视及纠察之手段"这一项前项多款一并得到中方承诺，以利于日方对中方的进一步控制。何应钦考虑到事兹重大，决定不在"觉书"稿上盖章、签字，令朱式勤将该稿退还给高桥坦，并口头转告高桥：

（一）此次关于中、日事件，玑谷、酒井与高桥晋谒部长

面谈，均希望中国方面自动处理和平解决，中国方面业已照贵方所希望之各点，分别办理多项，其余诸项，现正在积极办理中，故无须再用书面表示。

（二）此次事件并非悬案性质，已魁日解决，其未办结者，在约定之期限定可办到，今贵方又续行要求书面表示，似无必要。

（三）觉书第二款之事项中，多关于政治方面，非部长权限内之事，且此事昨日何部长答复高桥武官时，高桥表示满意，当将经过呈报中央……

将"觉书"稿退还给高桥坦之后，何应钦就将此事，告知蒋介石与汪精卫。蒋、汪对何拒绝盖印表示赞成，并嘱咐何应钦千万不能对日方做出书面答复。6月12日，蒋介石指示何应钦，在中央军撤出河北过程中，应该提防日的军桃衅，尽量避免冲突。何应钦则认为，日军进步要求中央军撤退，实际上是想在华北扶植伪政权，以逐步侵略、控制华北，事体重大，于是就在当日乘车南下，返回南京直接向蒋介石汇报。

何应钦为避免日本人的纠缠，于6月13日回到了南京。但是，日方如鬼魅般如影随形。高桥坦没想到到何应钦会去南京，心里又气又急，眼见"觉书"稿被退回，于6月14日找国民政府外交部驻北平特派员程锡庚商谈，威胁他说："日军对于如果中国方面拒绝签署，因而发生严重情势时已有所准备……这个备忘录是奉在东京的参谋总长闲院宫载二之命办理的，如不能实现，则无法复命。"

6月15日，蒋介石指示何应钦："河北问题，忍辱应付，煞费苦心，极念劳瘁。兄既离平回京，则冀省主席之决定，及察省问题之应付，亟待妥为处理，请速与汪院长商定电告。"

同日，何应钦接到北平军分会来电，知高桥已把"觉书"改为备忘录，坚持要军分会代表签字。何应钦就在在当日国防会议的临时会议上报告了此事，会议决议："此事始终口头交涉，且酒井隆参谋长、高桥坦武官一再声明，由中国自动办理。现中国均已自动办理，且必能如期办妥，是日方意见已完全达到，实无文字规定之必要。我方难以照办，应请日方原谅。"

中国方面的拒不签字的态度使日本方面感到尴尬，一向横行无理的高桥坦并不甘心此事就此罢休，于是放弃以"备忘录"形式逼何应钦盖章，却仍然固执地请求中国方面有一个"书面通知"来答复。6月21日，高桥坦再将其所拟中方承诺文稿交北平军分会办公厅主任鲍文樾，考虑到何应钦可能还是不愿意签字，于是将"觉书"受信人高桥坦改为梅津美治郎。何应钦经与汪精卫的商量，将文稿略作文字修改，然后以一普通打字信函形式，寄往北平军分会，由军分会派人转送高桥，最后到梅津手中。全文如下：

径启者：

六月九日酒井参谋长所提各事项，均承诺文，并自主的期其遂行。特此通知。

此致

梅津司令官阁下

何应钦

民国二十四年七月六日

这一在特殊情况下形成的极为特殊的"何梅协定"，虽然最终只不过是一页打字纸函，并无正式的文字协定。何、梅二人往来的备忘录和复函就是臭名昭著的《何梅协定》，但是，日军自《塘沽协定》后步步进逼的侵略要求，均被中方承诺，河北门户被进一步打开，日军以"何梅协定"为根据日益加剧对北平、天津的威胁和控制，中国的主权进一步丧失，民众各界说国民党丧权辱国，并不为过。

第三节 "福将"败北

因为何应钦他在东征、北伐中指挥过三次著名战役，即棉湖战役、三河坝战役、龙潭战役，并且都取得了胜利，何应钦在国民党军中素有"福将"之称。

何应钦在蒋介石第一次下野复职后，被削去的带兵权，成为蒋介石身边的高级参谋、管理人员。蒋介石在中原大战中打败冯玉祥、阎锡山后，便全力扑向江西中央革命根据地，从1930年10月至1934年10月，接连发动五次军事"围剿"。

虽然何应钦没有参加第一次"围剿"，但他却是活动的策划者之一。19308月27日，何应钦以武汉行营主任身份，在武汉举行"绥靖"会议，召集湘鄂赣三省的党政军机关代表参加。会议通过了《湘鄂赣三省剿匪实施大纲案》，确定"围剿"红军以军事为主，党务、政务密切配合的总方针。

10月28日，蒋介石委托何应钦在汉口召开了湘鄂赣三省"剿匪"会议，宣布将以江西南部为重点对各苏区红军进行"围剿"，并叫嚣至多用6个月结束战斗。会议任命鲁涤平为总司令，张辉瓒为前敌总指挥，集中10万兵力，采取蒋介石制定的"长驱直入，外线作战，分进合击，猛进猛打"的作战方针，于11月下旬向江西苏区发起进攻。

红军在毛泽东、朱德指挥下，采取"诱敌深入"的战略方针，并以运动战的作战形式与敌人进行周旋，声东击西，出其不意。12月30日在龙岗包围、歼灭敌第18师，生擒师长张辉瓒。国民党军的第一次"围剿"宣告失败。

蒋介石听到消息后十分震怒。随即任命"福将"何应钦为湘鄂赣闽"剿共"总司令，兼任南昌行营主任，到江西南昌组织、指挥第二次"围剿"。

原以为国民政府军会很轻易地打赢红军的何应钦，没想到第一次"围剿"会遭惨败。经过分析，何应钦认为第一次"围剿"失利的原因主要是我军急躁冒进，兵力调配不当。1931年2月10日他到南昌就职后，任命贺国光、王纶为正副参谋长。一方面下令江西各县组织民团、保甲，加强地方联防，并切断通往苏区的交通联系，实行严密的经济封锁。同时按照蒋介石的意图，在厚集兵力、

红军反"围剿"宣传画

严密包围的同时以"缓进为要旨"，以防红军的分割围歼。在战略部署上，何应钦采取"主力分别由东、北、西三方面进剿，一部由南面协剿，稳扎稳打，步步为营"的原则，部署兵力20万人。

到3月下旬，国民政府军已经按照何应钦的作战部署计划，分别在江西各地集结待命。

1931年3月27日，随着何应钦德一声令下，国民党军队发起对红军的第二次"围剿"红军的总攻。4月1日，何应钦指挥国民政府20万大军，兵分四路，以宁都为目标，缓慢地行进在从江西吉安到福建建宁的800里长的战线上。何应钦下令各部队每日只行进5里、10里，至多20里，且每次大部队行动前一天，都会先派几营或一团的小部队进行游击侦察，确定没事之后大部队才前进。每到一地，都会号召地主豪绅，组织"善后委员会"和反动民团，修筑战争防御工事，派遣特工人员潜入苏区，刺探军情，造谣惑众。何应钦就这样带领部队走走停停，经过将近一个月，才逼近红军前线。从4月8日到26日，国民党军队先后攻占藤田、水南、富田、广昌、遂川、湛元、横石、头坡、白水镇等地。

红军在毛泽东、朱德指挥下，针对国民党军队不同于第一次"围剿"的进攻战略，采取"诱敌深入"的战略方针，决定先集中兵力打击较弱的敌军，然后伺机将敌军各个击破。4月末红一方面军主力从宁都、广昌、石城地区向西移动到东固附近隐蔽待命。

1931年5月5日，国民党召开国民会议，何应钦从江西赶回南京出席会议。5月12日，何应钦代表蒋介石提出了《剿灭赤匪报告书》，大肆污蔑、诽谤中国共产党和红军，最后提出要"振起民族精神，竭诚拥护中央和平统一，坚固自身组织"等措施，被大会采纳，通过了"报告书"。极为讽刺的是，何应钦狂妄叫嚣的话音未落，"势如破竹"国民政府军队就遭到红军的沉重打击。

5月8日，国民党前头部队探得红军主力部队七、八个军在东固地区埋伏，却拿不准这情报是否可靠，于是向齐向辰和何应钦报告。何应钦复电："齐电悉，已派飞机仔细侦察，仍盼督饬所属确实搜索，严密监视。"公秉藩接到电报后，便派出大量侦探、便衣进行搜索、侦察，一无所获。但是这时还没有尝过红军苦头的何应钦等不及了，于5月11日电令公秉藩："连日派飞机侦察，均未见敌踪，仍盼鼓励所属，不顾一切，奋勇前进，如期攻下东固，树各路之先声。"次日，公秉藩又接到齐向辰命令："令第47师由现地富田出发，经过九寸岭、观音岩向东固攻击前进；第28师由固陂圩出发，经过山坑、中洞、头陂、东固岭，向东固攻击前进。限令15日以前占领东固。"公秉藩没有办法，只得硬着头皮命令部队向东固方向出发。

5月13日至15日，公秉藩与唐云山率领第28、47师，大摇大摆地向东固、富田前进，红军则不动声色地埋伏在两旁的高山上，等待敌军大部走进埋伏圈后再出击，打国民党一个措手不及。5月16日上午十点，28师经过山坑时，突然听到枪声大作，接着被红军猛烈的火力打得晕头转向。公秉藩试图指挥敌军顽抗，但敌军被漫山遍野冲杀出来的红军吓破了胆子，均无心恋战，狼狈逃窜。与此同时，47师也在九寸岭、观音岩一线被红军击溃。

在毛泽东、朱德指挥下，红军又在白沙、巾村、广昌、建宁等地接连作战获胜，自西向东横扫700里路，歼敌3万余人，缴枪2万余支，击毙敌军第5师师长胡祖玉，粉碎了国民党军的第二次"围剿"。

第二次"围剿"又是以失败告终，何应钦则垂头丧气，

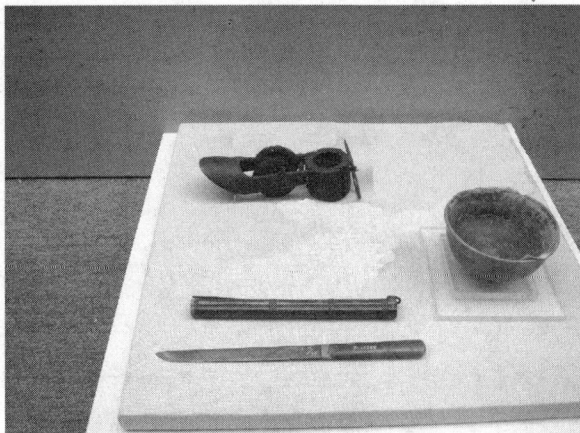

红军在反"围剿"战斗中缴获的国民党物资

蒋介石气得暴跳如雷。何应钦此时没有提他督令部队前进以致走进红军包围圈的事，而是把部队急于进攻以致中了红军的计说成是失败的原因。蒋介石并不甘心，和何应钦等高级将领策划第三次"围剿"，任命何应钦兼任空军司令，又亲自到南昌指挥。这次，为加强"围剿"兵力，彻底消灭红军，蒋介石将其嫡系部队第6、9、10、11、14等师共10万人调到江西，担任第三次"围剿"的主力军，加上原来就在江西参加第二次"围剿"的部队和新调来的非嫡系部队，总兵力为23个师又3个旅，达到30万人之多。

6月25日，蒋介石亲自担任"围剿"军总司令，任命何应钦为前线总司令兼左翼集团军总司令。第三次"围剿"的作战方针："厚集兵力，分路围攻，长驱直入，先求击破红军主力，捣毁红军根据地，然后再逐渐清剿。"计划将国民党的军队分为左右两路，命令陈铭枢率右翼集团军从吉安方向进攻，何应钦率左翼集团军从南丰方向进攻，卫立煌则率队居中路策应。

1931年7月1日，按照蒋介石的作战计划，何应钦率左翼集团军以及策应作战的第10军，气势汹汹地分三路进攻红军。这是国民党误以为红军主力是在宜黄、南丰以南地区的红军第3军第9师和第4军第12师，于是从东、北、西三面进兵，妄图包围红军。

刚刚粉碎国民党第二次"围剿"还来不及休整的红军，面对10倍于己的敌军的围攻，按照毛泽东"避敌主力，打其虚弱，乘胜追击"的作战方针，一面加紧整顿，在敌军较为松散的结合部地区，集中兵力，寻找战机。一面继续诱敌深入，配合一些地方的赤卫队阻止敌军前进。

何应钦判断失误的老毛病又犯了，他率领左翼集团军，先是判断红军主力部队已由闽赣边境移至广昌、宁都、石城地区，结果扑了个空；又判断红军主力在宁都西北地区，结果再次扑空，两次战略失误令追击部队的锐气顿失。

被红军绕得晕头转向的何应钦，7月26日再次调整作战部署：令左翼集团军第1路进击军和第10师固守广昌、头陂；第2路进击军向头陂、富田前进；为防止红军北退，第3军团向黄陂前进；第4军团挺进兴国。令右翼集团军第1军团在兴国、沙村固守，

红一方面军干部合影

1933年2月至3月，红一方面军在周恩来、朱德指挥下，采取大兵团伏击的战法，粉碎了国民党军第四次"围剿"。图为红一方面军部分干部在福建建宁合影，左起：叶剑英、杨尚昆、彭德怀、刘伯坚、张纯清、李克农、周恩来、滕代远、袁国平。

防止红军西退，第 3 路进击军速往莲塘，掩护左翼第 4 军团、第 2 路进击军西进，第 2 军团迅速向宁都、黄石推进。

何应钦以为这次万无一失，肯定能够包围红军。没想到红军突然掉头向高兴圩方向推进，并乘夜从敌军的空隙中秘密东进，比敌军先到达了莲塘。8 月 7 日，当国民党军队赶到莲塘时，红军突然发起进攻，激战两小时，歼灭第 3 路进击军第 47 师第 2 旅，击毙旅长谭子钧。紧接着，红军在和良村和黄陂大败国民党军。

9 月上旬至中旬，红军又接连取得胜利，前后共歼敌 17 个团，3 万余人，粉碎了蒋介石、何应钦指挥的第三次"围剿"，沉重的打击了以蒋介石为首的国民党反动政府的嚣张气焰。何应钦在军阀混战中能协助蒋介石挫败群雄，"围剿"红军却是连连败北，被打得焦头烂额，一次比一次败得更惨。在毛泽东、朱德和红军面前，何应钦的"福将"之相全无。第四次"围剿"失败后，蒋介石大发雷霆，连连哀叹："惟此次挫败，惨重异常，实有生以来惟一之隐痛。"

第八章
西安事变动武派

第一节　事变缘起

1936 年 12 月 12 日上午，南京，当国民政府第二号人物何应钦看到西安张学良、杨虎城发过来的明码电报时，他不禁震惊得目瞪口呆，额头上汗水直冒，良久，他慢慢地擦着汗水，习惯地用双手正了正眼镜，心想：张学良、杨虎城，你们好大的胆子哦，竟敢公然用武力扣押总裁，这不是造反吗？……

震惊中外的西安事变发生了，一时间，国民党内部的各派势力粉墨登场，海内外舆论也闹得沸沸扬扬。时至今日，史学界仍然有人认为，何应钦当时作为南京政府的二号实权派人物，积极主张武力讨伐张、杨，企图置蒋介石于死地，进而取而代之。历史真相果真如此吗？下面先看一看西安事变发生的来龙去脉。

早在西安事变发生之前，蒋介石南京政府积极推行"攘外必先安内"的政策，对中共和红军发动了五次规模巨大的军事"围剿"之后，仍然对中共和红军穷追猛打，必欲置对方于死地而后快。为了继续"安内"，1935 年 9 月 20 日，南京国民政府在西安设立"西北剿匪总司令部"，蒋介石亲自兼任总司令，任命把兄弟张学良为副总司令，并调派东北军入陕甘地区剿共。

然而，东北军也不是红军的对手。1935 年 10 月 1 日，在劳山战役中，东北军王以哲第 67 军第 110 师的 2 个团和师部被红军歼灭，第 110 师师长何立中被打死，团长裴焕彩当了俘虏。在榆林桥战役中，1935年10月29日，东北军第107师和第619团被红军全歼，团长高福源缴械被俘。

东北军连吃了两次败仗，还不善罢甘休，继续奉命"剿匪"。1935年11月下旬，东北军第109师奉命孤军进攻陕北吴起镇。第109师是的精锐之师，能征善战，装备精良。凭借以往的战绩，师长牛元峰狂妄自大，根本瞧不起红军的战斗力。第109师挺进到直罗镇之后，牛元峰想当然地认为，直罗镇离中央红军还远着呢，一布置完侦查岗哨，他就高枕无忧地美美地睡起觉来。出人意料的是，红军只用一夜的时间就快速赶到了直罗镇，并在直罗镇周围组织起了一个包围圈，于22日拂晓对还在睡梦中的第109师发起突然袭击，第109师毫无防备，立刻被红军冲散，分割，各个击破，牛元峰从梦中醒过来的时候，一见漫山遍野全是红军，五星红旗飘扬，知道自己没有办法逃出红军的包围圈，一时情急之下，就掏出手枪命令副官开枪打死自己。直罗镇一役，红军快速击败了东北军精锐之师6000多人，而自身只伤亡800多人。三战三败，一时间，东北军对红军畏之如虎。张学良也领教了红军的厉害。

1935年12月17日，中共召开瓦窑堡会议，会议确立了建立抗日民族统一战线的政策，号召全国人民联起手来反抗日本帝国主义的侵略。这一政策得到了全国各界爱国人士的支持，包括东北军领袖张学良、第十七路军总指挥杨虎城在内。张、杨开始秘密地派人同中共接触，沟通，初步达成了一致抗日的共识。

到1936年冬，民族矛盾日益加重，日本军国主义势力蠢蠢欲动，阴谋扩大侵华战争规模。在全国抗日救亡运动高潮的推动下，张学良和杨虎城在与红军停战半年多后，进一步向蒋介石提出联共抗日的要求，被蒋拒绝。蒋介石一面调排自己的黄埔嫡系部队入驻陕甘地区，威慑、监视张、杨各部，又于10月下旬亲赴西安督促张、杨出兵"剿共"。

10月26日，蒋介石对张学良、杨虎城做了一通训话，随后，他来到西安城南王曲镇的中央军校第七军分校发表"训词"，再次强调反共重于抗日的谬论，说革命军人要"明礼义，知廉耻"，"要服从长官"，"我们最近的敌人是共产党，为害也最急；日本离我们很远，为害尚缓。如果远近不分，缓急不辨，不积极剿共而轻言抗日，便是是非不明，前后倒置，便不是革命……对这种不忠不孝的军人是要予以制裁的"。

一见张学良、杨虎城部仍然无"剿匪"动作，蒋介石"恨铁不成钢"，再次决定亲自飞往西安督战。1936 年 12 月 4 日，蒋介石自洛阳一到西安，即继续调来中央军嫡系部队"进剿"红军。蒋介石在西安期间，张学良与杨虎城多次当面向蒋介石进谏，要求停止内战，一致抗日，却次次遭到了蒋介石的严词拒绝。蒋介石还当面责令张学良、杨虎城，说东北军、十七路军要么进兵"剿匪"，要么将分调福建、安徽。

12 月 9 日，为了纪念北平"一二·九"运动发生一周年，中共在西安策划、组织了大规模的群众游行示威活动。东北大学一名学生遭特务军警枪击而受伤，游行群众非常激愤，决定直接到临潼华清池向蒋介石请愿，示威。蒋介石却强令张学良制止学生游行运动，并说必要时可以开枪射击。张学良一接到命令，即追上游行请愿队伍，动之以情，晓之以理，极力劝说学生们停止前进，返回学校。而东北大学学生高呼口号，"中国人不打中国人！""东北军打回老家去，收复东北失地！"张学良向群众表示一周之内会以实际行动来给学生的要求一个答复，假如办不到，你们其中任何人都可以"置我张学良于死地"。请愿学生们不听张学良的劝阻，在华清池前高唱《松花江上》，在场的东北军战士大受感动，全场爱国情绪高昂。

是夜，张学良面见蒋介石，再次苦劝蒋介石联共抗日，并请求蒋介石无论如何要放过这些手无寸铁的爱国

张学良（前排左）与蒋介石合影

175

学生，但是，蒋介石却狠狠地道："对这批学生，除了拿机关枪打以外，是没有办法的。"张学良一闻此语，大怒，反问道："机关枪不打日本人反而去打爱国学生？"张、蒋顿时大吵起来，场面失去了控制。

当晚，张学良于盛怒之下，断然决定对蒋介石实行"兵谏"，武力逼蒋抗日。张学良与杨虎城商议，决定发动兵变，派白凤翔去扣押蒋介石，白凤翔说："只见过照片，没见过本人，到时候乱军之中怕出错误。"

次日，蒋介石召开高级军政将领会议，正式通过发动第六次"围剿"计划，决定于12日宣布动员令。而白凤翔也被张学良带着见到了蒋介石。

12月11日晚，蒋介石邀请张学良、杨虎城和朱绍良、蒋鼎文、陈诚等共进晚餐。席间，蒋介石即席宣布任命蒋鼎文为"西北剿匪军"前敌总司令，任命卫立煌为晋陕绥宁四省边区总指挥，等等，并命令中央军接替东北军和西北军的"剿共"任务。蒋介石的换将与调兵，逼迫张学良、杨虎城不得不毅然实行"兵谏"。当日晚间，张学良和杨虎城分别召见东北军和十七路军高级将领，宣布翌日清晨举行"兵谏"的决定。

12月12日晨五点，张学良、杨虎城发动兵谏，东北军开赴临潼华清池，捉拿蒋介石，蒋从卧室窗户跳出，摔伤后背，躲在大石头后面，被活捉。与此同时，在西安城内的陈诚、邵力子、蒋鼎文、陈调元、卫立煌、朱绍良等国民党军政大员悉数被十七路军扣留，不过，邵元冲等人遇难。西安事变爆发。

事变当日，张学良、杨虎城宣布取消"西北剿匪总部"，组成抗日联军西北临时军事委员会，张学良、杨虎城分任正、副委员长。同日，张、杨还发表"对时局宣言"。"宣言"明确指出武力扣蒋只是为了促使蒋介石反省，并无加害蒋介石的人身安全之意：

> 东北沦亡，时逾五载，国权凌夷，疆土日蹙，淞沪协定
> 屈辱于前，塘沽、何梅协定继之于后，凡属国人，无不痛心。

近来国际形势豹变，相互勾结，以我国家民族为牺牲。绥东战起，群情鼎沸，士气激昂。于此时机，我中枢领袖应如何激励军民发动全国之整个抗战！乃前方之守土将士浴血杀敌，后方之外交当局仍力谋妥协。自上海爱国冤狱爆发，世界震惊，举国痛心，爱国获罪，令人发指。蒋委员长介公受群小包围，弃绝民众，误国咎深。学良弟涕泣进谏，屡遭重斥。昨日西安学生举行救国运动，竟唆使警察枪杀爱国幼童，稍具人心，孰忍出此！学良等多年袍泽，不忍坐视，因对介公为最后之诤谏，保其安全，促其反省。西北军民一致主张如下：

一、改组南京政府，容纳各党各派共同负责救国；二、停止一切内战；三、立即释放上海被捕之爱国领袖；四、释放全国一切政治犯；五、开放民众爱国运动；六、保障人民集会结社一切政治自由；七、确实遵行总理遗嘱；八、立即召开救国会议。

12月12日上午，张学良把在西安扣蒋及其重要将领一事迅速通报给了毛泽东、周恩来，之后，他分别致电宋美龄和人在上海的孔祥熙，说明扣押蒋介石只是为了迫使总裁抗日救国，不会加害于总裁。孔祥熙时任国民政府行政院副院长兼财政部长。

西安事变震惊全国。许多团体认为，张、杨"兵谏"，劫持最高统帅，大逆不道，应迷途知返，无条件地释放蒋介石。黄埔少壮派将领胡宗南等275人代表全体黄埔生发出通电，威胁张学良，要他及早礼送蒋介石回南京，否则，为尽"忠孝"，他们将血洗西安。12月14日，顾祝同、刘峙、胡宗南、汤恩伯、李默庵、樊崧甫等38名国民党高级将领致电张学良，希望张放蒋介石回南京，则"任何问题无不可以从长讨论，尽量采纳，见诸实施"。

在12月17日的南京《中央日报》第四版，刊载了一则"全国将领电呈中央：请颁明令讨张"的消息，报道安徽政府主席刘镇华、师长毛炳文等，川黔将领薛岳、吴奇伟（贵阳）、刘和鼎（吴兴）、豫鄂皖边区主任刘建绪等，第三路军总指挥韩复榘及师长孙桐萱等，宁夏政府主席马鸿逵，第 45 军军长邓锡侯，第二十六路军总指挥孙连仲等，汤恩伯、门炳岳、王仲廉等均来请令讨伐。

12 月 13 日，何应钦陆续接获一些地方军界实力派头面人物的电报。

河北宋哲元来电称："承示陕变情形，不胜惊骇！……张汉卿被共匪利用，构煽异动，举国痛心！应请中央迅速戡定变乱，营救委座，贯彻剿匪主张，以维国本。哲元谨率所属，待命边疆，苟利国家，义无反顾。"

四川刘文辉来电："值此剿匪方殷，边关疆吏，劫持统帅，居然为敌张目，足令举世寒心！情犹断指，永赋同仇。文辉奉使康西，忧心渭北，关山阻隔，寝食难安。惟期拥护中枢，速筹大计，营救委座，藉安人心。"

云南龙云来电："国家不幸，祸乱相乘，言之痛哭！委座有无危险？如何营救？立候电示。"

割据山东的乱世枭雄、鲁省政府主席韩复榘来电：

宋哲元（前左二）与蒋介石（前左三）合影

"国家不幸，内外多事，弟闻之下，彻夜未眠。事已至此，惟有设法营救委座为第一要著。"孰料一年之后，韩复榘就被蒋介石骗到武汉，以"十大罪状"处死，他由此成为抗战中第一个被军法处死的国民党高级将领，也是国民党在大陆执政时期按军法处死的军衔、军阶最高的国民党军将领。

而一些团体和地方实力派却不这么认为，纷纷致电张、杨，认为此举是为了抗日救国，是爱国行动，亦可促蒋介石结束内战，全力抗日。比如说，刘湘于 12 月 19 日致电张学良并转电何应钦、孔祥熙、顾祝同，肯定张学良发动西安事变的本意是好的，"无非欲促成抗敌救国之伟业，以求我国家民族之生存"，并提出三点看法："（一）内战必致亡国，无待赘言，必须避免军事接触，速求政治解决，庶能保全国脉于万一……（二）羁留介公，无论出于任何爱国举动，对于国际国内之印象过劣，即对于国家前途之危险太大。介公久留西安，更足促成内战，加速覆亡，务请立即恢复介公自由。（三）国家民族安危，在吾兄一念之转移。吾人为国，一切均可牺牲，更无固执成见之理，如兄在政治上有所主张，弟当居间进言，以求解决。如认为尚有商榷者，尊处派员来蓉，或弟派员到陕均可。"

第二节 兴师讨伐

再说事变当日，何应钦接获西安方面的电报，确实是大吃一惊，待他一回过神来，就急忙召集程潜、朱培德等部分中央政府要员到斗鸡闸开会商议对策。而冯玉祥、李烈钧、孙科等要员却没有被第一时间告之事变发生，冯玉祥至当日午后才听闻西安事变，心中对此很不满，说："我和协和（李烈钧）、哲生（孙科），均任无所闻，不知是何理由？"冯玉祥是南京军委会副委员长，名义上是仅次于蒋介石的南京政府二号军事领导人，而李烈钧是国民党中政会、军委会委员，孙科是立法院长。

12日下午，何应钦发电报给孔祥熙，告知西安事变，并说蒋介石的下落"尚未查明，已派机前往侦察"。随即，孔祥熙从南京孔祥熙官邸的来电中获悉张学良来电，知张、杨的用意在于"保其安全，促其反省"，才放下心来。

当夜，孔祥熙陪同宋美龄及蒋介石的澳籍顾问端纳返回南京。

当晚八点，驻洛阳的第46军军长樊崧甫电告何应钦："张副司令致炮六旅长永安（即黄永安）电云：西安事变，着该旅长将机场监视，不准有一架起飞，并将各银行封闭等语……"，随即，何应钦收到了张、杨的联名通电，遂召集南京政府要员到何府开会。

当晚十点，冯玉祥、戴季陶（考试院院长）、李烈钧、朱培德

179

（军委会办公厅主任）、叶楚伧（国民党中执委会秘书长）、陈公博（国民党中政会委员）和陈璧君皆参加了会议，商议西安事变的应对之策。争论一个多小时，无果。在议到是用武力讨伐还是用和平营救的方式来确保蒋介石的安全的问题上，李烈钧、陈公博、陈璧君主张应力保蒋介石的生命安全，非到万不得已之时不可动武，而何应钦、戴季陶、朱培德、叶楚伧则主张对张、杨诉诸武力，以正中央的威权。当议到国民政府军归谁统率的问题时，戴季陶主张"军事归何应钦管"，而冯玉祥表示反对，认为参谋总长仅为军令机关，军委会有办公厅主任。

当晚十一点半，国民党中执委会与中政会联席紧急会议在国民党中央党部召开，与会者30人，包括何应钦、冯玉祥、李烈钧、戴季陶、孙科、陈果夫、张群、丁惟汾、叶楚伧、于右任、居正、陈布雷、陈璧君等。在分析到张、杨发动事变的背景时，有人认为，一些不太服从国民党中央的地方实力派将领，如四川刘湘、山东韩复榘、河北宋哲元、广东李济深，都是张学良的同路人，很有可能会趁机响应事变，推波助澜，助张、杨向中央政府发难。或许有鉴于此，戴季陶、何应钦、叶楚伧、吴稚晖等主张武力讨伐，以迅速平息事变，避免时局恶化而不可收拾。戴季陶情绪易于冲动，在会上大声指斥张、杨，主张以武力示强，他激愤地说："中央既不能曲从其狂悖，陷国家于沦胥；尤不能过于瞻顾蒋委员长之安全，置国家纲纪于不顾……中央对策宜持以坚定。今蒋委员长安全尚不可知，示张、杨以力，蒋委员长倘在，或尚可安全；示张、杨以弱，则蒋委员长虽在，或竟不能安返。"而冯玉祥、李烈钧等人再次认为不宜动武。

动武派与反动武派的争论持续到翌日凌晨两点，仍无一致意见。戴季陶认为，务必先做决断，不能再等待观望。最后，全体与会人员作出两项决议。据1936年12月13日的南京《中央日报》记载，其决议为："（一）决议：一、行政院由孔副院长负责；二、军事委员会常务委员改为五人至七人，并加推何应钦、程潜、李烈钧、朱培德、唐生智、陈绍宽为常务委员；三、军事委员会会议由冯副委员长及常委负责；四、关于指挥调动军队，归军事委员会常务委员、军政部长何应钦负责。（二）决议：张学良应先褫夺本兼各职，交军事委员会严办，所部军队归军事委员会直接指挥。"

12月13日晨，何应钦到孔祥熙寓所向孔、宋美龄陈述西安事变和12日夜中央联席会议论辩、决议情况，并主张进攻西安，向张、杨施压，而且，反对端纳去西安。

孔祥熙回到南京于当然早晨看过张学良的来电之后，即刻回电张学良，既为张学良开脱事变起因，又要张、杨以大局为重，谨慎对待，从长计议。据《孔祥熙所藏西安事变期间未刊电报》，孔祥熙认为，西安事变"当必因所部之痛切乡邦，环词吁请，激一时之情感，为急切之主张"，劝张"兄等有何匡时至计，苟属有利国家，当无不可从长计议，遽加兵谏，似越恒情。倘竟引起纠纷，国家前途必致不堪设想，将使仇者快意，亲者痛心，瞻念前途，不寒而慄。尚冀持以审慎，藉挽狂澜，言公言私，同深感幸"。

孔祥熙肖像

孔祥熙也发了一封电报给蒋介石，托张学良译交。孔在电报里恳切地规劝蒋介石"以一身系天下之安危，言行开国际之视听，自不能不周详审慎而轻有所主张……当殊途而同归，并非有何异趣……此次之事，当出迫不得已，别有苦衷。弟意任何主张，苟利国家，皆无不可从长计议。……"

当日上午，孔祥熙紧急召集在南京的国民党中执委、中监委委员开会。会上，何应钦先报告西安事变的情况，并认为张、杨的"八项主张"完全是中共的主张，他们与中共早有往来，当然不会尽力"剿共"，这次蒋委员长亲赴西安，意在督促他们进剿，岂料他们竟武力扣留了委员长及在西安的中央大员。

大部分高级将领认为，张、杨武力扣留委员长，此举背叛党国，如不明令讨伐，张、杨则有可能"挟天子以令诸侯"；孔祥熙等本来是主张和平解决的，但见会场上一片"讨伐"声，也不便多言，孔祥熙只说动武不要操之过急，要确保蒋介石的生命安全。戴季陶接着说："这件事非采取主动非用兵不可，否则很难挽救蒋的生命，因张、杨的生命尚未完全掌握在我们手中。"据康泽在《西安事变后南京情况》中载，当时，戴季陶说完，就向孔祥熙恭恭敬敬地作了三揖，离席而去。据周一志在《戴季陶坚决主张讨伐张、杨》中说，宋子文认为戴季陶不应提出太强硬的动武主张，于是，在会后就去找戴。戴说："我同介石的关系，决不下于你们亲戚。老实说，我的这一套也是为了救他，我不反对你们去同张学良作私人周旋，拯救蒋介石，同时，你们也不能反对我的意见，因为这是政治问题，不能不如此。"

除了武力营救蒋介石这个在国民党内部公开的第一方案之外，何应钦当然也准备了另一套秘密的备用方案，由此说明何应钦还是做好了取蒋介石而代之的准备工作。事变之初，何应钦即召集召集王伯群、何辑五等几个绝对可靠的心腹来开会，草拟了《统一党国·革新政治草案》这一乘势夺权的秘密方案，其内容是重在调整人事，假设蒋介石不复存在了，何应钦出任军事委员会委员长，白崇禧出任军政部长，汪精卫处任国民党总裁兼行政院长，王伯群任中央银行总裁，等等。武力营救方案已有多人在回忆录中提及，但第二个秘密方案却鲜为人知，若非当事人泄露，恐怕永无暴露之日。

据赵毓麟《西安事变时 CC 派在中政校的活动》中说，由于张、杨来电已声明确保蒋介石的生命安全，宋美龄于是在 13 日来见何应钦，说："今日若遽用武力，确将危及委员长生命。"认为应先救蒋脱险，而昨晚联席会议决定立即下令讨伐，则会使张、杨没有考虑余地。何应钦认为，只有以武力相威胁，蒋才会安全脱险，应即刻出兵并轰炸陕西。宋问："你这样做，万一把委员长炸死了，中央政府由谁来领导？"何答："这是中央常委的集体决定，要迅速敉平叛变，不能不用快刀斩乱麻的手段。"心情紧张焦虑的宋美龄指责何应钦有负委员长的栽培。

下午三点，居正主持召开国民党中央政治委员会第二十九次会议，何应钦、张群分别作了军事、外交汇报。何应钦、司法院长居正、戴季陶、吴稚晖力主武力讨伐张、杨，而国民政府主席林森和孔祥熙则认为，联共抗日是值得国民政府思考的问题，不可轻易动武。同日，胡宗南、黄杰、李延年、俞济时等178名国民党高级将领致电何应钦，请求国民政府明令讨伐。

为此，何应钦主持的军政部即刻组织讨伐军总司令部，调准备赴任湖北省政府主席的黄绍竑任讨伐军总司令部参谋长，调军委会铨叙所所长林蔚任参谋长，调军委会高级参谋徐培根任参谋处处长，调参谋本部第一所第三处处长钱贻士主管后勤，等等。据黄绍竑回忆，何对他说："季宽先生，我看在这种局势之下，地方行政工作没有什么搞头。你可不可以暂时不到湖北去就任，留在南京帮帮我的忙，担任讨伐军总司令部参谋长。"

再来看西安事变发生后各地军界实力派的心态究竟如何呢？无疑，地方实力派的向背和举措是决定事变走向的一个重要因素。而何应钦对地方实力派很慎重，也较为尊重他们的意见。

从西安事变爆发一直到"陕甘善后"，何应钦都与云南地方实力派龙云紧密联络，双方电报往来最为频繁。12月13日，何应钦即电告龙云事变情况，并请龙云严密防范云南辖区；从13日到15日，何连发四电，请龙云通电中央、反对张杨；16日，何电请龙云到南京共商至计；从19日到24日，何电龙云通报有关张、杨兵力及集中渭南、临潼、西安、咸阳之情况；从18日到23日，电告龙云阎锡山派徐永昌等赴西安，宋氏兄妹赴西安及张杨部动态，张学良迎接中共代表周恩来赴西安。

12月12日夜，在南京国民党中政会会议上，有人担心一些地方实力派将领可能会趁火打劫，兴风作浪。然而，绝大多数地方实力派却态度暧昧，纷纷致电请令讨伐张、杨，由此助长了"动武派"的气焰。

14日上午，代理行政院长孔祥熙在孔公馆召开高级会议，与会者有何应钦、孙科、居正、戴季陶、于右任、陈果夫、陈立夫、叶楚伧、冯玉祥、张群、黄绍竑等。孔祥熙根据此前宋美龄之请求，提出在武力讨伐前怎样把蒋介石救出来的问题，多数与会者主张和平营救。主张讨伐的何应钦未说话，而戴季陶到休息室里想了很久，然后走进会场，跪下，给大家磕了一个响头，说："我是信佛的，活佛在拉萨，去拉萨拜佛有三条路：一是由西康经昌都；二是由青海经玉树；还有一条是由印度越大吉岭，这三条路都可通拉萨。诚心拜佛的人三条路都走，这条不通走另一条，总有一条走得通的，不要光走一条路。"说完，他又磕了一个响头，随即离席而去。戴季陶力主武力讨伐，不过，他今日此举是同意武力讨伐与和平营救齐头并进，可以双管齐下。

同日中午，第 36 师师长宋希濂从苏州赶到南京。何应钦在何公馆接见宋希濂时说："这次西安事变，……委员长这次被扣，能否保全生命，能不能回来，很成问题。中央昨天开会，对张、杨的叛变，已经决定讨伐，并命我负责指挥军队。黄埔军校系统的军队，是国民政府的重要支柱，只要你们同学——尤其是带兵的将领，能一致团结起来，是可以应付这个局面的……"宋说："……如果打起来，会不会危及委员长的生命？也是值得考虑的。"何应钦缓慢地说："你的意见是值得考虑的。我们第一步是部署兵力对西安形成包围形

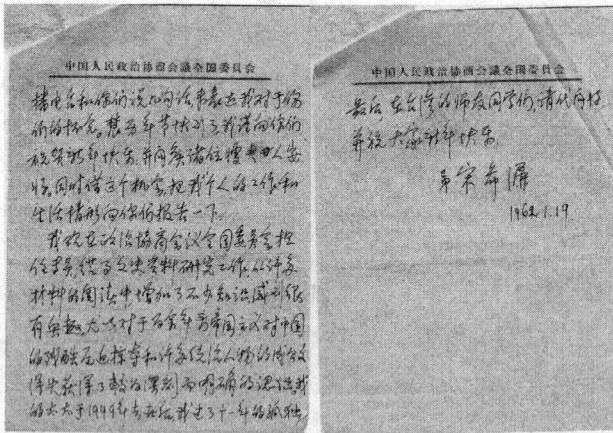

宋希濂信札手迹

宋希濂（1907—1993），湖南湘乡人。国民党著名将领，抗日名将，曾参加"一·二八"淞沪抗战、南京保卫战等战役。1949 年 12 月，他被人民解放军俘虏，后作为战犯接受改造。1959 年 12 月大赦。1980 年赴美探亲，后定居美国。1993 年在纽约逝世。图为宋希濂信札手迹。

势，看情况的发展再作决定……"

何应钦等制订了进攻西安的军事计划，分三路行动，地面上是东、西两路，东路军由豫皖绥靖主任刘峙坐镇开封指挥，潼关前线由徐庭瑶任总指挥。分为三翼，樊崧甫第79师、董钊第28师、阮肇昌第57师、宋希濂第36师、桂永清的中央军校教导总队等从部正面沿陇海路两侧进攻；由第60军军长周X指挥第6师、陈沛第60师、陈杰安第79师、黄杰税警总团、冯钦哉第40师为右翼；由李默庵指挥第10师和刘戡第83师由商雒向蓝田前进，为左翼；郑洞国第2师和李必蕃的第23师为东路总预备队，集结潼关一线。西路军由胡宗南指挥11个师，包括第1军、曾万钟第3军、毛炳文第37军、关麟征第25师、李及兰第49师、王耀武第51师等，从北、西、南三面围攻西安。空军集中洛阳，轰炸西安，协助东路正面部队作战。

在同意国民政府武装讨伐与和平营救双管齐下的前提下，许多高级将领不愿用兵，更希望事变能和平解决。许多将领按兵不动。广东李济深，广西李宗仁、白崇禧，四川刘湘等地方实力派人物的态度较为明朗，主张政治解决事变。12月15日，李济深致电国民政府及各地方当局，呼吁："……诸公国家柱石，定能措置裕如。惟际兹强寇压境，危亡即在目前，至盼号召全国所有力量，一致对外，方足以挽救危亡，若再另起纠纷，豆萁相煎，是真使国家民族陷于万劫不复之境矣。"

由于一些较有影响力的地方实力派主张政治解决，加上孔祥熙、宋子文、宋美龄等"反动武派"的努力，何应钦虽然从一开始就力主讨伐，但是，他也考虑到，必须加强与地方实力派的联系，互通情报，并借助地方实力派斡旋南京政府与西安方面的关系，而不能单纯地靠动武来迫使张、杨放蒋。12月14日，孔祥熙、何应钦即派黄绍竑与东北元老刘哲、王树翰飞抵太原，希望说动阎锡山居中调停，劝说张、杨放蒋。

号称"乱世野狐"的阎锡山在西安事变前就与张学良、杨虎城有秘密联络，曾暗示、鼓动张学良"兵谏"扣蒋，虽然内心窃喜张、杨的义举，可他事变后为掩人视听，却假惺惺地致电张、杨，问他们"何以善其后"等四个问题。

当然，也有唯恐天下不乱的积极进兵者，如桂永清，不等何应钦下令，就集中部队推进潼关前线，并接替进攻不力的董钊师攻打华县。

12月15日，端纳离开西安飞往洛阳，并与宋美龄通电话报告蒋介石在西安的情况，进一步证实了蒋介石确实是安全的。同一天，何应钦发出"删电"，用看似商谈，实则措辞严厉的威胁口气对张学良、杨虎城说："兄等关于救国大计之主张，如果有利于国家，中央无不采纳。若不释出委座，实无以释群疑而平公愤。仍盼即日护送委座南来，或于雪轩（即陈调元）、铭三（蒋鼎文）、俊如（卫立煌）诸兄中即日请一二人来京，并由兄派一二负责人同来，将兄等真情详告，俾便协商，如何？盼复！"

16日，端纳回到南京，即把蒋介石责令何应钦停战的命令告知宋美龄，而何应钦却拒不执行，宣称在蒋介石回南京前，蒋的任何命令与信函都不能采信，因为不能断定是否出于蒋的本意。言下之意，蒋介石的言行可能是被胁迫的。据宋美龄《西安事变回忆录》载，端纳准备再次飞西安，而何应钦却部相信张、杨的诚意，说："端纳来电，实迎合西安心理，欲诱孔部长入陕，多一重要作质者，以加厚其谈判之力量而已。"

自事变肇始，南京政府要员孔祥熙、何应钦、冯玉祥等致电张学良、杨虎城，要求立即释放蒋介石，并不惜威胁张学良速放蒋介石，却未明确答复张、杨的"八项主张"，只是用一句"一切都好商量"的笼统话来应付张、杨。比如说，宋美龄接到端纳16日晨打来的电话，乃于电话中嘱端纳告张学良，要张护送蒋介石返京，而孔祥熙接着嘱咐端纳告诉张学良："彼即不计令誉，当知彼之生死存亡，亦将以能否确保委员长之安全为断；彼欲拯救自己，拯救国家，当以飞机护送委员长赴太原，恢复其自由。倘能照办，一切皆可不究。"但是，张、杨不会无条件释放蒋介石的，遂于16日邀请冯玉祥、孔祥熙、宋美龄等人赴西安商议解决方法。

12月16日，南京的动武派又坐不住了，何应钦于是日宣布南京戒严，随后，徐州、武汉及河南省先后戒严。在16日召开的中央政治委员会第三十次会议上，动武派认为，张、杨并不理睬中央劝告，蒋介石回京又无音信，还是要拿出强硬的手段来迫使对方就范。戴季陶、居正等认为，必须明令讨伐。最后，会议决议由国民政府下讨伐令，并于17日正式发布，并决议"军事政治，同时并举"，特任监察院院长于右任为西北宣慰史赴陕甘。据17日的南京《中央时报》报载，讨伐令声言："张学良背叛党国，劫持统帅，业经褫夺本兼各职，交军事委员会严办，乃犹不自悔悟，束身待罪，反将所部集中西安，负隅抗命，希图遂其逆谋，扰害大局，全国人民同深愤慨。政府为整饬纪纲起见，不得不明令讨伐。着讨逆军总司令何应钦迅速指挥国军，扫荡叛逆，以靖凶氛，而维国本。此令。"17日，南京政府发表何应钦为讨逆军总司令，刘峙、顾祝同分任讨逆军东、西路集团军总司令。但是，在南京召集的黄埔系空军人员会议上，宋美龄哭哭啼啼地请求大家："不要听何应钦的命令。"闻听此言，何应钦气急败坏，当面"斥责"宋美龄："你一个妇道人家懂得什么？只知道救丈夫！国家的事，你不要管！"宋美龄伤心地说："你这样做，太辜负蒋先生了。"边哭边骂道："以后我要你这个姓何的瞧瞧，到底是女人家懂得什么，还是你这个臭男人懂得什么！"

16日，李宗仁、白崇禧通电全国，明确提出五点主张：（一）西安事件主张用政治解决；（二）统一抗日战线，立即对日宣战；（三）反对独裁政治，确立举国一致之政府；（四）出动攻击西安之中央军，从速移开绥远前线；（五）广西军一部北上援绥。

而在山西的阎锡山，随着张杨、南京政府、地方实力派以及中共都寄望于他或与他联络、商榷，他的地位顿时举足轻重，当他正准备派人赴西安斡旋时，忽接"中央将领"电报，反对派人，也就只好作罢，服务中央政府的指令。

17日，何应钦通电就任"讨逆军"总司令。同日，一向主张和平解决事变的孔祥熙也向全国发表广播讲演，声称"国民政府为迅速弭平事变起见，不得不出断然的处置，已于昨日俯顺舆情，下令讨伐"，强调"中央现在明令讨伐，就是明是非，别顺逆，整纪纲，固国本"。这时，"讨逆军"先锋与东北军在华县附近对峙，形势非常严峻；"讨逆军"的空军已赴陕，开始对富平、三原等地进行轰炸。

从16日至17日，张学良见"讨伐军"单方面地出兵、轰炸，觉得何欺人太甚，乃于18日复电给何应钦，电文措辞有理有据，不卑不亢："篠密电敬悉，至感关怀。惟委座南归，尚待商榷。在此时期，最好避免军事行动，弟部初未前进，而贵部已西入潼关，肆行轰炸，谁动干戈耶？谁内战耶？兄部如尽撤潼关以东，弟部自可停止移动。否则，彼此军人，谁有不明此中关键也哉？"

蒋介石在西安开始拒绝与张学良交谈、沟通，那么，对于南京政府动武派为了营救而一日比一高的"讨伐"声浪，蒋介石本人又作何感想呢？也许，蒋介石的内心深处并不赞同动武派的讨伐做法，毕竟，枪炮是不长眼的，但是，当他在西安听到端纳介绍南京的情况时，居然对讨伐张、杨心感"滋慰"，认为"讨伐"对于武装扣留他的张、杨来说，毕竟是一种精神上、心理上的威慑，还在日记里记下了自己惊喜的心情："余闻此语，知中夹戡乱定变，主持有人，不啻客中闻家庭平安之吉报也……终日盼望飞机声与炮声能早入其耳。"

而张学良本意是通过"兵谏"里促使蒋介石联共抗日，而且，在兵谏当日就对外公布了兵谏的目的，而且，公开表示确保

离开西安之前的蒋介石在机场（1936年12月25日）

蒋介石的安全，可是，南京政府的动武派却叫嚣"讨伐"，派军队天上炸，地上攻，内战一触即发。张学良心里很是着急，于是，就请被扣留在西安的军委会顾问蒋百里出面斡旋，规劝蒋介石当以国家民族的利益为重，蒋介石见此，才亲笔给何应钦写了一张手令，并派蒋鼎文去南京送达。

蒋介石的手令内容是：

敬之吾兄：

闻昨日空军在渭南轰炸，望即令停止。以近情观察，中正于本星期六日前可以回京，故星期六日以前，万不可冲突，并应停止轰炸为要！

顺颂

戎祉。

中正手启

十二月十七日

第三节 "展延"停战时限

12 月 17 日中午，何应钦收到了蒋鼎文从西安发出来的一封电报，内称："文正预备起飞时，闻空军轰炸三原，又生枝节。委座面谕、手令均令停止一切轰炸冲突，务望迅饬全线陆空军遵令办理，余俟文到京后面陈。"蒋介石在停战手令中说自己 19 号之前可以回京，所以，下令从 17 号起停战 3 天。

何应钦此前不承认端纳从西安带回来的蒋介石的停战命令，此时虽然接到了蒋鼎文转达的停战面谕、手令的内容，仍然置之不理，命令前线继续讨伐。

李济深见国民政府 17 日公开发布讨伐令，心急如焚，乃于18 日再次致电国民政府及各地方当局，痛陈和平解决事变的主张，电文称:"陕变事起,曾于删日通电主张,集中全国所有力量,一致对外,以免另起纠纷。不图讨伐令忽然而下,值兹强邻压境,国家民族,危在旦夕,方谋解救之暇,何忍再为豆萁之煎。况汉卿通电各项主张,多为国人所同情者,屡陈不纳,迫以兵谏,绝不宜以叛逆目之。而政府遽加讨伐,宁不顾国人责以勇于对内,怯于对外?况以国家所有军队,应用以保卫疆土,尤不应供私人图报复也。希望顾念大局,收回成命,国家民族,实利赖之!"

18日中午,何应钦看到了专门奉命从洛阳回南京传递蒋介石停战手令的蒋鼎文,何应钦展读蒋介石的手令,这才电令前线,到2月19日下午六点以前暂停轰炸。据1936年12月19日的南京《中央日报》载,何应钦借中央日报记者之口威胁张学良,要张限期把蒋介石送到南京,否则,将继续武力讨伐,毫无商量余地。他说:"借此希图缓兵,不于此期内送委座回京,则本人自当严厉执行原定计划,彻底扫荡。"

何应钦虽然公开借助媒体威胁张杨,而暗自也在采取措施以和平解决事变。18日,何应钦就派其弟、贵州省政府委员何辑五拿着有何应钦、孔祥熙、孙科、叶楚伧、居正等签名的致阎锡山的信,去见冯玉祥,请冯玉祥签名。信中说:"环顾国中能深识此事之症结,熟权公私中之两宜者,无如先生,务乞即日向汉卿慨切劝导,即日送介公到太原。"冯玉祥阅后,即签了名。

18日,刘湘致电龙云,主张各省派代表进京议事,龙云随即急电何应钦,认为事变期间各省不宜再派人到京议事,恐"人多则意见多,于事无益,反生窒碍"。何应钦遂于12月21日复电龙云,说明情况:"弟前电请各省重要军政长官或派代表来京一谈,系恐各地方对于此次陕变真相不明,亦欲借此集思广益,多方营救委座之意见,并非召集会议之形式。遵兄主张,极为赞同,特复。"

12月19日上午,何应钦、孔祥熙、居正、孙科、王宠惠、叶楚伧、宋子文,在孔祥熙寓所"会谈营救委座之最后办法",宋美龄亦列席。何应钦力劝宋子文不要赴陕涉险,如去了西安万一也被张、杨扣留，这对中国将是一个巨大的损失。宋子文则执意要去，并说，他是以一个公民的私人身份去西安。

会后，何应钦将会议决定电告刘峙及"讨逆军"东路集团军各将领，电文称：

宋子文肖像

> 准宋委员子文用私人资格名义赴西安营救委座；（2）准许至十二月养日止，暂行停止轰炸。但张、杨所属各部，在此期间不得向南移动。各该逆部如仍向西安、渭南前进，我空军即向行动部队轰炸。以上二项，为最后之容忍。但我军之集中侦察与攻击准备，仍须积极进行，不得延误。

电文中的养日即22日。这则电文反映了以何应钦为首的"动武派"在军事、和平策略齐举的前提下，仍以武力威慑为主要，只承诺停战3天，以迫使张、杨速放蒋介石回京。而且，在停战期间，张、杨各部不得向南进军，否则，随时准备攻击。

12月19日，地方实力派阎锡山致电越丕廉，表达自己的疑虑和见解。他认为，蒋介石的安危即国家的安危，救蒋不一定非得动武。他说："……惟中央将领有电我反对派员赴长安者。我认为今日介公之安危即国家之安危，转危为安，非救出介公不可。救介公非攻下长安所能做到。今日营救介公，并非无隙可乘，而难处在无担当此责任之人，恐难一直进行，不生障碍，希密商庸之兄为盼。"赵丕廉接到阎锡山电文，即告何应钦。

20日，何应钦复电阎锡山，全文说："特急。太原阎主任百川兄勋鉴：密。芷青兄出示皓酉电敬悉。此间将领并无反对尊处派员赴长安者。季宽兄赴晋，未携有何种具体方案，乃持孙、孔、居、叶、冯、李、朱、程、唐及弟联名函，请兄全权负责调处，因飞机在汴发生故障，改乘专车赴晋，明日未必能达。为应付事机起见，次陇、次宸两兄如能先赴西安一行亦佳。如何？请兄卓裁。弟应钦。智申。秘。"当日，阎锡山致电何应钦、孔祥熙，告知张杨代表李金洲与阎商谈即返回西安。

李金洲返回西安后，张杨再次致电何应钦、孔祥熙，申明兵谏只为逼蒋抗日，别无他图，电报说："南京何部长敬之兄、孔院长庸之兄：O密。顷接汉卿、虎臣皓申电：李君金洲返，具述尊意及经过情形，敬悉。洞察愚情，指示周挚，感佩何可言喻。良等愿再为公告者，不［除］了抗日之外，绝无他图；为抗日而受任何牺牲，在所不惜。予决不造成内战。兹事体大，动关安危，惟望我公不弃，切实指教。李君定明早返并。并闻。特先电闻。弟山。号午。机。印。"

再看蒋介石对武力营救的看法如何。据倪抟九《何应钦上将传》载，宋子文到了西安，见到了蒋介石，一番晤谈。蒋介石对宋子文说："此时非迅速出兵，不能救国家脱离危险……照余文之计划，五日内可围攻西安，则余乃安全，虽危亦无所惧。"蒋介石觉得用"讨伐"来威胁张学良、杨虎城，自己反而更安全，所以，鼓励南京政府迅速用兵，围困西安。

12月21日，宋子文返回南京。宋美龄执意要去西安。22日，宋氏兄妹、戴笠、蒋鼎文、端纳一行赴西安。22日到了西安之后，蒋鼎文亦即时致电孔祥熙、何应钦，要求将双方警戒线后移，并明确指出南京方面要把警戒线后撤到华阴。《蒋鼎文致孔祥熙、何应钦电》内称：

> 南京孔部长译转何部长机密。夫人及宋部长等已于五时安抵此间，即将部长手书停战条件交张、杨两位，转告前线知照。惟此间同人尚望双方警戒线均稍向后移，免无知士兵误会冲突，中央方面最好能将主力撤至华阴附近，华县仍归中央军前线。

在蒋鼎文的要求下，何应钦随即将停止轰炸令再展延4天，至 12 月 26 日止。可见，何应钦虽力主武力讨伐，但是，对于孔祥熙、宋子文、宋美龄的和平营救策略及措施，尤其是在接获蒋介石的手令之后，还是积极配合的，并没有一意孤行，一味地动武相向。

宋子文已从西安回到南京，龙云乃于 22 日致电何应钦，探问张学良的态度。23 日，何应钦复电龙云，内称"汉卿对于前提八项，已不十分支持"。同一天，一度主张"讨伐"张杨的宋哲元、韩复榘发出联合通电，对事变提出如何维持国家命脉、避免人民涂炭、保护领袖安全三项原则，并提议中央召集会议。

24 日，何应钦虑及采纳宋、韩建议会延宕时日，于是就决定中央不召集地方各实力派开会一事密电龙云，内称："弟意中央决策既已确定，目前急要之事，乃在委座早日回京主持大计，故主张召集会议一节，应在委座回京以后方能举行。否则，旷日持久，众说纷纭，于营救委座与整饬

韩复榘

纪纲两均无益也。"假如何应钦有取蒋而代之的野心，那么，他完全可以借宋哲元、韩复榘建议国民政府召开会议讨论解决事变一事来拖延时间，煽风点火，从而浑水摸鱼，激化矛盾。

12 月 26 日，蒋介石借道洛阳返回南京。27 日，国民政府在南京明故宫机场举行欢迎大会，近 20 万人参加，南京市市长马超俊主持大会，蒋介石身体不适未到会，由何应钦代表蒋介石致谢词："今天蒙全市同志同胞的盛意，举行这盛大的集会，对中正慰勉有加，中正非常感愧！在这半个月内，不但是南京以至全国的同胞以及全党的同志，为国家前途关怀到中正个人的安危，同抒正义，同切忧怀，直到昨天，在中正的归途中才愁客尽释，欢呼若狂。这一种热烈的情绪，除中正个人万分感谢以外，足使全世界认识中华民族是有组织的民族，中华民国是有力量的国家。中正身体上虽受十多日的苦痛，精神上因感受全国一致严正的表示，

觉得无限安慰，无限兴奋。中正驭人无方，弭乱乏术，致全国人民忧虑万状。此次负疚归来，哪里还敢接受全国人民逾分的奖饰，惟望共同振起为国家为民族的精神，遵依已定之国策，努力进行。今天中正因腰腿酸痛，不便步履，不克亲自到会，敬托何应钦同志代表向各位致谢。祝各位健康。"

12 月 29 日，在国民党第三十一次中常会和第三十二次中政会上，宣布"讨逆"军事停止，"讨伐"军总司令和总司令部撤销。

可见，何应钦不仅能够配合"反动武派"的行动，还多方联系地方实力派居中斡旋，想方设法救蒋。何既不会找与他素来不睦的冯玉祥联名劝阎锡山出力促使张、杨放蒋。

第四节　事变善后

蒋介石一回到南京，恨怒交加，于是扣押并决定审判张学良，威胁杨虎城的十七路军和东北军。一些与张学良宿怨颇深的国民党党政委员，均力主将张处以极刑。张学良夫人于凤至获悉，即致电蒋介石及保证人宋子文，声称张学良如遭不测，她将公布"不抵抗之真相"。次日一早，宋美龄急忙复电，表示蒋介石会履行诺言，保证汉卿安全。据张学良智囊团的亲信、原东北大学秘书长王卓然和张的随从秘书等人回忆："九·一八"前后，张学良先后收到蒋介石及军委会发来的"不抵抗"电令及函件多达几十份，随后张学良赴欧洲考察时，这些函电就被秘密地存入伦敦汇丰银行。假如这些密函在国外公开披露，蒋介石的"不抵抗"嘴脸就会暴露无遗。当然客观地说，密函只是张学良的一个护身符。鉴于各界压力和多方权衡，蒋介石才不得不同意"特赦"，实际上却将张学良软禁起来。而且，这一软禁长达 54 年之久。

1937 年 1 月 1 日，蒋介石召见顾祝同、朱培德、熊式辉、朱绍良、林蔚等人开会商议，决定对西北问题仍采取政治、军事并重，政治为主、军事为辅的方针。1 月 3 日，军委会由军委会委员长蒋介石、军政部长何应钦、前敌总司令刘峙发布作战计划和战斗序列。为了分化、瓦解东北军和十七路军，蒋介石调动50个师以上的兵力来威慑西安，这次蒋介石命令调动的部队，其规模远远超过12月16日何应钦"讨逆"军。具体分为五个集团军：

一、第1集团军总司令由西安行营主任顾祝同兼，副司令为徐庭瑶。下辖10个师，据东线潼关正面。二、第2集团军总司令为蒋鼎文，副司令为陈继承。下辖5个师零1个旅，据西线甘宁一带。三、第3集团军总司令朱绍良，下辖9个师，据西线陕南、陇南及兰州附近。四、第4集团军总司令为陈诚，下辖10个师，据东线右翼，即渭北一带。五、第5集团军总司令为卫立煌。下辖4个师，据东线左翼潼关以南至商雒地区。前敌总司令部直辖部队及预备军共约10个师多，分布在潼洛、新乡、川鄂边及宁夏一带，大部是二线部队。空军部队指挥官为毛邦初。

1月5日，何应钦以军政部名义公布《整理陕、甘军事办法》，在西北军政人事方面作了调整安排：（一）以顾祝同为西安行营主任，承军事委员会之命，综理陕、甘、青、宁军事。（二）以王树常为甘肃绥靖主任。（三）以杨虎城为西安绥靖主任，冯钦哉为第二十七路总指挥。杨虎城、于学忠自请处分，从宽撤职留任，戴罪图功。

1月5日，杨虎城领衔以"歌电"通电全国，指责蒋介石应不失言于"不任再起内战"之言，痛陈"国危至此，绝不应再其豆之争，固尽人皆知，苟有可以促成举国一致、枪口向外之策，虎城等无不乐于听命。若不问土地主权之丧失几何，西北军民之真意为何，全国舆论之向背如何，而惟知以同胞血汗金钱购得之武器，施于对内，自相残杀，则虎城等欲求对内和平而不得，欲求对外抗敌而不能，亦惟有起而周旋，至死无悔"。

原来，杨虎城早就预料到蒋介石一离开西安，张学良会被蒋介石扣押和中央会强兵压境。为了抗日和西北安定的大局，杨虎城与中共领导人周恩来及东北军高级将领商议，一方面做好备战工作，一方面派出代表与蒋介石、何应钦商谈，争取和平解决西

杨虎城将军蜡像

北问题，同时发出"歌电"。同日，杨虎城分电蒋介石、宋子文、何应钦，要求释放张学良、和平解决西北问题，并派人会见阎锡山，又电李宗仁、白崇禧、龙云等，多方争取支持。

1月7日，迫于杨虎城"歌电"压力，蒋介石写信给张学良，半劝解、半威胁地说："此次中央只令虎城撤职留任，而对部队又妥为外置，实已备极宽大，若再不遵中央处置，则即为抗命，国家对于抗命者之制裁，决不能比附于内战。而且中央此次处置全在于政治而不用军事，亦已表示于国人，故彼等必须立即决心接受，不可有丝毫犹豫，方为自救救国之道。"

张学良对西北形势甚为担忧，遂致函杨虎城，"切盼"他再忍耐一些时日，千万"勿发生战事"；张学良又复函于蒋介石，信中坦言他的心态："良有不得已欲言者，夫以汤止沸，沸愈不止，去其火，则止矣。陕甘问题，良十分忧心，非只虑于陕甘，所虑者大局形势以及内乱延长，对外问题耳。"并同意派人持他的亲笔信赴西安商榷。

据王化一《我在西安事变前后的一些经历》中回忆，1937年1月8日，准备前往西安的王化一和吴瀚涛动身之前，在民国特工王戴笠的带领下去见何应钦，何对他们说中央意在和平，绝不会对西北用动武。王、吴问："西安必定有人要问什么时候能恢复张先生的自由，我们怎样答复呢？"何欺骗他们："军事行动停止，和平实现，汉卿先生即可回西安，希望两位代为转达西安有关人士。"

此时，张学良被蒋介石所蒙骗，错误地认为这一次中央军重兵压西安又是军政部长何应钦的主谋，所以，当王化一、吴瀚涛在戴笠的陪同、监视下来到了他被软禁之处，单独与他进行面谈的时候，张学良的情绪非常激动，以至于最后失声痛哭，他对王化一、吴瀚涛说："中央扣留我，西安将领发出'歌电'，何应钦调兵遣将，战事有一触即发之势，如果发生冲突，必使抗日力量因内战而受到损失，和我初衷完全相反，这是最令人痛心的事。"

1月9日，王化一、吴翰涛飞抵西安，把张学良的想法和主张向杨虎城和东北军、十七路军将领作了转述。杨虎城当即表示，他会按张学良的意见来行动，他个人的去留无关紧要，只要全国一致抗日的大局能够维持下来，即使是牺牲他的一切他也在所不惜。

到了1月中旬，刘湘、白崇禧、宋哲元、李宗仁、韩复榘、龙云等地方实力派将领纷纷致电南京政府，坚决反对中央军兵压陕境，要求撤兵放张。

王化一、吴翰涛从西安返回南京后，1月12日去见张学良。张学良听说前线已停止军事行动，心里很高兴。为了进一步处理好西安事变的遗留问题，张学良提出要面见蒋介石。在征得蒋介石的同意后，13日上午，在贺耀祖、戴笠的陪同下，张学良和米春霖来到了奉化溪口。

兵压陕境，蒋介石意在威慑敢于张学良一起"犯上作乱"的杨虎城，此时就将张学良看过了的"陕甘善后方案"交给米春霖。1月15日，回抵西安的米春霖把蒋介石修订过的"陕甘善后方案"和蒋介石致给杨虎城函以及张学良致东北军、十七路军高级将领函一并交给杨虎城。张学良在信中表示，只要蒋介石信守了共同抗日的承诺，东北军、十七路军尽可牺牲一切，并要杨虎城忍辱负重，不要考虑他的个人安危，以大局为重，选择一个方案，而蒋介石在信中却强硬地要杨虎城不要再说放张一事。

"陕甘善后方案"分甲、乙两案，核心内容是把东北军西调甘肃或东调豫皖，把十七路军调西安或东调甘肃，西北铁路沿线重要市县皆又中央军驻守。这两案实际上都分离了东北军和十七路军，蒋介石背弃了"将西北交张、杨"的诺言。

甲案的内容是："一、东北军全部调驻甘肃。二、第十七路各部仍驻陕西原防，归绥靖主任杨虎城指挥，该路得酌留若干部队在西安，以便利行使绥靖主任之职权。附记：陕西绥靖主任公署或移防三原亦可。三、自潼关至宝鸡沿铁路各县，归中央军驻（铁路线各县以外，得由十七路部队驻扎）。"

乙案是："一、东北军全部调驻豫皖两省，可先令由西荆公路集中南阳、襄樊、信阳一带。二、以王树常（或由汉卿另保一人）任安徽省政府主席。三、调于学忠任绥靖主任，统率驻在豫鄂皖之东北军。四、杨虎城为甘肃省政府主席，仍兼十七路总指挥，第十七路军全部调驻甘肃。"

1月16日，杨虎城派鲍文樾、米春霖、李志刚携带东北军和十七路军制定的建议方案，代表东北军和十七路军去奉化面见蒋介石。当日，鲍文樾等飞抵南京，先面见了何应钦，可鲍文樾不愿把建议方案拿出来看，在何应钦地的再三要求下，极不情愿的鲍文樾才把方案摆出来。何应钦一看，就知道蒋介石一定不会认可这个方案，但是，在鲍文樾等面前对建议方案也不置可否。

建议方案的内容主要有二：一、设陕甘绥靖主任，张学良为主任，杨虎城为副主任，军委会委员长西安行营主任顾祝同驻洛阳；或者设西安行营主任，张学良为主任，杨虎城、顾祝同为副主任。二、军事善后问题，潼关、华阴由中央军驻扎，陕甘其他地区由东北军、第十七路军、红军分驻。在商谈期间，中央军停止一切军事行动。

鲍文樾等离去后，何应钦急忙打电话给蒋介石。何应钦咋电话中说，鲍文樾所带的方案只是建议，并不是条件，"问题中心乃重在要张汉卿回去，故鲍等来不甚关重要，而委座如何责成张汉卿挽回此局，乃为关键"。

17日，鲍文樾、米春霖、李志刚急急忙忙地赶到了溪口。果然，蒋介石一看建议方案，就一口否定西安方面提出的放张要求及善后建议方案，且声色俱厉，很不冷静。19日，蒋介石给杨虎城写了一封信，交李志刚带到。张学良亦托李带给杨虎城一信，信中要杨虎城按15日的善后方案的甲案执行，以保住西北的抗日阵地。

19 日，蒋介石还致函何应钦，对何的信任、赞赏跃然纸上。他说："兄等建议极同意，拟回京时面详。此时所难者，以兄赴平，不能常川驻京，故难得负责代理之人，是以军事非躬亲不可。然长此不特坏事，而且心神亦不宜也。此次离京之前，对于整军方案与手续，未得确定，故心犹在京未归耳……"

22 日，李志刚再次赶赴溪口面见蒋介石，蒋同意杨虎城提出来的六项意见为洽商标准，不过，他再次坚决拒绝释放张学良，同时，仍然欺骗地许诺要待西北问题解决后再议张学良的事。据丁雍年《西安事变大事记》载，六项意见的具体内容为："一、本月 28 日前中央军暂驻原防地。二、东北军、十七路军 28 日前撤至洛阳、成阳、广县以西地区，陕南徐海东、陈先瑞部同时撤至陕北。2 月 5 日前中央军进驻咸阳至宝鸡线。三、中央军 29 日进驻西安与咸阳之线。四、东北军酌留 3 团暂驻西兰公路。五、十七路军酌留 1—2 团驻西安附近。六、张副司令之出处与名义须西北问题完全解决时另定之。"蒋把六项意见电告何应钦，并转顾祝同、刘峙。

24 日，米春霖、谢珂遵杨虎城之命赴潼关与顾祝同会谈。此后，何应钦遵循蒋介石的电话指示，分别电令顾祝同、杨虎城执行陕甘善后问题甲案，并限令东北军和十七路军 27 日开始撤退。27 日后，何应钦命令中央军向前推进。1 月 30 日，杨虎城下令东北军和十七路军撤退。

2 月 2 日，以孙铭九为首的部分东北军少壮派军官，见蒋介石非但不释放张学良，反而进兵西北，群情激动，向杨虎城、于学忠等请愿，要求停止撤退，与中央军对抗，被否决。当日下午，孙等乃发出通电，主张"三位一体"誓死抗战到底，坚持张学良返陕要求，铲除"汉奸"。东北军内讧，主张政治解决陕北问题的东北军元老级将领王以哲被残酷杀害，是为"二二事变"。

2 月 4 日，何应钦电令于学忠捉拿枪杀王以哲的主谋孙铭九、应德田、苗剑秋。东北军军长刘多荃令第 105 师第 1 旅团长葛晏春诱杀了第 1 旅旅长高福源，造成了东北军的分崩离析。可以说，

何应钦戎装照

在西安事变及善后处理过程中，何应钦始终居于"讨伐者"的地位。他以武力救蒋，又以武力助蒋扣张打杨，分化东北军。

蒋介石不杀张学良，也不放张学良。蒋介石死后，蒋经国也不放张学良。蒋经国死后，李登辉成为台湾地区领导人以后，张学良才重获自由，此时他已九十高龄了。张学良虽然身体一直非常虚弱，但是到 2001 年才辞世，活到了 101 岁。张学良能够度过 54 年的幽禁生涯而且还享受了 11 年的自由，实在是一个生命奇迹。而杨虎诚由于和蒋介石没有什么私人交情，而且在事变中有杀蒋之心，所以在重庆解放前夕就被蒋介石下令杀害了。

第五节　空穴来风

动武派 1936 年 12 月 17 日发布讨伐令，随即就冒出了何应钦阴谋篡权一说。陈公博回忆："讨伐派大约是胜利了，然而不然，南京忽然传出一种谣言，说何敬之为什么要坚持讨伐，为的是不愿保全蒋先生，他要迫张、杨情急，对蒋先生加害，他好继承蒋先生的大位，升做军事领袖。"笔者揣测，何应钦阴谋篡权一说甚至于是反动武派私下里采取的一个舆论对策，企图借舆论来反对何应钦大动干戈。

其实，"讨伐"的呼声贯穿了西安事变的始终，这不仅体现了以动武派武力救蒋，军事、政治攻势并举的高压手段，同时也表明国民政府对敢于"大逆不道"的张、杨的蔑视与仇恨，比如说，南京《中央日报》就为"武力讨伐"大造舆论，其 12 月 16 日的社评是："讨伐西安叛逆，是中国复兴史上重要的关头，此次平乱定难，是神圣的战争。"12 月 24 日社评："讨伐令下后的数天，我们连天在社评上告诉国民，今后的希望，只有一个军事，今后的消息，只需注意中央军的克服城邑，别种消息的流传，都是有害无益。"12 月 25 日社评："除了讨伐再唱第二种论调，至少与叛逆一鼻孔出气。"直到 12 月 26 日"讨伐"舆论才骤然中止。

甚至于有的学者说，何应钦曾公开致电张、杨，让张、杨加害蒋介石。这其实是个别学者一种主观上的臆测，也没有任何史料可以佐证。何应钦追随蒋介石十几年，这期间有好多次机会可以让他取蒋介石而代之，但何应钦一直都没有这么做，一直本分地跟在蒋的身边，充当左右手的角色，做自己的分内之事。退一万步讲，何应钦即使真的有心取代蒋介石，趁机借张、杨之手杀了蒋介石，也绝不可能把自己的动机、想法付诸文字，发成电报，何况何应钦还是一个工于心计、城府颇深的政客。

除了阴谋取代领袖之说，史学界还有另外二说：一是何应钦在西安事变期间曾电请在德国的汪精卫回国组织亲日政权，一是何应钦与日本政府相勾结。这二说是否符合历史真相呢？

西安事变期间，中国驻德国大使程天放曾发电报给国民政府，汇报德国对西安事变的反映及汪精卫的活动。12 月 12 日晚，中政会委员、汪精卫之妻陈璧君发电报给汪精卫，告以西安事变。13 日，陈又连发三电给汪，通报西安事变发生的具体情况，并告汪："中常会明日电兄促归。"14 日，汪精卫复电陈璧君："不问中央有电否，我必归。"当日下午，汪精卫再电陈璧君，让她转告国民党中执委，说他"即力疾起程"。在给顾维钧的回国声明中，汪精卫也称："最近西安事变，中央执行委员会复有促归之电报，是以立即启程。"21 日，孔祥熙接到中国驻意大利大使刘文岛发来的电报，内称："汪意谓委座未出前，只能兵围，不能开火。"22 日汪精卫再次通电申明："中国之奋斗有赖于蒋介石先生的领导，吾人当力谋其安全与自由恢复。"从陈璧君、汪精卫互电和汪的

陽羨山川毓地靈蔚為華藻應父星當

春桃李欣欣盛挺節松篁鬱鬱青七袠

逢辰方贙朝三軍唱凱待揚齡浯溪大

筆推君健仵見中興與刻銘

雪屏吾兄七十大慶

弟張群拜祝

张群书法

回国声明看，均是中执委电汪回国，何应钦并未与闻其事。

西安事变一发生，就引起了国际的广泛关注。苏联则指责张学良此举是受了日本人的指使，斯大林指示中共要和平解决事变；德、意两国要求张学良放蒋反共，而英、美等国倾向于和平解决事变，那么，日本持什么态度呢？日本内心窃喜，希望中国内部的内讧进一步加剧，他们正好鹬蚌相争，渔翁得利，所以，日本政府决定暂取"静观事态之演变，而避免积极行动"的态度，不动声色，暗中观察。12月15日，《朝日新闻》发表社论指出，"日本当局此刻恐怕对于中国民众抗日激昂的感情有火上浇油的危险，故决定不给与任何刺激而静观事态的推移"。12月22日，日本驻华大使川樾在南京拜访国民政府外交部长张群，重申日本外相意见，并询问西安事变情形。12月23日，日本首相广田在枢密院报告仍称："对西安事变采取不干涉方针。"12月24日下午，川樾到南京政府军政部访问何应钦，问及"讨逆"军事行动，何只简单地答复他："本人惟知遵循中央政府既定方针办理。"由此可见，何应钦勾结日本一说，显然缺乏史实根据。

第九章
抗战握重权

第一节 川康“整军”

1935 年 4 月，何应钦等 8 人被南京政府授予国民党陆军一级上将。阎锡山、冯玉祥、张学良名列何应钦之前，李宗仁、朱培德、唐生智、陈济棠在何应钦之后。在蒋记黄埔系高级将领中，何应钦是唯一的一位一级上将。蒋介石本人为特级上将，其他蒋记黄埔嫡系将领如刘峙、顾祝同等均为二级上将。张治中、陈诚等为中将。由此可见，何应钦当时在蒋介石黄埔嫡系将领中的地位是仅此于蒋介石的。

蒋介石虽然坐拥以黄埔军事集团为基干的“国民政府军”，但全国各地的兵派势力纷杂，就如上面的一级上将也是绝大部分飞蒋记嫡系，他们也对蒋介石只是表面上的臣服。实际上，各地地方武装势力大都盘踞地方多年，已经成为养成气候的“地头蛇”，将来无论是“剿共”，还是要单纯地发展壮大中央政府的实力，——蒋介石认为，——整合这些武装力量是势在必行的。早在 1928 年，何应钦就奉蒋介石之命着手制定编遣方案，这一举动在当时立即引起了各派新军阀间的大战。后来，蒋介石借“西安事变”的善后处理问题为借口，与何应钦成功地借机分化、瓦解了东北军和十七路军。1936 年 6 月的两广事变让蒋介石下定决心加强中央集权，避免同样的情况再次发生，遂决定加快“整军”的步伐，把继续“整军”的目标指向四川的刘湘。

刘湘在四川经营多年，兵多将广，势力不可小觑，早已引起蒋介石的密切"关注"。"西安事变"爆发后，刘湘和李宗仁、白崇禧同情张学良、杨虎城，多次致电何应钦及国民政府各要员，劝说他们要克制，谨慎动武，全国各党派应一致抗战。"西安事变"后，蒋介石深感必须整合各地方力量加强中央集权，特别刘湘的川军，成了蒋介石"整军"的重要目标。这一次，蒋介石还是很放心地把"整军"任务交给了何应钦。

对于蒋介石的指示，何应钦心中非常明白，而"整军"对他来说也是轻车熟路。但是，要"整军"就要造势消弭刘湘对"整军"的戒心和抵触情绪。于是，在1937年1月，何应钦特意在国民党中央党部纪念周上发表了一篇名叫《统一与救国》的演讲，其中说：

"统一"、"救国"这两个口号，在我们中国已经喊了很久的时间了，在这很长久的时间当中，我们的同志、同胞，朝夕努力，不断奋斗，为的是要求"统一"谋"救国"，但一直到了今天，"统一"与"救国"依然还是两个口号，统一既没有真正完成，国家也不曾得救。这是什么道理呢？我们平心静气一想，便深深地觉得有许多人，口里喊的是"救国"的口号，而事实上做的是"反统一"的行动；又有许多，虽然努力在做"救国"的工作，而事实上并没有把"统一"的前提认清……唯有全国一致，精诚团结，在唯一的三民主义，唯一的最高领袖，唯一的中央政府之下，巩固国家真正统一，然后一切的建设，才谈得到，办得通……而在政治统一、经济统一，一切需要统一的当中，尤其需要的是军事统一。如果全国军人都能恪守军人的本分，将军政军令完全统一起来，以作全国的模范，使其他一切问题，都能迅速走入统一的轨道，这便是救国的第一要旨……

军事不统一导致军队的编制、粮饷补给、装不补给、军队训练的混乱，唯有"整军"才能从根本上消除这些弊端，提高军队的战斗力，所以，何应钦继续在《统一与救国》中大放厥词："从今以后，惟盼全国军人痛下决心，在唯一的三民主义，唯一的最高领袖，唯一的中国政府之下，服从命令，埋头努力于本身应尽的职责。切不可在国家整个国策之外，随便发表任何主张，采取任何行动，致破坏阻挠国家已成的雏形统一。"

何应钦的演讲造势取得了一定的成效。刘湘自觉"整军"大势已不可逆转，遂于6月8日派代表刘航琛到南京邀请何应钦入川主持"整军"大计。邓锡侯、杨森、刘文辉、孙震、李家钰等其他川军各股势力，见势力最大的刘湘也妥协了，虽然他们内心里并不愿意接受国民党中央的"整军"，但事已至此，都不好再站出来表示反对，只好表面上致电何应钦，表示拥护国民政府整军方针，欢迎何应钦入川进行"整军"。

对于蒋介石"整军"的目的，何应钦自是心领神会的，但是，"整军"对于何应钦来说，其目的并不仅仅只是出于遵从蒋介石之命以维护国民党中央政府权威。一个更深层次的原因是，何应钦想向日本学习，通过"整军"来改变中国历来军队不能集中于中央的旧习，使全国军队国军化。这一点可以从何应钦在6月21日的中央纪念周会上发表的《从日本的"废藩"说到我国的"整军"》的讲演一窥其内心的真实想法。在这篇演讲中，何应钦从日本明治维新废藩说起，谈到中国的军队现状，把整军提到了事关国家、民族生死存亡的高度：

> 过去我国的军队，因历史上积习相沿，向来不能全体统一于中央，因为这种各自为政的结果，便形成了军队数量膨胀，质量薄弱，编制复杂，武器种类制式不一，装备器材缺乏，官兵训练不精，人事不公正和自私，经理混乱和不公开种种弊病。这种不依一定轨道各自为政的情况，虽然不如像日本明治以前的诸藩，但是其妨害国家国防和一切的建设，妨害民族的复兴，与当时日本诸藩割据的结果一样……
>
> 整军的最高目的，是要使全国军令军政统一于中央，铲

除过去私人军队和地方军队的积弊，即是要使全国的军队，成为国家的军队，这就是各位现在常看到的所谓"全国军队国军化"……

我们由日本的废藩看起来，可以知道明治之能达到维新的目的，"废藩"实在是一个大关键。同时，我们可以知道，无论哪一个国家，若是有了类似藩王这一种的情况，即使有军队而不是国家的军队，而是私人的、地方的军队，那么，这个国家一定要衰危，要给外人侵凌压迫，甚至于灭亡的，我们中国也不能出乎这个例子。我们试翻一翻中国的历史，凡是强盛的朝代无有不是中央能够统一全国的，尤其是军队必定能统一于中央。一遇到割据封建的情形发生，国家必定衰弱，必定要受外侮的侵凌。我们在几千年的历史教训之下，有日本明治维新的借鉴，我们知道要谋中华民族之复兴，非全国统一不可，要全国能真正统一，首先就要军事统一，就是首先要整军。换句话说，整军是我们国家民族复兴必经的阶段，是复兴国家民族最重要的工作……

1937 年 6 月中旬，刘湘接到蒋介石的电报邀请刘湘派全权代表到南京"有事相商"，刘湘看完电报时就明白蒋介石是要谈"整军"事宜，遂派四川省政府秘书长邓汉祥为全权代表赶赴南京。

邓汉祥临行前，刘湘特地嘱咐他，"尽量用'拖'的方法与蒋介石周旋，避免冲突发生"。

"四川的军队多，是时候应该缩编了。刘湘身体多病，又兼管军民两政，我深恐他体力不支。我会派合适的人选去任省政府主席分担刘湘的负担，到时候他专门负责绥靖地方的责任即可，这对地方和他个人都是有利的。"蒋介石一见到邓汉祥，就直言不讳地说起了整军事宜。

四川王刘湘

邓汉祥对蒋介石这番话早有思想准备，见蒋介石无意兜圈子，便坦言自己心中的顾虑："如果四川各军在一个标准之下缩编军队，那当然没有问题，但要说到军民分治，还请中央再考虑一下。四川连年混战，人民遭战乱祸害已久，自从前年省政府成立四川行政统一之后，各地的纷乱才得以平复，而地方治安和用人用钱各方面也稍有好转。现如今要把军政截然分开，军政、民政由两个人负责，恐怕不是非常明智的选择。"

蒋介石听了这番话，并不改变初衷，邓汉祥见无法直接说服蒋介石，灵机一动，决定另寻他径。听说蒋介石把这次川康整军工作交给何应钦负责，于是就起身对蒋介石说："委员长日理万机，我不再打扰您了。您可否指定一位负责人员与我从长研讨？以便我能详细地陈述我的观点。"

"我把你们那边整军的工作交给何应钦了，你可以找他去谈。"

说起何应钦，邓汉祥并不陌生。何应钦和邓汉祥都是贵州人，早年间两人又一起在黔军中共过事，邓汉祥对何应钦很是熟识。刘湘交代邓汉祥一定要尽量拖住蒋介石，虽然蒋介石态度坚决，没有留下商量的余地，但是在何应钦这里就难说了。不管怎么样，何应钦对于邓汉祥来说是一个机会，邓汉祥希望用诚恳地态度来说服何应钦。邓汉祥遂就去拜见何应钦，对何说："委员长的意思是将缩编军队和军民分治两件事同时进行。但是如果同时进行会很紧张，具体操作过程中难免会出现失误和疏漏。何不分两个步骤办理呢？我们可以先缩编军队，过一段时间再提出分治来，同样可以达到中央的要求。川康整军是件大事，还请何先生同委员长再商量商量。"何应钦听了邓的话并不知邓用的是缓兵之计，觉得邓说得有理，于是，他向蒋介石汇报情况意见时，就提出可以按邓汉祥的意见，先缩编军队，再军民分治。

6月22日，何应钦拟定了"川、康整军方案"，并方案内容电告刘湘：

一、川康军队以军（或独立师旅）为单位，直隶于中央，由军事委员会直接指挥。但为绥靖之必要，川康绥靖主任得呈准军事委员会委员长，指拨军队，归其指挥。

二、川康军队之整编，依照军事原则，其要领如左：

（一）军队数量，依照原有军费范围内，划一整编，并求质量之逐渐充实。

（二）各师编制，以二十六年颁订之编制为准。

（三）整编之前，各部队须停止补充兵额。

三、军队经理，以中央经理为原则，其方法如左：

（一）给予，以现有经费，能照国难饷章发给为原则。

（二）经理机关暂由行营经理处掌理，嗣后设置军需局，统筹办理。

（三）各军经费由行营直接拨给。

（四）各军服装费应由原有经费内提出，划拨中央统一制发。

四、关于人事事项，依照陆军人事法规办理，直属军事委员会。

刘湘和川军各路头目接到何应钦的电报后心里都很不情愿，但又无计可施，只能坐等何应钦来川整编军队。

何应钦在 6 月底的时候被国民政府行政院任命为川康军事整理委员会主任委员，7 月 3 日何应钦和副主任委员顾祝同飞往庐山牯岭，向蒋介石请示川康整军实施办法。蒋介石重申了自己以前的要求，何、顾二人见蒋介石没什么指示，便于 5 日飞抵重庆，并请刘湘到重庆议事。

何应钦给刘湘发了请其来重庆的电报，根本没有想到自己的这封普通的邀请电报在刘湘部引起了轩然大波。刘湘的部下认为，何应钦请刘湘去重庆赴的是"鸿门宴"，他们对何应钦的真实意图心存疑虑，刘湘手下竟然有几个旅长竟跪在地上哭着求刘湘不要去重庆，他们担心刘湘去重庆有可能被何应钦扣留。本来打定主意要去重庆会会何应钦的刘湘一时也没了分寸乱了阵脚，他急忙找来邓汉祥密谈。听刘湘倾吐完他的顾虑后，邓汉祥想了想说："假如我是何应钦，我绝对不会扣留你。如果把你扣留了，你的几十万军队就成了大问题。先稳住你是上策，然后再慢慢架空你的权力。比如，先缩编军队，再着手军民分治，而后调你到中央去当个什么部长，这是最省事的办法。当然，这都是我的猜想，就目前形势而言，我认为风险不大。为稳妥起见，你坐汽车前往，我乘飞机先去，等我先和何应钦密谈，试探他的态度，从中作出判断。之后我们再秘密会合，到时候如果有问题，你就以旧疾复发为借口中途转回成都，如果没有问题，你便大大方方地进重庆和何应钦商谈。"刘湘听了邓汉祥的分析深以为然，便采纳了他的意见。

邓汉祥按计划先乘飞机到重庆，见到何应钦时邓汉祥就诉苦说中央的"整军"闹得整个四川谣言四起，各种小道消息满天飞。何应钦觉得奇怪了，就问是什么谣言？邓汉祥说：

"归根到底都只是一个意思——整军就是为了对付刘湘的！"

何应钦一听邓汉祥这么说，就知道了邓是想试探自己的意图，于是，何应钦赶忙向邓汉祥解释说："我是奉蒋委员长之命入川的，我为什么要对付刘湘？谣言真是荒唐！"

"就算何先生你没有什么想法，但是蒋先生的把戏却是很多的，谣言不见得是空穴来风。"邓汉祥进一步把话挑明。

何应钦长叹一声，恳切地说："你我都是贵州人，如果蒋真要对刘湘下手，我会骗你这个老乡来当这个

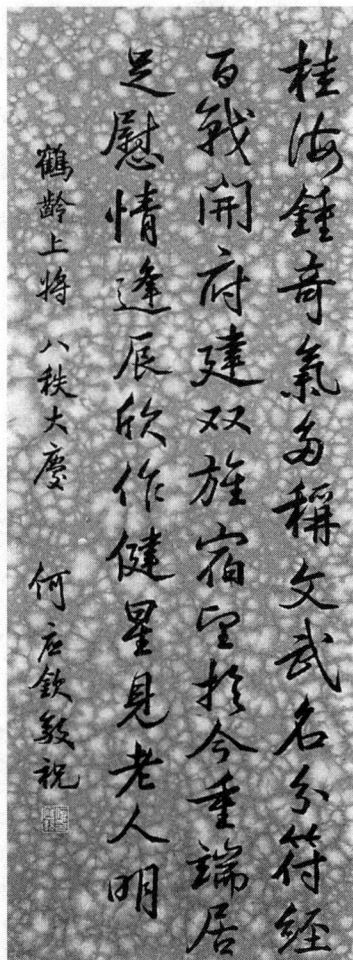

行书五言诗（何应钦）

刽子手吗？"

邓汉祥见何应钦言辞恳切，觉得何应钦并没有骗自己，于是安抚何应钦说自己不是这个意思，请他不必多心。告别何应钦之后，邓汉祥于当夜赶到和刘湘事先约好的见面地点向其汇报情况。刘湘听了邓汉祥的汇报之后，心里悬着的一块石头终于落了地，他这才决定进重庆城。

7月6日，何应钦主持的川康整军会议在重庆行营礼堂召开，何应钦在谈及川康整军的意义时强调了四点内容：

第一、我们的整军是以充实国防力量为着眼点，而普遍实施的整军，是要把过去历史不相同、编制饷章不划一的各地方的军队，一律国军化，而不是一般人所揣测的编遣或裁兵；更不会由中央派人员加入各部队去。故整军的结果，不但各部队的力量不会减少，而且整个的力量只有增加充实。

第二、经常费仍照原有预算范围加以整理。并且切实节省一切不急需之经费，以作提高官兵待遇及补充兵器、被服、装具之用。

第三、各部队如果有被编余的官兵，除老弱残废者外，中央亦必设法妥为安顿，或使之入学受训，或使之屯垦实边，决不使其生活无着，而感受流离失所之苦。

第四、中央整军完全是站在国家的立场，为地方解决困难，为各将领分担责任，一切悉秉公正和平的态度去办理，决没有丝毫成见存乎其间。但是，凡属办理一桩事，总不免有少数人受奸人的利用，不问清事实真相，便用尽种种方法，挑拨离间，其用意不外是阻挠事体的成功，使国家永远不进步，永远不统一。这一点望诸位同志要严加注意防范……

何应钦想对川军将领晓以大义，故此在后来被题名为《川康整军会议开幕训词》的这通讲话中软硬兼施，柔中带刚，但是，川军中仍有部分将领对于何应钦的话并没有听进去。何应钦发言完毕之后，就听见川军第 47 军军长李家钰站起来大声说道：

"何委员长，我们领兵在前方同红军作战，你们在后面收编刘湘的军队，这让人想不通！"

一听李家钰这么直来直去地反对整军，何应钦面露不悦，但想到李家钰所说的可能代表了一大部分川军将领的想法，何应钦便严肃地说："我们这个会议是在讨论整军的意义，李军长的话是横生枝节，出乎范围以外了。"

李家钰见何应钦不准备回应他的责难，便悻悻地坐下去了。

川康整军会议因为"卢沟桥事变"的爆发不得不于 7 月 9 日闭幕，何应钦被蒋介石紧急召回南京，准备抗击日军。刘湘原以为随着何应钦的返京，川康整军就会不了了之，于是，在南京的国防会议上他佯装慷慨激昂，力主川军出四川抗击日寇。但蒋介石根本没打算放弃四川整军的计划，刘湘在得知蒋介石的意图后一时间慌了手脚，只得央求邓汉祥去和何应钦、顾祝同周旋。不久，蒋介石召见邓汉祥说，四川的整军不会因为抗战的开始而受到影响，军队的整编和军民分治不能耽搁。邓汉祥脑筋转了转，说："执行整军会议的提案，刘主席向来没有什么意见。不过，当此抗战用人之际，整军会议可否暂缓执行？"

蒋介石一听就火了："刚才我的意思已经说得很明确了，一切照旧，不得拖延！"

"整军是小事，但是如果因贯彻执行整军案而川军调不出来，到时候该怎么办呢？"邓汉祥急中生智地说。

蒋介石听邓汉祥这么一说，火气顿时消了大半，他想了想才妥协道："暂时就按你说的办吧，不过不能长久如此。"

"抗战结束后，全国军政统一到中央，四川自然也不会例外。"

至此，川康整军问题才告一段落。

为了确保川军能辅佐中央军抗战，蒋介石不得不将川康整军的事宜往后放。可是，人算不如天算，事情后来的发展远没有蒋介石想象的那么复杂。不久之后，刘湘身染重疾，蒋介石趁机将川将唐式遵扶植起来取代了刘湘，并在川军中快速渗透中央政府

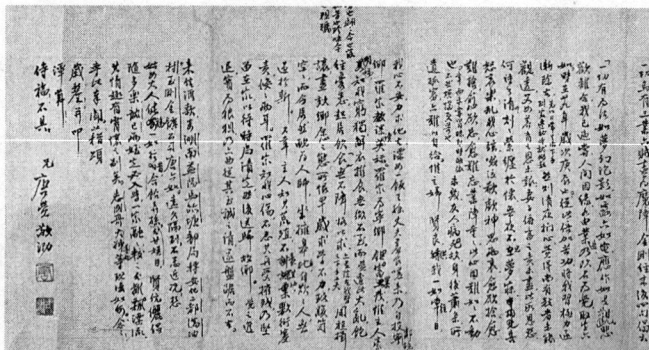

唐式遵手迹

势力，四川政局很快便被中央政府所控制。刘湘重病，何应钦名义上前去探病，带给刘湘一个消息：与刘湘往来密切的韩复榘已被扣押。何应钦的探病实际上是为了给刘湘当面一拳。刘湘因何应钦的这个消息受到了刺激，几日之后便一命呜呼。何应钦完成了替蒋介石传话的任务，刘湘之死可算是一个意外的收获，诸事皆顺的何应钦越发被蒋介石视为心腹了。

第二节　七七事变

　　1937 年 1 月 20 日，日军参谋本部扬言要对中国"给予致命的痛击"。果不其然，1937 年 7 月 7 日夜，卢沟桥的日本驻军在中国驻军阵地附近举行单方面的军事演习，狡猾的日本人并谎称有一名日军士兵失踪，要求进入北平西南的宛平县城搜查。在遭到中国守军的严正拒绝后，日军竟然悍然向城内的中国守军进攻。守卫宛平城的国军第 29 军 37 师 219 团被迫反击。中国守军和日军在卢沟桥激战，日本派出大批援军，向天津、北京大举进攻。国军第 29 军副军长佟麟阁、第 132 师师长赵登禹先后战死。7 月，天津沦陷。七七事变是日本全面侵华的开始，并由此掀开了中日全面战争的序幕。

　　日军之所以敢肆无忌惮地挑起全面侵华战争是凭借其优越的军事实力。当时中国国共内战内耗掉抗战的许多力量，加上中国军队素质差，军工产业不发达，致使中日两国军队兵力、装备的差距十分明显。何应钦十分清楚这一点，他曾对宋希濂表示自己的担忧说："日本拥有现代的陆海空军，而我国没有自己的工业，机枪大炮……国家内部不统一，民众又无组织，怎能从事这样大规模的战争呢？"

正是出于这种顾虑，所以何应钦在四川接到消息称日军在卢沟桥附近进行军事演习时，心里感到很紧张。何应钦在北平与日本人打过两年的交道，从以往的经验判断，日军这次军演的背后必定掩藏着更大的阴谋。后来事态的演变正如何应钦所料，日军一手酿制了七七事变。日军向宛平城发起猛烈的炮火袭击，妄图攻占宛平，但被中国守军击退。

7月9日，何应钦接到蒋介石命他回南京编组部队抗击日军的消息，他感到心情十分沉重。早年在日本留学的经历使他清楚，自己灾难深重的国家与野心勃勃的日本之间有着多大的差距，如今作为蒋介石的心腹战将更是了解到国军的确切势力，何应钦此时对中日战争的前途没有半点把握。而这个时候蒋介石与何应钦的悲观妥协持完全不同的态度，他认为，日本人惯用武装恫吓的伎俩来达到不战而胜的目的，然后进行外交谈判，以局部的军事胜利妄图换取中国更大的妥协退让。正因为如此，蒋介石此次的对日态度明显不同于以往，他在得知七七事变发生时曾怒斥日军："倭寇在卢沟桥挑衅矣！彼将乘我准备未完之时使我屈服乎？或故与宋哲元为难，使华北独立乎？"蒋介石遂电令冀察绥靖主任宋哲元积极准备抗日，对于日军提议的谈判，蒋介石指示宋哲元可以参加，但不得丧失丝毫主权，与此同时，第29军应抓紧时间迅速构建防御工事。同时，蒋介石电令军委会办公厅主任徐永昌并转程潜、唐生智、何应钦："倭寇挑衅，无论其用意如何，我军应准备全部动员，各地皆戒备，并准备宣战手续。如前令各部开动外，第二十一、二十五各师及第三军，亦令动员候调为要。"

对于日军提出的谈判，宋哲元并未认清日军的真实意图，还抱有侥幸心理，认为通过谈判可以和平解决北平的危急局势。7月11日，宋哲元自乐陵赶回天津，在接见记者时，宋哲元还说卢沟桥事件属于局部冲突，希望通过谈判能得到合理的解决。蒋介石原本想让北上的四个师的中央军开往宛平帮助第29军守城，但由于宋哲元对形势的紧迫性估计不足，他电告蒋介石说"形势已趋和缓"，四师中央军因而就在原地待命。蒋介石听说宋哲元欲与日军谈判，便发急电告诫宋哲元说，有确切情报表明日军将于15日发起进攻，让宋哲元切勿被日军以谈判为名的缓兵之计所蒙蔽。何应钦也发电报表示宛平情势危急，请宋哲元速速离开宛平，到保定坐镇指挥对日战争。13日，蒋介石又致电宋哲元，要宋坚持抗敌，勿受欺骗，坚持国家立场，表达了"宁为玉碎，毋为瓦全"的抗战决心。蒋介石在这封电报里急切地说：

卢沟桥的中国守军奋起反抗日军进攻

"卢案必不能和平解决，无论我方允其任何条件，而其目的，则在以冀察为不驻兵区域，与区内组织用人皆得其同意，造成第二冀东，若不做到此步，则彼必得寸进尺，决无已时。中早已决心，运用全力抗战，宁为玉碎，毋为瓦全，以保持为我国家与个人之人格。平津国际关系复杂，如我能抗战到底，只要不允任何条件，则在华北有权利之各国，必不能坐视不理，而且重要数国外交皆已有把握。中央决宣战，愿与兄等各将士，共同生死，义无反顾。总之，此次胜败，全在兄与中央共同一致，无论和战，万勿单独进行，不稍与敌方以各个击破之隙。则最后胜算，必为我方所操。请兄坚持到底，处处困守。时时严防，毫无退让余地，今日对倭之道，惟在团结内部，激励军心，绝对与中央一致，勿受敌欺，则胜矣。除此之外，皆为绝路，兄决心如何？请速详告。"

13 日，蒋介石还密电何应钦、程潜等人，对于淞沪地区发出备战指示："(1) 京沪区着令张治中迅即前往负全责。(2) 虹江码头不必破坏。(3) 沪市保安总团及警察总队准由军政部补充弹药。(4) 前预开沪之钟松旅一团应从速开至近便地点。"

蒋介石这一边忙着嘱咐宋哲元准备破釜沉舟，积极抗战，但是，没有料到宋哲元这时早已派张自忠、张允荣和日军秘密签订了三条协议：(一) 二十九军派高级军官道歉；(二) 处分在事变中负责任之军官；(三) 保证不再发生类似事件。

后来，当国民政府得知第 29 军已经与日军单方面签订协议后，甚为不满。7 月 14 日，何应钦致电秦德纯、冯治安、张自忠，抱怨说，现在情势紧张，全国各界都迫切知道前方消息，所以第 29 军应该及时传达真实情报，希望秦德纯等人每天最少三次将最新情况电告中央。

此时，宋哲元对于何应钦邀请他去保定指挥作战的建议还不以为然，他推脱说第 29 军大部队在平津地区附近，要去保定的话首先要到平津部署妥当。宋哲元不愿意去保定的原因一是因为，正像他在电报中说的，不大放心平津前线，而另一个更重要的原因是他不愿意看到中央军进入河北境内。

由于宋哲元的麻痹大意，使日军得以将第 5 师团等 5 个师团共 10 万人调入关内，国军第 29 军马上就在兵力上处于了绝对的劣势。蒋介石对日军的不轨图谋早有预感，因而在预感到日军将要挑起一场恶战之际，他立即给何应钦发电报命他将大量的弹药、武器装备运往第 29 军。

7 月 14 日晚，何应钦召集卢沟桥事件第四次会报会议。

"熊斌、方径部已分别开到了保定、天津，孙连仲部也已过石家庄。但刚接到保定军方通知，他们说保定当地没有防空设备，大量军队在那里集结很容易遭到日军的飞机轰炸，所以提议中央军暂缓开往保定，以避免日本飞机的轰炸。"军政部次长曹浩森报告说。

"这个可以照他们的意见办，"何应钦话带指责地说，"现在最棘手的问题是第29军已经和日军达成的'三条协议'，这个协议是中央事先所不知道的。蒋委员长着外交部发表申明，但外交部研究了很久也没有拟出一个妥当的申明草稿来。虽说中央也抱有和平解决事端的希望，但是地方与日军签订和平条件中央竟然不知底蕴，现在仍在调兵遣将中。中央在准备抗战，地方在谋求谈判，中央与地方联系太少，现在连发个宣言都很难做到统一……"

军委会办公厅主任徐永昌点点头说："我们现在的准备并不充分，如果战事一开则胜负难算。而事实如若真的像日军所宣传的那样不欲将事态扩大，那么我们应该利用口军的意图表示可以妥协，中央最好给宋哲元立下一个妥协标准，让他方便对日谈判。"

参谋总长程潜接着说："我同意徐主任的意见。我们应该尽量拖延住日军，以争取我军的准备时间。等我们可以完全控制长江沿岸，确保长江沿岸各战略枢纽的安全之后，我们无论对日打持久战或歼灭战都会有很大的胜算。当然，眼下军队的动员也是要继续进行的。"

"我不同意，"训练总监唐生智出声反对说："如今宋哲元的妥协行为已经超出了中央的许可范围，如果中央再向他授意和平妥协，那么今后的情况发展将不容乐观。冀察地区已经被日军占领了，所以中央这次对日态度颇为强硬。如今宋哲元在寻求对日妥协，如果其结果尚在中央的可接受范围之内的话，中央到时候可以追认；否则，中央可以予以否认。而军事准备一定不能放松。"

听着各位同僚的发言，何应钦心中左右为难，他非常明白，以此时国军的军力与准备充分的日军对战的话，其结果势必是凶多吉少的，他也明白，宋哲元寻求与日军谈判也是一种缓兵之计，战事终是要再开的。若是自己力主求和，避免此时与日一战的话，狼子野心的日本人必定会得寸进尺，而自己也将遭到国人的唾骂。他思前想后，一时拿不定主意，在会议上再也没有发言。

日军见宋哲元有意妥协，一边秘密增兵关内，一边逼迫宋哲元同意日军追加的"镇压共产党的策动、罢免排日要人、撤去驻冀察的排日的中央系统各机关"等7点无理要求。宋哲元电告何应钦，表示为保住华北和平，无奈只得忍辱接受。7月15日，何应钦见形势危急，于是赶忙密电宋哲元、秦德纯等人不可被日本人蒙蔽，密电内称：

> 顷据确报，丰台之日军现在集中包围南苑一带，首先消灭一万二千之我军，将为日军机动之第一目标。虽自昨晨三时半以来，当地形势稍现和缓，谈判亦已重开。中外富有眼光之观察者，以为现下之混沌沉闷状态，实有诡谲欺诈性质，众人以为日军当局，现仅等待增援完竣，然后发动，以驱二十九军于河北省境外耳……查日人效一·二八故事，先行缓兵，俟援军到达，即不顾信义，希图将我二十九军一网打尽。形势显然，最为可虑。望即切实注意，计划应付为祷。

宋哲元对日军的麻痹大意已经引起了何应钦的不安，7月17日，他再次密电宋哲元，分析当前的形势，要宋哲元切勿中日寇和谈圈套，并诚恳地建议说：

"综合今日情报，日本国内已动员及出动之部队，有第五、第六、第十、第十二、第十六等五个师团及

GENERAL
WOO YING CHING

钦應何
Minister of War.

何应钦明信片

朝鲜之第二十师团。日军部共征发邮船会社、大阪会社及国际山下、三井等社商船共三十余艘，调兵遣将，未稍停止，而关东军陆续输送至天津者，截至删日止，已二十列车，当已在一个师团左右，并有数千人沿平津公路及津保公路前进中。其在卢沟桥正面者千余人，正构筑工事及造家村设飞机场。窥其用意，显系对北平及南苑取包围形势。而近日则派小参谋数人与我方谈判和平，希图缓兵，以牵制我方，使不作军事准备，一俟到达平郊部队较我二十九军占优势时，即开始攻占北平，先消灭我二十九军。此项诡计，最为可虑。一·二八之役，可为前车。兄等近日似均陷于政治谈判之圈套，而对军事准备颇现疏懈，如果能在不损失领土主权之原则下和平解决，固所深愿，弟恐谈判未成，大兵入关，迩时在强力压迫之下，和战皆陷于绝境。不得不作城下之盟，则将噬脐无及。望兄等一面不放弃和平；一面应暗作军事准备，尤其防止敌军袭击北平及南苑，更须妥定计划。弟意宜以北平城、南苑及宛平为三个据点，将兵力集中，构筑工事，作持久抵抗之准备。如日军开始包围攻击时，我保定、沧州之部队及在任丘之赵师，同时北上应援，庶平、漳可保，敌计不逞，如何？希酌夺见复。"

碰巧的是，就在同一日，蒋介石也致电宋哲元等人，嘱咐他们一定不要相信日本人，日寇出尔反尔，只要他们想违反协定就可以毫不犹豫地撕毁。对于何应钦的恳切建议和蒋介石的再三叮嘱，宋哲元并没有放在心上，他仍一厢情愿地期望着华北形势能够凭借和谈而得以缓和。

鉴于形势愈发危急，蒋介石终于下定决心联共抗日。他电告何应钦，拟与共产党合作一起抗击日军侵略，让何应钦及早注意考虑与共产党合作抗战的战斗序列问题。

此时的宋哲元还抱有乐观的态度看待华北局势。为了向日军表示和平解决事变的诚意，他居然下令将北平城内各大路口的防御工事一律拆除，并打开了关闭数日的城门。

7月底，何应钦在南京接见日本驻华陆军武官喜多诚一。喜多诚一居然公开威胁何应钦说，现在的中日局势已经到了最为紧张的阶段，希望中国军队能够撤退，否则事态将会恶化。何应钦听喜多诚一如此嚣张，便立场鲜明、态度强硬地答道："目前的紧张局势责任全在日方，日方派遣大量陆军、空军到北平，致使中国驻军不得不防。中国军队的防备纯属自卫，根本没有将事态扩大化的想法。再说，中国军队在中国国境之内的调动无论怎样都是理所当然，日方没有立场对此说三道四。"

喜多诚见何应钦还敢态度如此强硬，于是，就变本加厉地威胁说，日方已经向中方表明了态度，如果中方执迷不悟继续调动军队，则未来的和平将难以继续。其言下之意是说，如果中方不听"规劝"，日本人将毫不客气地使用武力来迫使中国人就范。

对喜多诚一肆无忌惮的公开挑衅，何应钦严肃地说："如果中日战争爆发，战争的最终结果必定是双方两败俱伤，而使苏联和中共渔翁得利。你记住我的话，如果真的两国真正爆发，结局一定如此！"

何应钦结束了和喜多诚一的交锋之后，赶紧致电宋哲元，要他防备日军的阴谋。但宋哲元依旧对武装到牙齿的日军警惕性不够。相比于对日军大举侵华的担心，宋哲元认为中央军借机进入河北的威胁更加现实和紧迫，因此，他一方面拖延中央军入冀的计划，一方面放出话说自己有信心不使国家受辱，将来就算与日军签订协定，也会比"何梅协定"有利得多。何应钦听到宋哲元此言后，心里感到非常不悦，但他还是以大局为重，多次叮嘱宋哲元要多跟中央联系，有事赶紧通报。

7月25日日军开始猛攻北平，由于二十九军与国民政府在备战问题上没有做好协调而陷入被动。宋哲元被日军的猛烈炮火从和平幻想中炸醒，慌忙不知所措。宋哲元和平化解卢沟桥事变的希望破灭了，他给何应钦回电表示了自己的失望：

"自卢事发生以来，哲元即首先顾虑到全局之如何发展、周详审慎，以期万全。兹奉电示各节，倘不幸而真成事实，则是现在已陷绝境，应请中央作第二步准备，以待非常之变也。"

由于二十九军与国民政府在战备问题上的协调很不一致，所以当 7 月 25 日日军开始猛攻北平时，二十九军立即陷于被动，而中央军距离较远，亦不能从速支援和策应二十九军。日军出尔反尔的阴谋举动给了宋哲元当头一棒，使他从和平幻想中猛醒过来。北平、天津在日军强大攻势下先后陷落，二十九军伤亡惨重，宋深受刺激，情绪极为低落。

相比于几年前因为签订"何梅协定"而被国人唾骂，如今的何应钦抗战态度明显积极很多，这让很多人都觉得诧异，他们一时无法界定何应钦对抗战到底是个什么样的态度。不可否认，何应钦此次的积极抗战与蒋介石的影响是分不开的。在与蒋介石的多次面谈和电文往来中，何应钦清楚地感觉到了蒋介石此次抗日的决心十分坚定，唯蒋介石马首是瞻的何应钦对抗战的态度也随之转于强硬。但我们不能忽视何应钦其本身怀有的抗战想法。

国民党中央通讯社杭州特约通讯员吴醒耶曾对何应钦进行过一次采访，并后来写下了《抗战前夕与何应钦的一次晤谈》的回忆文章。当时，吴醒耶直率地请何应钦谈谈他到底怎样看待抗日问题，何应钦坦率地说他自己绝对不会"无耻下流到甘作亡国奴"：

"现在大家都认为中日全面战争都已如箭在弦上，一触即发，但是果真要打大仗，首先自己不能不有所准备和估量，正如《孙子兵法》所云：'知己知彼，百战不殆。'人所共知，日本已是一个军事全部现代化的强国，而且民性剽悍异常；而我们是一个爱好和平的民族，军备亦远远落后于他们。因之我此来，就是要了解一下浙江方面的军备实况，在我察看以后，真不能不忧心忡忡。我们将如何以这些陈旧过时，而且为数有限的军备，去和全部使用现代精良武器的强敌相抗衡？当然，我们不应轻视自己所具有的特点：我们土广民众，我们被迫抗战，民气旺盛，我们是被侵略者，正义在我们一边。我们将来也可能得到国际的支援。然而所有这一些，在战争一旦爆发后，还是要先看实力呀！不过，又要说回来，如果有一天到了忍无可忍，逼得我们不得不打大仗，那也只好拼了再说了！其次，我不能不对你说，我现在的身份是

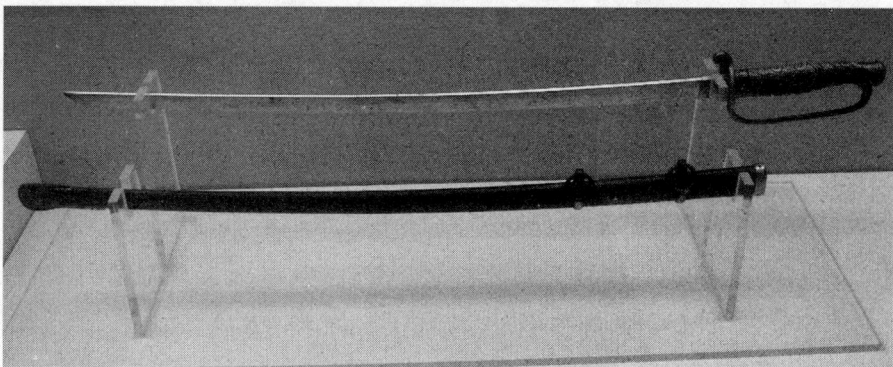
张学良给第 29 军军长宋哲元的指挥刀

军政部长，对国家存亡的大计，负有责任，不允许意气用事，轻易把国家的命运孤注一掷；同时，我又是民族一分子，古人言，'国之兴亡，匹夫有责'嘛，我何某也何至无耻下流到甘作亡国奴啊！所有这些，是我何某内心的话，一切外间流传的'三月亡国论'，什么'不抵抗论'等等，究竟从何而来，谅你必可思过半矣。"

有人说何应钦是"亲日派"，他对日妥协签订了"何梅协定"，但是，何应钦在七七事变后的抗日表现是比较积极的，他的这种"转变"让很多人感到惊诧。其实，何应钦并不是畏惧日本，更不是什么"亲日派"，他只是过于现实，把中日之间的实力差距看得过于透彻而已。他处理国家事务太理性了，理性到缺乏放手一搏的激情，缺乏宁为玉碎，不为瓦全，与日本人血战到底的勇气。他曾说过，日本虽然强于中国，但其行不义，中国虽弱，却正义在侧，未来的中日战争注定是艰苦而漫长的，但中国终将取得最终的胜利。七七事变之后，他能够认清抗战的大势，协助蒋介石督促二十九军抗战，在以后漫长的抗战中，他也积极地指挥国军抗击日寇。虽然他也参与了对红军力量的绞杀，但不能因为其与共产党的敌对而抹杀了他的抗战努力。何应钦是现实主义者，又略带悲观色彩。虽然他的征战生涯中有不少污点遭后人诟病，但他与卖国投敌的汪精卫是有着本质上的不同的。总体上来说，何应钦是爱国的，是抗日的。

第三节　艰难的抗战初期（上）

1937 年 8 月 12 日晚，何应钦召开了卢沟桥事变第 33 次会议。何应钦在作完例行报告之后要各署、司长先退席，然后在小范围内讨论关于中共代表周恩来提出国共合作的宣言等问题。何应钦等人最后决定："第三者（即中国共产党）路线速决定、人事方面派参谋长三人前往，先称联络参谋。子弹补充，着先将武器种类、口径造册呈报，酌予补充。朱等宣言，暂缓发表。"

早在 7 月 22 日的时候，何应钦就被蒋介石任命为国民政府国家总动员设计委员会主任委员，主要负责统一筹划关于粮食统制、交通统制、资源统制、民众组织与训练、金融财政的筹划等工作。平、津地区陷落后，何应钦指挥调度山西和上海的国民政府军队抗战，同时又要遵从蒋介石之命联合中国共产党的军队共同抗日。

提起共产党，何应钦始终心存芥蒂。他在黄埔军校东征之时就听说过，军校中共产党员干部学员舍生忘死奋力杀敌的英勇事迹。1931 到 1933 年其间，何应钦跟着蒋介石赴江西"围剿"红军却屡战屡败，直到这时他才知道红军和共产党的厉害。可何应钦总不明白一件事，红军缺衣少弹，有时候甚至连饭都吃不饱，他们是凭借着什么坚持着和装备精良的国军作战，并最终取得胜利的呢？何应钦没想明白，但是他心中却将红军和共产党列为是不亚于日军的威胁国民党统治权的一支力量。所以，当蒋介石告诉何应钦他计划要联共抗日时，何应钦并没有因为抗日力量的增长而感到欢欣鼓舞，反而是担心共产党会趁机发展壮大，成长为一个比日军更为棘手的麻烦。在这一点上，他的想法和蒋介石的极为相似，他们把抗日和反共看得同等重要。因而，何应钦也是坚决贯彻蒋介石的"攘外必先安内"政策的重要执行人物。

8 月 6 日，平津陷落，国民政府在南京召开国防会议决定用持久消耗战略来开展全面抗战。蒋介石把全国划分为 5 个战区；

河北、山东为第一战区；山西、察哈尔、绥远为第二战区；江苏南部、浙江为第三战区；广东、福建为第四战区；江苏北部、山东南部为第五战区。何应钦兼任第四战区司令长官，负责粤、闽的抗战准备。当日，何应钦和阎锡山见面，两人就抗日战争的政略、战略、战术等问题交换了看法。

"抗战在战略上应该实行持久战，战争初期能否守住阵地并不是至关重要的。日军长于飞机、战车、大炮这三种力量的攻击，我们应该在这上面想些办法。"阎锡山说。

何应钦对阎锡山的看法表示赞同，他补充说："在战术上，日本人很骄傲，他们认为我们的军队是乌合之众，不堪一击。我们要利用日军轻敌的心理，争取首战告捷，以挫日军的嚣张气焰，正世界之视听。然后再将军队疏散，打持久战。"

"日军就是火力优良，除了装备好之外，他们并不比我们又多大优势。所以在战场上要避开日军的集中火力攻击，使他们的火力优势不能充分发挥。我们应该选择有利的地形与敌军作战，让他们的飞机大炮失去作用。"阎锡山也赞同何应钦的想法，补充说。

8月中旬，何应钦在斗鸡闸何公馆与中共代表周恩来一起商量抗战大计。此时的日军飞机正密集地轰炸上海、南京等地区，何应钦与周恩来谈判的这一天，日军飞机正在南京鼓楼一带投弹扫射，日机低空飞行，甚至从地面上可以望见机上驾驶员的动作。何应钦坐在何公馆中，能清晰地听到头顶日本战机盘旋的"嗡嗡"声，以及周围建筑物被炸毁坍塌的声音。何应钦脸色有些失常，但是他看见周恩来神情自若地谈论着两党合作的细节问

日本军舰炮击上海

题，不禁从心中暗暗佩服周恩来的镇定与沉着。看见周恩来如此冷静，何应钦也赶忙收敛了心神，专心跟周恩来探讨了起来。

针对日伪军在民众间散布谣言，动摇民心的丑恶行径，何应钦在中央纪念周作了题为"揭发日人造谣挑拨之伎俩"的报告，他在报告中说：

> 日人一向认为中国是一个谣言国家，中国民族是一个喜欢听信谣言的民族，所以对于侵略中国的种种方法当中，便利用这散布谣言的方法，来谋达其离间、挑拨及煽动、分化的作用。可以说，在我国历来若干不幸事件当中，日方的特务机关及其本国或在我国发行的新闻杂志中，便有一部分是专门做的这种造谣工作。

> 比如过去一些时候，日方要想挑起我国某一地方与中央的恶感，便一连几天在报纸上散播种种的消息，不说中央对某地方长官要更换，就说某一地方不稳，如此两面挑拨，不断造谣，结果弄得外国人半信将疑，莫名其妙。可是现代的中国人，可说没有一人再相信。尤其自去年以来，全国人都已有了觉悟。日人诡计，决难收到丝毫效果……日方一面增兵造械，节节进逼，不惜将事态扩大，一面又在新闻纸上大造其谣言，不说某某如何主张，即说某某因主张不行而如何如何，无中生有，故神其说，极尽离奇诡谲的能事。懂得中国内情的外国人，就其谣言一加分析，便可知其绝对不确。

> 希望本党同志、全国同胞，尤其是全军将士，大家要深切明了对方造谣的作用，乃其一贯侵略的国策。当着这国家存亡的时候，只有大家统一意志，整齐步伐，在中央最高领袖领导之下，服从命令，努力奋斗，然后当前险恶的环境，才可打破，逐渐走入光明，国家民族的复兴才有无穷的希望。

为统筹指挥抗战事宜，8月12日，南京国防会议决定成立作为抗战最高统帅部的军事委员会，军事委员会下设军令、政略、军政、经济、宣传等部，何应钦出任军政部长。国民党中央政治会议与国防会议以联席会议形式召开，改称为国防最高会议。

8月13日，日军在上海再次挑起战事，上海中国守军被迫反击。何应钦虽然多年来没有亲自指挥过战斗，但他将近10年的军队整编、调动管理生涯使他十分熟悉国军的军政管理工作。"卢沟桥事变"后，何应钦担任国家总动员设计委员会主任委员，不但负责国军的动员、调动工作，还承担起筹划、协调资源统制、交通统制、民众的组织与训练等工作。在国家陷入危亡之际，何应钦表现出了极大的耐心和责任心，为沟通国民政府军政部与各下属相关部门而忙碌奔走，正因为他的努力，国军的军需供应才得到了保障。他还担任军政部长一职，负责紧急应措和筹划国民政府军队的编组、补充和具体战役准备工作。他在蒋介石的授意下确定了正面战场的作战指导方针为"持久战"，——根据1937年8月20日发表的《大本营训令令字第一号》——总指导要旨是："为求我中华民族之永久生存及国家主权领土之完整，对于侵犯我主权领土与企图毁灭我民族生存之敌国倭寇，决以武力解决之。"

此次淞沪战役是在日军攻陷平津，挑起全面侵华的背景下展开的。与1932年"一·二八"淞沪战役不同，1932年，蒋介石一味对日妥协退让，寄希望于国联的调停，因而不希望战事扩大，投入上海的兵力也很有限；而自从"卢沟桥事变"爆发后，蒋介石的抗战态度坚定，决心与日军一决雌雄，因而面临此次日军的挑衅，蒋介石先后将70万国民党军开入上海地区。8月15日，蒋介石给何应钦发秘密电报，说："军政部何部长密鉴：（1）第三十六师着归张司令官指挥，下车地点由张司令指定，径令遵照，但希望控置之。（2）第十八军应以一师开苏州附近，担任吴福（吴县至福山）阵地线，工事加强，尤应尽先加强道路附近工事。并对敌戒备。以一师分驻南京、镇江，以一师分驻滁州、浦口。"可见蒋介石此次坚守淞沪的决心。

虽然蒋介石调集大量兵力到上海，但由于兵力分配不当，致使11月5日，日军在飞机、军舰大炮轰击的掩护下突破了全公亭等多处中国防区，形成对上海国军的两面夹击的态势，国民党军在日军的双重炮火打击下付出了惨重代价，最终不得不退出淞沪战场。

淞沪战役中国民党军的部署失误的责任其实还是要归咎于何应钦。何应钦看到了蒋介石与日军誓死一战的决心，他在调动部队、撤退时机等问题上虽然有不同于蒋介石的见解，但却怕被蒋怀疑为抗战决心不坚定而不敢向蒋指出，致使装备不占优势的70万国民党大军集中于上海周围地势平坦、河网交错的狭小地区。日军的飞机大炮等武器装备明显先进于国民党军，国军在此劣势的情况下和日军硬拼，其结果自然不言而喻。在淞沪作战期间，何应钦曾在军政部召集的会报会上评论："沪战胶着，双方无限制增兵，我（军）为确保江南腹地，又不能不以精锐部队与敌周旋。因之，我战略重点无形中转移于江南。此时北正面只有采守势作战，逐次抵抗，与敌持久。"

8月末，国民政府正式发表声明，将红军改编为国民革命军第八路军，国共合作达成，八路军渡过黄河，开赴山西前线参加对日战争。日军见中国军队多集结于南口、察北一线，于是改变进攻策略，将矛头转向战略要地张家口。8月27日，张家口、南口相继失守。日军挥师攻向石家庄、保定等地。第二集团军总司令刘峙向何应钦抱怨地方军素质差，靠不住，要求中央军下拨两个师增援河北。而这时的淞沪战役正在激战中，何应钦无法满足刘峙的要求，于是回电表示中央暂时没有兵力北调，让刘峙以现有兵力努力支撑，以候川桂军来援。然而，刘峙凭借手下的地方军根本无法拖住日军铁蹄践踏河北的步伐。9月下旬时，保定、石家庄遂相继失陷。相比国军的一路溃退，八路军的战绩斐然。八路军在山西取得平型关大捷，并在忻口配合阎锡山、卫立煌部进行忻口战役，取得歼敌三四万的战果。但八路军和部分国军取得的局部胜利并不能扭转整个战争的态势，日军从石家庄沿正太线西进，最终占领了娘子关，中国军队被迫南撤，日军于11月9日攻克太原。据《徐永昌日记》1937年11月5日所载，何

八路军在敌后组织和武装群众

应钦在国防最高会议上报告国军的军队、武器的损失状况时说："第一战区死伤七万二千，第二战区报来者三万七千，第三战区十八万七千二百，以上仅就各部报来者尚有前报而未后报或自始即未报者；开战以来将库存之步枪六万支，轻重机枪二千七百挺，迫击炮四百门，皆陆续补给损失奇重之各师……"

　　上海已失，南京门户洞开。日军兵分三路进犯南京，蒋介石见日军大兵压境，一时之间对于守不守南京犹豫不决。11月中旬时，他将何应钦、李宗仁、白崇禧、唐生智、徐永昌等人召集在一起先后召开了三次高级幕僚会议。会议上大多数人认为南京难以守卫，但碍于蒋介石的真实想法是想守一守南京的，以至于没有人敢于站出来表达自己的真实看法。蒋介石最后说，南京是首都，是总理陵墓所在地，必须要防守。当他问谁愿意担任守卫南京的艰巨任务时，军委第一厅主任唐生智站起来说他愿意担此重任，誓与首都共存亡。11月18日，蒋介石委任唐生智为南京卫戍司令长官，副司令长官为罗卓英、刘兴为。何应钦立即着手协助唐生智编组南京防守部队，为各部队补充兵员武器。

在高级幕僚会议，虽然大多数人觉得南京守不住，若南京一旦被破，守军应该在抵抗无望的情况下立即撤退。然而，令人遗憾的是，蒋介石、何应钦、唐生智等国民党军政大员均未考虑十几万国军及民众的撤退路线问题，这直接导致了当日军突破南京城，唐生智见无法守城下令弃守突围之时，国军因为无法顺利撤退而惨遭屠戮。何应钦在听说这件事后感叹道："惟原系破釜沉舟，准备死守。初无撤退之计划，故仅向东方突围之第六十六军安全转移浙皖边区，其余小部突出重围外，大部均与城共存亡，壮烈牺牲。"

对于南京守军的惨败，何应钦等国军高级将领负有不可推卸的责任。在面临关系战局胜败的重大问题时，何应钦等人不敢违拗蒋介石的意思，既没有人劝诫蒋介石弃守南京，又没有人为南京城破后国军的退路作出较为周密的撤退部署，致使日军攻破南京时国军和民众因无法及时撤退而遭到日军的杀戮，受到损失30万人的重创。

国民党军损失较重，蒋介石急令何应钦招募新兵源补充道军队中，1938年1月3日，何应钦遵照蒋介石指示拟订了《统一兵员征募及补充方案》，先后在河南、安徽、江西、等地积极招募补充兵员，经过一年的招募，到1938年底时，共征壮丁270余万人补充到各部队中。相比于对国军军力补充的尽心尽力，何应钦对八路军却相当的吝啬。在经费方面，共产党提出的预算每个月的各种经费为16.6万元，何应钦最终却只批准了6.5万，中共请发1万套棉军衣，而何应钦竟以"新四军打游击，不需要军衣"为由予以拒绝。

当河北沦陷之时，驻守山东的第三集团军总司令兼山东省主席韩复榘在10月间对日几次作战，成功牵制了日军。但韩复榘因为对蒋介石的抗战决心抱有怀疑态度，因而在与日军的交锋中总想保存实力。据汪东林先生的《访梁漱溟问答录》载，在南京失守后，韩复榘竟然悲观地公开宣称："我认为山东是守不了的，我们打不过日本人，唯一的办法就是保存实力，把军队撤到平汉路以西，等待国际上的援助，然后再反攻，别的出路没有。欧美是不会让日本独吞中国的，这些道理蒋介石肚子里比我明白得多，还装什么样子。"因而，当日军于 12 月 23 日渡过黄河时，韩复榘不但不率军抵抗反而下令撤退。1938 年 1 月上旬，韩复榘又从运河、汶上、济宁一线撤退，至大半个山东沦陷。而山东沦陷使徐州以北、运河以东津浦线两侧地区直面日军锋芒，李宗仁第五战区司令部的安全受到威胁。

蒋介石对韩复榘的行为大为光火，何应钦对韩复榘的言行也感到很吃惊，他曾表示说："若让韩自由进退而不加以制裁，则民心士气必将受到严重影响，应依军法严办，以收杀一儆百之效。"而韩复榘最终被蒋介石下决心逮捕、处死的另外一个原因是，宋哲元向中央军委会密报说，韩复榘与川军总司令刘湘有密电往来，甚至还要拉宋哲元进去合伙反蒋。蒋介石闻讯，恼怒异常，遂于 1938 年 1 月 11 日在开封的北方军事长官会议上拘捕了韩复榘，交由何应钦审理。1 月 24 日，韩复榘在武汉被枪决。

蒋介石想借着韩复渠事件顺便敲打一下刘湘，于是便命何应钦于 1 月 18 日去汉口医院见刘湘，告知他韩复渠被捕的消息。何应钦遵照蒋介石的命令告知刘湘韩复榘已经被羁押，并宣布中央已任命陈诚接替刘湘为第七战区司令长官的命令。刘湘大惊，反问何应钦为什么，何应钦回答说，韩复渠要把他的部队要开到襄樊去。刘湘一听就知道自己与韩复榘密谋反蒋的事已东窗事发，惊恐异常，在何应钦走后没多久就大口吐血，昏迷不醒，几天后便死去了。

何应钦作为抗战时期军政部和参谋部的最高长官，时常需要参加政治、军法和对部队官兵的集会并讲演。3 月 4 日，何应钦在政治部政工会议上主要讲述了三个问题，表明了他的工作态度和成效。第一个问题是关于"革命军事政训工作之建立及其使命"，何应钦对"使命"的解释如下：

所谓党的使命是什么，这就是大家所知道的两句话，第一步使武力与人民结合，第二步使武力成为人民的武力……只看第一期革命，即北伐期间，政训工作所成就之事业，就可明白一个大概。第一，政训人民能辅助部队官长，加强军风纪。那时革命军师行所至，实行秋毫无犯……由政工人员天天督促鼓励着往这方面作。第二，政训人员能设法改进军队的素质，并能随时随地提高官兵的革命情绪。第三，那时的政治工作最有力的一个表现，就是知道争取广大群众的拥护，喊出"农工商学兵大联合"的口号，处处接近民众，帮助民众，指导民众，因此，革命军所至之处，也就受到民众热烈欢迎……争取广大群众的拥护，是完成国民革命的必要条件。

抗战是一场艰苦长期的马拉松式的战争，争取群众的支持是保证战争能够取得最终胜利的基本要求。但实际上，国民党高层一方面对联共抗日心存疑虑，始终对共产党加以压制和防范，另一方面对抗日的其他团体、党派和民众的抗日斗争支持很少，有时甚至不惜武力压制打击。由于不相信群众，得不到群众的支持，国军虽然承担了正面战场的很多重大战役的作战任务，但战绩令人堪忧。

第二个问题是"政训工作的现状"，何应钦较为诚恳地分析、批评了国军中的恶习，他认为："我认为有三种大毛病。第一是不切实，第二是不深入，第三是不能协助部队长官建立自觉性的纪律。因为不切实，处处作点表面文章，敷敷衍衍就算完事；因为不深入，就不能把握住士兵的心理，不肯探求民间的隐情；因为不能建立自觉性的纪律，于是官和兵

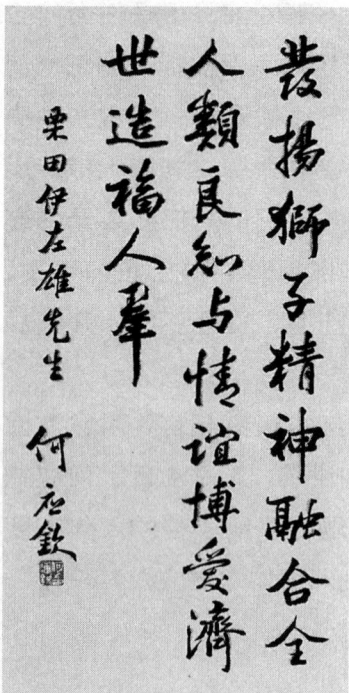

宣扬狮子精神融合全人类良知与情谊博爱济世造福人群

栗田伊左雄先生

何应钦

何应钦行书书法

不能打成一片，兵和民当中划了一道鸿沟……"

第三个问题："抗战期中我们需要怎样的政工"，何应钦解释为："我要求长官和部下所应该做的事，我本身首先去做，我拼命去做，我自始至终不计成败利钝的去做。"这是对全军，也是对他自己的一番鼓励和督促。

1938年4月6日，国军在山东枣庄市台儿庄歼灭日军精锐部队2万余人，取得台儿庄大捷。这是自全面抗战以来，继平型关大捷等战役后，中国军队取得的又一次巨大胜利。消息传出后，举国振奋。蒋介石想乘胜再度以较大兵力与日军在徐州决战。但日军经过台儿庄一役的挫败之后吸取了教训，重新军事部署，集中华北和华中兵力夹击徐州。5月初，日军从南北两个方向插入徐州，致使国军被拦腰切断。19日，徐州失陷。

从总体战态来看，日军锋芒毕露，咄咄逼人，国军则是取得局部胜利全面溃退。作为抗战时期军政部和参谋部的最高长官，何应钦没有动员全民抗战，也没有想过要改变国民党军的作战策略，虽然他常常感到军队各级军官的军事指挥素质较差，但仍未想办法提高军队质量，扩大抗战阵线，以至贻误战机，导致了国军且战且退的局面。

第四节　艰难的抗战初期（下）

徐州失守，国民党军因为人员伤亡较大，士气也随即陷入低谷，因而在豫北和豫东先后溃败。第27军军长桂永清在与日军开战前骄傲轻敌，以进犯的日军数量少为由，并未按第一战区前敌总司令薛岳的指示东进迎敌，致使后来日军向兰封猛扑之时第27军毫无招架之力，只得仓皇败退。因为第27军的败退，驻守兰封的第88师师长龙慕韩面临多面受敌的险境，龙慕韩不得已只能弃城而去。因为何应钦与桂永清的私人关系不错，此次桂永清的失误因为何应钦的插手而变成由龙慕韩来埋单。战后由于何应钦的包庇，桂永清仅受到革职查办的处分，而龙慕韩却做了桂永清的替死鬼被枪毙。

当日军的铁蹄践踏了河南的大部分土地时，蒋介石见防守河南已经无望，于是下命令爆破黄河铁桥、在花园口炸毁河堤，希望以汹涌的黄河水来拖延日军西进和南犯的步伐。历来的执政者关注黄河，只是为了祈求其平稳地流向大海，不要泛滥祸及沿岸的百姓，而蒋介石竟然为阻止日军的进攻采取了饮鸩止渴的办法——炸开黄河堤坝，以黄河水泛滥的办法阻止日军西进和南犯。而实施这一罪恶计划的正是蒋介石的得力助手何应钦。1938 年 6 月 7 日夜，国军新 8 师按照计划在花园口炸开黄河大堤，黄河水从堤坝的缺口处倾斜汹涌，眨眼功夫，百里之境的村庄良田全部被洪水席卷，放眼望去，昔日的绿野平川已被汪洋泽国所代替。国民政府事前未动员沿岸人民迁移，导致了十万人被淹死，一千多万人失去家园四处逃荒的惨剧发生。而豫皖苏三省三千多万平方公里的上地一夜之间陷入汪洋泥沼之中。

黄河的决堤并没有如蒋介石所愿拖住日军进犯的步伐。不久之后，河南沦陷，湖北武汉成为战略要冲，日军出动 40 万兵力直逼武汉。

北伐战争时期曾担任国民革命军军事顾问的苏联人切列潘诺夫，在中国又一次陷入血雨腥风的危难时刻受苏联政府派遣，再次来到中国担任蒋介石的军事顾问。切列潘诺夫在北伐战争期间就听说过何应钦的大名，但两人之间并没有过多的接触，对于何应钦的印象，切列潘诺夫始终不太清晰。此番来华的路上他一直在想，何应钦现在已经成为了蒋介石的心腹，国民政府军的"大管家"，何应钦到底是个怎样的人物，拥有怎样的性格呢？切列潘诺夫乘火车到达武汉当晚即面见了何应钦。何应钦邀请切列潘诺夫到家中做客，何向切列潘诺夫介绍了中日抗战形势。切列潘诺夫看到何应钦家中摆设朴实，作为军政部长和参谋总长的何应钦却连一辆私家汽车都没有，切列潘诺夫不禁感叹，十多年来，何应钦仍然持着黄埔军校时期朴实严谨的作风。

不知何应钦是不是把在生活上的态度用在了工作上，还是何应钦本身性格如此，切列潘诺夫发现何应钦在工作上过于谨慎，即使在会议上也很少发表意见。切列潘诺夫第一次参加军委会的工作会议时，蒋介石、何应钦就分别坐在他两旁，作为中共和八路军的代表的周恩来也以军委会政治部副主任的身份参加了会议。在各级作战部门相关负责人汇报作战情况时，蒋介石经常插话补充意见，而何应钦和其他与会者则默不作声，很少发言。

切列潘诺夫有一次参加由何应钦主持，陈诚、刘斐和情报厅厅长徐培根等人参加的讨论武汉防御计划的会议，会议上，切列潘诺夫认为刘斐的防御计划过于谨慎，切列潘诺夫虽然知道刘斐的防御计划是何应钦把的关，即直接反应了何应钦和蒋介石的意见，但他还是向何应钦反映了自己的看法。他对何说："计划的有些地方太被动了。比如，在日军还没发动进攻的地方，国军不应该仅仅消极地驻守，应该抓住机会应适当转入进攻，先快速突入敌后，在敌军地侧翼活动，一方面可以打击敌人，另一方面避免与敌军正面交锋而使国军受创；而在日军主力准备密集进攻的地方，国军就不要与之硬拼了，只要作出准备迎击的样子，不断地派出小量侦察部队去袭扰之即可。在主要方向集结的 80 个师不需要重新部署了，但我们应该注意避免过于密集的重叠设防，应当在长江南北两岸部署足够的兵力，以保证一旦反攻，国军可以机动地插入敌军侧翼和后方。"

应该说，切列潘诺夫的见解是颇有深度的，但他的意见和部署计划对于何应钦来说有些主动冒险。更何况，大家心里都清楚，没有人能轻易地改变蒋介石的决定。而何应钦也一向对蒋介石言听计从，他从未想过要改动蒋介石的计划部署。因而对于切列潘诺夫的正确建议，何应钦、陈诚等人

陈诚肖像

皆不置可否。

经过一段时间的观察和一起工作的接触，切列潘诺夫得出结论："军事委员会纯粹是徒有虚名的机构。何应钦身兼二职……但实际上，他与作战和军训（后勤除外）方面的问题毫不相干。"

10月25日武汉失守。武汉会战最终还是以失败告终，但它与日军激战4个月，消耗了日军大量的有生力量，沉重打击了日军侵华的嚣张气焰。

何应钦对于整编军队、军队的调度、战争物资的筹备等工作做得得心应手，但或许是因为久疏战场的缘故，他很少到前线走动。武汉会战结束后，蒋介石觉得何应钦这个参谋总长总呆在后方不像话，于是建议何应钦到前线去视察。何应钦只得接受蒋介石的建议，到前线走了几遭。但是，让何应钦没想到的是，这几次到前线的走动让他感触颇深。国民党军抗战的一年多以来逐渐向西南败退，但是军队的基层战士们不畏牺牲，抗战热情依旧很高昂。各界民众也纷纷组织起来，以各种手段对日军进行牵制打击，以策应国军的正面战场战斗。看到军队和群众的战斗热情，何应钦深受鼓舞，他逐渐抛弃了抗战初期的张望犹豫，不再恐惧日军的军队素质、装备的优良，转而开始相信经过持久时间的艰苦抗战，中国一定会取得抗战的最后胜利。何应钦身兼军政部长和参谋总长二职，做了大量琐碎、细致的工作，在前线的亲身经历使何应钦更加专注于做好自己的本职工作，在整编军队、补充兵员、军事物资供应等方面，他事无巨细地亲自操作。但由于他很少上前线，而关键的问题又要依照蒋介石的意思行事，因而他作出的计划往往变动得比较频繁，比如有时竟然命令新兵部队参加较为重要的对日作战行动，这样的部署往往导致战局朝对国军不利的方向发展。陈诚后来曾在武汉会战后指出何应钦参与制订的最高指导计划"变更频繁"。

1939年初，何应钦在国民党中央纪念周上作了题为"坚定抗战必胜建国必成的信念"的讲话。他就中国军队的整理、兵员之补充、兵工及各种军需工业的建设、人事经理及教育训练制度的改进四个方面进行总结，然后得出对敌我双方的战争前途分析，他认为：

  敌人对我作战，原期在三个月内至多半年的时间，将我战斗力完全消灭，但现在已一年半了，不但不能将我国的战力消灭，而其自身的损失，也大大超乎预料以外，已经使敌国人民乃至军人发生了怀疑和恐惧。敌人的精神上已经受到极大的打击，同时敌人作战军费的消耗，据统计每日需一千万日元，即是每月需三万万日元；又自开战以来，敌军兵员之死伤已达七十万人；敌空军飞机之被击毁有文件可查者六百四十九架……海军舰艇被我击沉及受伤者五百八十余艘；敌汽车、装甲车、战车被击毁及俘获者已达一千二百余辆；其他武器之损失，计大炮共三百四十二门，追击炮掷弹筒共六百六十四门，轻重机炮共四千一百六十八挺，步枪共约七万二千五百九十二枝。这样巨大的损耗，以日本的国力，现在已经感到困难，若战事不能结束，终久必会自行崩溃。我们看着敌国国内反战空气的日益膨胀，和作战部队厌战情绪的日益流露，以及其国内一切消耗的限制，物价的高涨，各种生产工作的停顿，公债的增发，和敌国军政领袖极力宣传对华作战乃百年战事等等情形，处处可以暴露敌人之困难，并且是日趋末路。又就军事上来说，敌人愈益深入。今后在交通不便的地方和我军作战，其重火器如战车、重炮等，已不能发挥多大效力，后方补给，也将感受极大的困难，作战地形上，也是于敌不利的，同时我们在敌人后方的运动战、游击战，随时随地可以袭击敌人……所以敌人始终是要失败的。

  再就我们自己方面来说，全国一致团结对外，和全国将士牺牲奋斗的精神；确实已经建立了胜利的基础。我们的抗战，早已决定为长期抗战，我们初期的失败，是早在预料中的。但是我们一面抗战，一面建军，我们军队的数量，较战前多数十万，武器也较开战的时候增多一倍，只要全国军人能够加倍努力，切实苦干，我们的战力，必定是永远不竭，愈战愈强，最后胜利的获得，一定是属于我们的。

我国土地如此广大，人民如此众多，物产如此丰富，而且有悠久长远的文化历史，只要四万万五千万人心凝结成为一体……确实我们共同奋斗的目标，坚定我们必胜必成的信念，不为一时一地的胜败得失所动摇，而齐力向着胜利成功的程途迈进，则现代的富强的新中国的建立，实在不是什么困难的事。

这番讲话体现了何应钦较为成熟的抗战思想，表现了他抗战必胜的信念。

1月下旬时，何应钦在重庆举行的国民党五届五中全会上做军事报告，他着重阐述了此后一段时间国民政府军队的作战指导计划，报告指出：

国军的第二期作战是：一方面保持我军的有利形势，继续消耗敌人的力量，同时在另一方面，积极进行部队的整备训练，培养战斗力，寻找机会，转向大规模的攻势，以驱逐入境之敌……一、各战区的第一线，要保持以武汉转进后的状态，并以约三分之一的兵力，加强扩大敌占区的游击，以牵制和消耗敌人的兵力，造成于我军有利的形势，以便今后作战的顺利进行。二、将全部正规军分三期实行

中国军队阻击进犯日军

整备训练，待训练结束后，预定开始大规模的反攻，但在情况有利时，随时进行反攻。三、努力从事积聚武器、调整指挥机构、整备交通、扩充空军等各项工作。

由于日军受到国军的牵制打击，无力在短时间内发动大规模的进攻战役，而国民政府军队却暂时摆脱了被追击的状态，得到了休整，补充兵员，训练部队的喘息之机。这时的何应钦的作战态度和战略部署总体上来说是积极的。他抓住机会，伺机展开一些局部攻势作战，以打击和牵制日军的进攻势头。何应钦因而在大会上表示，抗战进入相持阶段后，国军的战略部署应该作出相应的改变。他在大会上报告关于长沙、南岳、西安各次会议决定时指出：

敌军战斗力量强，但其弱点甚多，故第二期抗战，必须针对敌之弱点，而因以削弱敌之优点。在战略上，乃决定发动全面战。其作战方针，前已言之；至实施办法，不但在第一线须阻击敌人西进，在后方地区，须培养我军战斗力，且进一步，将沦陷地区，一律划为战区，增加军队，组训民众发动游击战，一致抗战，务使敌人对其后方发生严重顾虑，不得不变后方为前方，而分兵防御。于是敌第一线之兵力，自然减少，又因交通随时被我截断，补给不到，其战斗力亦自然衰杀。其结果，不但使敌无力西进，且使敌人愈战愈弱，反之，我军则愈战愈强。又为应战略需要，决定游击战术与正规战术并重，且使其能得巧妙之配合。

运动与游击战相结合，在运动中打击和牵制日军的有生力量。何应钦代表国民政府军委会所作的关于改变战略战术的报告，是切合实际的不错的设想。按照此战略，国军在河北、安徽、山东、河南等省组建了游击军和游击队，但不幸的是，除了少量的游击部队参加了抗击日寇的战争以外，其他的大部分游击部队被蒋介石拉去"剿共"去了。为了抗战而组织发展起来的新生力量，最终却成为制造摩擦、削弱抗战力量的工具，如今看起来不知是可笑还是可惜。

1938年12月，汪精卫集团投敌叛国。1939年5月回到上海策划建立亲日政权。8月28日，汪精卫又在上海召开汪伪国民党六大，提出"和平、反共、建国"的卖国纲领，正式成立了汪伪国民党中央党，汪精卫自任主席。1939年，汪精卫不知廉耻地多次公开发表卖国理论。何应钦随即通过演讲、报告、广播的形势驳斥汉奸汪精卫的卖国投降理论，他鼓励国军要坚持抗战，坚定民众中国抗战必胜的信念。3月9日，何应钦在招待全国教育会议出席人员的会议上，作了《抗战必胜》的讲演，演讲中称：

"抗战必胜"，这不仅是一个希望的口号，乃是必然成功的事实。

现代战争，既是全体性的战争，又是持久性的战争，所以判断战争的胜败，不应当拿双方最初的武力来作比较。应当拿双方面国家民族的潜伏力量，再加上它的国际环境来作比较，因为最初的武力，是要消耗的，未来的武力，是要国家民族的潜伏力量大，和国际环境好，才能源源不绝地生产出来。同时因为现代战争的性质不同，所以现代的战争行为，也不单是武力战一种。概括说起来，有民族战、武力战、政略战、经济战、思想战、宣传战，关于民族，经济，思想，是自己的基本力量；政略、宣传，是运用外面的力量；武力是由各种力量产生出来的战斗力。若是交战的某一方面，对现代战争所包含的一切，只占到一两着优势，例如只有最初的武力占优势，那是绝对不能战胜的。假使他运用不好，或者被人家牵制消耗，把那一点优势发挥完了，那就立刻要败。

敌军用有限的兵力，来担任这一个大规模的战争，第一，就是兵力的疲惫和补充的困难；第二就是军无斗志；第三就是到处被我胶着，兵力转用不易；第四就是兵力不够支配，虽欲结束战局而不可能，演成骑虎不能下背之势……我们看清了敌人这个弱点，所以在第二期抗战，就决定发动全面战，不但在第一线要阻止敌人西进，并且进一步将沦陷地区一律划为战区，增加沦陷地区的军队，加紧发动民众，一致抗战……

针对汪精卫的投敌叛国行径，9月15日，何应钦又在中央广播电台发表演讲，以"驳斥汪逆精卫的投降谬论"为题，驳斥汪了精卫诬蔑中国"抗战必败，久战必亡"，坚持抗战的最终结果就是上中共的当，说日本人有和平的诚意，还对孙中山进行诬蔑等谬论。何应钦在演讲中指出：

第一，汪逆诅咒我国"抗战必败，久战必亡"，他说"以一个刚刚图谋强盛的中国，来与已强盛的日本为敌，胜负之数不问可知"，这种皮相的看法，完全表现汪逆的智虑短浅，不知彼己。所以这最近几十年来，大有恨不得托生为倭奴之慨。其实抗战虽还未到最后胜利，但事实已证明倭寇必归失败，我国系以弱敌强，初期军事失利，原是意料中事，毫不足怪，可是我们长期消耗敌人的力量，击破敌人的战略，却完全达到目的。在这两年中间，敌人……起初"速战速决"的战略，逼得改为"速和速结"，现在"速和速结"又成梦想，便妄图以战养战，以华制华。另一方面，我们是愈战愈强……我们可以断然地说，强盛的日本已由强盛的顶点迅速下降，而刚刚"图谋强盛的中国"，已向强盛之途大步迈进了。

第二，汪逆说国际援助靠不住，就是得些须（许）援助，也不能变更抗战形势。我们知道，我国的奋起抗战，完全本着自力更生的信念，并未把国际援助计算入抗战力量之内，有国际援助固然很好，没有国际援助，也不至影响到抗战的胜利……最近如美国的宣布废止《美日商约》，及其对远东

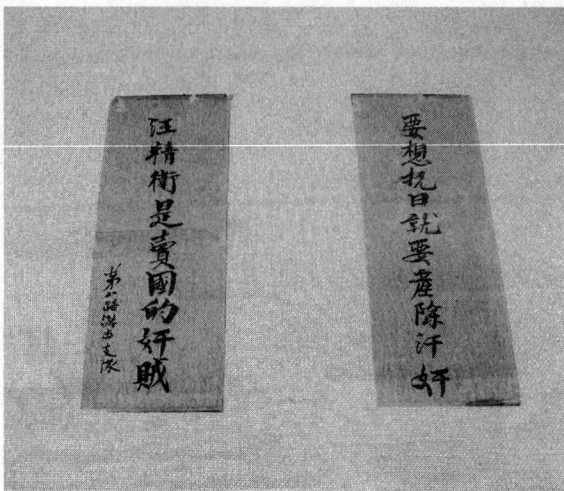
八路军反对汪精卫叛国的标语

局势的强硬表示，以及苏德缔结不侵协定的结果，增强苏联对于敌人的压力，并使敌人完全陷于孤立无助，都是表示我国的得道多助……

第三，汪逆说坚持"抗战到底"，坚持"中途妥协即灭亡"结果，就要上中国共产党的大当，所以应该向敌人乞降，共同防共。谁都知道，"共同防共"是几年来敌人侵略我国最惯用的口实，现在汪逆也来跟着呐喊，可见他完全变成敌人的鹰犬了。抗战到底是国府早定的国策，中国共产党对此国策表示同情，并愿放弃一切不合国情的主张，在本党领导之下，为抵御暴敌，实现三民主义而奋斗……直到目前为止，我们只看见汪逆精卫这般人背叛了国家民族，共产党却仍然拥护抗战到底的国策……所谓"共同防共"，真是无的放矢。如果说所防的国际共产主义大本营的苏联，那么，敌人应该去进攻苏联，为什么反来侵略中国呢？并且和日本缔结"防共协定"的希特勒，最近又和苏联订立了"不侵犯协定"。而敌寇也一心一意想求德国做介绍，去向苏联屈膝，希望照样来一个"日苏不侵犯协定"。这可见得从前敌寇之所谓"共同防共"，原不过是想借这个"防共"为幌子，以实现其灭亡中国的阴谋毒计罢了。

第四，汪逆说敌人很有和平诚意，他说敌人并不想灭亡中国，"日本若要灭亡中国，则以全力继续作战便了，不必有所托词"。究其实敌人已经用尽可能的力量在华作战了，现在因为继续作战没有胜算，所以才想到利用这班中国败类。伪讬和平，实非得已，否则汪精卫连做汉奸的机会都没有了。汪逆又说："善邻友好，共同防共，经济提携三原则，固然在'近卫声明'中轮廓明白，但数年前日本已有此议。"这样说来，好像敌人自来就很爱好和平，难道这次敌人的进攻中国，是我们三邀四请才来的吗？汪逆把"近卫声明"修饰为三个好像很和平的原则，而一究其内容，却足以灭亡中国。汪逆所谓"数年前日本已有此议"。大约是指所谓"广田三原则"，实际上，这"广田三原则"也和"近卫声明"一样毒辣。同胞们，我们抗战的目的，在求得光荣的和平。像汪逆的亡国和平，我们就是战至最后一人也是不能迁就的。

第五，尤可恶的是汪逆厚诬总理，说"孙先生最大抱负，即中日两国只可做友，不可做敌……中日两国真正做起朋友来，才是最后胜利。"我们恭读遗嘱，只知道总理一生的抱负，唯"在求中国之自由平等"，现在倭寇要灭亡中国，取消中国的自由平等，则依照总理遗教，只有抗战到底。总理曾经说过，日本武人逞其帝国主义之野心，以中国为最少抵抗力之方向，而向之以发展其侵略政策焉，此中国与日本之立国方针根本不能相容者也……日本政府军阀，以其所为，求其所欲，而独望中国人之不生反动，举国一致，以采远交近攻之政策。与尔偕亡者，何可得也。

作者在这里大篇幅地转述何应钦的这篇演讲，只是为了说明何应钦的抗战态度。1933年至1935年，何应钦被任命为北平军分会代理委员长，主管长城抗战和对日交涉事务，他经历了《塘沽协定》的签订，替蒋介石背负骂名签订了耻辱的"何梅协定"。在当时，何应钦的"亲日"的名声不比汪精卫小多少，甚至时至今日，仍有很多人把何应钦和汪精卫相提并论，认为此二人是民国时期中国最大的"亲日派"。但历史的真相是，抗战仅仅开战两年之后汪精卫便认贼作父，投靠了日本人；而何应钦则成为了国军的抗战总参谋长和军政部长，虽然战争的发展态势不尽如人意，但不可否认的是，何应钦为抗战是付出了极大的心血。把何应钦和汪精卫等叛国贼子混为一谈，显然是对何应钦的一个不客观不公正不尊重历史事实的主观性的臆测。

第五节 "皖南事变"幕后人

笔者为何应钦正名，认为何应钦并不是什么"亲日派头目"，肯定了他对抗战做出了自己的贡献，但是，笔者也不认为何应钦这个民国人物是以正面、积极的形象活跃在民国历史舞台上的。如果说何应钦是从"九·一八事变"之后明显表现出其较为积极的抗战态度，那么，他的一生的绝大部分时间都是积极反共的。但是，相对于日军凶猛的侵华势头而言，何应钦为什么始终对共产党怀有更深的忌惮呢？这里面的原因还要从何应钦在黄埔军校担任总教官的那段时光说起。

1924 年，何应钦应蒋介石的邀请加入黄埔军校的筹办工作，并在军校成立后担任总教官一职，与周恩来、叶剑英等共产党人

"九·一八"事变后，日军装甲车侵入沈阳

共事。何应钦当年所教的学生中能征善战的全才不少，这些人物后来大多成为黄埔军中下级干部骨干力量，可令何应钦不解的是，这些人绝大多数都加入了共产党。1931年，国军第二次"围剿"红军时，何应钦也参加了。但他这位"福将"却万万没料到自己竟然会被装备奇差、兵员不丰的红军打败。从此之后何应钦便深知共产党和红军的厉害，以至于即使在抗战爆发后，何应钦还坚持认为，能对国民党政权产生根本性威胁的力量不是日本人，而是拥有着顽强生命力的共产党。在抗战全面爆发后，何应钦一方面部署调动国民党军打击日寇，另一方面他和蒋介石一拍即合，毫不松懈地对共产党进行防范与限制。

抗战初期国共合作，在关于红军的军队番号、发放粮饷弹药等问题上，何应钦表现得十分苛刻，对八路军、新四军的物资弹药的供给十分滞后，数量也是一减再减，严重制约了使共产党军队的抗战效能的发挥，八路军、新四军的将领们对何应钦也非常不满。然而，共产党中也有能克制住何应钦的人物，一遇到何应钦的刁难，毛泽东总是让周恩来亲自去南京与何应钦谈判周旋。周恩来能言善辩，态度坚决，是谈判桌上的好手，再加上他在黄埔军校和何应钦一起共事了好几年，他很清楚何的性格弱点，因而每次何应钦故意刁难克扣八路军、新四军的粮饷装备发放时，周恩来总要当面找何应钦理论。周恩来目光坚定地盯着何应钦和他据理力争，何应钦被周恩来说得心里发虚，每次都极不自然地笑脸作陪，最后为敷衍周恩来而不得不放宽条件。

抗战初期，为了暗中削弱、拉拢、分化共产党势力，何应钦多次强调，抗战要在"一个政府，一个领袖与一个主义的领导之下"，八路军和新四军应该听命于国民党中央政府。但共产党为了防范蒋介石出尔反尔趁机绞杀共产党力量，所以拒绝了何应钦这一明显对共产党生存不利的倡议。1937年和1938年，国共两党合作抗战取得了良好的成绩，两军在山西、河北等地多次合作，重创日军。但抗战进入相持阶段后，国共两党的关系逐渐发生了变化，原来还抱着让共产党军队和日军相互厮杀的态度的蒋介石恍然发现，经过两年多的抗战时光，共产党的实力不但没有被削弱，反而大大地增强了，这使蒋介石心中十分的惊慌。于是在1939年初，蒋介石多次提议取消共产党，共产党党员全体加入国民党，但遭到中共理所当然的拒绝。

在1939年1月的国民党五届五中全会上，蒋介石终于把与共产党作斗争提上议事日程，一方面继续实行联共抗日政策，另一方制定了"溶共、防共、限共、反共"的反动方针。为落实反共方针，国民党在国防最高委员会之下设立精神总动员会，鼓吹"国家至上，民族至上"，要求共产党及各民主党派无条件地服从国民政府的命令。蒋介石又令胡宗南部对陕甘宁边区进行监视、包围，是不是制造一点国共之间的小摩擦。又先后在山东、河北、湖南、湖北、河南袭击八路军、新四军。1940年春，胡宗南、阎锡山、朱怀冰等部在陕甘宁边区、山西、河北等地故意挑起与八路军的军事摩擦，八路军忍无可忍，奋起反击，将胡宗南等人的部队击溃。

为了挽救民族于危亡，团结抗日，中共中央于1940年6月派周恩来、叶剑英为代表，赴重庆同国民党磋商关于保持和争取八路军、新四军在敌后抗战的合法地位问题。蒋介石命何应钦、白崇禧与周恩来、叶剑英谈判。

中共方面的主要要求是："保证各抗日党派存在合法权利；在陕甘宁边区23县设立边区政府，直属行政院，以林祖涵为政府主席；八路军扩编为3军9师，其所属游击队应给予各战区所属游击队同样待遇；增编新四军至7个支队；划定中共领导的抗日军队与国民党军之作战疆界；对中共所领导的抗日军队的武器、弹药、粮饷的供给，应与国民党军同样待遇。"周恩来曾向蒋介石表示中共诚意抗战的决心，支持蒋介石反对汪精卫，但为了抗战大局，国民党应该立即摒弃"反共、溶共、剿共"的错误方针。但周恩来的表态并没有让蒋介石停止反共活动。

何应钦、白崇禧研究了中共的方案之后，拟定了一个条件苛刻的《中央提示案》，经蒋介石批准后于7月16日将提案提交给周恩来。这份《中央提示案》意在限制中共军事力量。据《蒋总统秘录》载，《中央提示案》的主要内容是：

"划陕甘宁边区辖18县，改称"陕北行政区"，暂隶行政院，但归陕西省政府指导。划定八路军及新四军作战地境。将冀察战区取消，其冀察两省及鲁省黄河以北并入第二战区，仍以阎锡山为司令长官，以朱德为副司令长官，秉承军事委员会命令，指挥作战。

八路军及新四军于奉命后一个月内，全部开到前条规定地区之内。

八路军准编为3军6个师，3个补充团，另再增两个补充团。新四军准编为两个师。"

不仅如此，8月底时，蒋介石亲自会见周恩来，蒋介石要八路军、新四军开至黄河北岸，否则一切问题都不能解决，而留驻当地的中共游击队的指挥权应交给当地的国军战区司令长官指挥。周恩来听了蒋介石的话十分愤慨，当场予以拒绝。

蒋介石见共产党不肯妥协，于是加紧了军事挑衅的动作。江苏省政府主席兼苏鲁战区副总司令韩德勤受蒋介石密令，自1940年春起在苏北不断制造与新四军的摩擦事端，并于9月率3万军队进攻黄桥地区，新四军顾及团结抗战的大局，在占领姜堰后又主动撤出。1940年10月初，韩德勤和陈泰运率国民党军与新四军又发生了严重的冲突，"新四军第一支队"在陈毅的领导下以不到万人的兵力，击败了3万多人的陈泰运部队，并占领了一度被韩德勤部窃踞的黄桥，不久之后又攻下泰州姜堰。此次"黄桥事

林祖涵

林祖涵（1886—1960），即林伯渠，湖南临澧人。1903年加入中国同盟会。1921年加入中国共产党。中华人民共和国成立后，单任政协全国委员会委员、中央人民政府秘书长等职。在第一、第二届全国人民代表大会上，均当选为人大常委会副委员长。

件"造成了国民党军伤亡万余人，新四军通过反击国民党的挑衅举动控制了江苏部分省境。"黄桥事件"成为新四军在江苏立稳脚跟的一个契机，但是，对于蒋介石、何应钦等国民党反共头目来说，"黄桥事件"使国民党军蒙受了巨大的耻辱。黄桥兵败后，蒋介石、何应决心伺机报复并消灭新四军。

为回应"黄桥事件"，10月19日，何应钦、白崇禧致"皓电"（因这一天是"皓日"，故称此封电文被称为"皓电"）给八路军正、副总司令朱德、彭德怀和新四军军长叶挺。电报中称，"黄桥事件"纯系八路军、新四军蓄意制造摩擦，对日军临阵退却的行为。电文要求八路军和新四军在一个月内全部开到原先蒋介石要求的地区——黄河以北。

面对何应钦等人的无理要求，朱德、彭德怀、叶挺、项英于11月9日，发出"佳电"答复何应钦、白崇禧，据理驳斥了国民党的诬蔑，指出国民党政府内部有人蓄意制造摩擦，策划新的反共高潮。但朱德、叶挺等人为顾全抗日大局，还是将新四军江南部队调至长江以北。

共产党的退让却换来蒋介石的步步紧逼，12月10日，蒋介石密令第三战区司令长官顾祝同，"该战区对江南匪部，应按照前定计划，妥为部署并准备，如发现江北匪伪竟敢进攻兴化或至限期（本年十二月三十一日止）该军仍不遵命北渡，应立即将其解决，勿再宽容。"打击限制共产党势力的阴谋永远也少不了何应钦。何曾向军令部长徐永昌建议："可令汤恩伯东进，但仍恐缓不济急，故对在江南之NHA（新四军代号）不准由镇江北渡，只准由江南原地北渡。或另予规定路线，以免该部直接参加对韩德勤部的攻击。若江北异军竟敢攻击兴化，则第三战区应将江南新四军立予解决。"

国民党军部根据何应钦的意见制定了消灭新四军的计划，并得到蒋介石的批准。何应钦、顾祝同遂任命第32集团军总司令上官云相为对付皖南新四军总指挥。何应钦、顾祝同又先后调集7个师外加1个旅的兵力，埋伏在新四军北移必经路线四周，一张捕杀新四军的阴谋大网已经悄悄地铺开……

1941 年 1 月 4 日夜晚，对即将到来的灾难毫不知情的新四军军部和皖南部队 9 千余人，由泾县云岭地区出发，准备分左、中、右三路纵队向长江以北转移。5 日，当部队行至茂林地区时，突然遭到顾祝同部无预警的包围，顾祝同以新四军"违抗中央移防命令，偷袭围攻国军第 40 师"为理由对新四军实行袭击。6 日，顾祝同部与上官云相部 8 万多人，在蒋介石的命令下向新四军发起总攻，并力图对新四军"彻底加以肃清"。情势极为危机，项英曾数次给延安发电报，要毛泽东同国民党交涉停火，但由于信息传递失败，毛泽东并没有接到皖南发过来的紧急电报。毛泽东三天之后通过刘少奇的电报才了解到皖南新四军的险境。12 日，毛泽东命周恩来立即"向国民党提出严重交涉，即日撤围"。13 日，周恩来向国民党提出了抗议。

在国共两党交涉期间，皖南的战火却没有停止。经过连续 7 个昼夜的拼杀，新四军因兵力薄弱而逐渐陷于绝境。为保全部队，叶挺表示愿往上官云相总部协商。14 日，叶挺一到上官总部处即被扣押，新四军政治部主任袁国平于突围时阵亡。同日，新四军茂林阵地完全被占领。除约 2 千人在黄火星、傅秋涛率领下突围外，全军约 9 千人大部被俘或阵亡。副军长项英、参谋长周子昆突围后被叛徒杀害。这便是震惊中外的"皖南事变"。

对于"皖南事变"，其实国民党高层内部也有不同的声音。事变发生后的第 5 天，军委会政治部长张治中找何应钦谈话说："对共党问题，应有冷静之考虑，慎重之措施，勿任有成见而好冲动者为无计划无限制之发展。"可惜何应钦并没有把张治中的规劝放在心上，1 月 15 日，何应钦召集临时会议讨论"皖南事变"的善后处理办法时，因为白崇禧力主撤销新四军番号，而张治中主张暂不撤销观其动态，两人竟然在会议上争吵了起来。何应钦拦不下两人，只能将两人的意见汇报给蒋介石，蒋介石决定采取白崇禧的意见，于 1 月 17 日公开宣布新四军叛变，取消新四军番号，并将新四军军长叶挺"交军法审判"。

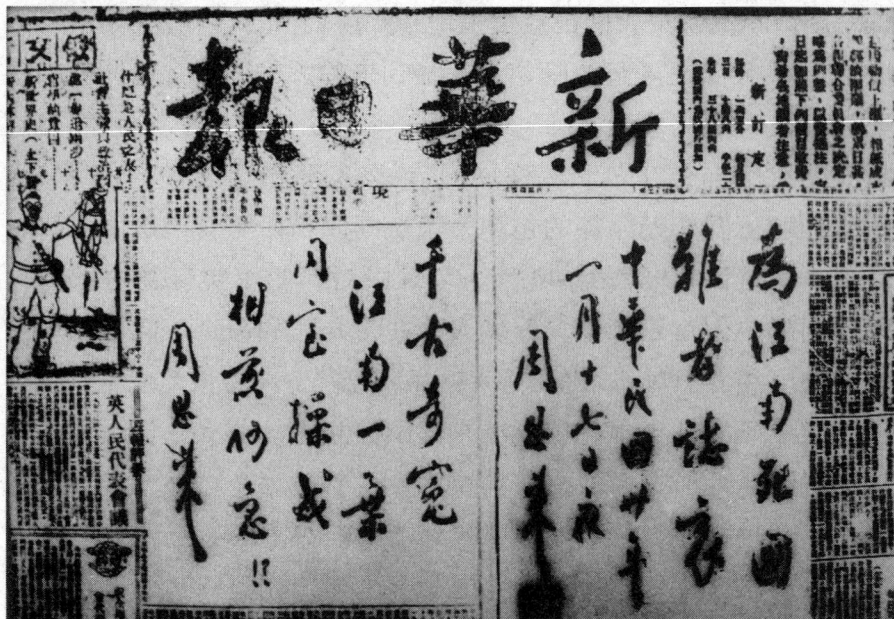

周恩来为"皖南事变"题词

"皖南事变"的发生和国民党极不公正的事后处理态度激起了国内抗战力量的一片谴责之声。事变发生后，周恩来代表中国共产党向何应钦、白崇禧等提出严重抗议，并怒斥何应钦："你们的行为，使亲者痛，仇者快，你们做了日寇想做而做不到的事，你何应钦是中华民族的千古罪人！"

"皖南事变"的消息传到苏联驻华大使潘友新和武官崔可夫的耳朵里，让他们觉得十分震惊。他们不能理解国民党在对日战争进入到相持阶段的敏感时期，竟然对共产党痛下杀手。崔可夫去拜访何应钦，问他为什么会发生"皖南事变"，何无法坦诚相告，只好闪烁其词。

崔可夫见何应钦支支吾吾，就继续问："国民政府军是否在和新四军的冲突中使用了我国提供的武器？"

何应钦连忙回答："没有，都是原有的装备。事件发生得太突然，没有时间也没想过要用苏联的武器去对付共产党。"

崔可夫沉默了一会儿，继续问："你看我该怎样向莫斯科报告这场荒唐的交战？"

何应钦正色答道："新四军军部没有执行蒋介石的命令，国民政府军军部只好决定对其严惩。"

听到何应钦这样解释，崔可夫面色不悦，他不客气地反驳何应钦说："如果新四军军部没有及时执行蒋介石的命令，那可能是出于种种现实因素的考虑。在这种情况下，国军军部的正常做法是什么呢？何总参谋长应该比我更清楚吧？"

何应钦沉默着没有说话。

崔可夫自问自答说："军部的正常做法，最严厉也不过是免去叶挺的军长职务，把他交付法庭或者给予纪律处分。但是，你们竟然向自己的军队开火，竟然向普通军官和士兵开火！何先生和蒋先生有没有想过，他们对指挥部的错误无论如何是负有责任的！现在抗战进入了相持阶段，双方力量彼盈我减，为了赢得这场战争，人民应该团结一致。何必一定要打自己人，要屠杀自己的士兵和军官呢？"

何应钦被崔可夫自说得无言以对，虽然他在心里腹诽崔可夫低估了共产党对国民党政权的威胁，但崔可夫的一番话还是有一定道理的。何应钦只得连连说："中国政府是无意于打内战的。"

蒋介石、何应钦策划"皖南事变"的罪恶行径遭到了国内外一切进步力量的一致谴责，甚至于在国民党内，许多爱国人士和高级将领也不满蒋介石、何应钦破坏抗战大局的行为。蒋、何制造反共摩擦是想削弱，最终消灭共产党军队，但他们没有料到，新四军经过此番磨难竟然变得更加坚强，并不断地发展壮大。而蒋介石与何应钦则成为了抗战烽火中同室操戈的短视小丑。

第六节 临阵被易帅

卫立煌作为蒋介石的"五虎上将"之一，被日军华北最高司令香月清司视为"支那虎将"，是国军高级将领中少数的几个能打仗的将军。他在蒋介石逃往台湾时并未随其而去，而是独自前往香港，在 1954 年重又回归大陆，并被中央人民政府委以重任。这位一生具有传奇经历的将军到底为什么会与蒋介石渐行渐远，并最终弃暗投明，选择了站在共产党一方了呢？其中最重要的一个原因就我们即将提到的中条山之战。

抗战进入相持阶段，让本希望速战速决对华战争的日寇渐渐地沉不住气了。日本军对中国战场的态势进行了具体分析，得出结论认为：山西的西面是延安，这里是共产党的大本营；黄河两岸驻扎有中央军第一战区的军队，治安情况极为恶劣，特别是河南、山东两省，治安很不稳定。而治安情况最好的地区要数内蒙新疆，其次是武汉地区，华北的治安最差。在日军的整个占领区内，华北地区始终像是插入日军势力范围的一把尖刀，特别是晋南地区被蒋介石嫡系国民党军驻守，日军久攻不下。为尽快打破僵局，1940 年 12 月 26 日，日本东条陆相和杉山总长在对华问题上取得一致意见，为迅速解决对华战争，他们提出了先暂时放一放南方，确立了以北方问题为主的方针。1941 年 1 月 30 日，日本军部制定了 1941 年度的对华作战，确保在现有的占领地区内发挥综合战力，对中国军队施加重大压力。在华北消灭山西南部中央军的一战，即后来的中条山战役。

中条山位于山西南部，东到河南的济源、孟县，与太行山相连；西达山西永济县，与陕西隔黄河相望；南面黄河；北靠山西运城盆地，与吕梁、太行、太岳三山互为犄角，是华北抗战的天然屏障，战略地位十分重要。抗战全面爆发后，中条山的战略地位在山西各主要关隘的相继失守后显得更加重要。若中国军队控制了中条山，就可以此为根据地，进能插入敌后，扰其后方，牵制日军兵力；退能据险守要，屏蔽洛阳、潼关，遥控豫北、晋南，积极防御，配合整个抗日战场。就日方而言，中条山的战略地位同样不容小觑，得之，即占据了南进北侵的重要跳板，既可渡往河南，问津陇海，以侵中原；又可北上与其在山西的主要占领地相连接，改善华北占领区的治安状况。所以，中条山地区被视为抗日战争时期"关系国家安危之要地"。

1938 年 2 月，国军著名将领卫立煌在太行山一带指挥所部进行了继忻口之后的第二次阻击战，与日军恶战多日，寸土不让，直到战略目的已经达到后，才率主力部队转移到中条山。1939年 1 月，卫立煌被任命为第一战区司令长官，同年 5 月晋升陆军二级上将军衔，9 月兼任河南省政府主席，1940 年兼任冀察战区总司令。但与其他国军将领不同的是，卫立煌对共产党始终抱有宽容同情的心态，卫立煌部在自己的辖区内与八路军友好相处、合作抗日，在中条山等一系列对日作战中表现出了一位民国名将应有的民族大义和卓越的军事才能。卫立煌的表现让八路军交口称赞，时任八路军政治部主任的任弼时赞扬卫立煌"黄河保卫华北，先生保卫黄河"，对其功绩做出了恰如其分的评价。因为卫立煌部的坚守，日军从 1938 年始就对中条山地区发动了十多次围攻，但一次也未得逞。

东条英机

东条英机（1884—1948），日本陆军大将，第 40 任首相。二战中日本法西斯主要战犯之一，也是日本军国主义的代表人物。因其在关东军中独断专行、凶狠残暴，有"剃刀将军"之称。

　　国共两军在中条山地区配合紧密，多次遏制和打退了敌军的进攻。但好景不长，蒋介石掀起反共高潮后，将山西的抗日力量逐渐进行分化瓦解。蒋介石先后将山西新军第 213 旅 59 团于 1940 年初调离中条山；赵寿山的第 38 军也被蒋介石以"有倾向共产党嫌疑"为由调离中条山。1940 年 10 月，蒋介石又调走了曾在中条山抗战中立下汗马功劳的第 4 集团军司令孙蔚如部，此前中条山由第 4、第 5、第 14 集团军共同防御，其中第 4 集团军在前几次战役中因作战英勇，屡次打退日军的进犯而被誉为"中条山的铁柱子"。蒋介石不顾实际战争需要移走了"中条山的铁柱子"，是因为孙蔚如部与共产党有联系，部队中有些基层将领还毅然加入了共产党，这一情况让蒋介石十分震怒。为下决心清除共

产党势力才有此一举。蒋介石将孙蔚如调走，中条山的防务就无异于是塌了半边天，那么，蒋介石又会派谁去当此重任填补这一空缺呢？

屡战屡败的日军一心要拿下中条山，于是在 1941 年 2 月，集合了 6 个师团外加 3 个旅团，以及伪军将近 11 万人，准备再次袭击中条山。

而守卫中条山的第一战区司令长官卫立煌从抗战大局出发，在蒋介石掀起反共高潮时，不但拒绝执行蒋介石的袭击八路军的密令，而且还同朱德在晋城谈判，和平解决了防区划分问题，杜绝了两军可能因防区划分问题而引发的摩擦。卫立煌的这些举动令蒋介石非常不满意，甚至于怀疑卫有通共的嫌疑。

1941 年 3 月，卫立煌应召到重庆述职。蒋介石早就有心要敲打一下卫立煌，于是在与卫立煌一见面就给卫立煌来了个下马威，对卫在第一战区与八路军的合作关系加以责备，甚至声称要撤他河南省主席之职，卫立煌竭力辩白，但发现蒋介石根本听不进去，只是故意刁难自己，于是一气之下写了封告假书，托称自己身体不适，到峨眉山休养去了。

日军在 4 月中旬，从南北两个方面向中条山调兵，蒋介石得知中条山形势趋紧，深知要在中条山战败日军，最佳人选是被自己故意冷落的卫立煌，但是好不容易有了一个让卫立煌闭门思过的机会，蒋介石不愿意为了抗日大局而委曲求全，决定不会因战事的需要而将卫立煌请出山。蒋介石想来想去决定，派遣自己最信得过的助手——参谋总长何应钦，前往洛阳主持中条山作战准备会议，研究对日作战对策。后来的结果表明，何应钦根本不应该被派到中条山前线，蒋介石在高层人事安排上又一次失策了。

原计划三个月内拿下中国的日军没想到一场侵华战争竟然拖了 4 年多，并且有继续拖延下去的趋势。为了尽早结束对华战争，日军决定集中兵力进犯中条山，全歼中国守军，进而控制整个华北。为此，侵华日军"不顾警备地区治安状况的下降，从华中抽调第 17、第 33 两个师团"，开往华北。还从关东调集飞行第 32、第 83 战队，第 3 飞行集团主力，飞往运城、新乡，以期担任空中配合任务。为了协调作战，日军接着将军队重新编制，组成了"参加中条山会战的序列——第 1 军：第 33、第 36、第 37、第 41 师团，独立混成第 4、第 9、第 16 旅团，军预备队；方面军直辖兵团：第 21、第 35 师团，原配属 35 师团之骑兵第 4 旅团一部及第 3 飞行集团。指挥官：华北方面军司令官多田骏中将。总兵力约 10 万余人。"1941 年上半年，日本组织 63 个大队的兵力，对中国东南沿海实施封锁，以配合中条山作战计划。同时，在正面战场发动了豫南、上高战役，妄图通过所谓灵活的速战速决的作战迅速结束周边地区的作战，为中条山之战扫清周边障碍。日军进而在 1941 年 3 月，发动了中条山的外围作战。"以第 36 师团发动对第 27 军作战，打击了集结在晋东南陵川一带的国民党第 27 军；以第 37、第 41 师团发动对第 15 军作战，在翼城以南、绛县以东地区袭击了与主力脱离的国民党第 15 军。"希望通过对周边地区抗日势力的肃清来为向中条山的大举进攻创造有利的战役态势。经过部署，日华北方面军"着由第 1 军从山西省方面攻击，直辖第 21 与第 35 师团从河南省方面攻击"，决心"置作战地区于张马—垣曲一线，分成东西两个地区，把重点始终保持在西部地区"。企图"在正面利用已设阵地及黄河的障碍，以挺进部队切断退路，从两侧地区神速楔入突破敌阵，将敌完全包围，接着以迅速的内部歼灭战和反复扫荡，将敌完全围歼"。

　　日军大规模的军事调动不可避免地会引起各方面的注意，为了掩护中条山战役的作战部署，日军从 4 月底到 5 月初，制造种种谣言来掩人耳目，并最终完成了进攻中条山的具体部署："第 36、37、41 师团及第 3、9 独立旅团，伪 24 师，分布于中条山西面之绛县、横岭关、闻喜、夏县、安邑、运城、解州、永济、风陵渡、河津及闻喜、夏县以北各地区。第 33 师团附第 4 独立旅团分布于阳城、芹池、沁水一带。第 35、21 师团及伪军张岚峰、刘彦峰分布于温县、沁阳、博爱、董封、新乡、焦作、高平、长子、陵川等地区。"

卫立煌

日军在中条山地区频繁的军队调动和战事活动使国民政府军事委员会料定，日军下一个攻击目标将会是战略要地中条山。重庆国民政府军事委员会根据"保守要地，力图持久，奠安内部，争取外援"的指导要领，确定了"加强中条山及潼洛工事，积极训练"的战略原则。4月中旬，参谋总长何应钦奉蒋介石之命到第一战区进行巡视。

蒋介石故意疏远卫立煌，却让何应钦这个战场经验远没有后勤经验丰富的心腹顶替卫立煌来指挥中条山战役，不能不说这是蒋介石对何应钦极大的信任，但也不能不说，蒋介石注定了要再次失望。

何应钦多年来接管国军的军队调动，后勤补备等工作，是整个国军的"内务总管"，此番蒋介石把他拉到前线让其指挥中条山战役，何应钦心中怀有一丝忐忑，同时因为自己顶替的是卫立煌的职务而有一种扬眉吐气的感觉。何、卫两人原本就有前嫌。1927年8月龙潭战役中，卫立煌率领第14师英勇善战，以炮火压制孙传芳军，收复龙潭车站，并向何应钦的指挥部及时准确地报告敌情，最终封死了渡口，由于卫立煌部的卓越战绩使孙部溃不成军，仓皇北逃。可以说，卫立煌部是龙潭战役中国军能够取胜的最终决定性力量。但战争结束后，何应钦争夺胜利果实，将战功平平的刘峙、顾祝同等自己的亲信分别提升为第1军和第9军军长，而仅仅将卫立煌升为第9军副军长兼第14师师长。卫立煌率领第14师与敌军激战4昼夜零1天，最终取得了龙潭战役的胜利，但如今却遭此待遇，这使得第14师的全体官兵都为卫立煌打抱不平，抱怨何应钦任人唯亲。卫立煌当然也很不高兴，但气愤不过只能扔掉职务去上海休假。何应钦也觉得自己做得过分了些，于是赶到上海新惠旅社想找卫立煌作解释。但卫立煌正在气头上，让副官告诉何应钦说自己不在，可何应钦清楚地听到卫立煌在隔壁说话的声音，何一时之间觉得面子上挂不住，只好无奈地离去。从此这后，何、卫二人的心结算是结上了。

何应钦对于卫立煌的被贬感到心中畅快，但无论何应钦自己怎么看，不得不承认的事实是，何应钦的表现再次证明了他在对敌作战方面远远不及卫立煌。"何应钦来到洛阳后，大摆官谱：首先在河防部队步骑炮工辎各兵种中抽调像样子的阵容开到洛阳，举行阅兵仪式。同时召集全战区的各集团军总司令、军长、大部分师长、兵站总监、分监以及军以上的政治部主任等等，在长官部里举行盛大宴会。分别传见高级军官单独谈话，次要的三四人一批，乃至六七人一批……"

何应钦于 4 月 18 日在洛阳主持对日作战的第一次会议，李宗仁、刘汝明、冯钦哉、郭寄峤、孙蔚如、曾万钟、李家钰、刘茂恩等 30 余人参加了会议。何应钦慰问各战区将领之后便开始分析局势，他认为：

"……在北战场方面，第一、五战区甚为重要，如第五战区方面巩固，则不独洛阳免受威胁，而第六战区亦得以巩固。在第一、二战区方面，中条山地位异常重要，如现三角地带一部为敌占领，则陇海路不独深感威胁，且洛阳恐亦难保，而西安亦危。设洛阳、西安不守，则第五战区侧背完全受敌威胁，由此可知第一、五战区关系之重要。"

第一战区参谋长郭寄峤进行发言对敌情判断之后，何应钦总结认为，日军的战略意图是："晋南之敌，似将逐次夺取我中条山各据点，企图彻底肃清黄河北岸之我军，然后与豫东之敌相呼应，进取洛阳、潼关，以威胁我五战区之侧背，或西进窥长安。"何应钦在会议上还提出来"防共"和"去日"两个口号目标，他把"防共"放在"去日"前面，表示防范共产党要优先于抗击日寇，他还让大家商讨如何能做到"防共去日"。与会军官们一时之间都被何应钦搞懵了：我们要反击的到底是日本人还是共产党？

4 月 20 日上午，第二次对日作战会议在洛阳第一战区长官司令部大礼堂举行，何应钦主持会议，李宗仁、冯钦哉等四十余人与会。何应钦在会议一开始就作出指示："国军为确保中条山，（一）第一步，应相机各以一部由北向南（93A），由东向西（27A），与我中条山阵地右翼，合力攻取高平、晋城、阳城、沁水间地，以恢复二十九年四月前之态势。（二）第二步，与晋西军及第二、第八战区协力，包围晋南三角地带之敌，而歼灭之。（三）最低限度，亦须能确保中条山。"会议并提出"无论攻防，凡部署军队时，均须彻底形成重点，切忌平均分配，致使兵力处处薄弱。"以及注意火力交叉，各部间的相互策应，找出敌军的弱势部队重点打击，注重情报的搜集，现场地形的侦察，合理编组军队等要点。

4月28日，国民政府军事委员会根据连日来日军的军队调动情报做出了日军有从济源、横皋大道汇集，进而进犯垣曲的判断，委员会随即决定："（一）加强阵地工事破坏阻塞主阵地前道路；（二）先制出击打破敌之攻势；（三）第二战区晋西部队向同蒲、第五战区汜东部队向陇海牵制策应。"在委员会的上述判断的指导下，中条山地区的国军主力随即做出了相应的调动配置："第9军裴昌会部在豫北重镇济源；第43军赵世铃部在山西南端之垣曲；第17军高桂滋部在绛县地区；第3军唐淮源部、第80军孔令恂部在闻喜、夏县地区，第98军武士敏部在董封镇一带，第15军范汉杰部在高平地区。另以4个军配置于太行、太岳地区，作为策应。"

1941年5月7日，中条山外围日军在空军的支持下，由东、北、西三个方向开始全面进攻。国军守军全面溃退，日军凭借优势的兵力和猛烈的炮火占据了先机，迅速按计划突破了中条山地区的全部防御阵地，完成了第一阶段的作战任务。并先后占领了垣曲、孟县、济源、平陆等县城及相关重要据点，迅速封锁了黄河北岸各渡口，完成了对国民党军的内外侧双重包围。对日军的第一阶段作战计划顺利完成后便随即转入第二阶段的作战，即对中国守军各阵地进行反复扫荡。日军"各兵团自11日并排向北返转，然后又自5月15日再次转向黄河线，如此再三反复进行篦梳扫荡，一直进行到 6 月 10 日。在这样反复扫荡期间，各兵团所到之处消灭了敌人（按：日方的说法，指国民党军）三千至五千名"。

在峨眉山"静养"的卫立煌一直心系中条山战况，5 月初，他突获中条山被围的紧急军情，心中很是不安。中条山形势险要，关系到黄河两岸的安全，其战略地位极为重要，这一点卫立煌比谁都清楚。所以，当卫立煌接到蒋介石的调令时，他再也无心与蒋介石再做过多计较，便日夜兼程赶回洛阳，立即布置兵力作收复中条山的战斗准备。但当卫立煌日夜兼程赶到洛阳时，日军早已发起了猛烈的攻击，国军只能被动地调动部队在各处防守，根本无力实施机动、迂回歼敌战略。在日军的炸弹炮火中，国军虽然作战英勇但仍无法扳回被动的局势。到 15 日，孟县、济源等地相继失守之后，卫立煌见收复失地无望，而国军有被日军围而全歼的危险，于是果断电令各军，以主力突围，少部留置中条山内游击作战。

国军主力在遭受惨重伤亡后先后突围，"第 3、第 15 等军残部在第 5 集团军司令曾万钟率领下西渡黄河，转到洛阳、新安一带整顿；第 93 军主力在摆脱尾追的日军后由禹门口渡过黄河进入陕西韩城境内；第 98 军一部在武士敏的率领下进入太岳山区；第 43 军向浮山、翼城间转进；第 9 军主力在道清路西段和济源山地游击数天后，分别由小渡口和官阳渡口南渡……"随着最后一批国军主力撤出中条山地区，中条山战役终于以国军的失败落下了帷幕。

中条山一役前后历时一个多月，国军被俘虏 3.5 万人，遗弃尸体 4.2 万具，而日军仅战死 673 人，负伤 2292 人。蒋介石得知最终战况后痛心疾首，连呼此役为"抗战史上最大之耻辱"。

导致中条山战役失败的原因有很多，与共产党闹分裂致使国军失去特协同作战的友军而陷入孤军奋战之境；国军一向腐败，战斗力原本就不如日军；而更重要的是蒋介石的临阵易帅。卫立煌在战场上的能力绝对比何应钦强上数倍，若蒋介石能暂时摈弃与卫立煌的摩擦纷争，及时调卫回中条山，或许战争的结局会是另一番景象。

中条山抗日英雄纪念碑

何应钦是国民政府军的军政部长，一向高高在上的他很少到前线去，因而对中条山的防务一无所知，他刚到中条山的时候竟然不知道那些部队部署在什么地方。何应钦的作战研讨虽然认真，但却把过多的精力放在了防共上，并未识破日军发动中条山战役的目的是"把对敌警备线向黄河线推进，以便改善山西省内的治安"。公秉藩是当时第 34 师师长，他后来在自己的回忆录里说到，何应钦在洛阳召开了三天的军事会议，但他对日军的进攻居然毫无警觉，对中条山的防御并没有做出新的部署与调动，只是一味地提醒国军将领要注意"防共限共"，把一切罪责和失败都随心所欲地推到中共的身上。何应钦的这种缺乏常识的做法甚至引起了国军高层将领的普遍不满。

回到重庆的卫立煌十分恼火何应钦的作战指挥问题，但蒋介石对何应钦没有过多指责，却把战败责任推到卫立煌身上。卫立煌指出何应钦随意改变了他原来的部署，又调走了中央炮兵团和部分主力部队，致使他的作战计划被打乱后又没有足够的兵力进行补救。

虽然何应钦督战不力是事实，但他也有自己的苦衷。何应钦奉蒋介石的命令指挥中条山战役，但蒋介石却并未授其实权，作战方案又朝令夕改。蒋介石知道何应钦满心委屈，也就没有过多苛责他，于是只给卫立煌发了电报要其承认错误。卫见蒋如此明显偏袒何应钦，便也不再多言，但心中对蒋介石和何应钦的不满越发严重了。

第十章
宦海沉浮心不惊

第一节 国军"总管家"

蒋介石性格暴烈如火，何应钦则温吞如水，或许就是因为两人如此相反却又能互补的性格才让他们在一起合作了十几年。何应钦的女儿何丽珠曾回忆说，抗战期间何应钦很少回家，他一天的绝大部分时间是在各部委和会议室里度过，蒋介石见部下何应钦的次数都要比她见父亲何应钦的次数多。多年的合作使得蒋介石与何应钦两人之间有了特殊的交流方式，蒋介石如果想让何应钦去做什么事，一般不会直接命令何应钦，而是把何应钦叫过来，对他说："……形势紧急，得过去看看，是你去还是我去？"何应钦当然知道蒋介石的真实用意，作为下属，他更不可能让蒋介石亲自出马，所以每当蒋介石这么问，何应钦只好无奈地回答："我去。"由于两人的性格反差过于鲜明，国军的许多将领都把蒋、何二人戏称为国军的"严父慈母"。

蒋介石手下有好几位能征善战的将领，何应钦打仗远远比不上他们，中条山一役更是证明了何应钦并不具有优良的指挥才能，那么何应钦又是凭借什么成为蒋介石的心腹的呢？原来，何应钦打仗不行，但是做军政工作很有一套，一向对蒋介石言听计从的何应钦取得蒋的信任后，于1930年春被蒋任命为军政部长。蒋介石习惯于自说自话，何应钦又习惯于唯蒋之马首是瞻，从很大程度上来说，何应钦军政工作的实质就是忠实地贯彻蒋介石的指示

261

思想，一旦何与蒋的看法观念发生分歧，何的军政工作就遇到了麻烦。

在抗战爆发后，何应钦为蒋介石整编国民政府军队，解决军队后勤保障等做了大量的兵役工作和军需供给工作，取得了一定的成绩。但到了抗战中后期，何应钦在工作中出现了许多疏漏和不足，特别是与蒋介石的分歧致使他于 1944 年冬卸去了军政部长一职。

何应钦在军政部长这个职位上做的最多的工作是兵役工作。全面抗战爆发后，特别是抗战防御阶段，国军负责与日军的正面战场作战任务，战争的规模大，战役多，兵员损失得很快，几乎的每次战役结束都需要补充大量兵员。但新征兵员经过短时间的训练就被拉到战场上，又加重了部队的伤亡，需要新的兵员补充进来。因而在抗战时期，何应钦的主要工作就围绕在部队训练、整编、兵员补充的内容上。

1937 年 8 月 30 日，国民政府紧急发布征兵令，何应钦着军政部兵役司开展战时征兵工作。1938 年 5 月，何应钦按照蒋指示的"拟将兵役以外之各县地方民众武力，确定其更番退伍之期限（或即定为三个月）并分别规定各省三年之内各应训练完成之人数，以及干部训练之办法"，向蒋介石呈报了《确立民兵制度，统一整理计划与国民兵役总方案》，并派军队干部负责民众团体的军事训练工作。何应钦谈曾到兵役司在征兵工作中的缺点时认为："过去征兵的缺点，最大的，就是新兵的待遇。譬如壮丁征到之后，由甲解

拉壮丁

壮丁们在接受操练，由荷枪实弹的国民党军人监视着队伍。

保，由保解联保，由联保送县，有些是绳子捆着穿的，直等于犯人，这种情形，可使一般老百姓痛心恐惧。今后需设法筹划到，如何使应征的壮丁，在由家到县的期间，得到身心的安适……要使新兵离家之后，生活比在家好，精神上有安慰，能够这样，老百姓自然愿来当兵，而不会逃跑。过去因为新兵无衣无食，甚至于有虐待事情，所以老百姓会望而生畏，会规避逃跑……"

为突出兵役工作的重要性和提高其效率，蒋介石于 1939 年 2 月 1 日下令成立军政部兵役署，程泽润为署长，朱为珍为副署长。何应钦出席了兵役署成立会议并指出征兵意义和兵役署工作的重要性：

今后最困难的事是兵员的问题，而最重要的事也是兵员问题，因为纵然有了武器，而且弹药被服粮秣以及各种器材也准备得很充实，但是如果没有兵员，也就无法使用。所以，严格地说，兵员之能否尽量补充，是抗战成败的一个大关键，也就是兵役推行成绩之良否，是抗战成败的一个大关键……

兵员问题，既如此重要，所以我们兵役署的责任，非常重大，即是兵员能否适时不竭地补充，只看我们办得好不好……

何应钦总认为以前兵役司工作没有计划，办事效率低，因而在军政部兵役署工作会议上，何应钦鼓励兵役署工作人员要做认真做事，切不可腐化变质。

2 月末，何应钦在重庆主持全国第二届兵役会议，何应钦结合实际抗战情况，说明抗战必胜的前途，鼓励兵役署负责人做好兵役工作，他指出：

自抗战以来，历时十九个月，这十九个月当中，不但粉碎敌人三星期占领上海，三个月灭亡中国的迷梦，反将敌人陷入泥淖中，越陷越深，不能自拔。敌人起初以为我们没有力量和他抗战，卢沟桥事变以后，他只想以百分之三十的兵力对付我们，以百分之七十的兵力准备对付英、美、苏联。事实上，到了今天，日本已经用了全国兵力百分之八十五以上，伤亡了七十几万人，在上海战争当中，我们伤亡三个人，他们只死伤一个人；在敌人进攻武汉的时候，我们死伤两个，他们死伤一个；最近我们死伤一个，他们也要死伤一个；在敌人后方，我们死伤一个，他们死伤五个；在第某战区，我们死了一个，他们要死伤十四个半。有的时候，我们可以打死或俘虏他们好几百，而我们一点也没有损失。这更使敌人窘迫万分，将来越到内地来敌人越是没有办法，而我们处处居于主动，时时能够机动，时间愈长，胜利愈大。但是长期抗战的因素，端赖有源源不绝的兵员补充……

1940 年 3 月 20 日，何应钦主持在重庆召开的全国第三次兵役会议，在这次会议上，何应钦客观集中地总结了兵役工作中存在的缺陷问题，他认为，在人事方面，有不少干部不遵照人事法令办事，委任下属看关系，讲背景，而不考察其能力。挥霍办公经费用于请客吃饭，人浮于事，职员间相互排挤，勾心斗角；在经费应用方面，军政部对于各部的经费从未积压欠发，但经过层层的发放，各级利用职权对下级经费辗转折扣，久延不发，造成征壮丁时根本无法保障有足够的抚恤费用发放；法令方面，有些军管区对上级命令不理解就将其束之高阁，有些地方甚至还巧立名目，自己颁布一些前后矛盾的政策纲领，搞得情况越弄越复杂……

3 月 26 日，兵役会议闭幕，何应钦将兵役工作中的缺陷归纳为以下 10 点：

一、管区主管官不能切实与行政官合作；二、军官大队不考收在乡军官；三、兵役宣传的缺点；四、优待征属的缺点；五、考查检举的缺点；六、征募新兵的缺点；七、关于训练的缺点；八、关于补充的缺点；九、国民兵团的缺点；十、经理会计的缺点。

兵役工作的重心是征募和编练新兵，并将其大部分补充到国民政府军的队伍中去。根据 1939 年军委会颁布的《国民兵组织管理教育实施纲领》和《国民兵组织管理教育实施办法大纲》，按役期将国民兵团编成 18 岁至 45 岁各年队参加军事训练，准备补充到抗战前线的队伍中去。

通过推行国民兵役制度和设立地兵役管区，保证了抗战时期国民政府的兵员补充。何应钦在 1941 年 7 月 14 日的中央广播电台做演讲时自豪地说：兵员补充在"开战时是临时集凑，现在各补训处，各师管区以及全国普遍设立的兵团，从事壮丁训练，经常保持的人数，不下一千万。"

到了抗战中后期，兵役工作虽然取得了一定的成绩，但也存在着许多弊端。何应钦对兵役工作中存在的问题心知肚明，虽然屡次指出批评，但成效始终不尽如人意。

1942 年 10 月 6 日，国民政府中央军委会在重庆举行"第四届全国兵役会议"。何应钦、程潜、白崇禧、王宠惠、吴铁城、周钟岳等国军军政要员出席了会议。

何应钦（1941·重庆）

何应钦主持了开幕式，他讲述了兵役工作的大体状况。蒋介石也出席了会议，并做了开幕式训词。蒋介石对兵役工作现状十分不满意，他说：

"兵役问题关系着抗战的成败，现在的兵役工作做得很不像话，如果以后还像现在一样，那么我们的军队将无法健全，也无法保证抗战的胜利，甚至会牵累我们整个国家的政治、社会等各个方面都无法进步。"

蒋介石停顿一下，何应钦等人低着头，一言不发。

"兵役制度推行不下去的主观原因是兵役工作人员没有切实按照法规命令办事；客观原因在于全国的户口没有调查清楚，社会组织不健全。无论怎样，"蒋介石停顿一下，先看了一眼何应钦和程泽润，再扫射了一圈整个会场："从兵役署长到县以下基层兵役人员为止，要认真研究兵役法规，检查检查看哪些已经办到了，哪些还没有办到，你们必须进行一次彻底的检讨，然后才能提高工作质量。"

1943 年 3 月，国民政府颁发了《兵役法》，完善兵役制度，但国民政府在兵役施政中的种种弊端却没有建议改正，国民政府工作人员贪污腐化，强抓壮丁的事情时有发生，国民政府越来越不得民心。何应钦每逢兵役会议，都要劝诫兵役部门的干部负起责任，带头遵守和执行法规，但相关干部还是我行我素，在何应钦面前做个样子，私底下贪污腐化的行为一点也没有收敛。何应钦深感兵役工作的难做，但真正让他萌生辞意的，是 1944 年蒋介石撤销兵役署，另立兵役部的举动。

1944 年 8 月，蒋介石听说重庆市接收壮丁的官兵经常鞭打壮丁，感到十分震惊。8 月末的一天，蒋介石率何应钦、钱大钧、俞飞鹏等人赶赴重庆突击检查。见到重庆机房街的兵役人员正在虐待壮丁，蒋介石惊怒交加。又听说兵役署署长程泽润平时有贪污腐化的传闻，蒋介石把程泽润叫来当面痛斥，并在大街上用手杖抽打程泽润，程泽润被打伤了眼睛，一时痛恼，与蒋介石争辩起来。程泽润这一争辩，更让蒋介石火大，手上不由得加重了力道，一手杖下去，竟然把手杖都打折了。程泽润作为何应钦的老下属，何应钦对他的为人早有了解，虽然知道程泽润此人的工作态度不端正，但见蒋介石在大街上当众殴打自己的下属，何应钦心里也很不痛快，但是却没有胆量在蒋介石的气头上替程泽润求情。蒋介石痛打了程泽润一番后余怒未消，他下令将程泽润和兵役署副署长、第二十输送团团长、营长等相关肇事者关押在壮丁住的驻地内，然后将程泽润送往军事法庭。何应钦一看事情闹大了，赶紧赴贵阳为程求情，但蒋介石铁了心要法办程泽润，将何应钦的多番请求置之不理。不久，程泽润即被陆军上将、军法执行总监何成浚按照蒋介石的手谕在十桥军法执行总监部处死。更让何应钦心寒的是，蒋介石扣押程泽润的当天下午便通知何应钦，需要另成立一个兵役部或兵役总监部代替原来的兵役署。

9月6日，直接隶属于军委会的兵役部成立，代替了原先隶属于军政部的兵役署。蒋介石的这一举措明白地显露出对何应钦的不信任，何应钦心里也很窝火，加上军政部的工作繁琐且难以出成效，何应钦在此时开始萌生了退意。

除去兵役工作，军需工作也是何应钦重点的工作内容。何应钦做了多年的军政部长，对于军需工作的经验十分丰富，他调配给军队物资的供给从长远上来看是有计划的，但他对各部系的军需供给差别对待，给蒋介石的嫡系部队和他部下顾祝同、刘峙的部队的军需补给非常及时，但对地方部队就能拖就拖，能扣就扣，至于共产党的部队，何应钦干脆就直接不给。对于何应钦的"婆婆式"的小气、区别对待的军需供给工作，李宗仁在回忆录曾有描述："在大敌当前之时，并肩作战的友军，有的食丰履厚，武器精良，气焰凌人，有的却面有饥色，器械窳劣……在武器、弹药、被服、粮饷各方面，中央军得到无限止的补充，杂牌军则被克扣"。

1943年6月11日，何应钦贯彻蒋介石的"在国民政府军队中一律实施军需独立制度"，制定了军需独立守则，要求：

> 各部队之军需业务，直辖于军政部，其主办军需人员，承军政部之命，执行职务，并依法受所在部队主官之指挥监督，各单位军需人员之任免、升调、考核、奖惩，由军政部依法办理，其有不称职或渎职者，各单位主官得报请军政部调免或惩处之……各军需主办人员，尚须每月向军政部提出工作报告，作业务上之沟通。军需独立制度实施后，一面将军需人事独立，不与部队长官同进退，一面将金钱与物品经

理，由军需人员依照法令规定独立执行。

为切实落实以上政策，何应钦还派出军需业务督导团赶赴各战区实地督导，还命各部队、机关组织经理委员会，自行监督。7月11日，何应钦将自己编写的《军需独立之要义》印发全国各机关，其主要要点如下：

（一）核实发放财物，革除浮滥恶习，各军需独立部队节余财物，为数甚巨，对当时国家财政，舒减不少困难。

（二）免除部队长兼顾军需业务之烦累，可以专心训练与作战。

（三）实物补给，不受物价波动影响，足以维持官兵营养。

（四）根绝任何私利弊病，减除士兵生活痛苦，使军心团结，战力增强。

（五）军需事务专业化，以加重从业人员之责任，使补给业务不断改进，以至于完善。

（六）养成部队长及军需人员各自忠于职守、砥砺清廉节操。

何应钦诗稿

由蒋介石授意，何应钦具体落实的军需独立制度有助于增加部队给养，保持部队战斗力，在抗战后期起到了一定作用。但贪污贿赂现象依然没有被杜绝，只不过换了一种目的，以前的贪污贿赂是为了人情关系，如今的贪污贿赂确实为了能得到优良、充足的武器物资。由此看来，贪污腐化之风屡禁不止的原因并不是纯粹为了顾及同事颜面，照顾人情关系，更重要的是制度的不健全导致的物质资源分配不合理，使得总有人想通过非正规渠道谋求一己之私。

整理、编组军队也是何应钦这位军政部长的一项日常工作。抗战全面爆发后，正面战场的持续作战使得国军的兵员补充成为军政部的重点工作内容。何应钦遵照蒋介石的命令不断招募兵员，到1938年10月，国军战场兵员总数已达225.1万人。

抗战进行到相持阶段，中日双方长时间处于胶着状态，或许是因为久未参加大规模战争，国军的训练失去了动力，训练的强度和频率明显要比抗战初期打了好几个折扣。军队上自指挥员下到普通士兵，普遍意志松懈，军纪败坏，军管官徇私舞弊，士兵酗酒斗殴，军队中的散漫不正之风愈演愈烈。所以当垂死的日军于1944年春发动大规模进攻时，国军因为战斗力急剧下降而在战场上连吃败仗，原本就战力低弱，又因为战败的缘故而导致士气低落，一时之间国军在日军锋芒所过之境溃不成军，大片山河拱手让敌。

国军的表现让蒋介石感到极为失望。1944年7月21日，蒋介石在重庆自己的官邸中召开了国民政府军委会军事会议。蒋介石在会议上痛斥了军队的贪图安逸，批评军需、兵役人员的骄横腐化，并由此认为，庞大的军队规模消耗掉巨大的物资供给却没有一点战斗力，还不如裁减军队，使部队往精锐化方向发展。

对于蒋介石的这个提议，何应钦甚不以为然。因为国军扩编到现在这个规模，拥有112个军，321个步兵师，5个骑兵军，22个骑兵师，原本就是何应钦按照蒋介石的意思，经过好几年的努力才形成现在的气候。但蒋介石现在又忽然说要裁军，何应钦虽然心中极为不满，但习惯于听命于蒋介石的他也只能照办。后来披露的徐永昌的日记显示，裁军是按照蒋介石的指示和"充实小单位，减少大单位"的原则进行的，军委会、参谋总部等各部委经行商议后于7月23日决定："112个军裁减3个，保留109个；321个步兵师裁减40个，保留281个，5个骑兵军全数保留，22个骑兵师裁减7个，保留15个。"

7 月底，何应钦和张治中就政工制的存废问题发生了争执。何应钦认为应该取消政工制，但身为政治部部长的张治中认为不可取消。两人争执不下，最后将裁撤意见报到蒋介石那里，蒋介石看了何应钦的裁军计划很不满意，他遂在 7 月 27 日的会议上指出："现在最多只能规定二百个师，其中一百师准备全用美械装备（美已允供应我九十个师的武器），悉如远征军，此处一百师仍用自己武装来充实。"蒋认为何应钦的裁军计划过于畏首畏尾，要求何要大刀阔斧地裁军。

蒋介石的意见让何应钦感到很为难，如果按照蒋介石的意思突然裁掉 100 个师，光是裁减掉的兵员安置问题就很难以解决。于是何应钦难得强硬一次地坚持己见，再三请蒋介石不要过急过多地裁减军队。蒋介石这几年来对何应钦的军政工作越发的不满，兵役工作又漏洞百出，蒋介石决定这次的裁军事宜直接忽略何应钦的意见，坚决地要求军政部于当年内完成裁军事项。何应钦见蒋介石听不进自己的苦口良言，本欲放弃，但想到在军政事务上没有人能比自己更了解现实情况，于是坚持反对蒋介石的大规模裁军计划。蒋介石见何应钦没有软化态度的迹象，对何应钦的不满意加深了，而恰好这几年陈诚的工作成绩深得蒋介石的欢心，蒋介石随即萌生了用陈诚接替何应钦任军政部长的想法。

1944 年 11 月 20 日，何应钦被任命为中国战区陆军总司令，他知道自己的军政工作已经不得蒋介石之心，

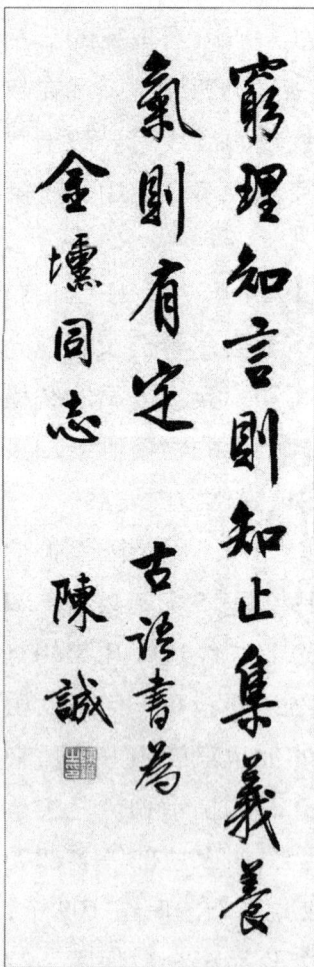

窮理知言則知止集義養氣則有定

金壎同志

古語書為

陈诚

陈诚的行书

270

何应钦遂以事务繁忙为由辞去了军政部长职务，国军的"总管家"一职终于在历经 14 年之后转手换人了。

第二节　史迪威眼中的何应钦

1941 年 12 月 7 日清晨，日本皇家海军飞机和微型潜艇突然袭击美国海军基地珍珠港，珍珠港地面上几乎所有飞机被摧毁，停泊在港口的 12 艘战列舰和其他舰船被击沉或损坏。日军的偷袭造成了美军 188 架飞机被摧毁，155 架被破坏，2403 美国人丧生的惨剧。

在日本偷袭珍珠港前夕，中国军方已经截获日军偷袭计划的电报并将此情报快速通知了美方。美方自大地认为日本根本没有主动攻击美国的勇气和能力，认为中方情报有误，于是将中国提供的重要情报置之不理，珍珠港军事基地也一如往常没有做出任何的防御准备。待到 12 月 7 日清晨，从珍珠港传来的前线电报送达美国国会时，整个美国震惊了。日军意欲先发制人打垮美国在太平洋地区的军事存在，但日军的这一疯狂举动无异于以卵击石，它直接导致一向"孤立主义"情绪严重的美国参加了二战，并最终促成了日本的战败，加速了法西斯主义的终结。

当然，这都是后话。12 月 9 日，英美相继对日宣战。下午 5 时，蒋介石召集国民政府军政大员开会，当即决定对德意日宣战。蒋介石于当日分别致电美、英、苏三国首脑，建议立即组织联合军事会议。12 月中旬，美英同意了蒋介石的建议。12 月 22 日，英国驻印军总司令魏菲尔、美国陆军航空总司令勃兰德飞抵重庆。23 日上午，蒋介石率何应钦等人与英美军事代表召开初步准备会议。因为英国驻印军总司令魏菲尔前不久擅自截留了美国援华的 150 辆卡车和一船弹药，何应钦提出为保证中国军队配合盟军进入缅甸作战，英美的援华物资应及时运来中国。蒋介石也接过话说，只要美援物资能顺利运抵中国，中国军队也已考虑赴缅作战。

魏菲尔听出来，何应钦和蒋介石的话中的意思，于是十分无理地说，英方只要求能借来美国的援助物资就可以了，至于要中国军队去解放缅甸，对于英国人来说是一种耻辱。何应钦一听魏菲尔这么说，顿时气上心头。这魏菲尔先是无理扣留援华物资，现在没有丝毫悔意不说，反而还出言不逊，想到这里何应钦高声说道："既然魏菲尔将军这么说，看来我们去缅甸是完全不必要的了。那我们就把入缅甸的所有租借美国的物资、军火全部退还给美国，中方的工作人员全部撤回，中止中、英、缅的一切合作！"何应钦给人的印象一向沉稳温和，魏菲尔没想到何应钦会如此生气，感到十分吃惊，最终同意归还截留的美国援华物资。

中、美、英三国代表还讨论了成立重庆联合军事委员会的问题。经过争执，会议最后决定由中国代表团团长何应钦任主席。

日本袭击珍珠港宣告了太平洋战争的爆发，美英不得不参战。美英等国开始正视中国作为抗日主战场的重要性。"截止到1941年12月初，中国战场所抗击的日本陆军总兵力达35个师团，占日本全国陆军师团总数51个师团的69%。"中国人民为经过4年的抗战岁月，以极大的人员和物质牺牲拖住了打击了日军，是日军无力对苏、美、英发起主线攻击。1941年12月31日，美国总统罗斯福致电蒋介石，倡议成立中国战区最高统帅部。1942年1月1日，由美、英、中、苏等26个国家在华盛顿签署了《联合国家宣言》。宣言的签署标志着反法西斯战争取得最后胜利的决定性因素，反法西斯联盟的正式形成。

1月2日，蒋介石复电罗斯福，表示接受中国战区最高统帅之职。1月4日，蒋介石致电宋子文，要其转请罗斯福选派一名高级将领来华，担任中国战区联军司令部参谋长一职。美国陆军第3军军长史迪威少将受美国陆军部的派遣于2月中旬来华担任中国战区联军参谋长。

史迪威毕业于美国西点军校步兵科，曾于1919年、1926年、1935年三度来华，是位对民国时期中国战局具有整体把握能力的中国通。1936年7月和9月，史迪威在南京分别视察了步兵和炮兵学校，那时候便认识了何应钦。抗战爆发后，史迪威在南京、武汉等地见过蒋介石，后来在史迪威公开的日记中表明，蒋介石当时给他的印象十分不好。他认为蒋独裁专制，不积极抗日，却只热心于打内战。而他对周恩来、叶剑英等中共高层干部的印象不错，认为他们热诚干练，是为中国前途在做真正努力的人。

史迪威

3月5日，史迪威与何应钦见面。会见前何应钦不知道来见者为谁，待见到史迪威时他才恍然大悟，握着史迪威的手说："原来是你啊！"史迪威这时也是雄心勃勃，想与何应钦等国军高级将领一起合作，指挥中国军队痛击日本侵略者，于是很高兴地与何应钦会谈。说起史迪威对何应钦的基本印象，其实不难看出史迪威识人的敏锐眼光：

> 他只效忠蒋，认为他参谋长的职责就是操纵各种不同势力和控制物资军饷来保持军队对蒋的效忠。他不辞辛苦，勤勤恳恳工作了十五年，获得了很大的成功，可却没有提供多少西方意义上的现代军事知识，供其统帅使用。

第二天，史迪威与蒋介石会面，蒋介石把在缅甸作战的国军第5军、第6军交由史迪威来指挥，并正式任命史迪威为中国战区参谋长。然而，当3月11日史迪威到缅甸首次指挥中国军队作战时就遇到了麻烦。史迪威和前线将领杜聿明、甘丽初、中国参谋团团长林蔚等国军将领商讨后决定，主动出击2个师，解救被日军围困的国军第200师，然后在缅甸中部阻击日军的进攻。但远在重庆的蒋介石不同意史迪威的这一计划，于是迟迟不给史迪威答复。兵贵神速，如何天衣无缝的计划都经不住久拖不决，史迪威见蒋介石有意拖延，于是一急之下就从前线飞返重庆与蒋展开激烈争论。最后在何应钦、白崇禧等国军要人的集体劝说下，

273

蒋介石才让步妥协。但让史迪威没想到的是，在他返回缅甸的途中，蒋介石便给在前线的杜聿明、甘丽初、林蔚发电报，要他们听从自己的指挥。史迪威到达前线后看到蒋介石的电报有些气恼，在后来的作战中，蒋介石时常干涉史迪威的指挥。

史迪威对蒋介石的专权越来越不满，而蒋介石对史迪威的不听号令也很气愤。夹在两者中间的何应钦是两边讨好，谁也不得罪。何应钦深知蒋介石习惯于对军权的严格控制，也明白史迪威的苦恼处境，但他自己既没有在战场上指点江山的才能，也没有与蒋介石据理力争的勇气，所以只好游走在蒋史之间做和事佬。

史迪威见中国军队素质低下，原计划从中国军队中挑出 30 个师进行整训，但他的这项计划被蒋介石与何应钦一拖再拖。史迪威每次见到何应钦都提及此事，而何应钦都答应下来，过后却再三拖延。而蒋介石在军事指挥上的反复插手干预，使得史迪威的计划常常无法实施，渐渐地，史迪威领导中国军队打击日寇的想法产生了动摇，他对自己能否顺利地指挥国军产生了怀疑。史迪威也经常听到一些国军将领背后抱怨蒋介石对军队的控制太厉害，连何应钦这样跟随蒋介石多年的心腹也无法指挥嫡系部队；蒋介石好大喜功，不爱听坏消息，连何应钦也只是把坏消息向蒋介石瞒住。史迪威无奈地在日记中写道："中国政府是一个建立在威恩兼施基础上的机构，掌握在一个无知、专横、顽固的人手中。它与家族和财团关系密切，一旦与之脱离，这一政府就会轻而易举地土崩瓦解。"

除了蒋介石，史迪威最看不惯的就是何应钦了。有一次，何应钦对史迪威闲谈的时候说日军在河内只有 3 千人，河内以北却没有军队。史迪威看着何应钦一副散漫的样子十分诧异，按道理来说，这样的好机会该是何应钦这个参谋总长好好部署一番，给日军一个沉重打击的时候，但史迪威满怀遗憾地在自己的日记中倾吐对何应钦的不满说："他肥胖的大脑袋从来就没想过要到那里去打击他们。他是中国军队的参谋总长，但是他还是放过了这样的一个绝好的机会"。

所谓"参谋总长"，其作用犹如最高军事领导人的左右手，协助其指导各重大战役。但何应钦这个参谋总长只会一味地跟着蒋介石走，没有自己的主见和看法，作战方面的参谋意见很少。何应钦多年没有领过兵打过仗，连前线都很少去，只会躲在会议室里就着地图空谈作战计划，缺少个人军事谋略、作战观点。这使他在抗战中后期被越来越多的国民党高级军官所轻视，也使得他虽然竭力讨好史迪威，但后者越是与他接触了解，越是对他看不起。史迪威曾在他 1942 年 9 月 24 日的日记中这样评论何应钦：

> （何应钦）在军事事务方面，负责的是"阻挡后卫"。他不仅是当地的史汀生，还是军政部的首脑，控制着运输部门。军事教育、能力、笑话、非常容易接受聪明的建议。他从军令部学到这一切——不是从几乎是一个傀儡的部长徐永昌那里。而是从需要理发的刘斐，我们的邋遢鬼、美少年那里学来的。这个家伙是影响很大，他是中国军事"智囊"中的绝顶人物——一位杰出的分析家。他通过最终证明行动的不可能性而使静成为一种美德——一个军事修行者。但是他炮制出的文件适应他们的胃口，他整天 24 小时地干，是个有板有眼的人。每件事都安排好了。每件事都充满了虚假的设想、事实错误和曲解的观点，但他却如此自信地掩盖矛盾和荒谬。他唬住了"大人物"，他们不愿费时费力。他的影响很坏。他的同僚林蔚被派到丛林地区去了，于是他就大权独揽了。

1942 年 12 月初，史迪威就何时开展缅甸作战问题而与蒋介石、何应钦再次发生了分歧。12 月 1 日，史迪威向何应钦提交了开展春季攻势的计划，何应钦答应了史迪威他将发布炮兵部队的调动命令，把部队交给远征军指挥部。后来何应钦组织召开的军委会议对缅甸作战的组织、供应、指挥等方面的问题的讨论和计划也是的史迪威很满意。但史迪威脸上的微笑挂了还不到一天，就被魏菲尔和蒋介石一人一盆冷水浇地透心凉。

12月7日，魏菲尔致电史迪威，认为他的计划十分困难，无法进行，表示不同意。而一个月后，蒋介石在没有通知史迪威的情况下致电罗斯福，宣布中国军队不会于春季在缅甸作战。

史迪威因为魏菲尔和蒋介石的阻挠而陷入了焦虑急躁，他在12月9日的日记里又说到了何应钦和蒋介石：

> 何应钦，把炮兵部队的计划全灌给了他。他对此一无所知。中国军队的参谋总长！天啊，今天上午收到他的一封长信，信中告诉我有几个箱子损坏了，还打了一瓶碘酒！他解释了希望我们在类似情况下应遵守的程序。

> 这家伙在职权上是亨利·史汀生、乔治·马歇尔及其政治权力的总和，他却操心着一瓶碘酒。他对中国军队进行一场重要战役的准备工作无动于衷，却因在印度洒了一瓶碘酒而发出长篇大论。这种官员的全然无知与不尽职责令人十分吃惊。而'花生米'（蒋介石）却被称为伟人！在中国人民中必定有一种强大的凝聚力，否则人们便无法容忍他们所谓'领袖'的玩忽职守与为所欲为。

1943年1月中旬，史迪威又燃起了抗日作战的希望，因为陈诚要出任中国远征军司令长官。被称为国军"五虎上将"之一的陈诚，在战时指挥和战场决断上被史迪威寄予厚望。但何应钦对于陈诚和史迪威的接触却始终抱有戒心，史迪威明白陈诚的处境和何应钦的想法，他在日记里分析陈诚与何应钦道：

中国远征军誓师大会

陈诚当然要保护自己。他放弃了舒适的省份和战区，得到了一个他必须取得成功的职务。如果他失败了，他的敌人将在他身上欢呼雀跃；他也就完了。如果他不是极其小心的话，何应钦就会设置障碍并毁掉他……他不了解拉姆铁尔，不了解我，不了解我们能帮他一点什么。即使他理解了这一点，他也不会明白他可以依靠我们。他非但没有得到高度的指挥权，反而是步入了一个可能触发其机关的陷阱，除非他有把握看见他的对手已经受到了束缚。何应钦能够意识到，如果陈取胜，他就会成为名人，而何则会被抛弃。因此何会泰然自若地接受这一努力的失败，或许还会积极地破坏这一努力……

1943年5月，史迪威与何应钦在华盛顿会议上商谈美械装备和训练中国军队等事宜。史迪威与何应钦又一次谈不拢，其实还是因为史迪威的观点和蒋介石的观点相左。史迪威想让国军打通中缅印交通线，而蒋介石、何应钦从全国局势出发，认为美国应该给予中国大量军援，以帮助国军清除中国境内的日军。双方的分歧越闹越大，最终成为不可调和的矛盾。

1943年夏，日军进攻湖北、湖南。蒋介石惊慌之余，连忙急招陈诚回湖北抵抗日军。

蒋介石担心日军进犯西南，所以希望把美国援助中国远征军的物资拨出一部分，分配给湖北等地区。史迪威渐渐发现蒋介石对开辟印缅战场不积极，而蒋介石的这一要求打乱了史迪威原本要装备、训练远征军的计划以尽快反攻印缅的计划，史迪威更加焦虑不堪。

陈诚离任后，史迪威原本不再对蒋介石抱有新的希望了。但几天后，卫立煌接替陈诚担任远征军司令一职，史迪威又燃起了与国军将领并肩作战的热情。卫立煌与史迪威都是颇能打仗的将领，他们在战场上的配合，和对战局的把握都十分到位，两人合作得很愉快。史迪威在缅甸指挥作战虽然辛苦，但因为他指挥得当，中国军队接连打了几个漂亮仗，使得整个攻势计划进展顺利，所以即使辛苦，他也很高兴。但好景不长，7月份美国政府向蒋介石索要史迪威的完全指挥权的要求最终导致了史迪威离开了中国战区。

蒋介石过于专权，史迪威常常感到自己被束缚住了手脚，自己的中国战区盟军参谋长一职徒有虚名，于是在1943年7月，他致电马歇尔，强调对于蒋介石应该强硬，指出：

> 假如总统给他一个强硬的信息，强调我们在中国的利益和投入的人力物力，还有中国因对军队管理不当和疏忽而面临的严重不利局面，并且坚持必须破釜沉舟挽救危局，那或者会迫使蒋委员长把指挥工作交给我。我相信中国军队会欢迎我。何应钦应调离参谋总长职位，或者让他保持头衔而放弃实权。如果对军队没有指挥全权，我是不想承担这个任务的。即使有了全权，由于已经造成的损失很大，我看只有一个补救机会，这就是使用监视共产党的军队从陕西发动反攻，通过洛阳向郑州和汉口进攻……在中国做些挽救工作仍有一线希望，但是行动必须迅速有力，而且委员长必须授予一位司令官以全权……

为解决史迪威的指挥权问题，罗斯福与蒋介石多次往来电文磋商，未果。8月10日，罗斯福8决定派遣赫尔利为私人代表来华商谈史迪威的指挥权问题。

9月上旬，美国特使、总统私人代表赫尔利与蒋介石在重庆会晤，经过协商，双方于9月中旬基本达成中国军队赴印缅作战的协议。但正当此时，日军向云南龙陵汹涌来袭，蒋介石急忙电令史迪威调密支那的中国军队去牵制日军。蒋介石的这一举动明显违背了和赫尔利刚刚敲定的基本协议内容，对整个印缅战局产生了不利影响。史迪威惊怒交加，于是致电马歇尔："蒋委员长要将缅甸远征军调回昆明，如果这样，则多年来为打通滇缅路的血汗，将无法保持，而会前功尽弃。蒋意在避免战争，保全实力，等待美国击败日本。"

马歇尔接到史迪威的电报后也十分生气，他当即拟写了一份措辞十分严厉的电报，威胁蒋介石，中国军队如果撤出印缅地区将面临严重后果，要求蒋介石迅速授予史迪威军事指挥权，积极采取行动补充在缅人力物资，否则机会一失，英美的空中航线将受到危及。

9月19日，蒋介石和赫尔利、宋子文、何应钦等人正在重庆商讨作战问题，史迪威拿着马歇尔电报进来找蒋介石。史迪威事先让赫尔利看过电报，赫尔利看过之后认为马歇尔的言辞太过激烈，就算蒋介石有很多地方做法不对，但毕竟不应该对一国元首发这样的电报，所以建议史迪威不要将这封电报面呈蒋介石，以防蒋介石下不来台。但对蒋介石早就忍无可忍的史迪威正是要借此机会给蒋介石一个迎头痛击，于是不顾赫尔利的反对，把这封电报当面交给了蒋介石。

史迪威的目的达到了，蒋介石看过这封电报之后脸色通红，他感觉自己遭受了奇耻大辱，但史迪威没想到的是，这封措辞强硬的电报激怒了蒋介石，他下定决心不再容忍史迪威，于当晚通知赫尔利，态度坚决地说要撤换史迪威。赫尔利几经劝说，蒋介石毫不退让，赫尔利无奈，最后只能同意蒋的意见。

何应钦其实也对史迪威意见颇多，这次蒋介石要撤换史迪威，何应钦心中是极为赞同的，但他表面上仍作出一副挽留之态。

一个月之后，罗斯福总统见蒋介石是铁了心要换掉史迪威，只能同意召回史迪威，派魏

何应钦与赫尔利等人在重庆合影

前排从左到右分别为：杜聿明、何应钦、唐纳德·尼尔森、史迪威、帕特里克·赫尔利。

德迈出任中国战区参谋长。史迪威的个人能力不可谓不强，但他与蒋介石等人的观念不合和蒋介石的过于专权使得他的在中国战区痛击日军的计划归于破灭。而史迪威在任时由于不满何应钦的工作成绩而几次建议蒋介石撤掉何应钦的军政部长一职，他后来知道在他离开中国一个月后，何应钦被迫自动辞去军政部长一职，转而出任中国战区陆军总司令。

第三节　印缅战场上的陆军总司令

1944 年 4 至 12 月，为挽救身陷泥潭的南洋日军，摧毁美国在华空军基地并打通华北到华南以至印度支那的大陆交通线，日军发动了豫湘桂战役。日军从本土及中国东北调集了 51 万大军进攻豫湘桂，这是抗战以来日军发起的规模最大的一次进攻战。战役的第一阶段是河南会战，日军出动了 15 万兵力与将近 40 万兵力的国军对战，国军在各战略要地全线溃退，日军于 4、5 月间先后攻陷郑州、洛阳等地。日军攻占洛阳后，日本中国派遣军总司令官畑俊六把前进指挥所从南京搬到了汉口，准备就近指挥湘桂作战。

日军 6 月攻陷长沙，并包围了衡阳。4 万国军守军在孤立无援的情况下，与日军展开了激烈的拉锯战，使日军受到重创，但终因守军弹药匮乏和敌我力量悬殊，国军守城失败，衡阳被日军突破。随后，日军从湖南、广东及越南 3 个方面向广西进攻，开始了桂柳作战。桂林、柳州相继于 11 月份失陷，为切断中方退路，日军又从宜山进犯贵州，并于 12 月初占领独山。

国民政府深受震动，蒋介石深恐日军从贵阳直扑重庆，于是调集第 97 军进发贵阳，同时任命何应钦为中国陆军总司令，免去军政部部长一职。

在这之前，与史迪威紧密配合，在缅甸作战立下卓越战功的卫立煌是角逐中国陆军总司令的热门人选，很多人都猜测此职位非卫立煌莫属。但蒋介石的任命状下来后大家才知道，军事上无甚大才的何应钦被任命为陆军总司令，卫立煌为副总司令。看来蒋介石始终对卫立煌怀有心结，就算是临危任命还是选择了自己的心腹何应钦。

卫立煌与何应钦之间的关系也极不融洽，卫与何本有前嫌，何应钦军事上毫无主见，只知一味跟着蒋介石跑，这让卫立煌在心里极看不起何。而此次何应钦只是因为是蒋介石的心腹虽无功却任正职，卫立煌想起要与他共事就极不情愿，于是借口自己有病需要休养，长时间呆在家里不就职。卫立煌还想起前不久自己在缅甸作战时的一件事，更让他对何应钦不满。1944年秋，何应钦致电卫立煌说要到卫下辖的保山司令部视察，当时前方战事正紧，何应钦要来视察是必要做些安排和排场上的准备，于是卫立煌复电何应钦说前方战事紧张，劝何过段时间再来缅，但何不听劝告执意要来。卫立煌安排何应钦到比较安全的前线炮兵阵地视察。卫立煌原本想，因炮兵阵地与前线步兵中间有一段距离，比较安全，但何应钦来的时候太惹眼，让卫立煌的一片苦心付诸东流。何应钦一行人乘坐十几辆军用汽车疾驰在开往前线的路线上，车尾扬起的灰尘很高，使在高空侦察的日军误以为是国军往前线运送武器装备，于是发高射炮进行轰击。何应钦一看日军飞机来了，连忙下令停车，自己赶紧钻在汽车底下躲避炸弹袭击，卫立煌在前线指挥部听说何应钦暴露目标遭敌军空袭了，急忙指挥炮兵还击，压住日军炮火后前来接应何应钦。何应钦见卫立煌率车队来接自己，于是从汽车下面钻出来，满头满脸的灰尘，狼狈不堪，见到卫立煌，何应钦颇感尴尬，于是故作镇静地对卫说他是向炮兵学的这一招，炮兵很厉害，请卫立煌也注意安全。本来要发作的卫立煌见何应钦这样，连发脾气的力气也没有了，于是沉着脸什么都没说。何应钦知道卫立煌不满意自己，也知道自己无甚功劳却身居要职招致了很多人的不满，于是何应钦一头热地尽力笼络卫立煌。当1945年6月，卫立煌与韩权华在昆明举行结婚典礼的时候，何应钦出席了婚礼并致贺词。何想用这种方式表现

烧 城

自己对卫立煌的关心和"和睦的同事关系",但卫立煌只是对何应钦应付周旋,态度并不热络。

1944年12月4日,何应钦在贵阳南明堂召集贵州省军政要人开会商讨应对日军进犯问题。有人发言说,日军来势汹汹,国军无力抵抗,还是从贵阳撤军的好。有人立即表示反对说,把贵阳拱手让敌,会纵容日军的嚣张气焰。又有人主张像在长沙用过的方法一样,实行"焦土抗战"政策,此言一出,又有人表示反对。何应钦看着同僚们在那里争执不下,他自己没有表态,但他自己是不赞成"焦土抗战"政策的。长沙的一场大火有多少生灵涂炭虽然没有统计过,但那残垣断瓦掩盖下的焦尸触动了何应钦的那颗并不容易被轻易打动的心。

为防止日军一旦占领贵阳,虽然不实行"焦土抗战",但是一些防范措施是要做的。何应钦与军政要人们协商之后决定,若发现日军有攻占贵阳的趋势,贵阳警备司令宋思一在必要时先行炸毁电厂、通讯设施、各种军事物资及重要桥梁等目标。宋思一根据何应钦的命令经过视察策划,拟定将头桥水泥厂、贵阳电厂、电话局、电报局、广播电台及主要桥梁等共28处重要目标作为首先爆炸的目标,并准备好了大量的爆破器材。何应钦到宋思一处视察的时候看到这成堆的爆破器材心里很沉重:打不过日军,只能亲手摧毁己方的战略目标。但后来事件的发展要比何应钦事先预计的要好很多,12月5日,日军感到战线过长,供给和后援都有困难,担心孤军深入恐遭中国军队埋伏,于是停止了向贵阳的进犯,渐次撤出黔境。何应钦听到这个情报后长出一口气,心中的一块石头落地,贵阳安全了,他的心情也畅快了不少。

蒋介石于12月底发布命令,要求成立中国战区中国陆军司令部。25 日，中国战区中国陆军司令部在昆明正式成立，何应钦就任总司令一职，萧毅肃代行参谋长职，冷欣任副参谋长。

身兼总参谋长与总司令两重要职位的何应钦感觉自己肩上的担子越发的沉重了。此时的何应钦兢兢业业，想在职期间不求有功，但求无过。他在陆军总司令部成立大会上做演讲时提出用人唯才、严守机密、处事公诚、礼节仪容、处理公文、与盟军的合作等 6 点希望。何应钦最后重申了中国陆军司令部成立的意义和任务：

> 抗战……前四年半，虽获得许多国家的同情。但终不免是单独作战；后三年虽然是与同盟军并肩作战，但是盟军主要是以海空军与倭寇周旋于太平洋上，而对付倭寇的陆军主力，还是我们的陆军……自越南及中南半岛沦陷后，陆上的交通完全断绝，盟邦美国虽然想以全力来援助我们，但仅凭一条辽远的空运路线，想装备我们庞大的陆军，当然是一件很困难的事。尤其是战车重炮不能由空运输入，所以我们的驻印军和远征军，在今年二月和五月先后发动对印缅的攻势，主要的目的，就在打通陆上的交通，使国军得以接受盟邦重武器的援助。倭寇已经领略到我们驻印军的滋味，他们深知道以中国的人力加上美国的装备，将成为不可抵抗的力量。中印路现在的战局，已进入最后的阶段，陆上的交通，指日可通，战车重炮，即可由陆路源源输入，在这准备反攻之际，中国陆军总司令部奉命成立，他的意义和任务，是多么的重大！我们的目的，第一是打倒倭寇！第二是打倒倭寇！第三还是打倒倭寇……

12 月 28 日，贵州省政府收到国民政府行政院的训令：自即日起，贵州省党政统归何应钦指导。

1945 年 1 月 20 日，滇西作战结束。何应钦于 21 日到畹町视察，在升旗仪式上何应钦站在旗杆下发表讲话。此时的日军侦察机发现了国军在此处大量集结,于是日军远远地朝升旗方向发射炮弹,偶有炮弹集中会场,爆炸声使现场一度陷入慌乱。何应钦看着恐慌的官兵觉得自己作为统帅一定要做出表率,千万不能慌张。不远处日军炮弹爆炸掀起的泥土溅了何应钦满身,他突然想起早年间他和周恩来在自己的公馆商谈国共合作事宜的时候,日军的飞机在头上轰鸣,炮弹在四周爆炸……,情形和现在何其相似,可是8年过去了,国共合作早已名存实亡,日军的飞机却仍在中国的领口肆意盘旋,这抗战还要几年才能结束呢?想着这些,何应钦竟感觉到自己的性命在此刻竟是那么渺小脆弱。生死由命,在这充斥着血腥和烟火味的年代,有多少人的性命操纵在未知的命运手中?何应钦想着这些,心境渐渐开阔悲壮了起来,神情泰然地站在旗杆下直到仪式结束。散会后经过检查发现,受检阅士兵有十余人受伤,而何应钦所站的旗杆下也有多处弹坑,但何应钦却毫发无伤。下午何应钦赴里门山前线视察的时候,中途被日军发现,遭炮火袭击,但奇怪的是炮弹全落在汽车的左右爆炸,硝烟弥漫间何应钦依然安然无恙。后来何应钦有些得意地把这些事告诉王文湘,王文湘听后只骂何应钦逞能,要他以后再遇到这种事不要顾及什么颜面,一定要记得保护好自己。何应钦笑着答应,却根本没往心里去。

为缓和与史迪威的矛盾,对美国政府援助中国表示感谢,1月30日,中印公路重开后,蒋介石为纪念史迪威为盟军在印缅抗战和修筑中印公路的贡献,将中印公路命名为"史迪威公路"。何应钦主持了重开通车典礼,并在演讲中指出:

> 自日寇入侵我国沿海以来,滇缅路已成为中国唯一的交通路线,三年前缅甸、滇西沦陷后,此一大动脉即告中断。以致全部战局受到莫大影响。此番经我驻印军与远征军英勇奋斗,以及盟邦工兵工程人员的协力,使我们西南的国际路线又告重开,不仅只通缅甸,而且可达印度,一条大脉分成两支,使今后我们补给上得到局部的解决,对于未来的战局,

自当发生决定性的良好作用。

2 月底，何应钦飞赴缅甸与索尔登将军商谈作战计划。两人磋商后决定，将经过整编补充的部队开往前线，分三路进攻腊戍。何应钦要亲自到前线督战，有位前线指挥官劝阻何应钦说，前线条件极为艰苦，请何应钦回到后方指挥。何应钦听了说："我想和士兵们同甘共苦，前线艰苦不要紧，打仗不是去享受的。我要看着你们拿下腊戍我再回去。"或许是何应钦与索尔登的作战计划奏效的缘故，或许是何应钦的督战起到了振奋士气的作用，3 月 7 日，驻印远征军顺利攻克腊戍。何应钦很高兴，3 月中旬的时候和麦克鲁共同视察滇南各部队。

1945 年 3 月中下旬，何应钦从云南视察部队路经贵州兴义，遂决定回老家逗留数日。当年的憨实少年如今成为了国民政府高官红人，可谓衣锦还乡的何应钦受到了家乡各界隆重的欢迎。兴义当局对总司令荣归故里，举行了空前盛大的欢迎。在兴义县长的安排下，兴义的所有师生和老百姓排成几公里长的欢迎队伍。回到家乡，何应钦很高兴地与族人聚会，看到自家的服务又高了一截，扩展到了一百几十间的楼房，竟连马圈上也雕龙画凤，像王侯似的何家大屋。原来每当何应钦升官一次，何家就将何家大屋整座房子的柱子加高一截，美其名曰"节节高"。顺便说一句，现在保留完好的何氏故居，每一根柱子实际上都是由几截组成。解放后，泥凼区政府一直把何家大屋用作办公场所。1985 年后，被列为黔西南州文物保护单位，接着又成为贵州省文物保护单位，2002 年申报成国家级文物保护单位。今日的何氏故居，经过历时近两年的修缮，恢复了解放前的原貌，每年都有近十万人来到泥凼，旅游观光。

这一次回到家乡，何应钦不计前嫌地与刘氏家族的人们见面，并参拜了刘氏宗祠。何应钦邀请昔日同窗聚会，还亲往已改为省立中学的母校参观，并对随行人员指指点点说，感慨地说起他当年的教室、寝室、堂长室、学监室，畅谈了当年的学习情境，数落一些教师的姓名和教学情况。在欢迎会中，何应钦以勤、俭、诚三字作题，以他自身的情况作内容，发表了演说：

今天我说三件事，这就是勤、俭、诚。

这学校，今天叫省中，我们读书时叫高等小学堂。那时，聘来很好的教师，教学很认真。同学们读书的兴趣浓，情绪高，尽管不是"三更灯火五更鸡"，确是睡得迟，起得早，全神贯注地读书和练习。而且是互相竞争，唯恐后人。我的资质平常。但我能勤奋学习，当天的功课必须当天做完、做好，不留待明天，可说叫做"手不释卷"。人们都叫我"乡巴佬"，可我的成绩也还能赶上别人。后来进别的学校也一样。服务以后，我每晚九时必睡，早上六点必起，绝不例外……

在"俭"字上，我一生的衣、食都很简单。当学生时节约，穿的是粗蓝土布，或是学校发的公服。吃的是学生的大伙食。今天也一样，不吸烟，不饮酒，不赌博，不做一切无益的事。三十年来，我没有买过一丘田，在贵阳、重庆、兴义，没有自盖一间房子，今天住的都是我侄子绍斌的房子……

我一生对人都以"诚"相待。不管是长官、部属、学生和朋友，都不玩弄权术，故能得到长官、同事、部属和朋友的信任和信仰……

4月，日军发动湘西会战。冈村宁次为消灭中美空军反击力量，调动4个师团和百多架飞机，向江西进犯，妄图摧毁芷江机场。何应钦马上调集20个师的兵力，分途截击来犯日军，粉碎了日军的摧毁中国军队空中力量的企图。何应钦率随行人员到前线视察时发现，日军撤退后仅留有一个连左右的兵力，而守卫阵地的中国军队有一个团的兵力。何应钦原本以为日军太自不量力，竟敢以如此巨大的实力差距进行两军对垒。但何应钦想错了，经过几场激战，何应钦改变了原先的看法。日军以仅死伤十余人的代价，换取了国军伤亡近二百人的"战果"。何应钦感到既沮丧又不解，他认真研究日军阵地的构筑方法，但发现两者的阵地构筑没有什么明显的区别。不同之处，仅仅在于两者的军队素质和火力差距而已。

何应钦在云南战场上（1945）

"整个会战分为守势时期（即与各地方进攻日军激战、僵持，在整个4月）：攻势时期（5月上旬至中旬，中国军队开始战役反攻）；追击时期（5月下旬至6月上旬）。中国军队在4月里奋勇作战，阻击日军的进攻，至4月末5月初，日军出现衰竭之势，而我军后续部队到位，如参战的新六军、第十八军已达湖南安江、芷江和沅陵、辰溪集中。"部队集中完毕后，5月上旬，何应钦在芷江召开军事会议。会议最后拟定了两种作战方案——左翼围歼方案和中央突破方案。经过与会人员的多次争论，何应钦最后决定采纳左翼包围歼灭方案。

正在何应钦调兵遣将准备对敌进行左翼围歼，5月6日，军委致电何应钦说，湘西的日军已经呈现颓势，希望何应钦抓住机会，派遣第三、第四两方面军发起全线反攻，争取在日军增援部队未到之前消灭该地区的敌军。5月8日后，国军在何应钦的调配部署下开始攻势作战。由于配合得力，战斗进展地十分顺利，日军在国军的包围下被迫投降。

何应钦欣喜异常，他在战事尚未结束时就已将湘西胜利的捷报电告给了重庆国民政府。当何应钦接到重庆来电，要他参加六全大会时，战事尚未结束。为了不使自己出丑，何应钦就催促前线各部队迅速追击，结束战事。前线指挥官无法在短期内结束战斗，可何应钦的一天几个电话催逼着，前线指挥王耀武与邱维达几经商量之后决定：既然赶着要结束战斗，那么就对被围困的日军网开一面，故意露出一个缺口以便日军逃生，这样放跑一部分

何应钦（1945·上海）

日军就可以很快结束战斗了。于是湘西战役提早结束了，但大量本该被歼灭的日军流窜出湘西，继续为祸百姓。何应钦这个参谋总长和陆军总司令是这件事的"罪魁祸首"，不知道他在重庆风光无限地作报告时可否为自己好大喜功的行径感到愧疚？

5月14日下午，何应钦在国民党第六次全国代表大会上做了名为"中国陆军总司令部组织情形及湘西战役经过"的报告，介绍了陆军总部对部队的整编和训练情况，说湘西会战中，国军作战英勇，日军已经溃逃，国军在短时间内便可全部消灭日军。

会议结束后，何应钦又指挥陆军第二、第三方面军反攻桂柳。6月底收复柳州，7月下旬收复桂林。何应钦遂将陆军总司令部迁到柳州，整个西南局势慢慢趋于稳定。蒋介石对何应钦这一阶段的表现十分满意，这也是后来蒋介石任命何应钦为日军受降主官的原因之一。

第四节 荣当受降主官

媒体的灯光照得何应钦一瞬间晃了眼，旧式相机的"咔嚓，咔嚓"声回响在整个会议厅。

"请问总长对此行是否满意？"有记者从人群中挤出来问。

"满意。"何应钦边走边回头回答。

"听说正式的投降书将在南京签字，不知消息是否属实？"又有记者挤近何应钦问道。

"中央已经决定在南京签字。"何应钦波澜不惊。

"何先生对于担任受降主官有何感想？"

何应钦微微笑了笑，"这是我的光荣。"

何应钦说完便出了会议厅，坐上了接送他的黑色小汽车。

1945 年春，德、意两国投降，日军在太平洋战场和中国战场上都身陷泥潭，已成强弩之末。1945 年 7 月 26 日，美、英、中三国政府联合发表《波茨坦公告》，督促日本无条件投降，日本仍在做无谓的抵抗。8 月 6 日、8 日，美国分别在日本广岛、长崎投下原子弹，8 日，苏联政府对日宣战，苏联红军于 9 日向日本关东军发起攻击。

日本国内物价飞涨，经济面临崩溃的边缘，国际上日本已经成为众矢之的。在内政外交皆陷入困顿的状态下，日本已经无力再战。8 月 10 日，日本政府发表声明，决定接受《波茨坦公告》，通过中立国瑞士、瑞典向中、美、英、苏四国发出"乞降照会"。8 月 14 日，日本裕仁天皇发布停战诏书。8 月 15 日，裕仁通过广播向全世界宣布日本无条件投降。中国人民付出了巨大的代价，终于在经历了 8 年的艰苦抗战而赢得了抗日民族解放战争的最终胜利！中国人民陷入了巨大的喜悦当中，全国上下鞭炮齐鸣，载歌载舞，欢庆抗战的胜利。

8 月 10 日，日本投降的消息传到重庆，蒋介石十分高兴。他坐在自己的办公桌后久久不能平静：日本终于投降了，艰难的抗战终于结束了……但蒋介石的感想并没有持续多久，他就突然从椅子上站了起来。他突然想到，八路军、新四军活跃在华北、华中等大片地区，如果日军投降的话，这些地区将很快被共产党军队所控制。于是蒋介石急忙电令何应钦，让何给冈村宁次发电报，要求日军维持现状，辖区的敌军要依照国民政府制定的军士长官的命令行事，不得向其他任何人缴械投降。

在反共这一问题的认识上，何应钦与蒋介石之间很有默契。何应钦一接到蒋介石的电令，立马照办。8 月 13 日，何应钦飞抵重庆参加中美高级幕僚会议，讨论中国战区接受日军投降的计划。

8 月 15 日，蒋介石任命何应钦为代表中国战区最高统帅，接

冈村宁次

受日本投降。其实，蒋介石选择何应钦去完成这个具有重大历史意义的光荣任务，其背后并没有很多复杂的原因。何应钦追随蒋介石多年，对蒋介石言听计从，可谓忠心耿耿；而何应钦早年曾在日本留学，又有几十年的对日交涉经验，何应钦提出的"不念旧恶"的主张也是蒋介石所赞同的；还有一个原因是因为，何应钦是中国陆军总司令，从身份地位上来讲与日本南京派遣军司令官冈村宁次对等，蒋介石作为国家元首只能接受日本天皇的投降，因而由何应钦担任受降主官是最合理的安排。

8 月 15 日，蒋介石在广播讲话中说到受降的政策时，他说：

> 我中国同胞须知"不念旧恶"及"以德报怨"，为我民族传统而高而贵的德性。我们一贯声言，只认日本黩武的军阀为敌，不以日本的人民为敌；今天敌军已被我们盟邦共同打倒了，我们当然要严密责成他忠实执行所有的投降条款；但是我们并不要企图报复，更不要对敌国无辜人民加以侮辱，我们只要对他们为他的纳粹、军阀所愚弄所驱迫而表示怜悯，使他们能自拔于错误与罪恶。要知道如果以暴行答复敌人从前的暴行，以侮辱来答复他们从前错误的优越感，则冤冤相报，永无终止，决不是我仁义之师的目的。这是我每一个军民同胞今天所应该特别注意的。

日军受降兵力包括华北方面军、华中第六方面军、沪地区第 6 军和第 13 军、广东第 23 军、台湾方面第十方面军、越南（北纬 16 度以北地区）第 38 军，共计 1283200 人。何应钦根据蒋介石的指示，将中国战区划分为 15 个受降区，并规定了各地区的受降地点、受降主官、日军投降部队和代表。

8 月 25 日，何应钦设立中国陆军总司令部南京前进指挥所，任命冷欣为主任。这时，冈村宁次发来电报说，各项投降工作已经准备就绪，只等前进指挥所人员抵京。何应钦看完冈村宁次的电文后立即接见前进指挥所全体人员，他训示说："此次本总部在南京设前进指挥所，为我军统帅部首先进入收复区之机关，所负任务极为重大。自指挥所冷副参谋长以次全体官兵，一举一动，一言一行，皆有关整个中国陆军之名誉。至随同指挥所赴南京之各单位人员，其言行亦关系我政府名誉，自应自爱自重，以维国家尊严……南京环境复杂，所有赴南京人员，应一如战时，承时作必要之准备，不可怠忽。"

何应钦考虑到，在这重大时刻国军将领的言行举止都需要注意，因而才有了上面的那番训话。而历史也恰恰证明了何应钦的这个担忧不是多余的。作为前进指挥所主任的冷欣激动异常，他率指挥所人员于 8 月 27 日下午飞抵南京，与日方投降军官今井武夫会面。今井等日方军官在招待所与冷欣会谈，会谈结束后，冷欣将今井等人送至会议室门口，互致军礼并握手。而冷欣与今井武夫握手的这一刹那正好被闻风而来的报社记者的照相机记录了

日本投降签字仪式（1945 年 9 月 2 日）

下来。冷欣在之后与冈村宁次的会谈中同意了冈村宁次提出的暂驻吴淞的请求。会后冷欣向何应钦报告，何应钦不同意冈村离开南京，对冷欣的自作主张很反感，又见报上刊登了大幅的冷欣与日军军官握手笑谈的照片，何应钦生气地责备冷欣玷污了国军军威。于是，在后来的受降仪式上，冷欣被剔除出了主席台，只能干巴巴地坐在旁观席中作一普通看客。

9月2日，东京湾的美国密苏里军舰上，重光葵、梅津美治郎代表日本天皇、政府和军队，同代表中、苏、美、英及所有对日作战国家的盟国军最高司令官麦克阿瑟签署了《日本投降书》。

自9月5日起，美国用飞机将国军新6军空运到南京接受日军的投降事宜。随后，国民政府行政院接收计划委员会副主任谷正纲、萧毅肃于6日到达南京。

新6军司令廖耀湘到南京后发现，日军并未按照何应钦的命令执行撤退计划，而是将部队集结在大城市和交通沿线周围，以图方便受降和遣返。廖耀湘正不知该怎么办的时候，何应钦正好到达南京。廖耀湘向何应钦请示，何应钦遂作出以下决定：

（一）在京沪铁路上护路的日本军队暂不缴械，京沪铁路之守备，仍由原来的日本守备部队负责，确保该路畅通……并令新六军监督。

（二）派军队占领溧水、句容等南京邻近县份，以确保东南地区的安全……启用驻在南京的伪军刘启宏师……由廖委刘为暂编师长和京畿东南地区"剿匪"指挥官，命令刘部开往溧水。

（三）芜湖的防务仍由该地的日军负责，暂不缴械……又归中国新六军指挥。

（四）扬州暂不接收，在另派部队接收之前，仍由原驻扬州的日军防守，但归新六军指挥……为了不使江北任援道部的大批伪军被新四军消灭，何应钦指示任部在新六军的掩护下于长江下游再度集结。

看到以上的安排会让人觉得何应钦作出这样的决定让人感到多么不可思议。何应钦竟然要把国军和不久前还处于交战状态的日军、伪军混到一起，只为了排挤新四军势力，不让其参加受降。为对付共产党军队，何应钦也顾不得是否"有辱我军颜面"了，可见他反共之心何其顽固。

9月8日中午十二点，何应钦乘坐的"美龄号"专机在9架战斗机的护卫下在明故宫机场着陆。机场上人山人海，何应钦刚走下飞机，就有市民代表上前献花。何应钦接了鲜花，满面笑容地向挤在通道两旁的群众频频挥手致意。摄影记者挤在人群中高高地端起相机，抢拍何应钦的照片。冈村宁次率今井武夫等人，站在欢迎行列的正前方，恭候何应钦的到来。数列新6军士兵列队站在欢迎行列的尽头，静静地等待着接受何应钦的检阅。何应钦和冈村宁次等人握手简单交谈几句后，就对新6军进行了象征性的检阅，之后便乘车前往中国陆军总部前进指挥所。

在指挥所暂时安定下来的何应钦听取了宁沪军政要员对受降、接收工作的汇报。在随后举行的中外记者招待会上，何应钦作了即席发言：

> 记得二十六年十一月二十六日，我们离开首都的那天，我们都有一个沉痛的决心和坚强的自信，我们一定要奋斗到底，获得最后的胜利，重回到首都。果然，在领袖蒋委员长英明领导之下，全国军民一致的努力，以及盟邦的协助，终于获得光荣的胜利。重回到首都，内心自然是无限的兴奋和愉快，同时想到这八年来为抗战而牺牲的将士和同胞，以及陷区同胞八年来所遭遇的痛苦，又不胜其感念。今天回到首都，首先要代表蒋委员长对陷区同胞和死难军民的家属，表示恳切的慰问。我们的胜利不是侥幸，不是偶然，今日的目标，惟在如何建设我们的国家，使成为一个真正富强康乐之国，来共同担负起安定东亚、维护世界永久和平的任务，这是今后全国同胞应有的努力。

8 年前，南京这座苦难的城市遭遇了人类历史上所罕见的暴行。日军攻破南京城后进行了连续 6 个星期惨无人道的屠城，将近 30 万无辜的中国平民死在了日军的屠刀之下，日军把当时作为中华民国首都的南京一个多月的时间内变成了人间地狱！历史的车轮无情而又公正地向前滚动，1945 年 9 月 9 日，南京陷入了沸腾。这座城市所蒙受的屈辱将要用日军的投降仪式来终结！自从卢沟桥事变后，甚至上溯到 1895 年中日甲午战争，多年来中国人民与日军的斗争终于在这一天要正式画上一个句号了。从半个世纪前，日军军舰蛮横地使进黄海的那一刻起，中国人民就和日军进行了长达半个世纪的反侵略斗争，如今，日军终于要为自己过去所犯下的滔天罪行向中国人民俯首认罪！

1945 年 9 月 9 日上午九点，何应钦身着米黄色军装，率领顾祝同、萧毅肃、陈绍宽、张廷孟等人，步态威严地从南京陆军总部大礼堂后方的入口进入，缓步行至受降台。全场来宾全体起立，挤满了甬道的中外记者的照相机"咔嚓咔嚓"的声音响彻了整个会议厅。何应钦举手示意大家就坐，自己在北面的受降席上居中就座，顾祝同等人分坐两边。

日军投降代表驻华最高指挥官冈村宁次大将，率领支那派遣军总参谋长陆军中将小林浅三郎、支那方面舰队司令长官海军中将福田良三、支那派遣军总参谋副长陆军少将今井武夫等 7 人，由国军军训部次长王俊中将引导，脱帽解刀，由正门步入会场。

说起来，冈村宁次与何应钦是老相识了。何应钦早年留学日本，冈村就是何应钦在日本士官学校的校友。毕业后何应钦回国投身贵州政坛，后来又跟着蒋介石一路坎坷走来，从国民革命军第 1 军军长到中国战区陆军总司令，何应钦负责中国战场上对日作战的一切军政事务，此时的他可谓官运亨通。命运往往喜欢开玩笑，何应钦原以为再也见不到面的、远在岛国的校友冈村宁次，竟然也在日本军界一路走红，到侵华战争爆发后，他竟然一路晋升成为侵华日军总司令！冈村也没有想到，有一天他会和自己的校友刀兵相向。何应钦清楚地记得 1933 年 5 月 30 日那天，他和时任关东军副参谋长、日本关东军代表的冈村宁次坐在会议桌两端签署"塘沽停战协定"的情景，当时何应钦满腔的屈辱和一股人生如戏的挫败感，压得他在冈村面前抬不起头来。可现在，一切都颠倒了过来，他看到冈村一行人低着头无精打采地进入了大礼堂。

按照事先与盟军代表拟定的受降仪式程序，在受降大典上，日方投降代表先后要向何应钦行三次礼：到达会场时行一次礼；小林代表冈村宁次向何应钦呈递投降书时行一次礼；冈村等人退场时再行一次。

偌大的陆军总部大礼堂异常寂静，冈村等7人甚至能清晰地听到自己的皮靴踩在红色地毯上发出的沉闷声响。当然，沉闷的不仅仅是皮靴触地的声音，冈村等人的心情此时也跌倒了低谷。这些平时趾高气扬的侵华日军大头目们，此刻都脸色苍白，耷拉着脑袋在受降席前站成一排，向何应钦一行人鞠躬。在这一瞬间，刚刚寂静下来的礼堂又被各式相机的拍照声带动得气氛高涨起来。

何应钦让冈村等人在对面就坐，按照国际惯例检视了冈村宁次等人的身份证明文件。之后，何应钦将两份日军降书中文本转递给了冈村，冈村起立，双手接过。冈村翻阅降书后，缓缓提笔，在投降书最后一页的留白处签下了自己的名字并盖上自己的印章。然后无力地交给支那派遣军总参谋长陆军中将小林浅三郎，小林双手接过，恭敬地交给何应钦，躬身行礼，何应钦竟站起来还礼。何应钦的这一还礼举动，在场的盟军代表、中国军官及中外记者都瞠目结舌。何应钦接过日军的

何应钦在日军投降书上签字
上图为以何应钦为首的中方代表，下图为以冈村宁次为首的日方代表。

投降书，查看了冈村的签字后，也在降书上签字盖章，然后将其中一份降书转交给冈村宁次。

何应钦西向投降者还礼，当时是有意而为之，还是礼节性地站起来还礼，而今都无法窥知他当时的真实意图了。其实，不仅是还礼不应该，早在此前，何应钦还派人告诉冈村，在受降大典时可以带军刀，也可以不带军刀。如果带军刀，就必须在礼堂内当众呈缴。日本军人视军刀为灵魂，有的日本人宁死也不肯缴刀。冈村一听，再次感激何应钦的关照，在投降仪式上当然就不配带军刀了。所以，日本侵略军头子冈村怎样低头认罪，向中国人民缴上自己的军刀，举手投降，这激动人心的一幕在受降仪式上就没有出现了。

何应钦见冈村接过日军的投降书后，又从手边拿过来一份印有"中国战区最高统帅命令第1号"字样的蓝色文件以及命令受领证，转交给冈村。冈村在受领证上签字盖章后，再由小林呈交何应钦。

何应钦检查命令受领证上的签字盖章无误后，遂宣布日军投降代表退席。冈村闻言若有似无地叹了口气，率一行人起身向何应钦鞠躬后，灰溜溜地退出礼堂。

随着冈村等人的退出，礼堂内爆破发出了热烈的欢呼声。何应钦感慨万千地看着坐在旁观席自己的同僚和社会各界人士，心中一时间千言万语，却又不知从何开口。坐在旁边的顾祝同悄声问何应钦，"总长要讲话吗？"何应钦微微点头。顾祝同就着话筒大声说："下面，请何总参谋长讲话！"

此言一出，会场立即安静了下来。何应钦顿了顿，发表了即兴广播演说：

"敬告全国同胞及全世界人士，我是中国战区陆军总司令何应钦，中国战区日军投降签字，已于本日上午九时，在南京顺利完成。这是中国历史上最有意义的一个日子，这是八年抗战艰苦奋斗的结果。东亚及全世界人类和平与繁荣亦从此开一新的纪元，本人诚恳希望我全国同胞自省自觉，深切了解今日为我国家复兴之机会，一致精诚团结，在蒋主席领导之下，奋发努力，使复兴大业，迅速进展。更切盼世界和平，自此永奠其基础，以进于世界大同之境域。"

何应钦的话音刚落，礼堂内立即响起热烈的掌声。在掌声中，何应钦宣布受降仪式结束，旁观席上的社会各界人士有序地退场。何应钦转身吩咐自己的秘书说："将双方签字用的笔、墨保管好，这都是历史的见证。"秘书问他："总长，您用的笔和冈村用过的放一起保管吗?"何应钦想了想，说："我带走，留作纪念。"

接下来的日子，因为要面谈权力交接过程中的一些具体问题，何应钦经常和冈村会谈。10月21日，何应钦与冈村宁次会谈时说过的一段话给冈村留下了深刻地印象，冈村在多年后撰写自己的回忆录的时候，这样记载了何应钦当时的原话内容：

国民党部分高级将领合影
　　1945年8月，芷江洽降结束后，中国部分高级将领与中国战区美军作战司令部参谋长柏德纳一起交谈。左起分别是：王耀武、卢汉、张发奎、何应钦、汤恩伯、杜聿明、萧毅肃、柏德纳。

由于贵官认真负责的态度及贵司令部职员热诚勤勉，使接收工作顺利进行。应趁此机会培育中、日合作的趋势，使子子孙孙继续下去。我任军政部长以来，就提倡中日合作，但因国内情况未能如愿以偿，而日本军部内，也有不谅解蒋委员长和我等真意者。因此遂启战端，诚不胜遗憾之至。我曾对矾谷、喜多两武官提出，如果日本侵占中国，外国势将介入，事态将向困难发展。7月3日卢沟桥事变前夕，喜多武官迫使中国放弃亲苏政策，并接受广田五原则时，我也曾说过中日相战两败俱伤，结果使共产党势力扩大。此事不幸为我言中。

都说用仇人的头颅可以祭慰亡灵，那么，那些侵华日军的幕后策划者、实际指挥者该死多少次才可以洗刷干净自己身上的累累罪业？蒋介石与何应钦唱着"以德报怨"的高调，但是他们是否想过，倘使让罪恶滔天的战犯轻易地逃脱法网，死者的尊严何在？受降的意义何在？倘若残杀了众多的生灵仍然可以逍遥法外，又有谁能保证历史的悲剧不会再重演？

抛开恩怨向前看是不错的，但为了过去的正义与未来的和平，对于战犯的处理是不容许有丝毫纵容包庇的。以德报怨是中华民族的美德，但其前提是对方不会再以怨报德。因为，谁都负不起再来一场战争的责任。

但蒋介石与何应钦不这样想，他们考虑到冈村宁次负责在中国百多万日军的投降工作，有意对其网开一面，宽大处理。头号战犯冈村宁次竟成为"中国战区日本官兵善后联络部长官"。1946年4月22日，在蒋介石召集的一次会议上，何应钦列举一些理由为冈村宁次开脱罪责，蒋介石考略到冈村的政治影响重大，当时并未同意。

在主持受降大典之后，何应钦忠实地执行蒋介石的"以德报怨"方针，尽可能地少刺激日本战犯和战俘。比如说，被遣返回国的日俘，按照盟军惯例，每俘只能带15公斤重的行李。可是，何应钦却主动提出可以增至 50 公斤。最后，由于反法西斯阵营的干预，才减为 30 公斤。当时从上海上船回国的日俘，除了武器之外，其他任何东西都可以带走，包括从中国战场上掠夺到手的无数金银财宝、古董文物。

后来新任参谋总长的陈诚也向蒋介石建议，冈村宁次在战后的投降工作做得很出色，为了将来的中日关系能快速走上正轨，应该对冈村宽大处理。这一次，蒋介石听了以后没有表态。

蒋介石虽然没有明确同意对冈村网开一面，但国民党政府却已经着手处理冈村的脱罪问题了。国民政府以冈村尚有联络班工作和健康有问题为由，帮助冈村逃避审判。何应钦更是积极地找人为冈村保释辩护。在国民政府军事法庭上，何应钦竟指派律师江一平等人，费尽心机为冈村辩护，致使审判长期没有结果。国民政府的这种做法激起了国内各界人士的普遍不满。

对如何惩治这些在中国土地上犯下滔天罪行的刽子手，何应钦也一再主张宽大，对他们不按国际法处置。1946 年 6 月，何应钦被任命为联合国安理会参谋团中国代表团团长，赴美之前，他专门打电话给刚上台的国防部部长白崇禧，对白崇禧说："冈村对共产党很有研究，对他要宽大处理，我们以后对付共产党，他是很有用的人物。"

后来，何应钦获悉东京国际军事法庭审判战犯工作计划在 1948 年内结束，故采取拖延战术，对冈村暂不作宣判。最后，在全部侵华日军中，只有 145 人被处死刑，400 余人判徒刑。在何应钦、汤恩伯等国军高级将领的庇护以及蒋介石的默许下，1949 年 1 月 26 日，国民政府军

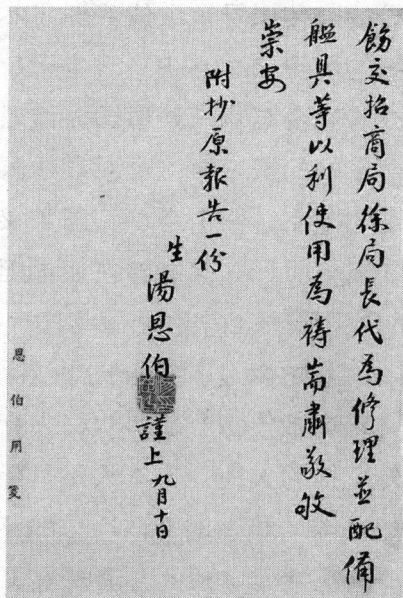

汤恩伯手迹

事法庭宣布冈村宁次无条件释放。此消息一出，全国哗然。而冈村宁次这个双手沾满了无数中国人民鲜血的战争头子，于 1 月 31 日乘船逃往美国，再回到了日本，在岛国苟且偷生。据说，冈村在上船时，私下请前来送行的人向何应钦转达他的感谢。

无论是出于"以德报怨"的中华传统美德也好，还是为了争取两国关系尽快正常化也罢，何应钦没有想到，当时的许多中国人也没有想到，中国对日本宽厚仁慈的战后处理竟然换来多年后日本对这段血淋淋的侵华战争历史的否认与遗忘！

早在 20 世纪 80 年代，日本前国土厅长官奥野诚亮就曾公开否定日本侵华战争的侵略性质；2006 年，日本自民党国会议员江藤隆美在一次演讲中责难日本历任首相在处理战争问题时对中国"妥协"的做法，粉饰"南京大屠杀"，甚至企图为日本侵略者正名；日本政客，甚至首相，集体参拜供奉有甲级战犯牌位的靖国神社；日本右翼分子屡次企图篡改历史，称"南京大屠杀"是中国捏造出来的……由于日本对侵华战争极不负责的言论和对历史的掩盖与歪曲，导致了中日两国多年来的互不信任，中日两国高层来往曾长期中断。无论是日本右翼势力的沉渣泛起，还是媒体别有用心的宣传误导，致使普通日本民众对半个多世纪前的那段鲜血淋漓的历史知之甚少。日本近年来叫嚷着要成为正常国家，要争取成为联合国常任理事国，但是，一个对过去历史都遮遮掩掩、不敢正视的国家，一个对周边国家的人民犯下滔天罪行仍未诚心悔过的国家，一个身后军国主义幽灵如影随形的国家，如何能够让邻国信服，如何能够在亚洲坦荡地立足，又如何能秉持公平正义的原则履行一个联合国常任理事国应该负有责任与义务？

列宁说过："忘记过去就等于背叛。"那么，蓄意地歪曲历史又意味着什么？战争也好，托管也罢，最后遭殃的只是对政治一无所知的人民。日本人民是勤劳有秩序的，但是如果日本政府仍然怯懦地罪恶地否认历史的话，那么，日本这个国家永远也无法成为正常国家，更遑论成为联合国安理会常任理事国了。

当然，这些后话是当时的何应钦所不知道的。身兼参谋总长与陆军总司令两个要职的何应钦，此时可谓一人之下万人之上，又因为主持了受降仪式，何应钦一时间风光无限。但中国有句古话叫做"乐极生悲"，爬上自己人生中最辉煌的顶峰的何应钦，接下来即将面临怎样戏剧化转折的的命运呢？

第五节　失权渡重洋

　　主持过日军受降仪式的何应钦可谓显赫一时，风光无限。但造化弄人，就是这位身居显位，一人之下万人之上的军政大员，在抗战刚刚结束，就受到了蒋介石的刻意打压。

　　1946 年 5 月 30 日，国民政府国防最高委员会决定，撤销中国战区中国陆军总司令部。命白崇禧为国防部长，陈诚为参谋总长。两日后，何应钦被正式告知自己被解除了参谋总长和中国战区中国陆军总司令这两个重要职务。国民政府内有人对何应钦的遭遇表示同情和不平，何应钦除了无奈，什么都不能说也不能做。何应钦不是没想到蒋介石会对自己动手脚，但是他没料到蒋的动作会这么快。6 月 7 日的时候，何应钦接到国民政府的委任状，上面白纸黑字堂皇地写道：任命何应钦为联合国安全理事会军事参谋团中国代表团团长。蒋介石要何应钦先到台湾、福州、西安等地视察访问，然后再去美国。

　　何应钦拿着委任状一脸苦笑，什么赴联合国代表？这明明就是一纸"流放"书嘛！

　　那么，被称为蒋介石的左膀右臂，抗战后又荣极一时的何应钦，为什么突然之间就被蒋介石剥夺了所有权柄，从其人生中权力的顶峰跌了下来了呢？

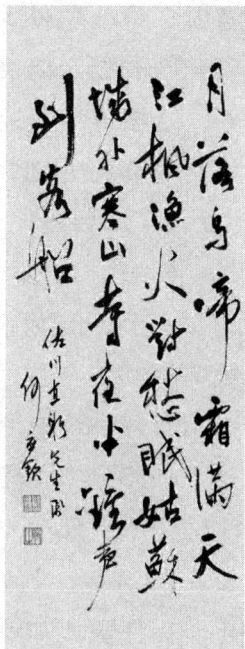

何应钦书法作品

有人说，正是因为何应钦"荣极一时"，功高震主，让蒋介石对他产生了提防之心。而且在1927年桂系逼蒋介石下台时，何应钦态度模糊暧昧，蒋介石认为何应钦与桂系暗中有勾结，对此事蒋一直记恨在心。可是仔细想想，这种说法是站不住脚的。抗战胜利后，何应钦虽然劳苦功高，但他到底也没有能显赫到能"功高震主"的程度。再说，蒋介石虽然在1927年的时候确实对何应钦抱有疑虑，但自从1927年之后，何应钦追随蒋介石南征北战，唯蒋之命是从，何在官场中行事也比较低调，蒋介石根本不用担心何应钦有"取而代之"的野心。

又有人说，何应钦打仗不行，这促使了蒋介石用打仗不错的陈诚替换掉了何应钦。虽然何在北伐战争时期打过几次漂亮仗，但从那以后，特别是到了抗战时期，何几乎就只是躲在幕后做一些军政统筹工作。如今抗战胜利了，蒋介石要着手准备对付共产党，对蒋介石更忠诚打仗也很在行的陈诚，就成了蒋介石的重点启用对象。这种说法比较符合实际。蒋介石用人从不会让其在一个职位上做长久，这是出于防范其结党营私，发展自己的势力的考虑。除此之外，蒋介石还很看重军事才能和同乡关系，陈诚是蒋介石的浙江老乡，又对蒋忠心不二，而且比何应钦更具军事才干，这是蒋介石选择陈诚代替何应钦的主要原因。

蒋介石的选择固然是何应钦失权的重要原因，而何应钦从高位跌下马的另一个主要原因是他在与陈诚的权力争夺战中的失利。

何应钦与陈诚均是国民党政府中的重量级人物，同是蒋介石的左右手，但两人却属于对立的派系。两人之间的间隙早在北伐战争期间就存在了，后来在仕途上成为竞争对手，使得本就不融洽的双方关系越发地紧张。

1925年，黄埔师生响应孙中山先生的号召参加第一次东征讨伐陈炯明。那时候何应钦任第1教导团团长，陈诚任上尉炮兵连长。东征战斗中两人均因战功得到了升迁。后来，何应钦代替了蒋介石任国民革命军第1军军长，兼东路军总指挥，参加北伐战争，陈诚是何应钦手下第21师63团团长。后来，第21师师长严重辞职，陈诚升为代师长。两人到此时还并未交恶。

  1927 年 8 月的龙潭战役对何应钦来说招来了不少劲敌，这场战役不禁使何应钦招致了卫立煌的不满，更让他与陈诚自此不和。北伐军在徐州战败，孙传芳举兵南下，霞山、龙潭一线情势危急。何应钦调集第 21 师迎击孙传芳军，陈诚当时染恙，但仍抱病指挥作战，这已是勉为其难了。由于第 62 团团长李树森指挥不当，被刚到任的陈诚二话不说撤了职。第 21 师副师长孙常钧对陈诚撤掉李树森职务的做法很不满，但又无力与陈诚抗衡，于是他拉拢一些黄埔一期同学到何应钦的指挥所告陈诚的状。再说，何应钦当年在黔军中任职时为"士官系"首领，邓演达是军中"保定系"的首领，两个派系形同水火；后来到了黄埔军校，何应钦任总教官，邓演达任教育长，两人的教育观点相左，于是新愁旧恶交加，两人的关系更加僵化。而陈诚正是邓演达的亲信，何应钦因而对陈诚一直心存芥蒂。而此时恰逢孙常钧来告陈诚的状，于是，何应钦听了孙常钧等人的汇报，并未作调查，就以陈诚作战不力为由免去他师长的职务。陈诚抱病参战，原本作战有功，此刻却不但未受嘉奖，反遭何应钦诘难，陈诚气愤不已，对何应钦心怀怨恨。两人的芥蒂由此而生。

  "四·一二"反革命政变后，蒋介石曾密令何应钦伺机缴了白崇禧部的军械，但何应钦没有执行。蒋介石因而怀疑何应钦已经受到了桂系军阀的拉拢。后来北伐军徐州之役战败后，蒋介石要表现自己的敢于担当遂提出辞职下野，李宗仁在会场上说一切按蒋介石自己的意思办，实际上是同意了蒋介石的辞职，当时何应钦坐在那里一言不发。会后，蒋介石找到何应钦，问他对李宗仁的发言有什么想法，何应钦想了想回答说："在当前形势之下，我也只能同意他们的建议。"蒋介石听到连何应钦都要自己下野，十分落寞，对何应钦也深感失望。在 8 月中旬，蒋介石复任北伐军总司令，何应钦竟迟迟不发贺电，这让本就对何应钦不满的蒋介石感到非常愤怒。蒋介石会见何应钦的时候对何说要他回家休息一下，何应钦明白蒋介石是要自己自动请辞，只好辞去了第 1

路军总指挥的职务。蒋介石给了何应钦一个北伐军总司令部参谋长的虚职，何应钦从此失去了实际军队控制权。

北伐结束后，蒋介石指定何应钦实施裁军计划，负责裁兵编遣工作。在整编过程中，何应钦把陈诚手下的两个警卫团和第17军下属的4个步兵团划分出来组成第11师。关于新成立的第11师的新任师长人选，蒋介石心属陈诚，于是征求何应钦的意见："辞修（陈诚）担任第11师师长是否合适？"何应钦回答说，陈诚资历尚浅，难以当此重任。蒋介石遂安排曹万顺任第11师师长，陈诚任副师长，主管人事。陈诚听说其中曲折后，认为何应钦是在故意整他，于是远赴上海拒绝就职。蒋介石知道陈诚是负气离职，于是派副官到上海找陈诚，告诉陈诚，蒋介石意欲让陈在副师长的职位上干一段时间作为过渡，授以处理人事实权，然后再任正职。陈诚得知此底蕴后才答应赴浦口就职。不久后，原第11师师长曹万顺调任新编第1师帅长，陈诚升任第11师师长。何应钦虽然对蒋介石的这一安排表示反对，但蒋介石不予理睬。

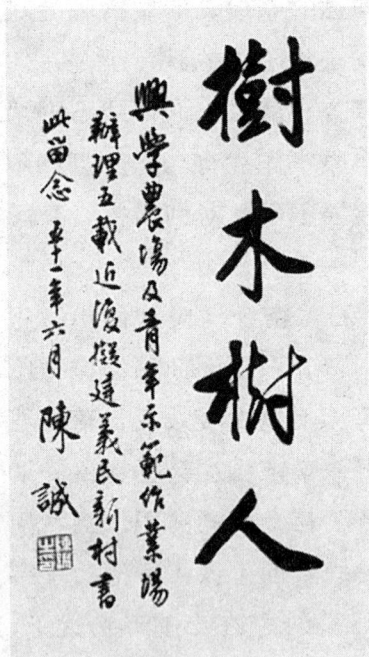

陈诚书法作品

1930年5月，对冯玉祥的中原大战中，陈诚率第11师辗转在陇海、津浦一线，打败了晋军的猛烈进攻，升任第18军军长兼第11师师长。随着职位的升迁，势力的扩大，陈诚一系羽翼渐丰，以陈诚为首的"土木系"（土为十一、木为十八）这一蒋记黄埔系内的军事派别开始形成。

陈诚手下一位名为李默庵的旅长在中原大战的陈庄争夺战中，率第61、62团，激战数日仍无法拿下陈庄，李默庵向陈诚报告认为"陈庄失守，应由刘团长负责"。李默庵口中的团长刘天泽，是何应钦的亲信刘峙的侄子。陈诚命人将刘天泽押至司令部，陈诚的下属纷纷为刘天泽求情，陈诚怒声喝道："别说是刘总指挥的侄子，就是何部长的亲儿子，他要敢临阵脱逃，我也照样军法伺候！"不久后，刘天泽被枪决。何应钦听说刘峙的侄子被陈诚扣起来了，于是打电话给陈诚，要他将刘天铎移送总指挥部军法处置。陈诚不耐烦地回答说："刘天泽临阵脱逃，我已将他枪毙，文件马上给你送去。"何应钦听了没有再说什么，心中不痛快，觉得陈诚很不给自己面子。

1933 年，蒋介石发动了对中央苏区的第四次"围剿"。陈诚任中路军总指挥，被红军打得惨败，陈诚多年辛苦经营起来的第 11 师、第 59 师、第 52 师损失惨重，陈诚听到消息后失声痛哭，几乎要昏厥过去。江西省主席熊式辉与何应钦认为，中路军的失败完全应该由陈诚负责。熊式辉致电蒋介石说："陈诚骄傲自大，目中无人，不听劝阻，所以惨遭失败。中路军的失利应该由他负责。希望委座将其撤职查办，改编第 18 军。"何应钦也在一旁帮腔，说陈诚打仗不行，是饭桶。蒋介石听了这些言辞，心中也对陈诚很是气恼，便给陈诚降了一级、记了一次大过。

陈诚在前方作战，何应钦任军政部长，在后方调度、辅助指挥，相对来说，陈诚在军事上有风险，而何应钦则要安全许多。

1940 年 6 月，陈诚守卫宜昌失败，被日军攻下。陈诚自感罪责难逃，遂致电军令部长徐永昌自请处分。徐永昌在给蒋介石、何应钦的签呈中写道："查敌自宜城以北渡过襄河以后，陈部长始兼任第五战区右兵团长，于六月一日夜离渝下驶宜昌，为时短促，并当敌重点所指方面，虽尽指挥上之能事，未能固守宜昌，但目下仍在努力反攻之中。所报自请处分一节，似应免予置议，并复慰勉。"何应钦当然不会放过这次打击陈诚的好机会，于是提出要陈诚放弃身兼多职，专司一职，实际是想趁机削弱陈诚的力量。

陈诚回到重庆听说何应钦的提议后，心想何应钦一定会借机在蒋介石耳边散布一些言论，对自己落井下石，于是决定给蒋介石写信表明心迹："辞修回到重庆后，所闻皆为敬之对辞修之恶意攻击，及种种不利于领袖之活动，其居心实令人莫测，我爱护领袖，实不得不赤诚以告领袖。"蒋介石心中十分清楚何应钦与陈诚之间的明争暗斗，对陈诚并没有多加责难。蒋介石对何、陈两人之间的斗争早就心知肚明，蒋介石执政，很懂得平衡各方势力，压强扶弱，利用各派间的争斗为自己的利益服务。所以，蒋介石并没有对已经损兵折将，势力大不如何应钦的陈诚再做处罚，只是好言安慰，让陈诚认真总结教训，勉力前行。陈诚对蒋介石的宽大处理感激涕零，对蒋越发忠诚。

抗战后期，蒋介石对何应钦的工作不满意。有一次，蒋介石翻看全国军队番号清册，看见上面非黄埔嫡系的番号有一百多个师，蒋介石颇为惊讶说："怎么会有这么多的番号？"站在旁边的陈诚瞟了一眼蒋介石手上的清册说："要是我是军政部长，早就把杂牌军收编、消灭完了！何部长做事拖沓了些。"蒋介石没说话，但他早就对何应钦的工作质量表示不满了。蒋介石认为何应钦兼职大多，工作时精力难以集中，就有了收回何应钦手中权力的想法，再加上陈诚这两年的作战表现不错，对自己又忠心，是替代何应钦的优秀人选，蒋介石就找机会对何应钦说："敬之，你现在身兼数职，太忙了，还是找个人帮帮你吧！"何应钦当时未解其意，于是内心略有感动地说："多谢委员长关心，我还忙得过来。"后来，蒋介石又几次三番地提到此事，何应钦才理解了蒋的真实用意。何应钦心里极不平衡，他气愤地对自己的手下说："看来老头子又要分权给陈诚了。那陈诚算什么东西？不就是侥幸打了两场胜仗吗？尾巴都翘上天了！"

何应钦埋怨归埋怨，蒋介石还是任命陈诚接替了何应钦担任军政部长。国防部长和参谋总长的职位也没有何应钦的份。何应钦心中非常明白，日本已投降，自己善于与日本交涉的能力已经丧失了作用。抗战后蒋介石要打共产党，更加注重身边将领的军事才能，而在作战指挥上，何应钦自认不如陈诚，可何为党国效力多年，一朝无用便丢弃在一旁的做法蒋介石始终做不出来，于是就给了何一个所谓的联合国军参团中国代表团团长的职位，把何应钦这位老资格国军高级将领供起来。何应钦见蒋介石这样安排，只好认命，准备赴美国就职。

然而，命运是一种未知的定数，有时候当你在哀叹山穷水尽的时候，一抬头，却发现身边早已柳暗花明，所以，才有了"塞翁失马焉知非福"这一富于哲理的说法。何应钦郁郁地离开大陆，登上了远行的洋轮，可他没有想到，他离开中国的这两年，正好躲过了国军因为在解放战争中全面

麦克阿瑟将军

败退所带来的压力，当国内的国军将领们被解放军打得焦头烂额的时候，他安然地在大洋彼岸的办公厅内读着英文小说。

7月4日，何应钦到达上海，戴季陶等人为何设宴饯行。7月13日，何应钦到达横滨，检阅了中国驻日舰队，或许是因为何应钦在受降工作中执行了"以德报怨"政策，出乎意料地，何在码头上受到日本民众的欢迎。

何应钦在日本与麦克阿瑟将军举行了会谈，次日便准备离开日本。离开日本前，何应钦在东京的中外记者会上颇为感慨地说：

> 本人此次赴美，道经东京，小住两日，所得最佳之印象，即麦师对日本之贡献，比其任何军事之成功更为伟大，即助力改革日本之政治，使其人民得享平等与自由是也……吾人必须明了战争为残酷之行为，无论战胜者与战败者均受莫大之牺牲与损失。日本直接遭受战火，为时不及一年，即已感到莫大之痛苦，中国各地直接受战争之蹂躏八年之久，如桂林、柳州、衡阳、长沙等各城市，完全变为瓦砾，其痛苦为日本人民所不能想象。过去日本因领导者之不智，即只注意军事与经济之发展，而忽略政治之改进，致使穷兵黩武，陷日本国运于悲惨之境。今后日本若能一反其一贯侵略政策。

以过去研究破坏之精神与技巧，用于和平建设，其对世界之贡献必大也。

亲身经历过战争的人才真正懂得战争的可怕。即使现在我们回过头来看何应钦的这段话，也是受益匪浅的。

7月15日，何应钦离开日本，17日下午飞抵旧金山。

何应钦到达美国，首先举行记者会，表达了对美国支援中国抗战的感谢。而美国媒体对何应钦的印象也不错，赞誉何应钦无怨无悔辅助蒋介石多年，堪称"中国陆军之保姆"，"当今之赵子龙也"。甚至有报纸为何应钦的际遇感到愤愤不平，说何是受了小人的暗算才从国民政府核心权力阶层退出的，但他始终对党国忠心耿耿，一派忠贞正大之气……何应钦听说之后也只是淡然地笑笑，不置可否。

7月23日这天，何应钦在纽约帝国大厦参加一个酒会时，大厦门外突然有十几个人，手上举着"何应钦阴谋制造战争"等标语在游行，酒会现场的气氛一时之间很是尴尬。有记者打破沉默，问何应钦："何先生，请问您对此有何感想？"何应钦侧耳听完翻译之后，哈哈一笑说："本来我的名字也只是被在场的诸位知道，但经过门外的此番宣传，我想明天贵国各大报纸上就都会出现我的名字，对此，我对门外游行的诸位深表感谢。"与会人士听何应钦这么说，顿时爆发出一阵大笑。

8月1日，何应钦到军参团中国代表团视察。他宣布驻外武官不再兼任本团团员，并将团长办公室改组，下设陆、海、空军代表处，何应钦自任陆军代表。

若无军务，何应钦便到美国海军基地、海军造船厂、美国著名大学、西点军校、美国钢铁公司等地参观。"读万卷书，行万里路"，以前何应钦在书刊报纸上认识的美国和在现实中亲眼所见的美国还是有着巨大差距的。对比社会安定人民富足的美国，想起自己深受战争祸乱的祖国，何应钦感慨良多，他提笔给国内写信说：

到美两旬，对于美国情形，尚不能有深刻之研究；惟观感所及，觉美国真为一富强康乐之国家，国民生活均甚安适，不仅生活水准较高，且一般均甚平衡，城市乡村生活，亦无多大之轩轾，即合理之生活，人人皆能享受。其所以能致此之由，自系工业发达，交通便利，教育普及之故。所以能收此成效者，愚以为实由于官吏服务之精神与国民守法之精神；无论何级之文武官吏，皆以全副精神尽其职责……绝无为官吏而只做官不做事，为私而不为公者……吾国一切事业，不能成功或进步迟缓之原因，即为缺乏此两种精神……美人生活，在办公时极为认真，公毕则生活极为活跃……无论部队或军事机关，均设有军官俱乐部及士兵俱乐部，有各种正当娱乐之设备，使官兵身心愉快，精神有所寄托……

1946 年 11 月，何应钦对墨西哥进行了访问，参加了旅墨华侨的欢迎会。而此时在大洋彼岸的中国，蒋介石正紧急召集军政大员会议，商讨发动内战的最后准备问题。

1947 年 4 月 2 日，总统府战略顾问委员会成立，蒋介石任命何应钦为主任，但因何身处大洋彼岸，暂由龙云代职。何应钦接受了蒋介石的任命，心里知道这不过又是一个有名无实的虚职，也对此没有多大兴趣。

为了表示自己在美国呆的一年多时间没有白费，何应钦于 7 月 31 日写信给蒋介石汇报自己赴美以来的工作情况。他说：

国际上之会议，因利害与外交关系，对于每一问题，争辩极烈，常因一句一字之增减修改，辩论达数小时，而必须各就立场，陈述有力之理由，并反驳对方之意见。军参团英、美、法、苏各代表，均属能言善辩，尤以苏联代表所具立场，辄与四周不同。故每次开会，无异极激烈之辩论会。职是之故，一年来虽所商得结果者，仅有联合国军组织基本原则四十一条，而其中尚有十六条未经获得一致同意……本团所

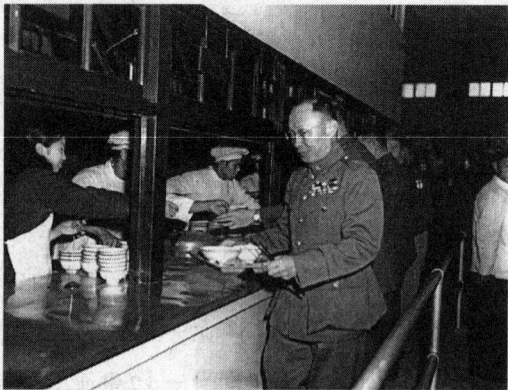

何应钦在南京国防部员工餐厅用餐（1948·春）

租办公地点，系在长岛，距纽约中心区约二十五英里，开会地点在纽约。本团人员除外，平时甚少至纽约，各员生活均甚检束，办公余暇，多研读英文，或从事健身运动，故精神甚为振奋。

其实蒋介石对于何应钦在美国参加了什么会议，做了什么辩论并不感兴趣，此时他的全部注意力都集中在了打内战上。

何应钦于 1948 年 3 月回国，在他出国的近两年时间里，他在美国关心着国内战争的发展局势，对蒋介石将自己变相"罢免"一事也渐渐地看得开了。他追随蒋多年，对于蒋的考虑顾及十分清楚，因而即使与陈诚争权失败远渡重洋，他也没有让自己过分抑郁。所谓宠辱不惊，是需要一副能随遇而安的心境和几番波折的历练方可达到的境界。

第十一章
内战再掀波澜

第一节　就任国防部长

1948 年 1 月初，纽约下起了入冬以来的第一场小雪。

"It is the last straw that breaks the camel's back……"什么意思呢？何应钦把书放到膝盖上想了想，还是不明白什么意思，遂放弃苦想，去翻看最后几页的汉语翻译。

"最后一根稻草压死了骆驼……原来是这个意思……"何应钦喃喃自语道，不知道为什么，何应钦感觉这句话特别形象，但具体形象到哪里他自己也说不上来。

"行了，别看了，睡觉吧。"王文湘翻了个身，迷糊中见何应钦还开着灯半坐在床头看书，于是出声劝阻。

何应钦"嗯"了一声，下床往壁炉里多添了几块木炭，复又半躺在床头，伸手从桌上拿起一封撕开了的，左下角印有蓝白党徽的棕色牛皮信封，从里面掏出一叠信纸，展开。

敬之吾兄勋鉴：

　　远辱手教，感慰良深！吾兄高瞻远瞩，中外同钦。目前共产主义，汹涌澎湃，势焰日张……联合国武力亟早谋培植，俾有凭借，端赖贤者纵横有术，各方沟通，庶几世界安全，速告完成。现国内正办理各项选举，渐臻成熟，将来副座一席，非有如兄之资望勋业并隆者莫属，甚盼有所准备，见论实行，如需协助之处，自当竭尽绵薄，促其成功也……

这封信是国民政府委员兼国策顾问、民社党中央常务委员戴翼翘，于 1948 年 1 月 8 日寄发给何应钦的亲笔信。何应钦看完信笑了笑，看来时机差不多就要成熟了，但现在回去还不是时候。

从 1946 年 7 月何应钦离开中国算起，他已经在美国逗留了一年零八个月了。何应钦在这将近两年的时间内工作轻松，闲暇时间很多，没事的时候他就去美国的各所大学看看，参观美国的重工业厂房，还到过他自己特别感兴趣的西点军校做了演讲。相对于何应钦的悠闲自在，国军在国内战场与解放军的战争却陷入了僵局。

蒋介石有一句口头禅：中正不可一日无辞修，可见陈诚当时荣宠之隆。陈诚在内战爆发前曾踌躇满志地对蒋介石说，自己可以在三个月内剿灭共军。蒋介石当然知道共产党军队不是那么容易就被打败的，但由于抗战结束后国军可以集中精力对付共产党，再加上国民政府背后又有美国的支持，蒋介石相信，让陈诚出马是可以打败、消灭共产党的。但蒋介石没想到自己错了，而且这一错就错得非常离谱。

1947 年，陈诚部署的国民党军在辽沈战役中一败再败。蒋介石一气之下遂将陈诚派往东北战场，让其担任东北行辕主任，以便夺取整个东北。初期作战并不顺利，但这并没有使陈诚丧失信心。陈诚初到东北可谓信心满满，并着手对军队进行整编。可陈诚的努力并没有能扭转国军在东北屡次战败的命运。1948 年 1 月，公主屯战役中，国民党精锐部队新 5

出席国民大会的何应钦

军被歼，随着国军作战的连连失利，国内政局日渐不稳。蒋介石已经被情势逼得如热锅上的蚂蚁，他想用召开"国民大会"选举总统、副总统的办法来转嫁国民的视线，并试图以此来维持自己日渐不稳定的统治。而由于陈诚指挥东北作战不利，国内上下对陈诚一片责骂之声，国民政府内部也出现了要求撤换陈诚，让何应钦复出重掌军队的声音。

何应钦从戢翼翘的来信中了解到国内最新形势，对于戢翼翘的赞美何应钦心里很受用，但他冷静下来思考之后觉得此时还不能回国。何和蒋共事多年，对蒋的脾气摸得很清楚。所谓伴君如伴虎，如果此时回国给蒋介石当副总统，依着蒋介石喜怒无常的脾气，自己早晚又会受到打压，还不如先避开这个风头。一方面是因为自己远离中国，对国内情况知道得不是很清楚，贸然回去会有风险；另一方面，何应钦心中暗想，自己是被蒋介石踢出国门的，除非蒋介石亲自邀请他回去他才会回去。想到这里，何应钦提笔给戢翼翘回信：

接奉还云，欣同昭对。目前世界和平，受威胁于共产主义……尚须努力于全世界主义道德之重建。使世界各国，由于道德精神之维系，而臻于互信、互谅、互爱、互助，然后始能得到永久之和平。设国际间不能互信互谅，而纯以自身利害为依归，则国际和平组织，亦不过如建高楼于散沙，终不能期永久，未识高明以为如何？承询竞选副总统事，弟以报国不在职位，故不拟竞选……

何应钦写完信，坐着对着信发了一会儿呆，想着这些年与蒋介石、陈诚之间的恩怨，叹了一口气，躺下去睡觉了。

戢翼翘没有请动何应钦，蒋介石知道非自己亲自出面请何不可。于是在3月5日，正当何应钦无聊地在大洋彼岸翻看着当地新闻报纸的时候，秘书走进来送上一封电报。

"团长，蒋委员长的电报……"

何应钦从报纸堆里抬起头，脸上一副了然的神情。他伸手接过电报，上面写道："何团长敬之兄：兄如可抽暇，请于本月底回国一行，为盼！中正手启。"

何应钦看完后就把电报交给秘书。

秘书等在原地，见何应钦迟迟不发话，于是问道："团长，可否给委员长回电？"

"就说，这边的事情还没有处理完，短期内回不去。"何应钦头也不抬地命令道。

蒋介石见自己一请不成，于是在3月21日又给何应钦发了一封电报："敬之兄，请回国一谈。"何应钦看着电报，知道这次差不多了，还是不要冒着风险继续考验蒋介石的耐性比较妥当。于是，他带着军参团余伯泉、刘廉一少将等人，借道英法，于3月31日回到上海。次日，何应钦便赶到南京，接受蒋介石的"垂询"。当天，何应钦不顾舟车劳顿之苦，到国民大会报道并出席第一次会议，并于次日当选为主席团成员。

4月9日，蒋介石作《施政报告》，要求国军要在3个月到6个月以内消灭共产党军队。4月12日，会议的气氛被抬到了高潮。白崇禧这天在会议上做报告，他把自己长期以来郁积在心中的对陈诚的不满发泄了出来。白崇禧任国防部长两年来，名义上可以调度三军，但在实际指挥中处处受到陈诚的制衡，手中并无实权。白崇禧曾多次找蒋介石反映情况，但蒋每次都偏袒陈诚。白崇禧这两年国防部长当得犹如傀儡，心中非常窝火。而现在陈诚屡次指挥战役失败，国内对陈诚的指责批评之声不绝于耳，白崇禧觉得自己出手反击的时候到了。于是他在会议上颇为激动地质问说："抗战胜利后，国军总共有5百万大军，而共产党军队呢？仅仅50万多点儿！我们与共军的兵力对比是十比一啊！我们有着这么优越的条件，跟共军打了两年，居然被共军逐渐掌握了战略主动权，现在共军更是把战火烧到国统区来了！我这个国防部长说什么都不算数，可我现在要问问，这到底是怎么回事？"

白崇禧的此番发言一出，台下立刻陷入了一片喧闹之中。

"我们东北军两倍于共军，却落得个全军覆没的下场。真不知道陈总参谋是怎么指挥的！"

"抗战胜利后，陈总参谋没有及时收编山东伪军，致使他们被共军给吸纳了，30万大军啊，就这么白白送给共军了！"

"还有华北战场……"

各区代表们纷纷站起来谴责陈诚，到后来谁说什么都不知道了，代表们各个涨红了脸，激动地大喊："陈诚要为战败负责！""杀陈诚以谢国人！"

蒋介石见场面无法控制，于是站起来尴尬地说："诸位都冷静点，战败的责任在我，与辞修无关！"可大会上已经没人听蒋介石对陈诚的偏袒之词了，各区代表的争论声把蒋介石的声音吞没了。

何应钦坐在蒋介石旁边，看着蒋介石额头上渗出的汗珠，表面上不动声色，其实心中却幸灾乐祸。他心想，想当年蒋介石偏袒陈诚将自己逼到美国，如今他们也有今天！

蒋介石赶紧叫来秘书，暗中命令他将会议的很多不利于陈诚和蒋介石的言辞删掉。何应钦在一旁冷眼旁观，心中暗自庆幸，幸亏两年前自己去了美国远离了这趟浑水，设想如果自己当年与陈诚相争获胜的话，现在受到批判的很可能就是自己了。

4月19日，国民大会投票表决，蒋介石以高票当选中华民国"行宪"后第一任总统，李宗仁任副总统。之前也有人劝何应钦竞选副总统，何应钦就对来人说，自己没有那个能力再辅佐蒋先生了。来人以为何应钦是自谦，但何应钦自己心里很明白，在蒋介石手下做事要看其脸色行事，不能有自己的见解主见，蒋介石犯了

蒋介石在国民大会上当选为中华民国总统（1948年4月19日）

错自己还要替他背黑锅，反而不如不做这个副总统，远离蒋介石，即自在又安全。

在国内各界要求军法处置陈诚的呼声下，蒋介石不得已于5月13日免去了陈诚的参谋总长、东北行辕主任等职务。何应钦听说后认为蒋对陈的处罚太过宽松，但他并没有把自己的不满表现出来。

到了5月8日的时候，蒋介石召集国民党中央常务委员，商讨选举行政院院长和立法院院长的问题。蒋介石推举张群为候选人，有些常委推举何应钦和胡适为候选人，但遭到蒋的驳回。会议结束后，常委们对行政院院长候选人未达成一致意见。

蒋介石于5月20日就任总统后，再次召集立法委员举行茶会议事。蒋介石依然推举张群，并要求全体委员支持张就任行政院院长，说完，蒋介石就离席而去。会议在吴铁城的主持下投票表决，让蒋介石意想不到的是，投票结果再次彰显了何应钦的威望，何应钦高票通过。

但蒋介石执意不让何应钦当行政院院长，张群自觉难以服众，于是公开表示自己放弃竞选。蒋介石见扶持张群不成，转而提名翁文灏为行政院院长，并由立法院通过。5月31日，蒋介石命何应钦替代白崇禧任政务委员兼国防部部长，顾祝同接替被免职的陈诚任参谋总长。白崇禧被蒋介石罢免之后，蒋听闻白崇禧与李宗仁私交甚密，因而不愿让其继续留在南京与李宗仁共事，于是给了白崇禧一个华中"剿匪"总司令的名号，派他到华中地区"剿匪"去了。

何应钦于6月3日就任国防部长一职。在就任仪式上，他向国防部官员做了名为"国防部当前主要任务"的演讲：

　　本人服务军旅，已有三十二年，自抗战胜利受降完毕，自觉已克尽军人之职，只希望能如滑铁卢战役英国威灵顿将军所云：希望此为余最后一战。嗣后奉派赴美，参加联合国军事参谋团会议，深幸得此机会，与世界列强军事专家共聚一堂，为世界和平尽最大之努力。此次国家行宪，政府改组，蒋总统、行政院长及各方友好敦促应钦出任国防部长，坚辞不获，承乏是职。查国防部之设立，旨在统一陆、海、空军，并使军属于政。欧美各民主国家，多以文人充任国防部长，如属军人，在美国规定，须脱离现役十年者。本人虽暂时担任此职，但希望将改用文人，以彻底实行此一新制度。在戡乱时期，国防部任务非常重大，最主要的就是如何能把国家现有的人力、财力与物力，一点不浪费，有效地充分运用到戡乱军事上去。

何应钦的这番话是肺腑之言，何应钦明白，内战进行到如今的地步，国军在战场上面临的形势不容乐观。他也知道，如果不是陈诚被黜，白崇禧被贬，自己也不会当上国防部长。正因为这个职位来得不已，何应钦更想在此位置上做出一番成绩。何应钦还记得不久前蒋介石对自己说过的话："参谋总长对军令事宜，以奉总统之命令行之；对军政事宜，以部长之命令行之"。

蒋介石从来都不愿意将军令、军政大权交于一人，一方面是出于防范戒备，另一方面是蒋介石本身权力欲望强烈，即使名义上把权力下放，但在实际工作中常常越俎代庖。将权力分散下放便于蒋的控制指挥。对于蒋介石的这些心思，何应钦看得很明白。他并没有提出异议，虽然他知道在此战事紧急时刻，蒋介石这样做只会使军队的指挥更加混乱。何应钦现在的心境很平稳，颇有一些宠辱不惊的超然。

蒋介石牵制局限何应钦的做法没有激起何应钦的激烈反应，却引起了大洋彼岸的美国人的愤愤不平。时任美国驻华大使的司徒雷登曾在会见蒋介石的时候向他提议，给何应钦足够的权力，

司徒雷登肖像

并让他能够在和国军军事顾问团团长巴达维合作的时候有权力作出一位国防部长能够作出的决定。蒋介石每次都敷衍司徒雷登，应允他给何应钦更大的权力，但每次蒋介石都食言。与蒋介石周旋过几次后，司徒雷登渐渐认清了蒋介石对权力过分贪婪的本质，于是在 6 月 14 日，他向美国政府汇报说："蒋委员长曾保证同意我的建议，令何应钦将军与巴达维将军密切合作，共同指挥作战。后蒋委员长食言，仍由某本人用命令经由无能之参谋总长（指顾祝同），而亲自指挥作战。"

第二节　内战加剧分歧

"我们的军力原是共匪的十倍，可你们看看，现在共匪已经掌握了战略主动权！"蒋介石愤怒地敲打着桌子，"在国家危亡之际，我们的军官在干什么？他们一个个不思为国效力，满脑子想的都是如何发接收财！贪污腐败，沉迷酒色，军纪败坏，上梁不正下梁歪，高级军官都是这副样子，带出的军队有什么战斗力可言？"

蒋介石在 1948 年 8 月 3 日召开的国民党高级军官作战会议上大发脾气。国军的一再败退已经让蒋介石忍无可忍了。他知道国军将领中贪污腐化的风气一直存在，而近来犹胜，蒋介石把这一现象归结于接收。

"看看整个战局，共匪咄咄相逼，我军行动处处受限，军队丧失信心，民心动摇……再此下去，国将不国！"

围坐在椭圆会议桌周围的国军高级军官们个个面无表情，看不出对蒋介石的话有什么特别的反应。

"诸位，努力吧！如果大家还不觉悟的话，我们早晚会被共匪消灭，明年的这个时候我们恐怕有没有命都难说了。为了党国，为了你们的妻儿老小，也为了你们自己，大家团结起来，抛弃为自己谋私的念头，专心打共匪吧！"蒋介石一脸沉重地站起来高声倡议。

台下依旧没有声音。国军将领们听着蒋介石的话非但没有生出一种"保家卫国"的战斗激情来，反而纷纷在脑中描绘出共军势如破竹攻占全部国统区的景象。想到这里，将领们都暗自后怕——幸亏自己没和共军交锋，否则如今恐怕早就身首异处了。

会场上弥漫着一股悲观失望的气氛。蒋介石看着木然的国军高级将领，心中一阵暗叹，这仗还怎么打下去？他抬眼瞧见左手边一脸平静的何应钦，仿佛一幅事不关己的样子，蒋介石心中一阵恼火："何部长，你有什么想法，可以跟大家讲讲嘛！"

何应钦正坐在那里暗自庆幸自己这两年未在国内带兵，忽听蒋介石点自己的名，于是脸色一正，随即说道："我没什么好说的。"

蒋介石没说话，但是何应钦能感觉出他在压抑着自己的怒火。

"每逢这种时候，都一个个的装哑巴，你们不说话共匪就不会打过来了？"蒋介石恨铁不成钢地怒喝道。

"咳"，何应钦清清嗓子，蒋介石的话让他面子上挂不住，也让他下决心发一发心中的牢骚。

"共匪一向奸诈狡猾，每逢我军大军主力与之对阵就撤退避开，转到侧翼或后方先吃掉我们的辅翼军队，然后再分化瓦解我军主力，聚而歼之……"何应钦说到这里，有国军将领微微点头，表示领教过共军的这种让人头疼的打法。何应钦其实在心中对共军的这种战术是有些欣赏的，这是共军为什么屡次能以少胜多的原因之一，但他嘴上可不会这么说。

"共匪的这种战术极为狡猾，我军有些将领以前未和共军交过战，因而吃些亏是可以理解的。但是，"何应钦话锋一转，"原先十比一的军力对比现在勉强能维持到二比一，而共匪的兵员补充在源源不断地输送新的力量进入到队伍中，我们的情况却恰好相反。我要问，这是谁的责任？"

"何部长，现在谈责任已经没有意义了。"蒋介石试图打断何应钦的讲话，他怕何应钦继续讲下去，陈诚甚至是自己都会再次遭人诟骂。

何应钦（左）与孙立人在战场上

"总统先生"，何应钦礼貌地向蒋介石颔首就说道："我现在不是想让大家去追究谁的责任，我只是对整个战局演变到如今这种地步深感不解和失望。"何应钦回头用眼光扫视了全场一圈继续沉声说道："300余万兵员死伤或被俘，步枪100万支、轻重机枪共约7万挺，山炮野炮重炮1000余门都被共匪缴获，还不算汽车、装甲车等大型军械装备……我痛心之余感到很奇怪，我很难想象到底陈总参谋长原先是怎么指挥作战的。这样的人，没有一点指挥才能，是怎么当上总参谋长的？"

何应钦说这番话只是为了发泄自己心中的不满和对蒋、陈的怨气，他心里很清楚，派谁去指挥与共军作战，其结果都是一样的。

何应钦此番话一出，原本平静的会议室渐渐有了窃窃的议论声音：

"这仗都没办法打了！"

"陈诚真是误国误民！"

"那还不是委员长……"

蒋介石听了何应钦的言论很生气，他腾地站起来说："我自黄埔建军二十多年以来，走过许多的艰难险阻，总是抱着大无畏的精神和百折不回的决心，坚持奋斗，终能化险为夷，渡过种种难关。自对共匪作战两年来，军事上遭受了挫折，这是不容讳言的事实。但今天最重要的是我们大家同心同德，共济时艰，抱定'有敌无我''有我无敌'的心，激励士气，来挽救危机争取胜利，而不是要互相埋怨，互相倾轧。尤其我们这些高级负责人，更应坚定信心，处在危疑震撼之际，更宜力持镇静，绝不可有丝毫悲观失望的情绪和论调，以致影响士气，影响全局……"

何应钦静静地听着，知道蒋介石对自己刚才的言论很生气，但他脸上还是一幅波澜不惊的样子，仿佛蒋说的是别人。早就知道蒋介石会这么回击自己，自己的言论让国军将领们倍感失望，蒋现在给大家鼓劲打气，激励大家与共军一决雌雄。可是，何应钦心里有些发凉地想，共军的生命力如此强悍是所有人都没有料到的，国民党败局已定。想到这里，何应钦脸上露出悲伤的神情，蒋介石看到以后误以为是自己的话起了作用，何应钦为他刚才那番悲观失望的言辞了感到后悔了，于是放缓语气说："蒋某人知道，我们国军的高级将领大多数还是正派的，只要我们大家同心协力，我们终究会战胜共匪，再次创造胜利的！希望各位不要过于悲观失望……"

"是！"将领们齐声答道。

何应钦依旧什么话都没说。他明知道国民党已经无力扭转败局，但是自己又能怎么样呢？在国民政府任职多年，自己的命运早已经和国民政府的命运，和蒋介石的命运错综复杂地交织在了一起，国民党倒台了，自己也就完了。所以，虽然和蒋介石的矛盾虽然还存在，但此时自己最应该做的就是暂时抛弃纷争，辅助蒋介石抵抗共军的进攻，或许还能求得一线生机。

坚定了反攻立场的何应钦积极地参加各种军事会议，每次开会必先辱骂共军，说国共两党的战争是八年抗战的延续，同样是为了国家的独立自由，为了救人民于水火。

但何应钦的奋力挣扎并没有能扭转国军再三败退的命运，在随后的两个月时间内，解放军所向披靡一路凯歌，到了1948年10月中旬，华北、东北告急，国民党败局已定。

何应钦手中拿着华北请求增援的加急电报，眉头紧锁地抽着烟：东北战场已经败了，华北战场即将被共军控制。下一步共军的作战目标将会集中在中原地区，徐州将成为战略要冲，调谁去把守徐州比较合适呢？顾祝同？刘峙？这两人虽说是自己的老部下，但要他们守住徐州始终勉强了些……白崇禧！何应钦一拍额头，对！怎么把他给忘了！白崇禧现在没有紧急的任务，可以抽身前往徐州，而且白崇禧此人的战场指挥作战能力在国军将领中属上等。还有就是，何应钦略微得意地想，自己与以李宗仁、白崇禧为首的桂系将领平时的关系搞得不错，当年的龙潭之战自己与李宗仁、白崇禧的合作也很顺利，如果自己命白崇禧前去把守徐州的话应该没什么大问题。何应钦想到这里，立即起身走到电话机旁给白崇禧打电话，询问他对此安排的看法。白崇禧听何应钦说要让自己去徐州，也没多推辞就答应了下来。

为了配合华东野战军进攻徐州地区，何应钦准备让国军放弃陇海线上各大城市，把兵力全部集中在徐州外围，还从华中"剿总"调出第12兵团4个军进驻到周家口一线，以便伺机策应徐州、华中两"剿总"部队作战。何应钦随即把作战方案交给国防部作战厅厅长、中共打入国民党内部的秘密特工郭汝瑰，派郭去北平向蒋介石请示。何应钦对郭汝瑰说："见到总统时，一定要记得说明白崇禧的统一指挥权是暂时性的，待徐州会战结束之后华中'剿总'和徐州'剿总'仍会分开，让总统不必多心。"郭汝瑰知道，

白崇禧签名照

何应钦是怕蒋介石担心给了白崇禧过大的权力而不批准这一作战计划，所以需要向蒋事先说明。

事实证明何应钦是多虑了。蒋介石听完郭汝瑰的汇报后对何应钦的计划部署深表赞同，于是慷慨地说："不用让他暂时指挥，叫他统一指挥下去好了。疑人不用，用人不疑嘛！"

何应钦听郭汝瑰回来的汇报时暗叹，时局紧张，连一向习惯大权独揽的蒋介石都不得不放权了。何应钦赶忙给白崇禧打电话，

告诉他蒋批准了他的统一指挥权，让他不要有后顾之忧，并以蒋介石的名义下达了关于徐州和华中的国军作战指示。

正在何应钦忙着作战斗部署的时候，蒋介石给了何应钦一个任务——赴台主持台湾光复三周年纪念大会。或许，这时候的蒋介石已经在考虑自己的退路问题，而与大陆隔海相望的台湾岛引起了蒋的注意。

1948 年 10 月下旬，何应钦在台北中山堂讲话，发表了题为"台湾要作模范省"的讲演。他在演讲中指出：

> 由戡乱到建国，台湾所负的责任，至为重大。就经济地位言：台湾省三万六千平方公里的省区以内，农业、工业、矿业的条件具备，都是我们建国的原动力。就国防地位言：台湾为我国东南海岸的屏障，是海防的重镇，陆防的前哨，在国土防卫上，无论陆、海、空三方面，地位都极重要。国家如果没有台湾，就如同失了眼目，敞开了门户。就军事方面言：目前，我国新军正以台湾为主要基地，加强训练。国家正以极大的希望寄托在新军身上，正如在建设方面是以极大的希望寄托于台湾一样。不仅新军的训练，同时，陆、海、空军各方面国防设施的完成，处处都要求台湾同胞的协助与合作。国家不仅在目前须要剿共，在将来还要担负国际上所应负的义务，所以，为完成现代化的中国国防，应钦站在国防部长的立场，对于台湾的热忱，尤其不胜其迫切期待。

10 月 27 日，何应钦召集了台北的国民党各级军官训话，然后匆忙地飞回南京。

"我就提 4 点意见，"28 日的南京国防部会议上，何应钦针对国军在应对中原战局不利的情况下的应变措施提出自己的看法："第一，将政府迁往广州，南京现在已经面临共军战略包围的危险了，仅依靠长江天堑太冒险了；第二，广州政府应该为军政府，一切以军事行动考虑优先；第三，缩减军事机构，提高效率；第四，调整军事部署。"接着，何应钦在地图上指点着几处他事先做好标记的地点，向与会的国军高级将领们阐述自己的具体军事部署计划。"要守住长江，必先守住淮河。不知各位意下如何？"何应钦问。

在座的将领们大多数表示同意何应钦的主张，但在如何守住淮河上出现了两种不同意见。

"如果直面共匪主力的话，我军的伤亡会很大。不如退守淮河南岸，凭河川防御。虽然被动了些，但是可以保存实力。"有人说。

何应钦没说话。有人直接表示反对说："不妥。如今共匪下一步的作战态势我们还不能判断出来，凭河川防御太消极了，容易让共匪掌握主动权。"

"那该怎么办？"

"徐州留少量精锐坚守，陇海线的城市完全放弃掉，将大部主力调集到津浦路两侧，成攻势防御态势。这样的话，无论共匪以后是要出平汉路、津浦路还是要取道苏北南下，我们都可以集中全力及时予以拦截。让黄维兵团进驻周家口，以策应徐州会战。"

何应钦听完点点头说："第一种意见虽然能保住一时的安全，但是，如果退踞淮河就不方便向平汉路或苏北方面出兵，我军作战不利。还是第二个意见好。"

顾祝同等人也点头称是。

"快去给徐州'剿总'发电，"何应钦转头对秘书说，"让刘汝明部必要时放弃商丘。"

于是，何应钦忙着调派军队、物资，准备着徐州会战。但何应钦并没想到，一个让他感到十分棘手的问题摆在了他的面前，一时间弄得他手忙脚乱——原先答应他去徐州前线打共军的白崇禧突然出尔反尔，不愿意去徐州了。

10月30日白崇禧刚到南京与何应钦一起参加国防部的中原作战会议时，他还满口答应统一指挥华北"剿总"部队，要打退共军对徐州的攻击。但到次日国防部会议再开时，白崇禧却坚决不肯统一指挥徐州和华北"剿总"。

既然都答应了还反悔做什么！何应钦心中很是不悦。何应钦猜想，白崇禧应该对蒋介石怀有顾虑，怕蒋介石让自己打徐州会战，一旦战败便可以将责任推到自己身上。为了不上蒋介石的"圈套"，白崇禧决定按兵不动，保存实力。而事实并不是何应钦想的那么简单。原来，美国暗中支持李宗仁逼蒋介石下台，10 月 30 日晚，白崇禧去看望自己的老上司李宗仁，李宗仁将美国的态度告诉白崇禧，劝白崇禧不要再为已经没有前途可言的蒋介石卖命，不如坐等蒋介石的嫡系部队被共军慢慢地吃掉，到时候桂系可以坐收渔利。白崇禧听李宗仁这么一分析，深以为然，于是在第二天的国防部会议上才上演了一出出尔反尔地撂挑子的闹剧。

何应钦得知事情的真相时非常生气，同时他又暗暗提醒自己，桂系要与蒋决裂，自己不应该再和桂系走得太近，以防被蒋介石抓住把柄。百足之虫死而不僵，何应钦明白，蒋介石不是那么容易就被扳倒的。

1948 年的 11 月对于国民党来说是一个灰暗的月份。国军在战场上节节败退，市场上物价飞涨，不法商人趁机囤积居奇，大发战争财，大量平民饿死街头。许多国军将领对前途悲观失望，13 日，国民党中央政治委员会秘书长陈布雷在南京绝望地服药自杀，26 日，翁文灏内阁全体辞职。

到 11 月下旬，解放军将淮海地区国民党军主力部队歼灭，国民党大势已去。

蒋介石不甘心失败，还在做着最后的挣扎。28 日，蒋介石召集前线指挥官与国防部要员召开军事会议。

"从徐州派部队南下，援救

李宗仁（左）与白崇禧合影

第 12 兵团。"蒋介石指着地图说。

"我看很困难,"前线指挥官杜聿明说,"共军摆下了好几道拦截阵地,从正面强攻不但伤亡很大,也达不到救援的目的。"

"从侧翼包围,然后分隔怎么样?"顾祝同问。

"共军的反应速度一向快于我军,这个方法不太现实。"杜聿明否定道。

"按你的意思就是没办法了?"蒋介石有些失望。

"也不是完全没办法。可以让主力部队由双沟经泗阳逼近五河,与李延年兵团会师之后一起北上援救第 12 兵团。"

何应钦扶了扶眼镜,问道:"如果杜如部在港汉地区遭到共匪侧击怎么办?"

杜聿明很无奈地笑了笑没答话。刘斐则小声说道:"还能怎么办?只能从徐州西边逃跑嘛!"

蒋介石面色很难看,何应钦等人也是一脸的阴郁。所有人都对徐州会战不抱希望,但还是要拉上军队去拼 拼。

不久之后,淮海战役结束,杜聿明被俘。民心已失,军心已散,何应钦一看,这仗是再也打不下去了,他不顾部分黄埔系将领的劝阻,执意辞去了行政院政务委员兼国防部长的职务。

俗话说,无官一身轻,但何应钦辞去官职之后并没有觉得心里轻松多少。为了远离南京这个是非之地,何应钦于 12 月中旬住进上海江湾陆军医院治疗痔疮。他疗养期间,每天都会看报纸、听广播了解战争局势。战局向着对解放军有利的方向一边倒,眼看共军下一步就要攻打南京了,何应钦心中不急是不可能的。这一日,何应钦接到蒋介石的来电,上面写道:

敬之吾兄勋鉴:

贵恙谅已痊可,局势艰难,如可尽其一分心力,还须共撑持,以冀补救万一,中以为只要各党能团结一致,则尚有收拾之可能,并无不可为之理。尚望吾兄力疾晋京,无论为公为私,对上对下,皆应积极负责,勉尽天职也。余托岳军兄面达，不赘。顺颂痛安！

在何应钦的记忆当中，蒋介石从来没有给自己发过措辞如此谦和的电报。看来战争的局势已经把蒋介石逼得走投无路了。在陷入离心离德的困境里，蒋介石终于想到了与自己奋战多年的老搭档何应钦，于是派了张群携带自己的亲笔信来请何应钦出山。

何应钦慢慢地看完信，心中百感交集。国军败退已成定局，现在蒋介石要自己出去还有什么作用？但是，何应钦转念一想，自己在国民政府供职多年，与蒋介石恩恩怨怨一起工作了几十年，对国民政府，对蒋介石一点感情都没有是不可能的。过往的岁月荣辱都已不重要了，自己已经和蒋介石的命运绑在了一起，如今蒋介石深陷困

国民党海军陆战队守卫的美国驻南京大使馆（1948 年 12 月）

境，自己应该站出来帮他一把。蒋介石以往对自己的限制打压暂且就不提了，现在帮蒋介石就是帮自己。

何应钦想来想去终于明白了一个道理——这辈子，自己只能跟着蒋介石走到底了。

第三节　"和平谈判"苦挣扎

1949 年初，解放军胜利结束辽沈战役后又取得了淮海战役的胜利，国民党仅能依傍长江南岸的半壁江山负隅抵抗。美国对蒋介石已经不抱幻想了，希望他交出军政大权，由李宗仁接替，何

应钦负责军事事务，与共产党谈判，实现"划江而治"。在美国的背后拆台，李宗仁、白崇禧等桂系势力的频频逼迫下，蒋介石不得不做出让步，开会决定下野。

1949年元旦，蒋介石见国军大势已去，遂决定放下身段要求与共产党举行和平谈判。他在元旦文告中说："和议无害于国家独立完整，而有助于人民的休养生息；只要神圣的宪法不由我而违反，民主宪政不因此而破坏，中华民国的国体能够确保，中国民国的法统不致中断，军队有确实的保障，人民能够维持其自由生活方式与目前最低生活水准。"国民党政府打着"国家、人民"的高尚旗号，企图与共产党划江而治，伺机再卷土重来。

与蒋介石斗争了多年的毛泽东立马识破了蒋介石的企图，为保卫革命胜利果实以及作为回应，他在发表了《将革命进行到底》、《评战犯求和》两篇文章之后，发表声明表示，在8项和谈条件的基础上，中共愿与南京国民政府进行和平谈判，这8项条件具体为：

惩办战争罪犯；（二）废除伪宪法；（三）废除伪法统；（四）依据原则改编一切反动军队；（五）没收官僚资本；（六）改革土地制度；（七）废除卖国条约；（八）召开没有反动分子参加的政治协商会议，成立民主联合政府，接受南京反动政府及其所属各级政府的一切权力。

蒋介石声称自己准备下台，但白崇禧不相信蒋介石能老老实实地交出手中的权力，担心蒋会耍花招。白崇禧的担心果然没错，蒋介石在1月21日发布的"下野"文告中并没有注明"引退"两字，妄图通过耍文字游戏来为自己以后幕后插手留下退路。

陆军司令部参谋长汤尧去上海江湾陆军医院看望快出院的何应钦，告诉他蒋介石希望他出山。1月末，何应钦出院就直接赶往南京，蒋介石召见了他，并连同顾祝同、汤恩伯等人，一起召开军事会议，商讨关于长江布防的问题。

其实，李宗仁曾赶到上海劝何出山，何应钦顾虑到蒋介石的因素而拒绝接受。李宗仁对何应钦恳切地说道："敬之，蒋先生又辞职了，历史在重演，你能眼睁睁地看着我自己孤军奋战，作为老朋友，你该出来帮我一把啊！"何应钦内心颇为哀伤，他说："德邻兄，不是我不帮你，我现在的情况已经不同于 1927 年的时候了，我必须要顾及到蒋先生的感受，他不放话，我是万万不能答应的。"李宗仁遂派人打电话给蒋介石，询问他对让何应钦任新职的意见，果不出李宗仁的所料，蒋介石气愤地说："一切都是德邻弟自己安排的，我都退休了，我能说什么呢？"何应钦知道后，更加坚决地拒绝了李宗仁的邀请。

以孙科为首的行政院与李宗仁不合，遂率行政院官员总体辞职。李宗仁找张治中接任行政院长，但张坚决不就职，李宗仁、白崇禧焦头烂额之际就想起来在国民政府内享有崇高威望，又颇被蒋介石信任的何应钦来。

何应钦知道李宗仁马上又会来找自己，于是在 3 月 8 日的时候，何应钦带着家眷去杭州过 60 岁生日，想远远地避开李宗仁。

李宗仁与张治中磋商的时候对张说："你要是坚决不就职也可以，你先推举几个行政院长人选。"张治中提出了几个人，并着重推荐何应钦。李宗仁说："我也想让敬之来挑这副担子，但是他怕蒋介石，一直都不肯。"

张治中于是就联络何应钦和蒋介石，蒋介石说："院长由别人来做，敬之任副院长兼国防部长好了。"张治中问何应钦的意思，何应钦对张说："院长我都不愿意做，我还做副院长？"

张治中再次劝蒋介石说："你希望何任副院长兼国防部长，但你也知道他肯定不会干的。你不同意何应钦组阁，内阁肯定建不起来，到时候李宗

张治中

仁就会把责任推给你。"蒋介石听张治中这么说，觉得他说得不是没有道理。他想到何应钦毕竟是自己的老部下，让他去做行政院长要比让别人去做对自己更有利。所以，后来当张治中请蒋批准何就任行政院长的时候，蒋终于下决心，给何应钦打电话说同意他就职。有了蒋的批准，何应钦心中的忧虑才算散去。

为给何应钦 6 月 12 日的生日贺寿，蒋介石题写了寿轴和一封亲笔信，交张治中带给何应钦。

何应钦打开封套，展开寿轴，上题："敬之同志六秩大庆，安危同仗，甘苦共尝。中正敬祝。"何应钦苦笑，这时候的确只能选择与蒋介石"安危同仗，甘苦共尝"了，何应钦接着打开蒋介石的信，上面写道：

> 敬之吾兄勋鉴：
>
> 礼卿、文白二兄来奉，关于大局与个人之出处，均已详讨甚切。中以为只要于革命前途有益，使旧属官兵有所依托，而不致散乱，以保全革命硕果之基础，则兄应毅然应命，更不必论职位之尊卑，与个人之得失。此为中对革命责任之基本观念，亦望吾兄能以中之意志为意志。承当此艰危之局势也。
>
> 余托礼卿、文白二兄面详一切，恕不赘述。
>
> 顺颂
>
> 时祉！
>
> 中正手启

看完蒋介石的信，何应钦内心久久不能平静。何应钦感到，两人多年恩怨在看完这封信的一刹那间竟然都烟消云散了。原本还对蒋介石怀有提防的心理准备的，现在提防被感激取而代之，何应钦满怀感慨地给蒋介石复信：

> 深感蒋谆谆劝勉之旨，再四思维，嗣复盱衡全局，以为分属党员及革命军人，身属国家，论战可团结内部之力量，

谈和则可确守固定之原则。果能使旧属有所依托，并拯斯民于水火，则个人毁誉荣辱，自当在所不计。虽临危受命，成败尚未可期，然倘知事或有济，则可稍尽革命军人之天职。

3月12日，李宗仁向国民政府立法院提名何应钦为行政院长，其呈递的咨文如下：

> 兹因行政院院长孙科呈请辞职，情词恳挚，特依宪法第五十五条第一项之规定，提请以何应钦继任行政院院长。查该员现年六十，籍隶贵州兴义，历任军职，尤著勋功。曾任黄埔军校教育长、总指挥、军政部长、参谋总长、行营主任、中国战区中国陆军总司令，国防部长等职。自革命北伐以至抗日战役，无不激励忠贞，匡扶终始，力赞统一之大业，弼成胜利之全功。并曾承命办理接受日本投降事宜，主持联合国安全理事会军事参谋团中国代表团事务，洽宜因应，著誉国际。以之继任行政院院长，必能因时势之需求，为和平建国而努力……

3月13日，何应钦乘火车离开杭州抵达上海，15日下午，何应钦夫妇在顾祝同的陪同下到达南京，李宗仁等在何公馆里就组阁问题与何举行了两个多小时的会谈。何应钦长叹一声说："德邻兄，你知道我是不愿意回来的。组阁相当困难，你要我组阁等于是逼我往火坑里跳啊……"李宗仁只好对何应钦抱一抱拳，歉疚地说："敬之此刻助我，德邻永生

何应钦（右一）与同僚合影

不忘。"

何应钦说的没错，在组阁人选上，他面临着很多困难。李宗仁找了很多人，但绝大多数人不是不愿再为官，就是惧怕蒋介石势力的阻挠。经过好一番的努力争取，3 月 24 日，何应钦率全体阁员正式就职。何宣布在后来所著的《为邦百年集》中写到新阁的主要任务是："一方面要顺应当前情势，准备与中共作公平合理的谈判；一方面更要秉承蒋公意旨，加强华南、西南各省以及台澎、海南各地继续戡乱的战备。"以何应钦为首的新内阁需要处理的紧急任务是，指定一个正式代表团与中共进行谈判。

新华社广播于 3 月 26 日发表中共中央的决定，4 月 1 日与南京代表团在北平举行和平谈判。周恩来任首席代表，林伯渠、林彪、叶剑英、李维汉为和平谈判代表，和谈以毛泽东所提 8 项条件和 1 月 14 日对时局的声明为基础。

得知中共谈判的部署决定之后，何应钦紧急展开内阁会议商讨对策，经过几次会议的讨论，会议拟定了一个与中共谈判的依据腹案，其全文如下：

一、双方既确认以和平商谈解决国是为全国人民之要求，则双方所拟商谈者，端在国家元气之如何保存，人民痛苦之如何解除，国家政策之如何拟订，及政治制度之如何建立，以谋长治之安，是以关于战争责任问题，不应再提。

二、同意重订新宪法，此新宪法之起草，我方应有相当比例之人数参加。

三、关于法统问题，与前项有连带关系，可合并商讨。

四、双方军队应分期分年，各就驻在区域自行整编，并应树立健全的军事制度，俾达成军队国家化之目的，至分期整编时双方应保留之军队数字，另作商讨。

五、"没收官僚资本"一节，原则同意；但须另行商订施行条例办理。

六、"改革土地制度"一节，原则同意；但须另行商订施行条例办理。

七、关于"废除卖国条约"一事，将来由政府根据国家独立自主的精神，平等互惠之原则，就过去签订之条约加以审查，如有损害国家领土主权者，应予修改或废止。

八、同意召开政治协商会议，并由该会产生联合政府，惟在该会议与联合政府中，我方与共方应以对等名额参加，其属于第三方面之名额，亦于双方区域中各占其半。

九、代表团抵平后，即向中共提出：双方应于正式商谈开始之前，就地停战，并参酌国防部所拟停战意见进行商谈。

以上九项，系商谈之腹案，其内容亦仅为我方可让步之原则性限度，商谈时仍应逐条力争。如共方要求超过各项限度，应由代表团随时电报中央请示核夺。

李宗仁仍觉得不满意，他与何应钦商讨后，又定下了和谈的3项原则：

（一）和谈必须建立在平等的基础上，我们绝对不能让共产党以胜利者自居，强迫我们接受不体面的条件。

（二）……我们不能同意建立以共产党为统治党的联合政府，我们应该建议立即停火，在两党控制区之间划一条临时分界线。

（三）我们不能全部接受所谓8条，而只同意在两政府共存的条件下讨论8条。

何应钦提出的腹案直接反映了蒋介石备战求和的思想，李宗仁的3项原则与蒋介石的思想是呼应的，没有本质上的不同。国民政府事先选定这样的立场就注定了和谈不会成功。

"现在我公布和平谈判代表团名单，"何应钦在3月29日的行政院临时院会上无精打采地说，"张治中、邵力子、章士钊、李蒸、黄绍竑、刘斐为代表，张治中为首席代表；卢郁文为秘书长，莫德惠、李俊龙、钟天心、江庸、彭昭贤、屈武为顾问……"

被点到名的各位国军将领都是一脸沉重之色。何应钦很能明

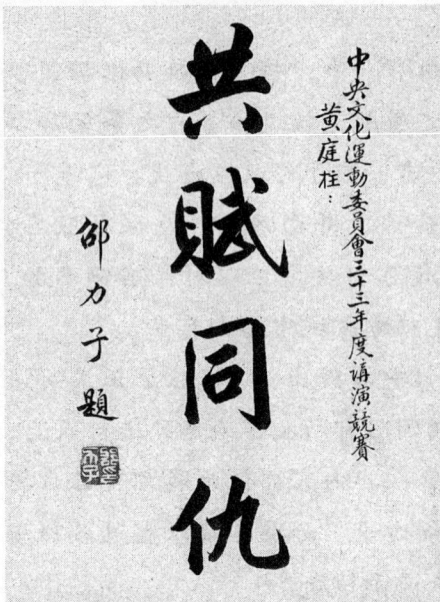

邵力子书法作品

白大家心中的顾虑与悲观，他也对和谈的前景没有把握。何应钦知道，以蒋介石的意思拟定的腹案与共产党提出的条件相去甚远，现在的情势不是1925年，也不是1937年，国民党现在即将被共产党打败，国民党还甚为倨傲地提出这种不知妥协的原则要求，共产党必不会接受。退一步讲，即使是李宗仁妥协答应了共产党提出的一切条件，蒋介石是不会答应的，他何应钦也不会答应，毫无疑问，这场谈判注定前途无望。

国民政府前途堪忧，何应钦这个行政院长感到肩上挑得担子很沉重。他很想在自己就职期间把国民政府中长期存在的一些弊端漏洞进行改革补救，3月30日，他在立法院发表《行政院施政方针》的演讲就可以反映他这一急切心情：

应钦向治军事，素少过问政治，第默察当前局势，非争取和平，不足以保全国会；非革新政治，不足以卫国保民；非改良财政，不足以安定民生。盖胜利以还，烽火未息，国力之耗散殆尽，全民之痛苦益深，故薪求和平实为全国人民一致之愿望，诚宜本最大之诚意与容忍，谋求和平，以固国本，近岁以来，风气败坏，其表现于政治，为敷衍，为腐败，为贪污无能，今欲起衰振敝，挽回风气，诚宜本最大勇气与果断，革新政治，涤荡旧污，与民更始。抗战及今，用兵过久，部队之编制扩大，军糈之补给益艰，流弊所至，名额多未尽核实，风纪亦未尽整饬，驯至军誉堕落，士气颓靡，诚宜本最大之决心与努力，核实员额，积极整顿，务期兵精食足。纪律严明，以确尽保国卫民之责任。时至今日，国家财政金融万分竭蹶，国民经济亦濒于破产，益以币信低落，物价高涨，多数人民，不仅不能勉求温饱，抑且不能维持其最低之生活。诚宜本最大之毅力与信念，锐意改良，务期整理收支，维持币信，增加生产，使财政、金融、经济三者，密切配合，相生相成，进以求民生之安定。

经李宗仁的提议，国民政府成立了"和谈最高指导委员会"，委员包括李宗仁、何应钦、于右任、居正、张群、孙科、吴铁城、童冠贤、吴忠信、朱家骅、徐永昌，共 11 个人。国民政府和谈代表团于 4 月 1 日到达北平。宣称已经"隐退"的蒋介石忙着插手和谈事务，他给国民党中央党部下达两点指示：第一，和谈后必须签订停战协定；第二，共军一旦渡江，和谈就立刻终止，其责任由共产党一方负责。蒋介石怕何应钦在谈判中妥协，特意打电话叮嘱何，要他一定不能放弃原则立场，何应钦一一答应。

张治中在北平与共产党谈判期间，频繁地向李宗仁、何应钦汇报和谈情况。国民党谈判委员会起初还坚持以南京和谈"腹案"为原则与中共交涉，但双方要求差异太大，谈判毫无悬念地进行得不顺利。何应钦密切关注着谈判进程，连日来陷入了苦恼当中：共产党要求在谈判正式开始之前，必须惩罚

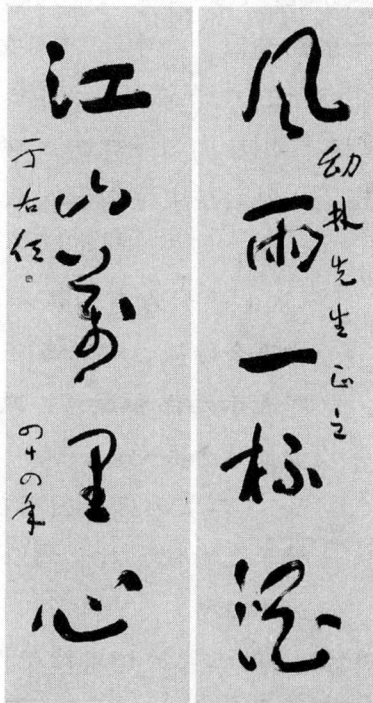

于右任的行书

　　于右任（1879—1964），原名伯循，字诱人，晚年自号"太平老人"。陕西三原人。国民党元老，书法大师，著名的报刊活动家、教育家。图为于右任行书书法。

"战犯"；要求江南宪警必须全部撤退；要求自己和李宗仁、于右任等人前去北平。何应钦觉得中共的条件太苛刻，他打电话向李宗仁反映情况，并问李下一步该如何打算。李宗仁回答说："我已经给毛泽东发去了一封电报，同意了他们提出的8项谈判条件。希望解放军不要再向我方推进，双方都应该为争取和平解决内战而努力。"何应钦听了没说话，他心里觉得，如今国民党大势已去，毛泽东必不会妥协。

何应钦猜得没错。4月8日，毛泽东回电给李宗仁："贵方既然同意以8项条件为谈判基础，则根据此8项原则以求具体实现，自不难获得正确之解决。战犯问题，亦是如此，总以是否有利于中国人民解放事业之推进，是否有利于用和平方法解决国内问题为标准。在此标准下，我们准备采取宽大的政策"。何应钦看了毛泽东的电报，心中暗想，我早知如此。国民政府也应该坚定地表明自己的立场态度，切不能像中共示弱！于是当天下午，何应钦则在广州参加国民党中央常务委员会议，会议根据蒋介石的声明、指示，最后在决议中再次拟定修改了和谈的5项原则：

（一）为表示谋和诚意，取信国人，在和谈开始时，双方下令停战，部队各守原防。共军在和谈其间，如实行渡江，即表示无谋和诚意，政府即应召回代表，并宣告和谈破裂之责任属于共党。

（二）为保持国家独立自主之精神，以践履联合国宪章所赋予之责任，对于向以国际合作，维护世界和平之外交政策，应予维持。

（三）为切实维护人民之自由生活方式，应停止所有施用暴力之政策，对于人民之自由权利及其生命财产，应依法予以保障。

（四）双方军队应在平等条件之下，各就防区，自行整编，其整编方案。必须有互相尊重、同时实行之保证。

（五）政府之组织形式及其构成分子，以确保能保证上列第（二）（三）（四）各项原则之实施为条件。

李汉魂于 4 月 8 日又回到南京见李宗仁，当时何应钦也在李宗仁处。李汉魂劝说李宗仁道："其实谈判是可以进行下去的，我们只需要妥协一下。政府若能接受中共 8 项条件中的 2 项条件就可以了，其他的均好商量。"

"哪两项条件？"李宗仁问道。

"废除宪法，废除法统。"李汉魂停顿了一会儿才说。

"要是这么办的话，那跟亡国有什么区别？"何应钦在一旁赶忙插话道。

李汉魂就知道何应钦会最先反对，于是他也就没再往下说下去，辞别了李宗仁匆匆离开。

何应钦怕张治中在谈判中向共产党妥协，于是急忙给张发电，要他严格遵守新定的和平谈判 5 项原则，严拒解放军渡江要求。但何应钦不知道的是，张治中与周恩来等人经过近半个月的谈判，内容已经大体定型，国民政府原先拟定的"腹案"中的大多数要求已经不可能实现了，如今又下来了新的原则要求，张治中只能报以苦笑。

4 月 15 日晚，中共首席和谈代表周恩来公布了"国内和平协定"最后文本，并就李宗仁关心的解放军渡江等问题作了几点说明：

第一，人民解放军没有宣布过停战。南京政府曾多次提出停战议和的要求，我们没有同意，只同意协定签订后永无内战，但愿意在谈判期间暂不渡江。这个协定是最后定稿，4 月 20 日以前同意即签字，不同意即渡江。

第二，协定签字后，选定长江下游扬中、江阴和上游繁昌、南陵等十县由人民解放军和平渡江，接收江南地区，实施和平协定，如有率部叛乱破坏协定者，我们即协同南京政府讨平之。

第三，军队整编委员会于协定签字后随即成立，成立后决定对苏、浙、皖、湘、鄂、赣、陕、陇东等地的接收。

第四，南京政府部队如有破坏协定者，人民解放军进行讨伐不受上述十县的限制。

第五，如南京政府同意于4月20日前签字，我们希望李德邻先生、何敬之先生、于右任先生、居觉生（居正）先生、童冠贤先生五位同来北平参加签字仪式。

4月16日，黄绍竑和屈武带着"国内和平协定"返回南京，李宗仁、何应钦等人怀着忐忑的心情会见了黄绍竑。

"我们此番赴北平参加和谈，已经尽了最大努力，能取得这样的结果，已经是很不容易了。"黄绍竑把和谈文本及复件交给李宗仁与何应钦等人的时候说。他料定李、何会对协议不满，于是先这样把话说明，先行降低李、何等人的心理预期值。

白崇禧看完文本怒声说："这样的条件你也能签？"

"现如今不是1925年，我们已经没有和人家讨价还价的资本了，大家应该现实一些。"黄绍竑冷静地回答。

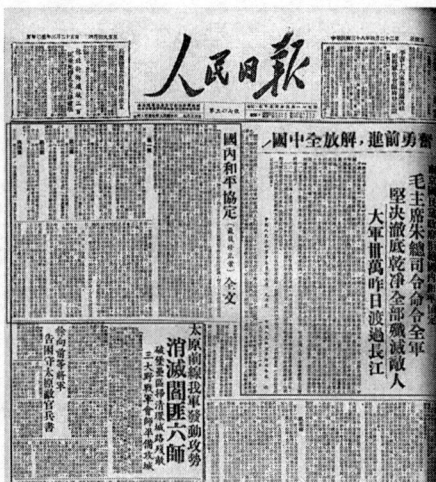

《人民日报》刊登的《国内和平协定》
（1949年4月22日）

"哼。"白崇禧瞪着黄绍竑冷哼了一声。

李宗仁与何应钦都没有说话。

黄绍竑见气氛冷肃，起身告辞。

"你怎么看？"李宗仁问何应钦。

何应钦叹了口气取下眼镜，用手指捏着眉心说："此时非同小可，要拿回行政院开会讨论之后才能答复。"

何应钦将协议拿给蒋介石，蒋介石看过之后大骂："文白（张治中）无能，丧权辱国！"

快到和谈签字的日期了，何应钦就是否接受和谈条件主持行政院开了一次秘密会议，国民党大多数军政要员都不同意协议内容，认为这根本就不是一个和平协定，简直就是投降书。何应钦也对协议持否定态度，李宗仁面色复杂，没有发言。到最后，何应钦总结发言，代表国民政府行政院宣布，不接受中共的和谈协定条款。

当天下午，李宗仁与何应钦联名致电南京政府和谈代表团与中共中央，对"国内和平协定"大肆指责，并建议双方暂时签订一个临时停战协定。4月21日，毛泽东、朱德按照计划发布了《向全国进军命令》，一声令下，百万解放军全线强渡长江。

国共和谈最终破裂，国民党政府自断了在大陆的最后退路。

第四节　败退台湾岛

和谈既然已经破裂，张治中等人没有必要再留在北平了。4月21日，李宗仁与何应钦致电张治中、章士钊等和谈代表团成员，要他们返回南京，几日后便会有专机来接应。对于和谈的失败，张治中感到惋惜的同时深感国民党这是在自寻死路。张治中连日来睡不好觉，共产党看来是要渡江作战了，到时候，腐败堕落的国民党政府势必在解放军的炮火下很快土崩瓦解，本有希望避免内战的和谈协议被国民党一手撕毁，可怜江南人民又要遭受一场战火的荼毒……张治中烦闷不已，伸手展开24日何应钦的来函：

> 文白吾兄并转邵、章、李、刘诸兄均鉴：
>
> 　　此次和平谈判，经兄等尽最大之努力，仍未能克底于成，此属国运使然，凡我爱国之士，莫不同声悲叹。兹特派专机

来平，敬祈与全团同人即日飞上海为盼。

专此

敬颂

勋安

弟何应钦敬启

四月二十三日

张治中的老朋友周恩来同志，曾多次劝张治中不要回南京继续给国民党卖命，国民党已经大势已去，应该顺应历史潮流。弃暗投明。周恩来几次三番的挽留终于说动了张治中等人。张治中再三考虑之后，给何应钦发了份电报：

敬之院长先生，李民欣先生带来二十三日手示奉悉。和谈破裂以后，同人等正待命南返中，二十二日晚接奉德公电话，谓于翌日派机来平，当即转告同人准备南行，并即函告共方查照。旋由周恩来、林祖涵、李立三诸位分别访问同人等，坚相挽留，并表示随着将来新的形势发展，尚可续为和平努力等语，曾于二十二、二十三两日两电并于二十三日晨以电话向南京请示数处，均未得通。昨闻中央航空公司今日有机来平，复与共方洽商，申明必须南返理由，冀其同意，然周仍诚意挽留，未肯同意，似此只有暂留等待而已：尚祈亮察。再同人等此行未克达成任务，乃荷李代总统与先生电相慰，殊深惭汗！并请为转陈德公为祷。

专此奉复，

敬颂勋绥。

张治中、邵力子、章士钊、李蒸、刘斐

四月二十四日

对于张治中等人的"叛敌"行为何应钦感到很愤怒，他气急败坏地把张治中的电报撕个粉碎，并于4月27日在广州的行政院会议上撤销了"政府和谈代表团"，罢免张治中的西北军政长官的职务。

让何应钦感到头疼的不止是一个张治中，蒋介石对军政事务的频频插手更给何应钦的诸多行动造成了许多困难。蒋介石对国民党军队控制很严，他做出的许多军事安排并不经过李宗仁、何应钦的同意。他让何应钦做行政院长兼国防部长，只是为了确保在自己下台后，安插自己的力量以中和、牵制桂系的势力，实际上何应钦手中并没有调动军队的权力。

"我的意见是：把江防军队的主力分布在南京通向长江中下游这一带地区，这一段江面较窄，解放军从这里突破的可能性较大。"国防部作战厅厅长蔡文治在讲到江防计划时说，"而江阴以下的江面宽阔，不适合偷渡，我们可以不在这里设重兵防守。"

李宗仁、何应钦、顾祝同等人都纷纷点头。

"我有不同意见。"一个傲慢的声音响起，何应钦扭头一看，原来是汤恩伯。

"上海是重镇，怎可防备如此薄弱？主力部队应该集中在江阴以下，重点防守上海。南京上下游只留少数部队驻守即可。"汤恩伯大声说。

"你这方案明显行不通嘛！这属于自杀式行为。"蔡文治对汤恩伯的提议感到很诧异。

"不论你说什么，这可是总裁的部署方案，你能怎样？"

蔡文治略有些生气地说："这样的方案凡是略懂军事的人一看就知道必败无疑，而今代总统、何院长、顾参谋总长都对我的计划没有

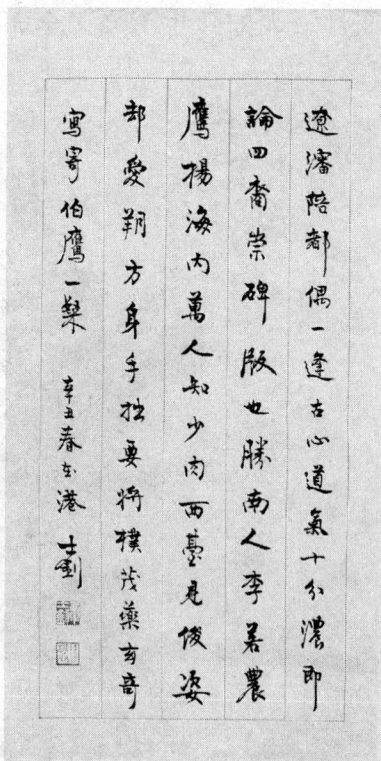

章士钊书法作品

异议，你还有什么要说的呢？"

"你敢违背总裁的命令？"

"不在其位，不谋其政。总裁已经下野了，如果共军渡江成功，你把重兵都拉到上海还有什么意义？"

显然，蔡文治的话激怒了汤恩伯。只见他一拍桌子厉声吼道："你蔡文治算什么东西？轮得到你来质问老子？信不信老子现在都枪毙了你！"

何应钦一看事情不好收拾了，赶紧出来打圆场说："恩伯息怒，文治这么说并不是针对你……"

"我这个国防作战厅厅长连一点儿作战部署的权力都没有，我还干个什么？我不干了！"蔡文治把文件往桌上一甩，气冲冲地推门而出。

"老子奏请总裁崩了你！"汤恩伯还在叫嚷着。

蔡文治所料不错，4 月 21 日，人民解放军一部已从江阴渡过长江，大部队也于当天全面渡江完毕。汤恩伯急忙令上海驻军回

解放军战士奋勇登上长江南岸

撤守卫南京，但远水解不了近渴，南京将要被解放军包围。这天的军事会议上，得知了解放军已全面渡江的何应钦、白崇禧、顾祝同等人个个面色十分沉重。

"想必大家都知道了，共军已经渡江。"何应钦有气无力地说，"大家看怎么办？"

"我看，南京怕是守不住了。"顾祝同也是无精打采，一脸的疲惫。

"是啊……"

"我也是这么想的……"

"你们不要那么悲观，"白崇禧站起来说，"你们在这里叹气就可以解决问题了？我们现在应该坚持与共军对峙！我建议，放弃京沪两地，防守武汉与西南，把驻守上海的汤恩伯部队主力调到浙赣线和南浔线，与我的华中部队互为犄角，固守湘赣！"

会场之上一时之间鸦雀无声，大家心中都明白，局势演变到如今这个地步再怎么补救都晚了，可是坐以待毙也不是办法，权且死马当作活马医，搏它一搏吧！

"事到如今，也只能这样了……"何应钦无奈地感叹道。他心中暗想，若不是有蒋介石的多方掣肘，可能局势也不会糟糕到如今这种地步。

怀有同样想法的不只是何应钦一人，李宗仁对蒋介石肆意插手军政事务的行为早就看不过去了，如今长江天堑被破，李宗仁对蒋介石感到忍无可忍了。他下了会，就亲自去见蒋介石。

"和谈已经失败，我这个代总统也没有理由再干下去，还请您复职！"李宗仁一见蒋介石就开门见山地说。

蒋介石一听就知道李宗仁不是诚心想让自己复职，只是埋怨自己干涉太多而已。于是蒋回答说："我们应该讲团结，一起应对这特殊的时局。这样吧，我们设立一个'非常委员会'，有权决定和指导政府工作。"

"哦？"李宗仁听后转了转眼珠，心里寻思着蒋介石又耍什么花招。"我倒想听听总裁到底会给'非常委员会'多大程度的权力？"

"我这里有份草案，你们拿回去议一议。"

经过李宗仁、何应钦、顾祝同等人的商议，最终会议通过了4项决议：

（一）关于共党问题，政府今后惟有坚决作战，为人民自由与国家独立奋斗到底。

（二）政治方面，联合全国民主自由人士，共同奋斗。

（三）在军事方面，由行政院何院长兼任国防部长，统一陆、海、空军之指挥。

（四）采取紧急有效步骤，以加强本党之团结及党与政府之联系。

忽然被授予军权的何应钦并没有感到有多么的兴奋，他在机场准备乘飞机飞往上海时，听到长江边传来的轰隆隆的炮火声，他知道共产党终于来了。此番离开南京，也不知道还有没有可能再回来这里，想到这里，他心思郁结，神情颇为忧郁。

4月23日，何应钦到达上海，立即召集顾祝同、汤恩伯、周至柔、桂永清等将领举行军事会议。汤恩伯在会上对自己先前的谋算失误并没有感到半点自责，仍不停地高谈阔论，嘴里面一直说着："总裁命令是……，总裁的意思是……"。何应钦麻木地听着汤恩伯的夸夸其谈，心中却再无波澜。他知道，汤恩伯直接受命于蒋介石，他并不把自己这个刚上任的国防部长放在眼里，依然是我行我素，唯蒋介石之马首是瞻。何应钦在军事上没有发言权，他就以行政院长的身份发表了书面谈话，对形势做了大概描述，并鼓励国军继续同解放军战斗：

共产党此次乘政府对争取和平，要求停战，作最后呼吁之际，发动总攻，大举渡江南犯，致获港、江阴、扬中等地相继弃守，者都陷入钳形攻势中。我驻守首都大军，一时处于被动地位，无法发挥高度之战斗力量。我统帅部估计军事形势，当前尚非适宜之决战阶段，不能不自动从首都作战略之撤退。且政府原早迁广州，部署停当，政府各机关驻京办事处自宜一律结束，重回我革命策源地，为国家之独立，人民之自由，继续奋斗……

何应钦不得志，解放军在正面战场给国军的压抑，国民党内部派系的纷争，蒋介石再三的暗中牵制……一切都阻挠着他想有番作为的初衷的实现，他心中的苦闷在 5 月 10 日，他列席立法院会议作的《与中共和谈破裂经过及政府迁穗情形》报告中可见一斑：

应钦此次受命于危难之际，出任行政院长，在就职之始，原期以最大之诚意与容忍，本公平合理的原则，与共党进行和谈，以实现国家的和平与统一，解除人民倒悬的痛苦……应钦痛感事与愿违；本应退避贤路，惟念当前局势，严重已极；国家民族之命运，已在存亡绝续之交，政局不可动荡，军事应有重心，应钦以身许国，势必如此，不得不牺牲一己，继续勉任艰世。现幸李代总统已于前日莅临时政府所在地之广州，贵院暨监察亦均为在穗集会，对于救亡图存之大计，必有贤明之决策，应钦遵循有自，当可减少过失，共赴事功，……只要我们办到"一德一心，群策群力"八个字，并且求改革，求进步，不动摇，不屈服，最后的胜利，必定是我们的……

何应钦在这篇报告中陈述了自己就任行政院长后的工作经历，透露了自己虽然做出了努力，但在诸多不利因素的作用下他还是对局势感到无能为力。何应钦忽然想起来自己在美国的时候读到的一个谚语：最后一根稻草压死了骆驼。当时听到的时候并没有过多的感触，现如今，何应钦自嘲地觉得，自己就是那只可怜的骆驼，就等着什么时候那最后一根稻草的来临，要么把自己压死，要么把自己逼疯。

宋希濂

蒋介石的再三插手军务，给何应钦的背上添上了这最后一根稻草。李宗仁与何应钦、白崇禧计划保卫华南，所以要重新部署调整鄂、湘、赣、粤、闽等地区的军队。5月上旬，为阻止解放军进入赣南，白崇禧命令胡琏部协同华中部队防守赣江上游地区，但胡琏竟率领军队直退到潮汕，以图保存实力，白崇禧质问胡，胡回答说是遵照蒋介石的密令。

何应钦听说后对蒋介石的做法非常不满。但紧接着，让何应钦、李宗仁等人感到更震惊的是，左翼宋希濂部10余万人忽然离开了湘西，撤至鄂、川边境，致使华中的白崇禧部面临着被解放军南下围攻的危险。何应钦闻讯给宋希濂打电话，令其率军迅速回湘西。不料宋希濂对何应钦态度非常傲慢，拒绝回防，还对何应钦出言不逊。何应钦很生气，但对宋希濂又无计可施。0

此后的一段时间里，无论是防卫部署，还是军事指挥，后勤补给……一切进行的都不顺利，何应钦感觉到自己的承受力快到极限了。有一次，他和李汉魂聊天时疲惫地说："惜以军费浩繁，所有存台的黄金、美钞，俱不能直接提用；刻虽兼任国防部长，亦是徒负虚名，凡事不能直接指挥。即此两端，已属无从应付；至若派别之暗中排斥，敌方之分途急进，则痛急更不待言。"外部受解放军大军压境的威胁，内部不思团结矛盾重重，何应钦对国民政府彻底失望了，遂下决心辞职。他于5月21日写下辞呈，亲自交给李宗仁，表示要辞去行政院长的职务。他在辞呈中感慨良多地说：

> 受命以来，月余于兹，除立法院问题钦获得全体立法委员之支持，引为毕生最大之荣快外，其余各项问题，莫不与愿相违……乃事实演变，未符理想，而财政问题，又复困难万端，无法解决。全国官兵公教人员之生活，不能有合理之

维持，民众疾苦，愈益加深，长此以往，恐将陷于万劫不复境地。钦虽努力以赴，终感补苴无术，中心隐痛，莫可名言，惟有恳请辞去行政院长职务，以免贻误将来……

1949 年 4 月 23 日，人民解放军占领南京，国民党政府灭亡了。5 月底，何应钦内阁在广州集体辞职。李宗仁对何应钦一再挽留，他对何应钦说："敬之，时局危难之际，你可不能撒手不管呐！"何应钦摇摇头，一脸倦意地说："德公，你要让我继续干下去的话，那我只有两条路可走了：一是逃亡，二是自杀。"李宗仁见何应钦去意已决，就没有再坚持挽留。李随即组织阎锡山等人成立"战时内阁"，来代替何应钦内阁辞职后形成的权力空缺。

1949 年 12 月 10 日，蒋介石乘坐着中美号在成都的凤凰山机场起飞，离开了他征战半生的大陆河山。这位统治了中国长达 22 年之久的军事委员会委员长、国民党总裁蒋介石，自此永远地离开了大陆。坐在飞机上，他一言不发，透过机窗，满眼留恋地注视着熟悉的祖国山河，他不知道自己在有生之年还能不能再卷土重来，一时间心中悲怆。

在蒋介石离开大陆之前，何应钦便与家人离开了大陆辗转到达香港，此前何应钦在纽约联合国总部任职的时候，何应钦就在美国购买了一栋别墅，准备在美国终老。不久，蒋介石派出来专机，何应钦思前想后，还是决定听从蒋介石的召唤，由香港回到台北，从此开始了他长达 38 年之久的海岛生活。

第十二章
失势不失宠

第一节　拥戴老蒋不遗余力

　　1950 年 1 月 6 日，年届花甲的何应钦在台北牯岭街的家中接见了美国《新闻观察》记者但斯瑞，他十分超脱、如释重负般地说："中国有句老话，不在其位，不谋其政。关于军政的权衡，瞬息万变，完全要以综合时序发展中的各要素，给予当机适宜的处断，本人久荒膺命，斯项事务已非余所应问……我是国民一分子，在国民应尽义务方面，当然不能后人，所以就我内心的衷愿说，从政时冀不负为国家公仆，现在只希望无忝为一个自由中国的公民。"何应钦对台湾地区的军事、政治形势不置一词，以至于对方对他的态度大失所望。

　　全身心做"公民"的何应钦，却在全力支持蒋介石的复出。2月 12 日，台湾"监察院"作出决议：提请国民大会"弹劾"李宗仁。虽然何应钦此前与李宗仁相交几十年，私交甚笃，但这时为了表示自己全力拥护蒋介石复出，他也表现得很积极。2 月 23 日，在国民党中常会上，何应钦提议，请蒋介石恢复行使"总统"职权。24 日，台湾"立法院"亦联名电请蒋介石恢复视事。3 月 13 日，蒋介石发表文告，宣布自己再次出任"总统"。

　　为了蒋介石的复出摇旗呐喊，也为了给败退到孤岛上的国民党军打气，鼓吹"冒险犯难"的精神，以完成"反共抗俄"的大业，1950 年 3 月 13 日，何应钦借棉湖大捷二十五周年之际举办

钱大钧

纪念酒会，钱大钧、顾祝同、陈诚、蒋鼎文等出席，何应钦宣讲《棉湖之战感言》：

棉湖之役终于胜利了。我们之所以获得胜利，是由于士气旺盛，有高度的攻击精神，人人抱定必死的决心，能够以一当十，以十当百。是由于军纪严明，得到人民的协助；将士用命，贯彻统帅的意志；是由于友军能够协同一致，第二团能够兼程驰援，适时加入战斗，扭转战局。

而敌人则不能团结，军纪荡然，终被我军各个击破，全军覆没。今天革命事业均已遭受顿挫，而我们现存的军事力量，则千百倍于第一军东征时期。只要我们能够接受过去的教训，效法总理的两大决策，一方面改造我们的党，强化革命阵营；一方面实行军事革新，恢复冒险犯难的大无畏精神……

5月，何应钦再次被蒋介石任命为"总统府战略顾问委员会"主任一职。何应钦随蒋介石政权败退台湾地区以后，已无军政实权。经历了三十几年的军事生涯，何应钦好像已淡定了许多，少了年少时期的意气风发，多了岁月积淀下来的从容与通达，他不愿再劳心费力去争偏隅孤岛的"中华民国"国民党政权中的一官半职，而是心地坦然地接受了蒋介石的照顾，专心致志地当起"顾问"来。私下里，他也常常劝慰那些政治上失意的老同事："我们已是老朽了，总有一天会退下来，蒋先生的励志改革，让那些青年才俊走上前台，是对头的，我们应该真心实意地拥护。"

7月，"国民党中央改造委员会"成立，何应钦被摒弃在外，进一步被排除在权力圈之外。既然只当"顾委会"主任，何应钦便认认真真地当起"顾问"和"改造"对象来，但是，跟随了蒋介石大半辈子，如何在失势之时不失宠呢？几十年的经验、教训，何应钦心里清楚，和蒋介石分庭抗礼、勾心斗角会是没有什么好下场的。虽然他口口声声地对美国记者说，不在其位，不谋其政，此时打定主意，只有一心一意为蒋介石充当摇旗呐喊的吹鼓手角色，才能够失势而不失宠，因此，老于世故的何应钦决定大肆吹捧蒋介石。他以追随蒋介石南征北战数十年的"老兵"身份，到处鼓吹蒋介石的"反共复国"思想，树立蒋介石的"光辉形象"，以此来维系他作为党国元老的尊荣。

9月9日，何应钦发表广播演说，题为"从抗战胜利展望反共抗俄战争的前途"。他认为，抗日战争的胜利，第一是因为蒋介石的决策和毅力，第二是因为中国悠久的历史文化和优越的地理条件，第三才因为是友邦的同情协助与合作，最后得出抗日的基本结论是，"正义与真理，是终必战胜强权与暴力的"，并由这个结论推论到反共抗俄斗争的前途也是"光明"的。

1952年2月8日，何应钦为台湾"交通部"讲习班作了题为"总统行谊"的长篇讲话，从"总统的伟大"、"总统行谊的意义"、"总统的人生观和哲学思想"、"总统的人格和修养"、"总统对国家具有特殊的远见卓识"、"总统日常办事的要领"、"总统的生活"、"总统的建国理想"等8个方面来吹捧、美化蒋介石。他说："我以为'总统'好比太阳，我们每一个人都能亲承太阳的温暖，但我们却不能了解太阳的热力从何而来；'总统'好比是泰山，我们都知道泰山的巍峨峻峭，但却不知道泰山如何的崇高……"并号召大家"在这样风雨飘摇革命成败的关头，更要秉承领袖的意志，接受他的命令和指挥，以进行艰厄困苦的奋斗。"

1953年10月31日，是蒋介石的66岁生日，何应钦特意发表《总统的伟大人格——东征、北伐与抗敌》一文，吹捧蒋介石是一个具有远见卓识的、天才般的军事家，把国民革命军东征、北伐与抗战的胜利，都归功于蒋介石的正确领导，以此来论证"'蒋总统'不仅是一位军事天才，而且具有政治远见"，"近几十年来，我们革命历史，民族精神、国家存亡，已与蒋总统个人的人格，

何应钦与黄杰等合影

1954年，在纪念黄埔军校建校30周年庆典上，何应钦与周至柔（左）、黄杰（右）合影。

结合为一体"，并希望"军民同胞紧密团结，在'蒋总统'领导下，完成反攻复国任务。"

1954年5月，蒋介石在台湾地区召集"国民大会"，选举台湾中华民国政府第二届"总统"时，明明已经圈定陈诚出任"副总统"，却假惺惺地要人去征求何应钦的意见："问何应钦愿否竞选副总统？"何应钦对蒋介石的把戏心知肚明，淡出权力圈的他很知趣地婉谢了蒋介石的虚情假意。

1964年，台湾地区进行"总统"选举。"副总统"因陈诚的去世，其继任人就成了关注的对象。蒋介石要提拔"新进"，为蒋经国上台铺路架桥，遂内定严家淦为"副总统"。但是，为了摆出所谓民主的姿态，又公开地把何应钦等人抬出来粉饰民主。在"总统"选举前，中央通讯社在蒋介石的授意下刊发了张群、何应钦、孙科、严家淦等四张照片备用。何应钦明明知道自己只是"总统"竞选活动的一个陪衬，但是，他从内心里还是对蒋介石没有忘记他的存在而心存感激。拿着刊有四人照片的报纸，他仔细琢磨了半天，说："我虽然年纪大了，但时刻听从蒋总统的安排，需要我的时候，我就干，应该让年轻人做的事情，就让年轻人去干吧！"他说这话，一半是忠顺，一半是淡定。

1956年10月31日，逢蒋介石虚岁70岁生日，何应钦于30日主持庆典，率"战略顾问委员会"全体顾问，向蒋介石敬呈颂词。31日，他发表《总统在广州》一文，文中追述蒋几十年在广州的贡献与活动，称颂蒋介石的"历史功绩"，并要台湾地区民众"仰体总统蒋公的意旨，发挥他一贯的反共意志，效法他过去的革命精神，以努力来表示我们爱戴的真诚……以成就来做我们祝福的礼品。"

何应钦这么恭敬，这么吹捧蒋介石，当然博得了蒋介石的欢心。投桃报李，1959年3月21日，在何应钦虚岁70岁生日之际，蒋介石特意书赠"同舟共济"寿屏给他。1969年何应钦八十大寿，蒋介石又一次亲赠寿轴，蒋经国一干人也联名代表蒋介石书赠祝寿辞，极尽溢美之能事。

尝到了靠吹捧而达到失势不失宠的甜头，此后，何应钦对蒋介石的歌功颂德有增无减。在台湾"效忠总统运动"发动之前，何应钦就率先一步一步地"神化"蒋介石，而且一如既往，并未随着"效忠总统运动"的潮涨潮落而有所起伏。1963年，他发表《从蒋总统八年抗战之战争指导看反攻复国》；1964年，他发表《永恒的重心》，称赞蒋介石是"国家永恒的重心"；1966年是蒋介石80岁生日，何应钦再次率领"顾委会"全体委员敬献祝词；1967年，他发表《民族文化中兴的导师》，吹捧蒋"既是国民革命的领袖，又是民族文化中兴的导师"；1972年，蒋出任台湾民国政府第五届"总统"，何应钦发表《此时此地更需总统的领导》，说"如何扭转世局，冲破难关，挽回不利的情势，都期待总统明智的决策"；1974年，何应钦发表《加强心理建设为蒋总统寿》一文，认为"第一，要坚定我们的主义信仰；第二，要加强我们的文化传统；第三，军人、党员要率先倡导，如此，我们才能达成反共复国的使命，以为我们对总统蒋公祝寿的献礼。"

1972年7月，"顾委会"被裁撤，何由"顾委会"主任改任"总统府"陆军一级上将战略顾问。何应钦仍旧一如既往第吹捧与尊重蒋介石，同时也非常尊重蒋经国。

1975年4月5日，蒋介石病逝。对何应钦来说，蒋介石的死，既是一种打击，又是一种解脱。此时，何、蒋两人之间的恩怨、芥蒂都随着蒋介石的离去而烟消云散了，留下的只有对故人的追思。在何应钦的书房里，珍藏着一张蒋介石数十年前惠赠的照片以及历年蒋介石所赠的祝词墨迹，那张照片上有蒋介石亲笔题写的"敬之吾兄惠存"字样。物是人非，睹物思人，何应钦确是心胆俱裂，挥笔挽联：

> 追随逾五十年，谊为部属，情若家人，两语忆亲题，安危同仗，甘苦共尝，弥感深加蒙重任；哀思合忆兆众，世事方艰，大云顿远，全民勉奋起，团结自强，中兴复国，完成遗志慰公灵。

4月6日，台湾国民党中常会临时会议决议，由严家淦继任"总统"，严特派何应钦等21人组成治丧委员会。15日，何应钦发表了《永远不能忘怀的几件事——追思故总统蒋公》一文，追忆、历述蒋的教诲及两人的合作。4月16日，蒋介石灵柩大殓奉厝大典在台北举行，何应钦参加了为灵柩覆国民党党旗仪式。

从蒋介石病逝之后直到1986年，何应钦几乎年年都要写一两篇怀念、歌颂蒋介石的回忆文章，把蒋捧为"一代伟人"，"民族领袖"。在1980年10月的《念蒋公谈往事》一文中，何深感蒋的知遇之恩，几十年中常委他以重任，尤以抗战前后蒋三次委他以重任，令他至死难忘：

蒋介石葬礼现场

（一）日本军阀自侵占我东北三省后，民国二十二年，又进犯我热河及长城各口，当时我作战准备，尚未完成，蒋公为争取时间，乃命我为军事委员会北平分会委员长，一面指挥各军，固守长城，与日军相颉抗，一面又与日本关东军以及其特务机关相周旋。

（二）民国三十三年九月，日军十五万人，分三路攻占桂林、柳州、南宁后，由黔桂路进犯贵州，一时贵阳、重庆，同感震动。蒋公于是约我密谈谕示："此时只有兄或我亲自到贵阳一行，才能稳定前方情势。"我当时答以"统帅岂可亲临危地？"于是立即只身前往贵阳，指挥汤恩伯所部，向敌实施反击，逐退日军，贵阳及陪都，乃得转危为安。

（三）日本于民国三十四年八月十五日，宣布无条件投降后。蒋公立即召集高级僚属，会商受降各项措施，并特派我为中国战区最高统帅代表，接受日本政府及日本大本营的投降。

除了上面这篇文章，他发表的怀念蒋介石的文章还有《纪念先总统蒋公诞辰共同贯彻遗训》、《怀民族领袖对日名言》、《纪念先总统蒋公九秩诞辰论中国与世界前途》、《追念为人权而奋斗的民族领袖》、《宏扬中国文化的一代伟人》、《中正纪念堂落成典礼致词》、《配义与道泽民淑世的历史伟人》、《先总统蒋公对唯物辩证法的真知灼见》、《先总统蒋公对三民主义的真知与力行》、《蒋公与三民主义"统一中国"之推进》等。

第二节 参与台湾童子军运动建设

在任"顾委会"主任期间，何应钦还参与振兴组建台湾童子军运动。从 1950 年至 1968 年，何应钦主持、检阅台湾地区"中国童子军"第二次至第六次大检阅、大露营，还参加了"中国童子军"的教育研讨会。

世界童子军运动 1907 年由英国军官贝登堡在英国南部多塞特郡勃朗海岛上创设，旨在对儿童进行军事教育训练，包括纪律、礼节、操法、结绳、旗语、侦察、救护、炊事、露营等训练内容。1920 年，"国际童子军总会"在伦敦成立。据 1934 年的统计数据，当时参加总会的国家和地区有 50 多个，童子军达 226 万余人。

受欧风美雨的影响，1912年，中国童子军在武昌文华书院成立，创办人严家麟，湖北武昌人，他认为："救中国非武力不可，而没有道德、知识及健全体格之国民，就不会有一个好军队。"由于军阀混战、政局不稳，这项运动并未在全国范围内得以普及。

随着各地童子军组织的蓬勃发展，1926年3月5日，国民党中央青年部在审查以往的青年运动时，认为童子军是"青年运动最好的工具"，能够救过去"力量不集中，没有系统组织"之弊，于是通过决议，统一领导少年儿童，由中央青年部创办"中国国民党童子军"，同时成立"中国国民党童子军委员会"，开始党化童子军的第一步。

1927年，南京国民政府决定撤销"中国国民党童子军委员会"，成立"中国国民党童子军司令部"，以进一步加强对童子军组织的控制。委任张忠仁为司令，领导和办理全国童子军事务，颁布了童子军团和省、县、市童子军组织法，童子军从此"基础巩固，组织更加完密"。

中国童子军证书

1929年，中国国民党童子军司令部又改为"中国童子军司令部"，由国民党中执委直接负责，中央训练部部长何应钦任司令，并在中央训练部下设童子军训育科，主持全国童子军事务。1930年4月18日，，第一次全国童子军总检阅和大露营在南京举行，何应钦戴上童子军的圆形礼帽，身着特制的童子军制服，系上领巾，神气地站在主席台上检阅。据统计，当时参加童子军的人数已达20余万。

1932年4月，国民党中央常委通过了《中国童子军总会组织案》，以蒋介石为会长，戴季陶、何应钦为副会长，又设筹备委员

9 人负责筹备工作。1933 年，筹备处扩大组织，由戴季陶任主任，朱家骅、张治中任副主任。10 月，《中国童子军总章》公布施行，明确规定了童子军的宗旨、训练原则、誓词、类别、组织、财务甚至制服徽章及旗帜。

中国童子军宗旨为"以发展儿童作事能力，养成良好习惯，使其人格高尚，常识丰富，体魄健全，成为智仁勇兼备之青年，以建设三民主义之国家，而臻世界于大同。"而且，参加中国童子军的每一个人在入军前都要对着孙中山遗像宣誓，誓词为："某某誓遵奉总理遗教，确守中国童子军之规律，终身奉行下列三事：第一，励行忠孝仁爱信义和平之教训，为中华民国忠诚之国民。第二，随时随地扶助他人，服务公众。第三，力求自己智识、道德、体格之健全。"

中国童子军大体上可分为幼童军（8 岁—11 岁）、童子军（12 岁—18 岁）、青年童子军（18 岁以上）、女童子军、海童子军数种。很多地区在初中就开设了童子军课程。童子军教育课程分初、中、高三级。初级课程有党国旗、誓词、礼节、徽章、操法等 10 项内容；中级课程有生火、露营、缝补、救护、侦察等 14 项内容；高级课程有测量、制图、架桥、星象、游泳等 15 项内容。

1934 年 6 月，根据蒋介石的指示，教育部又依据总章规定，选出朱家骅、陈立夫、张治中、周亚卫、鄼悌等 15 人为中国童子军理事会第一届理事。11 月 1 日，"中国童子军总会"在南京正式成立。蒋介石亲任总会长，何应钦任副总会长兼总司令。副会长具体负责主持全国童子军的训练事宜，

抗战爆发后，许多童子军激于民族义愤，积极投身于抗战，组织战时服务团，担任救护、宣传、募捐、运输、慰劳、通信、维持治安等工作，涌现了一大批可歌可泣的事迹。1937 年"八一三事变"爆发，当谢晋元率 800 名壮士坚守四行仓库时，11 名童子军冒着枪林弹雨，不顾生命危险，给他们送去了三大载重卡车的慰劳品。其中有位女童子军，名叫杨惠敏，年仅 15 岁，她竟孤身一人冒着敌人的炮火，泅渡苏州河，向坚守四行仓库的"八百壮

士"献旗。

抗战胜利后，何应钦一度远赴美国出任联合国安理会军事参谋团中国代表团团长。后来随着国民党军溃败到台湾地区，一时无暇顾及童子军的管理、训练。1950 年 1 月，何应钦接到童子军国际办事处给各国童子军总会的通告，通告说："中国童子军训练15 年来，似具备军事预备训练之浓厚特质，已有一年余与本会失去联络，现在因不敢断定其训练之宗旨、原则、制度及方法是否继续维持，故决定暂行停止承认其会员之资格，以至情况明了后，再行考虑恢复其承认。"此时，大权旁落的何应钦当然不愿放弃领导这一不显眼的组织，他急忙以中国童子军总会名义给童子军国际办事处去报告，说明这几年的工作情况以及最近一年来中断联系的原因，要求取消通告。不久，暂停承认"中国童子军"会员资格的决定被取消。

1950 年 9 月 19 日，"中国童子军全国理事会"第五届第一次理事会议在台北举行。11 月 1 日，台湾省童子军第一次人会召开。何应钦就这一组织的重建发表了意见，谈及誓词、规律、名言、改进途径等具体事宜。何认为，改进台湾地区童子军训练教育的原则主要有四点：一、童子军的领导成员必须品格高尚；二、童子军团体不宜太庞大；三、童子军教育的目的在于是学校教育的补充；四、童子军的活动应该利用儿童的休闲时间。关于具体工作："（一）童子军的名义应力求名实相符；（二）要延揽专门人才，大量编印有关童子军教育的各种书刊，扩大宣传，使社会了解其真义，并协助其发展。"

1952 年 2 月 25 日，在"中国童子军总会"成立 25 周年纪念会上，

童子军队伍

何应钦号召台湾青年要"以忠勇为爱国之本，助人为快乐之本"，劝勉台湾地区的童子军与家庭要"做一个克家的子弟"，于社会要"做一个见义勇为的青年"，于国家要"做一个忠诚的未来国民"。

1968年11月15日，在童子军第六次露营会上，何应钦强调童子军运动是"以复兴中华文化为主题"，强调"童子军的活动，是西方介绍来的教育方式，可是我们的誓词和规律，却是充满了中国文化的精神，这就是中华文化复兴的一个定例，我盼望我们全体服务员和童子军都能够践履笃实，在个人的生活行动上，表现我们文化的特色，让我们中国童子军，在这个划时代的中华文化复兴运动中，承担起先锋队的任务。"虽然何应钦再三强调振兴中国的童子军运动，但是，童子军运动仍是日趋衰落，到20世纪60年代末期，终于逐渐归于消亡。

第三节 积极的反共"外交家"

到了台湾地区，何应钦很少参与岛内的政事，却频繁地在台湾地区、日本之间往返，有时亦出访美国和东南亚诸国。在台湾的38年，何应钦竭尽全力地为台湾政权脆弱的"反共外交"奔走呼号，努力尽到一个"反共老兵"的"责任"，却如同螳臂当车，阻挡不住历史前进的车轮。

1951年1月4日，何应钦借陪王文湘赴日本治病之机，以"私人资格"出访日本。1月16日，日本战友会副会长冈村宁次设宴欢迎何应钦夫妇，称何应钦是"对日本了解最深的友人，多年的亲日态度，早为日本国民所周知"。冈村宁次与何应钦在日本陆军士官学校是同班同学，俩人脾气相近，志趣相投，成为莫逆之交。三十多年过去，如今老友再度相见，冈村宁次不禁感慨万千，也许这个时候他回忆起数年前蒋介石、何应钦施与他的"恩德"，情不自禁地老泪纵横。

冈村宁次很佩服何应钦的"远见"，再次援引何应钦在1935

年华北事变之际的预言："中日两国一旦扩大冲突的范围，而至超过现在的程度，则中国共产党必将乘机激增其势力，此事固成为中国将来的祸根，而日本亦势必蒙受其祸。因此，中日两国必须防止武力冲突，使不致超过现有的范围以上。"

其实，当年何应钦妄图用这种"共同防共"的说教来奉劝梦想3个月灭亡中国的日本军国主义侵略者的停止扩大侵华进程，无异于与虎谋皮，痴心妄想；而到了这个时候，一个战败无条件投降，一个败退到海上孤岛，又难免当起了时候诸葛亮，同病相怜。

2月14日，何应钦接见日本政治评论家山浦贯一，两人一问一答，交谈了两个小时。何应钦危言耸听地造谣，信口雌黄地臆测说"中共拟订一个计划，要在中国民众四亿人中杀死一亿以上的人，以解决粮食问题……人民生命朝不保夕，大家战战兢兢"等，何应钦还说：

　　虽然冈村先生是我们的敌人，但是，战争一旦结束，他却是一位可靠的朋友。所以缴械后，我任命他为联络部长官，负责传达命令与连络之责，发动侵略的一部分军人虽然的确可憎，但受他们利用的日本人，乃是我们的兄弟。关于此点，蒋总统曾在九一八（满洲）事变以后日军对中国压迫日趋激烈的民国二十三年所发表《敌乎友乎》一文中，写着："日本人终究不能作我们的敌人，我们中国亦究竟须有与日本携手之必要。这是就世界大势和中日两国的过去、现在与将来彻底打算的结论。……日本战胜非中国之福，日本战败以至于灭亡，也非中国及东亚之福。"

　　诚如此说，中日两国战争，终属"兄弟阋墙"，战争一旦结束，无论从历史上，从文化或从地理上来看，中日两国合作，不但是亚洲之幸福，也将为世界和平关键的所在。

近代以来，1894年、1931年、1937年，日本发动了三次大规模的侵华战争，使中国人民蒙受了巨大的灾难。可是，何应钦把在中国无恶不作、对中国人民犯下了滔天大罪的日本军国主义侵略者称为"兄弟"，把日本人的侵华战争称之为"兄弟阋墙"，这简直是毫无是非观念，错误到了极点。何应钦被海内外一些历史学家目为"亲日派"也就不足为怪了。

但是，何应钦的热脸贴的却是日本政府的冷屁股。其实，何应钦一踏上瑞穗国土地，就感受到了日本政府对他来访的冷淡态度，以至于冈村宁次很不满意日本政府的冷淡，说："对于日本及日本人深具理解与同情，尤于战争结束时曾经竭力为日本人谋求幸福的何将军，今天首次来访，可是，我政府及国民，却未能公开表示谢忱，以酬谢厚意；尽管我们是一个战败后被占领的国家，仍属遗憾之至！"

5 月 25 日，何应钦的《韩国战局与远东形势》一文在东京《朝日新闻》上发表。他认为，"远东问题的战点，一是对日和约，一是台湾中国政府的地位，一是韩战战略的争执"。

何应钦在日本居留半年多，由于冈村宁次等人的鼓动和牵线搭桥，一些日本政界、经济、文化界要人，都将何应钦的私人访问当作代表台湾谋求"台日关系"进入新阶段的铺垫，纷纷举行招待会、演讲会。何应钦此番日本之行逐步升温，频频出席各种座谈会、招待会，发表了十几次简单的演讲，追溯中日战争史，强调蒋介石的"不念旧恶，以德报怨"；在当前形势下共同反共，等等。7 月 2 日，何应钦回到台北，在机场接见记者，讲述访日观感，并预测"台湾政府"与日本政府的和约很快就会签订。3 日，何应钦到"总统"官邸向蒋介石汇报。蒋介石对何应钦的日本之行不住点头称赞，并留他共进晚餐。

在美国政府的促压下，1952 年 4 月 28 日，"中日双边和平条约"在台北签订，双方宣布建立所谓的"外交关系"，公然对新中国进行挑衅。何应钦代表"台湾政府"参加了签字仪式，29 日，何应钦会见了日本吉田茂政府派出的日方签约首席代表河田烈。5 月 7 日，何应钦会见了来台北访问的日本前国务大臣绪方竹虎；5 月

吉田茂

11 日，何应钦陪同绪方参观了台湾国民党陆军、海军及空军基地；5 月 12 日，蒋介石设宴招待绪方，由何应钦、张群作陪。7 月 29 日，何应钦、张群为发起人，成立"中日文化经济协会"，何当选为常务理事。

1954 年 10 月 27 日，何应钦当选"中日文化经济协会"会长，此后他更热衷于台湾对日交往事务。11 月 10 日，台湾"教育部"与"中日文化经济协会"共同举办酒会，欢迎日本前文部大臣前田多门与汉学家宇野哲人来访，何应钦即席致词，强调"必须在文化领域中有其独立生存之道，才能在政治领域中求得自由的生存"，重谈他一贯高唱的"反苏反共"论调：

自 19 世纪中叶，中国与日本先后向西方开放门户，东方的经济受到西方经济的影响，发生急剧的变化，东方的文化也就与西方文化全面接触，引起强烈的动荡。中日两国文化界，有不少的人士为三个问题所苦恼：第一个问题是东西文化的差别究竟在哪里？第二个问题是东方文化值得保存的东西是些什么？第三个问题是东西文化融合而产生的新文化是怎样的一种文化？在这一新文化里东方文化还能有多少存留和发展？

1955 年 7 月 12 日，何应钦再次去日本，在日本停留 8 个多月的时间，一边让王文湘接受治疗，一边会晤日本各党派首脑。他在扶桑多次发表演讲，呼吁"日中亲善"，宣传反共。12 月下旬，他在日本发表讲演，题目为"世界革命与日本"，诬蔑共产主义的理论基础和共产党的战略、战术，在分析亚洲各国形势时，分析日本的危机是"不能辨明敌友"，担心日本"虽站在民主阵营的一面，但无论对内对外，反共政策都还不够热心"。1956 年 3 月 9 日，何应钦、回到台北。3 月中旬，何应钦把访日的书面报告呈递蒋介石，报告他此次访日经过。

此后一直到 60 年代中期，何应钦尽心尽力地促进日台交流，日本政府也逐渐改变了冷淡态度，给了何应钦以极高的"荣耀"。1965 年 12 月 10 日，何应钦参加"中日合作策进委员会第十次全体委员会"，期间日本天皇裕仁亲自书写赠勋文，决定特赠何应钦"一等旭日大绶勋章"，以表彰他对二战后为增进日、台关系所做出的巨大贡献。12 月 15 日，日本大学赠授何应钦名誉法学博士学位，何应钦在日本大学礼堂发表了《中日关系与王道文化》的讲演，大声疾呼日本和台湾都应秉着"王道文化"的精神，建立并恢复台、日之间曾经有过但已开始离析的亲密关系。12 月 16 日，日本外相椎名悦三郎代表裕仁在东京赠授"一等旭日大绶勋章"。随着中日邦交的正常化，这枚勋章就成了何应钦替台湾国民党政府推行"国民外交"、维持台日"外交"关系的一个句号。

"中日和约"的签订与生效，并未解除何应钦心中对日本有朝一日会抛弃台湾而与新中国实现日中邦交正常化的忧虑。1966 年内地"文革"爆发后，何应钦鼓噪"反共反毛"，鼓吹在蒋介石的领导下"向大陆进军"。

1971 年夏，美国国务卿基辛格秘密出访北京，宣布总统尼克松次年访华，拉开了台湾"外交"大雪崩的序幕。10 月 25 日，第二十六届联合国大会通过提案：恢复中华人民共和国在联合国的一切合法权利，并立即把蒋介石集团的代表从联合国一切机构中驱逐出去。

1972 年 2 月 21 日，美国总统尼克松踏上了中国土地。2 月 28 日，《中美联合公报》在上海发表，《中国

周恩来迎接尼克松访华

方面重申"中华人民共和国政府是中国的唯一合法政府","台湾是中国的一个省","解放台湾是中国的内政,别国无权干涉"。美国方面声明"在台湾海峡两边所有的中国人都认为只有一个中国,台湾是中国的一部分。美国政府对这一立场不提出异议,并确认从台湾撤出全部美国武装力量和军事设施的最终目标。"

1972年7月,在中国问题上7年来毫无作为的佐藤荣作内阁垮台,7月7日被称为"庶民宰相"的新任首相田中角荣公开宣布"要加快与中华人民共和国邦交正常化的步伐","充分理解"中国政府一贯主张的中日邦交正常化三原则,并在自民党内特设"日中正常化协议会",与当时竭力反对日中邦交正常化的"日本外交恳谈会"斗争,终于获得了日本朝野上下的最大支持。9月25日,有胆识、有魄力、敢作敢为的田中角荣开始了日中关系的破冰之旅。由此,中日邦交实现了正常化,结束了战后几十年中日关系的不正常状态。

而国际局势的大转变一下子让何应钦掉进了冰窟窿,他恼怒,他失望,他一面给第五届台湾"总统"蒋介石打气壮胆,说"今后如何扭转时局,冲破难关,挽回不利的情势,都期待'总统'明智的决策",一面改变多年与日本友好的态度。

自此以后,以1972年日本田中角荣首相访华为届,此前亲日的何应钦,此后成为反日的急先锋,这是他深感台湾国民党政权正在失掉或逐步失掉本来就为数不多的反共"盟友"所至。

1972年8月10日,"中日文化经济协会"举行成立20周年茶话会,

田中角荣访华

1972年9月25日,日本内阁总理田中角荣应邀访华,上午抵达北京。周恩来、叶剑英、郭沫若、周建人、姬鹏飞等到机场迎接田中一行。

何应钦发表了连篇累牍的演讲，题目为"忠告田中首相悬崖勒马"。在讲演中，何应钦指责日本政府"背信忘义"，"以怨报德"，"一意孤行"，指责田中首相"计划采取掩耳盗铃的方式，打算巧妙地避开公然废弃和约的方法，来与中共签订一项'友好条约'，以'贷款'代替'赔款'，使中日和约无形失效，而与中华民国断绝外交关系"，最后，"警告日本政府，停止一切损害两国邦交，与危害亚太地区和平安全之行动，以免造成历史上之重大错误"。

9月18日，何应钦会见日本特使椎名悦三郎，再次指责田中内阁与新中国建交的行为，并说中共是在"赤化日本"，并造谣说"中共的造反工作人员，必藉使领馆及商务文化机构的设立，成千成万涌入日本，将日本激进分子、左派人士、青年学生、劳动界，组织成赤卫军一类的暴乱团体，实行暴力革命。第一步：推翻田中内阁，组织各党派联合政府；第二步：用它在中国大陆上'破四旧，立四新'的办法，破坏日本的旧文化、旧制度、旧风俗、旧习惯，将日本所有立国的精神、繁荣的经济，彻底予以毁灭。"

何应钦一直为拼凑世界性的反共联盟而奔走。1975年4月，日本少数反对日中邦交正常化的人在东京组织"日本青年思想研究会"，主办了一个恢复日台邦交国民大会。何应钦闻讯，迫不及待地寄去书面讲演稿，主张"迅速恢复两国的外交关系，共同携手合作，完成反共、胜共、保卫亚洲安全、维护世界和平的时代使命"。

同年7月7日，"中日经济文化协会"在台北举行成立23周年暨对日抗战38周年纪念会，何应钦专门作了题为"警告日本政府切勿迷入'不归点'"的演讲。他指责日本政府既与"中华民国"签订和约，就不能再与新中国签订和约，认为日本与新中国和约，这是"一次战败，两次投降"，是"拖薪救火"，将误入"不归点"。9月9日，何应钦以白发苍苍的"抗战老兵"身份，发表题为"受降三十年有感"的文章，追忆历史，谴责日本，并认为日本所以有战后的快速复兴与今日的繁荣，是与蒋介石的"泽惠"分不开的，他总结蒋介石对日本的"恩德"有四点：

一、中国不派占领军；二、是在十个月的短期间遣送日本在华侨俘二百三十余万人；三、是不索赔偿；四、维持天皇制度。第一点使日本免于被苏联分割，比今日的德、韩两国幸福；第二点据日本本国的统计，当日留华日本人的潜力"国力"，占日本全国八分之一，青年人力是六分之一，这是日本复兴的最大本钱；第三点不索赔偿，假定以五百亿美元为准，这在日本战败后的当时，实在是一个天文数字；最后蒋公主张维持天皇制度，而是安定了日本的社会与国家，使日本免于混乱。

1979 年，而何应钦已经担任"中日文化经济协会"会长 26 年了。"中日文化经济协会"为庆祝何九十 90 寿辰，特集资 25 万元，把何应钦珍藏的书信、文件、委任状、图片、书画编印成册，取名《云龙契合集》。

1983 年 11 月 10 日，何应钦赴东京为岸信介祝寿。岸信介曾被称之为"满洲之妖"，二战后首开敌视新中国先河的人，其弟佐藤荣作曾为首相，其外孙安倍晋三是日本第 90 代首相。何应钦在日本内外新闻社发表题为"中日关系与世界前途"的讲演，一厢情愿地说"日本与中共继续交往，必将面临陷入泥淖而无法自拔；只有与中华民国恢复正常关系，才可以获得真正的友人，重获亚洲国家对日本的信赖与支持，开拓日本未来的前途"。

岸信介访台

1987 年，即使到了行将就木的最后时刻，何应钦仍念念不忘"反共救国"，在台湾纪念七七抗战 50 周年纪念会上，他发表演说，再次谴责田中"一意孤行，撕毁中日和约，向中共再作一次战败、两次投降的错误行为，不但引狼入室，更破坏了亚洲国家间的反共团结"。不久，他的"反共救国"事业就同他的生命一起进了棺材。

第四节 顺服"少主"蒋经国

在蒋介石去世后的 23 天里,蒋经国就凭借娴熟的政治手腕,轻而易举地把台湾地区的党、政、军权集于一身,成为了台湾岛上的一号人物。何应钦认为,"少主"蒋经国气度不凡,头脑精明,才智不逊于蒋介石,自然有能力子承父业,执掌中枢,赓续蒋家王朝,创造新的辉煌,于是,便把对蒋介石的忠诚转移到了蒋经国身上。

1975 年 4 月 28 日,在台湾国民党第十届中央委员会临时全体会议上,何应钦说,总统既由严家淦继任,那么,国民党主席一职也应依照实际需要,"迅速推定,以巩固本党的领导中心……总裁职称保留于党章之内,作为对总裁的永久崇敬与纪念",关于国民党领导人的人选问题……"本席拥护严常务委员等,以及中央委员刘季洪等,推举蒋经国同志担任党中央主席的提案",因为蒋经国"具备了坚韧强毅的领导能力和充沛的革命精神,尤其是他这两年担任行政院长卓越的政绩,获得海内外全国同胞,以及国际友人的一致支持和赞佩,由蒋经国同志领导本党,必能使党的力量坚实强大,反共复国的使命得以早日完成"。

1978 年台湾国民党政府讨论"总统"问题时,1 月 7 日,何应钦在台湾国民党中常会上发表了《蒋主席为第六任总统最适当人选》,力主蒋经国担任第六任"总统",认为蒋经国是最适当的"总统"人选,他的理由有三点:

第一,民主国家通例,国家元首或政治领导人,均由执政党领袖或党魁担任。

第二,总统为国家三军统帅,负有排除国家危害的重任……

第三,就国家当前对蒋主席经国同志领导的迫切需要而论，除了严常务委员函中所述而外，我要请各位常务委员对于本党两项历史性的重要决议文，加以注意：

一项决议文，是总裁逝世后，十届临时中央委员会全体会议推举经国同志担任中央委员会主席时所作。原文称："蒋经国同志有恢宏之革命志节，卓越之领导才能，自就任行政院长以来，肆应国际危局则处变不惊，推进国家建设则规模宏远，其坚决反共之心，为常会所全力支持；其亲民爱民之作风，更为民众所爱戴。"另一项决议文是第十一次全国代表大会选举经国同志为本党主席时所作。原文称："经国同志，承命总裁，致力革命，常忍人之所不能忍，更为人之所不能为：

——当革命战斗紧急关头，必冒险难，驰赴前方执行最艰巨的任务，扭转最不利的局势。

——当整军建军工作开始，立即负责重建军中组织，强化军中教育，训练成信仰更坚定，战志更昂扬的国民革命部队。

——当受命主持国家行政，即决心刷新政治风气，肆应国际交局，推进国家建设；一切施为，更无不以公仆的襟怀，照顾大多数民众的利益。"

以上两项决议文，对蒋主席经国同志的勋绩，推崇至为允当。证以当前国家建设的进步，国家情势的开展，蒋主席实为本党和国家最有魄力、最具经验、最富创意的领导人。基于以上各项观点，应钦认为严常务委员静波同志建议以蒋主席经国同志为第六任总统候选人，实为最适当之人选。

何应钦晚年一面全力拥戴蒋经国上台，辅佐蒋经国执政，起着"老兵"的特殊作用，一面仍向对待蒋介石一样，对蒋经国非常尊重。何应钦凡有出访均书面向蒋经国汇报，如1979年他出访欧洲、南非，即分别呈递《访欧情形函》和《访问南非情形函》给蒋经国。

何应钦对蒋经国的忠心耿耿和全力支持，也换来了少主的尊重与信赖。有鉴于世界格局的激烈改变，"国步方艰"，1979 年，蒋纬国发起成立"中华战略学会"，希望能以战略研究达成"学术报国"目的。为了表示年轻一代对老一辈的尊重，蒋纬国聘请何应钦担任学会的名誉副会长。❶

1979 年，何应钦 90 岁了，仍然红光满面，精神很好。3 月 11 日上午，蒋经国在"总统府"为何应

蒋经国恭贺何应钦九十大寿

钦颁赠了台湾地方当局的最高奖赏——国光勋章。何接受勋章之后，即席讲了几句话："老朽已是无用之人，90 岁的生日也是一件极平常的事情，经国先生在百忙之中来看我，还为我授勋，我实在担当不起。谢谢蒋总统！"又公开表示："这项殊荣，首应归之最高统帅先总统蒋公的领导，次则应为我全军将士所共享。"授勋结束后，台湾国民党中央委员会在台北三军军官俱乐部特为何应钦举行祝寿茶会，"总统"蒋经国、前"总统"严家淦、"行政院长"孙运璇、"中常委"谷正纲、"资政"张群、顾祝同等各界要人参加了茶会。蒋经国主持祝寿茶会，对何应钦谦恭地执晚辈礼，赠送寿轴，并致贺词："今天欣逢我们敬爱的革命前辈何敬之先生九秩大寿，……"

这一天，何应钦格外地兴奋和激动，在蒋经国致贺词后，他在致谢词中谦称：

自追随先总统蒋公献身革命，五十年来虽然竭尽忠悃，以图上酬知遇，但以并无过人的资质，未能对党和国家多所建树。

今天以九十之年，接受国家最高荣典，缅怀先总统蒋公的至德大业，与三军将士的忠勇风范，内心的情绪，如同万壑松涛，激荡不已。今天已届九十，但时时谨记先总统蒋公的训示，而永久保持奋发的精神与意志，以期无负领袖的期望……

当日，顾祝同代表何应钦的老部下43人，称何应钦之于国民党"若汤有伊尹，周有吕尚"。谷正纲代表"国民大会代表主席团"的83人，赠送寿文，称何之于蒋介石，堪比"管仲相齐桓，太公佐周武，云龙契合，而成不世之业"。此外，黄杰代表黄埔一、二、三期生218人，王云五代表"中山学术文化基金"81人，分别向何应钦赠送寿文、诗文、寿册等，以志祝贺。

张大千赠何应钦《泥凼风景图》

蒋经国还在祝寿茶会赠送何应钦寿轴："敬公九秩大庆松柏不凋于岁寒晚蒋经国。"90岁生日过后，何应钦深感蒋经国的信任与关照，乃将一部新文集按照蒋经国所送寿轴的寓意，定名为《岁寒松柏集》。

张大千等25位书画名家各赠书画一幅，为何应钦祝寿。张大千与何应钦早在1934年即有交游，晚年又在孤岛上相遇，交情一年比一年深厚，几乎无话不谈。何应钦多次谈及家乡泥凼山川地形，张大千虽未去过泥凼哪个小地方，脑子里却描述出了泥凼风貌的大致轮廓，在 90 岁生日之际，他特意创作《泥函风景图》为何致贺，画面雄伟，云遮雾绕，何应钦爱不释手。当时，为了创作一幅逼真的家乡风景图，何应钦让孙女用泥巴按照自己的记忆制作了一幅泥函模型图给张大千，以供张大千构思。此画连同另一幅张大千绘制的纪念抗战后期何应钦在黔灵山指挥作战的《黔灵献瑞图》，一并收入《云龙契合集》中。

这是 1949 年 3 月 10 日蒋介石致何应钦信后国民党元老于右任题跋，蒋寄望于何出面任行政院长，为他支撑危局，于右任的跋语是："敬之上将服膺主义，信仰领袖，当国家干城之寄，凡数十年来未尝以私人得失为出处虑，拜命论道，义节弥彰，观此一函，益信云龙契合，事非偶然！"

第十三章
孤岛余生

第一节 "世界道德重整运动"的吹鼓手

在台湾地区 38 年间，鼓吹、"振兴""世界道德重整运动"是何应钦干得比较卖力的一件事。

"世界道德重整运动"（简称 MRA 运动）是美国人弗兰克·卜克曼发起的，其内涵是以"道德"的智慧和力量来打击并摧毁唯物主义思想，使人类免遭"赤化"的"厄运"。卜克曼在德国福劳顿斯特散步时，感应到"上帝"的启示："人们必须彻底净化个人的生活，才能挽救厄运，以绝对的道德生活标准来战胜物质主义和共产主义的威胁。"卜克曼早年曾来华访问，十分崇拜孔子，推崇儒家思想，所以他把上帝和孔子奉为至尊，由此确立"绝对的诚实，绝对的纯洁，绝对的无私，绝对的仁爱"为"道德重整"的"四大目标"，于是在伦敦发起了"世界道德重整运动"。

1947 年 1 月 3 日，在美国纽约的何应钦接到卜克曼的邀请，赴加拿大尼亚加拉大瀑布参加国际性的"世界道德重整运动"会议。这次会议和卜克曼本人都给何应钦留下了深刻的印象，何应钦很认同 MRA 运动的宗旨，即席就以中国传统道德和"修身、齐家、治国、平天下"的道德思想概况为主题做了一场演讲。

退居台湾地区以后，政治上被冷落而归于寂寞的何应钦，却不甘于孤孤单单的日子，为了找点事情打发时光，他开始与"MRA"交往起来。

1951 年 2 月 18 日，何应钦在日本应日本道德重整会栗山之邀请，做了题为"中日道德合作"的演讲。他认为，卜克曼的诚实、纯洁、无私、仁爱四点，与我国古代大思想家孔子的修、齐、治、平思想非常类似，并以蒋介石对日本"以德报怨"的做法为实际案例，来论证中国古代"忠恕之道"思想的价值。

1955 年 5 月 20 日，美国"世界道德重整运动"向何应钦递来信息："世界道德重整运动"一个代表团非常关注台湾状况，也对致力于反共的何将军仰慕已久，希望他能与台湾当局联系，邀请这个代表团顺道到台湾访问，以扩大道德重整运动对台湾地区的影响力。蒋介石听了何应钦的介绍后，认为"MRA"不仅与"反共反俄"的目标是一致的，而且，也与他们早就提倡的"新生活运动"相通，遂表示欢迎这个访问团到台湾来。

6 月 20 日，在美国世界道德重整运动访问团将访问台北前，何应钦撰文在台北各报介绍"道德重整运动"，视其为正在蓬勃"发展中的一支国际友军"。他认为，民主国家走的虽然是正确的发展路线，以维护世界文明为职任，可是，他们缺乏共同一致的崇高的思想体系，而"道德重整运动给这个问题带来了答案，他们有比共产主义更高超的理想，并且有一个对抗邪恶势力的有效方案。"他所说的"邪恶势力"，指的就是共产主义。

在何应钦的精心准备下，MRA 的这一访问团得到了高规格的接待，6 月 22 日，访问团抵达台北，何应钦热情地设宴款待，何应钦满面春风地致欢迎词：

> 我自从和世界道德重整运动的朋友接触时起，即曾多少次动过这样的念头，希望这些朋友，有一天能光临中国，使多数中国的同胞，能受到道德重整运动的影响，同时，也使我们少数受过道德重整运动大会招待过的朋友，有一个自作东道主的机会。现在你们真的来了，而且是这样大规模的降临，这不特在中国近百年来史无前例，即在亚洲其他国家，恐怕也没有这样二十几种不同国籍的人士，为了同一个崇高

的目的，同时访问的先例。

我在一生经历之中，曾不断地和西方朋友有所接触。尤其在二次大战期间，我曾与盟军不少将领，共同作战，我个人对他们在物质和技术给予我们的帮助，自然是十分感激；但在人与人的相处上，有时在心灵深处，似乎总还免不了有若干距离。我相信，如果我们真能披肝沥胆，赤忱相见，像我和卜克曼博士与士桥先生等一样，也许今天中国的情形，又是一个样子。

1956 年 5 月 2 日，卜克曼等 16 人访问台湾地区，5 月 3 日，何陪同卜克曼与蒋介石会面，并且邀请台湾派代表团参加 MRA 的国际性会议。此后，但凡 MRA 的国际会议或者区域性会议，差不多都是何应钦率台湾代表团出席，何应钦就理所当然地成为了台湾地区"道德重整运动"的领袖人物。7 月 20 日，何应钦率团赴瑞士柯峰，参加"世界道德重整运动"大会。8 月 6 日，何应钦在会上做讲演。10 月 5 日，代表团经菲律宾回到台北。11 月 29 日，何应钦在台湾"立法院"内政委员会汇报访欧观感，最后，他建议台湾当局每年派代表出席 MRA 大会，争取和欧洲、非洲等更多国建立"外交"联系。

在蒋介石的同意下，何应钦成立了民间性质的台湾"世界道德重整联谊会"，并亲自出任会长。于是，台湾"世界道德重整联谊会"就成为了何应钦从事反共活动和社会交往、"国际交往"的一块领地，但经费上没有台湾官方的支持，主要靠募捐来维持自身的运转。

1957 年 3 月，何应钦率团赴菲律宾，参加 MRA 亚洲区域会议。7 月，何应钦率查良钊、唐纵等十几

何应钦戎装照

人，赴美国麦金诺岛参加 MRA 大会，会中，卜克曼建议台湾选派 100 名青年到麦金诺岛参加宣传和训练。接到何应钦的电文，蒋介石乃命"救国团"挑选文娱部门的 100 名青年，由沈锜任团长，前往麦金诺岛。

1958 年年初，何应钦为台湾"国校教师研习会"做了题为"如何发扬道德精神，改良学校风气"的讲演，特别强调 MRA 运动的几项主张："他们主张身教重于言教，改变要从自己做起，亦就是要以身作则；他们主张每天晨起，要有一段静默的时间。做静思反省的工夫；他们不重视形式的教育……所谓训练，只是以开会的方式行之，并配以音乐、歌咏、电影、戏剧，以加强教育训练的效果。"3 月 14 日，何应钦率查良钊、邓文仪等赴菲律宾碧瑶出席 MRA 第二届亚洲区域会议。会议期间，他看到美国、日本等剧团演出的话剧《他不在的时候》、《第二个机会》等等，萌生了排演话剧的想法。5 月 31 日，何应钦率团赴美国参加 MRA 运动会议。6 月 4 日，何为庆祝卜克曼 80 岁生日，特发表《我与世界道德重整运动》一文。10 月 5 日，何应钦出席台湾"人生哲学"研究会，以"世界道德重整与中国文化的关系"为题，介绍、评述 MRA 运动，认为卜克曼所倡导的这个运动，受中国传统道德精神的影响极大，"他的基本主张与实践方法，与我们古圣先贤所讲人生哲学的道理，几乎完全一致，他与我们中国文化不同的地方，只是他们重视宗教信仰与力行的精神，但他的基本精神是反共的"，因此，应该重视并推动 MRA 运动的发展。

何应钦从与卜克曼的交谈中获得启示，决心将中国传统文化嫁接于 MRA 之上，通过"道德重整"而发现了孔孟思想与反共事业之间的关系。何应钦在题为"一个公平无私的世界——孔子大同世界的理想"的文章中，系统阐述了他的研究心得。他认为，国民党在台湾的所作所为，实际上就是为了实现两千多年前孔子就提出来的崇高政治理想——大同世界，而今日世界纷乱的根源，是"民主政治的思想"与"极权统治思想"的针锋相对，而人人致力于"道德重整运动"，便是解决中国和世界的一切问题的不二法门。MRA 运动所标榜的理论和实践方法，经过何应钦的中国化诠释、嫁接、改造，与中国封建传统的伦理道德及修齐治平理论，与孔子大同世界的理想有了几乎一致的内涵。

至此，何应钦终于从"道德重整运动"中寻找到了一种全新的精神寄托，巧妙地将他基督徒的宗教信仰、至死方休的反共政治信仰和脱俗般的个人生活作风上的相对清廉俭朴融会贯通，而且，这种寄托也迎合了台湾当局在反共上不断变换口号与方向的政治需要。

1959 年 3 月 22 日，何应钦领导的 MRA"中华民国联谊会"在台北首演话剧《万象更新》。5 月 13 日，何应钦赴日本京都出席 MRA 第三届亚洲区域会议。

1960 年 9 月 3 日，何应钦赴美国麦金诺岛出席 MRA 会议；9 月 14 日，到瑞士柯峰出席 MRA 会议；12 月 17 日，台湾 MRA 联谊会选派邱创寿、滕永康赴柯峰接受培训。

1961 年 7 月，何应钦率团赴瑞士柯峰参加 MRA 大会，期间观看了各国 MRA 组织演出的话剧、电影，突然再次萌生"创作"话剧的构想，他构思了一个以反共为主线的、歪曲历史的剧本，污蔑"土改"，丑化人民公社。他将剧本草稿纲目交王素珍，再由王素珍 5 人小组完成初稿，剧名定为《龙》剧，8 月 6 日在柯峰首演。

1961 年 8 月 7 日，卜克曼去世，何应钦在悼词中说卜克曼的逝世，使中国失去了一位伟大的朋友，人类失去了一位伟大的精神导师，"我愿在上帝领导之下，领导中国代表团和在台湾的道德重整朋友们，继续卜克曼博士之精神"。

8 月 17 日，何应钦等人赴美国参加卜克曼葬礼。在 18 日纪念会上，对于 MRA 运动的作用，何应钦夸大其词，说："过去，如果我们和我们的盟友，曾经实行道德重整的话，中国大陆是不会沦于中共之手的。我是一个军人，我相信只靠战争是不能解决世界问题的。我们必须要从一个超越的意识形态中，找出一个答案，这个意识形态，就是卜克曼博士四十余年来，已经把它带给世界各国人们的道德重整运动。"

赫鲁晓夫

随后，何应钦带领《龙》剧剧团赴瑞典、英国、挪威、丹麦等国演出，一时臭名远播，反共甚嚣尘上。每次演出前，何应钦代表剧团和"国际部队"，大肆进行反共宣传，何应钦说：

今天整个世界和人类，正面临着一个严重的危机，赫鲁晓夫扬言其在 1980 年即可完成赤化世界的计划，这是我们生死存亡的关头。共产主义利用人性的弱点，以地位、酒色、金钱来诱惑道德沦丧的人，而加以控制，以遂其渗透颠覆的阴谋……台湾虽只有 1100 万人口，60 万精锐军队，但我们有英明的领袖领导我们，有 1500 万华侨和大陆上 99% 的人民内心拥护我们，而尤其重要的，是我们相信思想形态是具有决定性力量的。

每离开一地，何应钦必定把《龙》剧团演出情况与反响致电汇报给蒋介石，以鼓吹 MRA 运动的宣传效力和《龙》剧的成功。11 月 9 日，何应钦在伦敦向听众演讲，他再三强调，"道德重整运动为一卓越的意识形态……如吾人不为正确的意思形态而战斗，则吾人将无以对上帝和国家"。

12 月初，何应钦率《龙》剧团和"国际部队"到瑞典演出。由于瑞典左派和进步力量的抵制，观众无几，何应钦只得动员各国 MRA 运动代表和《龙》剧团成员分组顶风冒雪挨家挨户动员，希望人们去观看演出，10 天时间，他们串了 1.8 万户人家。

12 月中，《龙》剧团在挪威奥斯陆演出，挪威青年往剧院扔小白鼠，场面混乱。12 月 19 日《龙》剧团第三场演出时，剧场内忽然响起了《国际歌》歌声，何应钦有点紧张，竟不敢去前台做剧情介绍。

1962 年元月 1 日，《龙》剧在哥本哈根首演，开演不久，台下喧哗骤起，楼厢栏杆上垂下白布标语："何应钦是刽子手!"、"何应钦是中国的艾克曼!"（艾克曼是德国纳粹头目，二战中曾屠杀数十万犹太人）同时，撒下许多反对"道德重整"的传单。何应钦的"反共"行径又一次遭到了的抵制。

1962 年 2 月 1 日，何应钦返回台北，吹嘘《龙》剧的演出"成功"，他多次沾沾自喜地报告，《龙》剧已经在欧演出 180 场，各地观众达 25 万人，观看电视转播观众 1200 万人。蒋介石也询问何"道德重整"的"功绩"。

1963 年 1 月 6 日，在台北 MRA 联谊月会上，何应钦做了"道德重整与孔孟学说"的演讲，他把 MRA 的"四大目标"与孔孟学说做了比较分析，互相印证，说明道德重整的四大目标，"与我们孔孟学说不仅是若合符契，而实在是一而二、二而一的。只不过道德重整所揭示我们的标准，为适合西方社会的生活要求，比我们孔孟学说的内容，更为简单明了罢了"，并拿"人性可以改变"这一 MRA 实践方法的基本原则与孟子的"性善论"做了比较，孜孜以求地为 MRA 运动寻找中国孔孟学说的各种"根据"，从而证明 MRA 运动的基本理论、四大标准和实践方法的"科学性"：

第一，静思反省：道德重整主张在每日清晨，有一段静思的时间内，人人要做反省的工夫，接受上帝的启示，并将这些启示写在一本启示簿上，以为自己改变的依据。这和我们《论语》上"子曰：吾日三省吾身；为人谋而不忠乎？与朋友交而不信乎？传不习乎？"其反省的标准虽有不同，而其反省的办法，则是完全一样的……这种反求诸己的工夫，正是"道德重整"静思反省办法的渊源。

第二，公开道歉：道德重整主张，每日反省所得，可以在自由公开的原则下，与各人交换启示；如果对某一个人或某一件事，自己觉得有抱歉或错误的地方，最好的改正方法，就是向这个人公开道歉，或对这一件事公开认错，而其基本

孔子画像

原则，则在责己而不责人。这在孔孟学说中，足以代表这种感人方法的，莫如虞舜之于弟象……舜能以孝感动父母，且使弟象改行，变为和谐，烝烝然不至于奸恶。《孟子·万章篇》，"像日以杀舜为事"的一章，更说明舜遭遇的不幸，而能感动其父母兄弟……

第三，从自己做起：道德重整主张无论什么事，都要先从自己做起，尤其是改变，更要以身作则。卜克曼博士说："各个人都要先看别人革新，但是各个人都在等待别人先动手起；假若你想为今日世界求得解决的办法，最好的发动地位，就是你自己和你自己的国家。"这其实就是我们孔孟学说中，修己治人的道理，亦即是大学上所谓修身、齐家、治国、平天下的大道……

此外，道德重整有一点与我们孔孟学说似乎不同的，那就是重视宗教的精神，亦即"道德重整"有一个神的信仰……《论语》上说："子不语怪、力、乱、神。"似乎孔孟学说是不相信有神的……孔子说："敬神如神在。"又说："获罪于天，无所祷也。"可见，"子不语"的神，是怪异的神，是神话的神，并不是我们信仰的神：我们信仰的神，也就是真神，就是中国人一向所说的天，外国人所称的上帝，亦就是我们清晨祈祷或静思反省时，所接受启示的上帝，这不仅不为孔孟学说所反对，毋宁可以说是孔孟所竭力倡导。

在卜克曼去世之后，英国人霍华德成为了卜克曼的继承人，而何应钦也力图肩负重任，成为卜克曼在东方的继承人，以推动MRA运动的发展，但是，随着MRA反共思想及其自欺欺人理论的被批判、揭露，MRA运动进一步衰落。到了20世纪70年代，

MRA 运动已日薄西山在，苟延残喘。而何应钦那个靠"道德重整"来统一世界的幻想一直做到了他生命的最后一刻。

第二节　鼓吹"三民主义'统一中国'"

一衣带水，同宗同根，祖国统一是海峡两岸人民的共同心愿。1979 年元旦，为了顺应人民的愿望，中国全国人大常委会发表了"告台湾同胞书"，希望台湾地区当局能顺应祖国统一的必然趋势，积极为实现祖国和平统一大业贡献力量。呼吁受到了海内外炎黄子孙的欢迎和响应，一些在台的开明人士要求台湾地方当局回应北京的呼声，与中共谈判，提议先实现海峡两岸的直接通邮、通航和通商。然而，当时的台湾地方当局把中共和平统一祖国的良好意愿视为一种"统战阴谋"，抛出了所谓"三民主义统一中国"的口号。

但是，自视为"民主的化身"的美国政府却长期干预中国内政，一面与中国政府建交，一面却不愿放弃它对台湾地区的"保护"。美国仍然我行我素，不顾广大中国人民的合法利益，1979 年 4 月 10 日，《与台湾关系法》由美国总统卡特签署，两院通过，作出保证台湾安全、向台湾出售防御性武器的决策。正是在这种时代背景和形势下，台湾地方当局本已很微弱的"反共"呼声又鼓噪起来。一贯坚持反共的何应钦，不顾自己年届九十，又一次充当了反共旗手的角色。

愈近晚年，何应钦的内心世界越加矛盾重重，每每摩挲家乡亲友寄过来的照片，他真想回到兴义泥凼乡，亲眼看一看家乡的山水和亲人，但是，他表面上硬撑着，死要面子，顽固地以"反共大业"来表露他对蒋家王朝的"忠顺"。

1981 年 3 月 29 日，《贯彻以三民主义"统一中国"案》在台湾国民党第十二届代表大会上通过，把"三民主义统一中国"的口号正式明确为国民党的政治纲领，拒绝和谈，鼓吹反共。同时，何应钦当选"中央评议委员会主席团"主席。这一年，何应钦开始讲解、分析孙中山和蒋介石的"三民主义"。为了抵制当时中共的"推进祖国和平统一"的大政方针，也为了能够抑制当时在台湾地区刮起的"台独"歪风，11月21日，何应钦在台北主持了"三民主义统一中国"研讨会，他认为，"中国是必然要统一的，这是每一个中国人的愿望"，不过，统一是"要以我们复兴基地的三民主义建设的成果，作为统一全中国的蓝图"。

1982年8月28日，"三民主义统一中国大同盟"筹备会在台北举行，何应钦、郭为藩、李廉、沈君山、倪抟九、周应龙等被推选为代表。10月22日，何应钦主持"三民主义统一中国大同盟"成立大会在台北阳明山中山楼举行，何应钦、陈立夫、谷正纲、李璜、吴三连、秦孝仪等31人组成大会主席团，何应钦任主席。大会通过了纲领、盟章、宣言。为了扩大影响力，11月12日，何应钦主持"大同盟"在台北市"国父纪念馆"广场上举行的万民升旗仪式活动。"行政院长"孙运璿及台北机关首脑都应邀前往助兴。这或许是何应钦去台后最风光和最得意的一次露脸活动。

此一时期，高瞻远瞩的邓小平同志多次发表讲话，呼吁祖国统一，提出"一个中国，两种制度"的构想，可是，何应钦仍然坚持其顽固的反共立场。1983年2月4日，何应钦在"大同盟"研究工作委员会第一次会议上叫嚣什么"三民主义统一中国运动，是一个长期持续性的政治运动，大陆一日未光复，此一运动决不中止。"并对大陆广播，扩大"大同盟"的影响，展开反共宣传。3月，何应钦还为"三民主义统一中国大同盟"设计了盟歌。3月29日，在"大同盟"

精刻細雕

盛世元先生属

陈立夫题词

茶会上，何应钦自豪地吹嘘他"以94岁的老兵，仍然担负起为国家统一而战斗的重任，自信在中外古今历史上，包括武王伐纣的大将太公望在内，我还算是第一人"。

从何应钦的内心来看，他是切望祖国统一的；但他用扭曲了的不同于孙中山的"三民主义"的"理论"来反共"复国"，来宣传"三民主义'统一中国'"，却注定是一种无望的垂死挣扎，注定会是失败的。1986年，何应钦连续发表《蒋公与三民主义"统一中国"之推进》、《三民主义"统一中国"之展望》两文，为蒋介石歌功颂德。在文章里，何应钦以反共为基调，大谈"三民主义统一中国"的国家建设、实质和前途展望，他写道：

> ……中国一直是一个统一的国家。虽然在中国历史上也有分裂与统一的分合经验，但我们中国最大不同之点是：尽管分合频仍，而分裂总是短暂的，最后终归于一统。所以，一个"统一中国"的观念深植在我们中国人的心中，没有人可以放弃"统一中国"的立场，也没有人可以自外于"统一中国"的运动（"台独"分子没有存在的余地，原因也就在此）。所以，三民主义"统一中国"共识的建立，正是我们这一代中国人强烈的历史责任感的表征。

> 当前"中国统一"的问题，……是要在根本上消除台海两岸意识形态、文化形态的殊异，和消除思想上、制度上对立，以求中国的长治久安，以谋求全体中国人永恒的福祉，永远跳出"分分合合"的历史循环。所以，三民主义"统一中国"，不是党派或个人之事，也不是枝枝节节问题之解决，而是要为整个中国前途着想，为全体中国之永恒福祉着想，……

第三节　思乡与献策

在大陆的时候，何应钦身居要职，位高权重，军务繁忙，又顾及参加何氏宗亲会说不定会引起蒋介石的猜忌，所以，也就顾不上参加何氏宗亲会等活动了，也不问什么省籍，只知道"唯才是举"。到了台湾地区之后，何应钦没有了什么权势，虽然凭借吹捧的功夫，失势而不失宠，可是，"独在异乡为异客"，每逢佳节倍思亲，那份失势后的孤寂的确是很难承受的。为了从比较真挚浓厚的乡情中得到一些精神上的慰藉，何应钦此时也就开始参加何氏宗亲会、同乡联谊会等活动了。

1952 年 3 月 10 日，何应钦参与台湾北部何氏宗亲会活动；1953 年，何应钦出任贵州同乡会荣誉理事长；1954 年 5 月 27 日，何应钦出席竹东何氏宗亲大会。

有了充足的时间，何应钦开始研读、考证起何氏家族世系来。在 1965 年 5 月 30 日台北何氏宗亲会成立的时候，何应钦还讲述了他近年来对何氏宗族的考证结果，居然是贵州兴义何氏与台湾地区何氏是最近的两个分支宗亲，还期望能"与大陆的亲友互通消息"，回老家去"祭扫祖墓"：

就我所知，我们何氏宗亲远绍庐江，源出一系，所以无论在大陆各省市和台湾，乃至海外地方，凡是我们姓何的人家，逢年过节，门口所题，甚或灯笼上所写的，都用"庐江"两字。真是我们俗语说："五百年前是一家。"此外，我听说我们台湾何氏宗族，大多数是从闽浙两省迁移来台的……而我的曾祖原来也是由福建光泽迁至江西临川，然后迁到贵州兴义的，所以我虽是贵州兴义人，说起来与我们台湾何氏宗亲、宗支应该是很近的，因此更使我有一种分外亲切之感！

1968 年 3 月 16 日，何应钦出席基隆何、蓝、韩三姓宗亲会创立五十周年庆祝会。他认为，何、蓝、韩三姓宗亲会，由于弘扬了祖祖辈辈传承下来的"敦亲睦族"的精神，故此经过了半个世纪的变迁，如今依然存在，并希望"敦亲睦族"的团结精神历久弥新。

进入九十高龄的时候，何应钦常常独自一人在书房里枯坐着，抬头凝视着墙上那幅《泥凼风景图》长久地

何应钦九十五大寿留影

出神，看着画中家乡那参差不齐的房舍，蜿蜒崎岖的羊肠小道，不觉心驰神往，故乡的一草一木，一山一水，犹如这幅图画在眼前展开。

1984 年，贵州同乡会创办《黔人季刊》杂志。这一年何应钦 95 岁了，在他庆祝生日的时候，《黔人季刊》为发表了一些文章，其中贵州同乡会李永久用贵州省兴义、余庆、天柱、望谟、遵义、仁怀、兴仁、普定、威宁、独山、息烽、大定、安顺 14 个市、县名巧妙地编成一副祝寿联：

> 兴义纳余庆，一柱擎天，天下望谟，遵义而行，抱仁怀以兴仁，仁者无敌，仁者必寿；普定显威宁，独山退日，日本息烽，大定以往，遂安顺而普安，安之有方，安之若恒。

在他庆祝 95 岁生日的这一天，何应钦兴致很高，让人拍了很多照片，并吩咐家人把照片洗出来，寄给故乡的亲人，让将远在家乡的亲人分享他的喜悦。他很想回大陆区看一看，曾对女儿何丽珠说："我们南京家中的那棵书已经长得很高了吧，你应该帮我去看一看。"

1985 年 11 月 3 日，贵州同乡会馆举行开馆典礼，96 岁高龄

的何应钦兴奋地参加了典礼并剪了彩。愈到晚年，何应钦的思乡怀旧之情愈加浓厚，甚至于他内心深处都有了叶落归根的期盼。每有贵州同乡来访，他总是兴致勃勃地滔滔不绝地谈起家乡的风土人情，历史掌故。自内地实行改革开放以来，只要身边有人从台湾去贵州，何应钦总是直接或间接地拜托人家打听大陆亲人的近况，以及泥凼故乡、故居、何家祖坟的情况。一次，一位兴义同乡从内地省亲归来，带来了家乡人民和当地政府转赠给何应钦的兴义市及泥凼镇彩色影集，并转达了当地政府给他的问候和希望："乡亲们欢迎何将军回故乡走一走，看一看。"他把带过来的照片拿出来翻看，照片上，那泥凼街是那般熟悉，又是那般陌生。但是，遗憾的是，他把这些消息这些照片都视为中共展开的"统战阴谋"。

在台湾地区，何应钦积极为台湾地区的经济建设、城市发展和旅游、中小学教育等献计献策。台湾地区能够快速地崛起为亚洲经济"四小龙"，何应钦的建言也是有一定的功劳的。1957年1月，何应钦在台北市工务局会议上发表题为"对台北市都市建设之我见"的讲演，强调台北都市建设的迫切性和对违章建筑如何进行妥善的处理；1月28日，在"中央纪念周"上，何应钦结合访欧的见闻感想发表演讲，说明发展体育运动应与重视国际旅客来台的旅行便利齐头并进。10月10日，何应钦在国民党七届八次中央委员会及中央评议委员会全体会议上提出4点建议，以把台湾建成"三民主义模范省"：一、加强社会中心教育；二、发展现代国民生活；三、促进国际观光事业；四扩大台北都市建设。

感到台湾，何应钦就曾建议蒋介石大力发展旅游观光业，但未被蒋介石采纳。1958年，何应钦出席台湾"观光协会"茶会，任名誉会长。

1959年1月，何应钦发表题为"我对中小学教育的看法"的演讲，针贬台北中小学教育，一针见血地指出"升学主义"和"恶性补习"是最大的弊端，它们既不符合小学是基础教育的要求，也严重危害了小学生的心身健康，提出合理的看法和建议，认为

"中小学教育应该从奠定一个人为学做人与做事的基础，充实其必要的知识与技能为目的，而不是只以升学为目的"，并赞同延长义务教育为 9 年的建议；鼓励私人兴办初中，并在全地区普及初中教育；中小学的课程，要加强德育和体育，确保中小学生的品德和心身康健。

何应钦一生足迹遍布世界各地，到过 150 多个国家和地区，1960 年，何应钦以自己亲身游历异域风情的感受作为论据，撰文点明开发旅游观光的重要性，高屋建瓴地为发展台湾旅游业事业提出四点意见：一、要确立远大的眼光与计划；二、要树立正常的观念与认识；三、要创导观光的兴趣与风气；四、要保持特殊的趣味与风格。1965 年，何应钦在《人口问题与计划家庭》一文中提出三点看法：一、要及早确立人口政策；二、要公开指导避孕方法；三、要扩大计划家庭运动。

顾祝同行书书法

何应钦献计献策的对象比较广泛，除了上面这些方面，还有城市公园绿地建设、"国民革命忠烈祠"改建工程、整理简笔字、修建五指山"国家公园"计划等等。

1978 年 11 月 27 日，应"行政院"院长孙运璇之邀，何应钦率顾祝同、高魁元、黄杰等人组成的参观团，第二次参观包括桃园国际机场、高速公路等"国家十项建设"工程，并向蒋经国呈递了考察报告，向台湾地方当局提出了"十二项建议"，其中多被台湾地方当局采纳，对台湾地区的经济、科技、交通建设，起到了积极的推动作用。

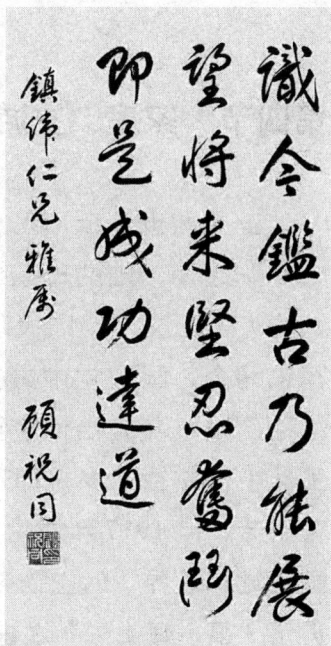

第四节　家庭、交游与长寿秘诀

　　王文湘也是贵州兴义人，她的父亲为王起元，也是兴义"八大户"之一，她的母亲刘显亲是贵州督军兼省长刘显世的胞姐，她的大哥王文选是国民政府第一任交通部长，二哥王文华曾任黔军总司令。国民党中央委员，王文湘在少年时代有"贵州公主"之称，1916 年嫁给何应钦，自然是男才女貌，两情相悦。王文湘虽然小何应钦 8 岁，却也知书达理，温柔贤惠，平实简朴，能吃苦耐劳。自 1917 年成家后，两人几十年相敬如宾，十分恩爱。在国民党军政界，何应钦被称之为"军中圣人"，尤其不沾女色，博得了"第一好丈夫"之誉。1920 年何应钦在昆明遇刺，险些丧命。治疗期间，王文湘日夜守护，悉心服侍，何应钦得以迅速康复。1927 南京国民政府成立后，王文湘考虑到何应钦公务繁忙，为了照顾好丈夫，于是她"谢绝一切外务，专心操持家政，对于何应钦的饮食起居，女儿（养女）和侄儿辈的抚育教导，亲戚故旧的应酬接济，部属的关切照顾，事无巨细，莫不亲自处理。"何应钦的四弟何辑五在贵阳旧制中学念书时，王文湘就开始照顾他；五弟何纵炎在大夏大学念书时，王文湘也按月汇款资助。何家侄儿何绍周、何绍修、何绍虞、何绍仪，以及侄女们，不论上军校还是念大学，王文湘都亲自资助读书费用。

　　王文湘既要为合适家族料理家事，又要协助何应钦交接权贵。为了便于及时了解上层动态信息，她与达官显贵的妻妾们应酬与周旋也就是必不可少的了，其中她与第一夫人宋美龄的交往尤显重要。几十年来，何应钦、蒋介石之间多有沟壑，每当何与蒋关系紧张时，王文湘就借叙一叙姐妹之情或请教请教《圣经》的内容的名目从侧面巧妙予以化解，以求借助于宋美龄的"枕边风"来改变何的不利处境，而最终何、蒋总能心领神会，其间得益于王文湘与宋美龄的沟通实在不少。

后来，由于何应钦惧怕蒋介石疑心自己培植势力，因此，为了避免拉帮结派之嫌，在用人问题上十分谨慎。蒋介石自己喜欢重用老乡，却最怕身边的左右手重用老乡。因此，对于家乡来人求职时，何应钦不便推却，就由夫人王文湘出面挡驾，由此而来给何应钦免去了许多的麻烦和政治风险。同时也让何应钦给家乡贵州籍官员留下了好印象，而王文湘自己则甘愿被人误解为"衣裳角也扇得死人"。这样一位好夫人，何应钦能不疼爱珍惜？因此他对王文湘的感情十分忠贞。

比如说何辑五，他早年入贵州讲武堂，后入黔军，北伐初期曾任汕头警备司令兼第1补充师师长。南京国民政府建立后，何应钦曾当面请蒋介石给何辑五在中央安排一个要职。蒋介石为防更加助长何应钦的势力，遂不愿何辑五继续在军界发展，拖了很久，才委任一些无关紧要的职位，比如说浙江省政府委员、国民党中央监察院监察委员、中国航空公司副董事长兼总理、贵州省政府委员、建设厅长、贵阳市市长等职。解放前夕，何辑五举家迁往台湾，住在台北银河新村，从此远离政界，以种橘度余生。

到了台湾地区后，何应钦再未受到蒋介石重用，只给了一个"战略顾问委员会主任委员"的特级冷板凳，后来也兼任一些闲职。何辑五亦不愿为官，便以种橘为乐。于是，王文湘便劝说何应钦一起皈依基督，每周星期四上午，两人必在牯岭街寓所举行家庭聚会，查经讲道，风雨无阻，带病亦不肯缺席。上世纪70年代中后期，何应钦各方面的应酬开支增大，王文湘便托人暗中变卖一些饰物，以应需要，从来不让何应钦在经济上感到有丝毫的拮据。何应钦与蒋介石等人偶有嫌隙，王文湘便在权贵们的妻妾中周旋，更常与宋美龄在一起，借求教《圣经》的解说和叙姊妹情谊加以侧面调缓。

何应钦和夫人王文湘合影

王文湘六十大寿时，多才多艺的宋美龄亲手绘制了一幅《墨兰图》，蒋介石于画幅左上角题写"满座芳馨文湘夫人周甲荣庆蒋中正敬题"，赠给王文湘。即使对于国民党上层人物来说，能得到"第一夫人"宋美龄作画和蒋介石的题词贺寿，也是一种非常难得的殊荣。但是，两人甜蜜的婚姻中也有遗憾，这就是王文湘不能生育，正因为如此，曾有人劝何应钦纳妾，王文湘也表示支持，但反被何应钦怒斥，并收侄女何丽珠（四弟何辑五之女）为养女。

上个世纪50年代初，王文湘感到身体不适，经赴日本、美国等地检查，她患了晚期乳腺癌，无法进行手术治疗，每年求医都必须奔赴日本。王文湘知道自己癌肿已经扩散，反而坦然起来，看出何应钦的担心，便反过来安慰何应钦，说自己福大命大，抗战时期能从日军的炸弹下死里逃生，这次也能摆脱死神的召唤。王文湘还利用基督教教友聚会，讲经布道的机会，时不时地开导何应钦，说不要只瞅着现实，还要信仰主，自会发现人生会出现新的境界。她宽慰何应钦说："世人多讲现实，唯有信主，时与教友相聚，才觉得人生另有一种清新的境界。"幸运的是，凭借着豁达与乐观，王文湘同癌症做了一场长达27年之久的精神和肉体上的抗争，从一定程度上说，她赢得了这场战争。

20世纪70年代中后期，何应钦的各种活动增多、应酬开支增大，而工资有限，王文湘感到经济上难以应付自如，乃暗中托人变卖自己的一些饰物，以贴补家用和开支。后来，王文湘病重时，何应钦天天亲自侍奉茶饭，端汤递药，悉心照料。

1977年4月，何应钦、王文湘结婚满六十年，举行"钻石婚"纪念茶会，可谓"白首齐眉，双星并耀"。台湾政府要人严家淦、蒋经国出席茶会致贺。

1978年4月23日，82岁的王文湘去世。4月29日王文湘追思礼拜在台北殡仪馆举行。台湾"总统"蒋经国和夫人蒋方良亲临祭奠，挽额"淑德长昭"。身在美国的宋美龄闻讯，急忙发来唁电："何夫人数十余年热心赞助社会工作及军福利业务，为人笃信和蔼，为众侨所向往与瞻仰，又为龄之益谊良友。"台北各界要人近千人参加了追思礼拜和悼念活动。

生老病死本是人人无法抗拒的自然规律。老年丧妻，何应钦深受打击，深夜常常孤枕难眠。不久，何应钦在台"国防部"安排下离开牯岭街长期租住的房子，搬进厦门街131巷3号的一幢三层楼。非常孝顺的何丽珠与丈夫蒋友光与何应钦同住，悉心照料。何应钦含饴弄孙，精神上获得了莫大的慰藉，加上他的豁达坚韧，终于很快就调整出了一副好心态，恢复了往日的乐观。

何辑五也常去看望何应钦。五弟、台湾邮政总局局长何纵炎也常看望三哥。1984年、1985年何辑五、何纵炎先后谢世。晚景凄凉，何应钦更感孤单。

在国民党高级将领中，何应钦素来办事认真，不善交往，生活俭朴，衣着整洁，注重服装仪容，膳食从不挑剔。起居作息很有规律，每天起得很早，散步观花，尤爱兰花；早饭后看报纸、杂志，然后会客或外出参加活动。他对秘书和勤务兵也比较和蔼，从不声色俱厉。自妻子、弟弟相继过世后，他更喜欢与年轻人交谈，沟通，以排解心中的郁闷。

到台湾后，做事更加谨慎，生怕开罪蒋介石，慎言慎行，如履薄冰。他主持"战略顾问委员会"，和副主任、黄埔军校时的老部下顾祝同关系较好。何应钦与李宗仁、白崇禧的关系素来不错，李宗仁不在台，何与白崇禧时有过从，但他深知蒋介石讨厌白崇禧，因此也不敢与白深交。他与陈诚宿怨多年，此时亦多陈诚敬而远之，遇到什么大事，如"道德重整"，也极认真地向"副总统"陈诚汇报。陈诚病逝，何应钦参加陈的葬礼，一副很悲痛的模样，他的挽联是"革命励精诚当年患难同舟，志略非常，夙深钦重；中兴膺大任何意沉疴不起，邦国殄瘁，弥悼英灵。"

不再有烦心的军政事务缠身，为了打发时光，为了修心养性，何应钦迷上网球和高尔夫球，还有跳舞、打猎以及桥牌。去野外山林打猎，是何应钦年轻时的一大爱好，至老也不减打猎的乐趣。当时，何应钦、白崇禧、杨森的三支猎队在台湾军政要员中非常惹眼。何应钦晚年喜欢打桥牌，技术一般，却打得很认真。他出

何应钦（左二）在高尔夫球场上

任"中华民国高尔夫球会会长"，偶有聚会，也不愿开怀大饮，却爱在旋律悠扬的圆舞曲中跳上几圈，有时也看戏，看电影。

晚年，何应钦与著名国画大家张大千相交甚笃。在纪念张大千之兄张善孖百岁诞辰纪念展览会开幕时，何应钦致开幕词，以"善孖先生画笔蕴藏着的真精神"为题，介绍、评价张善孖，俨然成了画坛评论高手：

善孖先生于清末参加革命，民初又参加反袁，因此两次被抄家；其后他以兵学专长，担任了四川省第一师第二旅少将旅长，后来又历任县长，骁勇善战而不改书生本色。因此我们知道，善孖先生自号"虎痴"实具有双重含义；不过他的武功和文治，都为他的艺事所掩，虽然使世人不易窥见先生事业的全貌，但却使善孖先生成为中国画坛上的一代宗师。

善孖先生在我国抗日战争进行中，再度表现了他的忠义爱国的精神。他这一时期的作品，《正气歌》中十二幅人物以及四维八德人物画像，每一幅都是激励国人为抗战救国奋斗牺牲、成仁取义的力作，充分表达出中华民族的忠义精神……

应钦前年曾经前往欧洲游历，看了部分欧洲中古时期和文艺复兴时期的名画，深深感觉在如此早期的画坛中，西方大师们对于透视学和生理学已具如此深刻的造诣。我们时常惋惜中国古代画家笔下缺乏立体感。但是，由于善孖先生养虎，他笔下的虎有骨有肉，有立体感并且有感情，可以说是脱出了中国画的窠臼，而走上了欧洲写实派的正统途径。

何应钦很欣赏张大千的绘画风格，两人天南海北，谈绘画艺术，谈出访观感，有时亦谈起对故乡的思念。1983 年，张大千病逝，安葬在摩耶精舍的石头下，何应钦追念故友，感慨万千，他撰文"悼念益友张大千"，回忆当年张大千赠画明志一事：

> 回忆在民国廿三年间，应钦在北平军分会委员长任内，那时我住在"居仁堂"，日本军阀为达侵略目的，不断的制造事件以图挑衅，当时唯以忍辱负重与日人谨慎周旋，大千先生鉴于我的处境心情，特画了一幅《背插金钗图》给我，以排遣我内心的苦闷，这幅画中，画了一个美女用手在后以金钗刺背，而却忍痛以笑脸迎人，并在图上题："细柳桥边深半春，缅衣簾里动香尘；无端有寄问消息，背插金钗笑向人。"这幅图的含义固深，而情谊也很重，我不但将其珍藏，并印入《云龙契合集》里，作为永久的纪念。

何应钦的健康长寿渐渐引起了人们的关注。有一次，台湾健康长寿会邀请何应钦讲授养生之道，何应钦总结出了三个方面的长寿秘诀："我们在座的每个人都希望自己健康长寿，从我个人的心得与体会来说，我认为有三点非常重要，这就是修养、生活和医药。"现摘录其要点如下：

其一，良好的自我修养。"大德必得其寿"，何应钦早年皈依基督，认为加强道德修养，是长寿之道的唯一基础。而"正思虑"，又是道德修养的关键。只有用温和、宽厚、善良、简默来对治人性的猛厉、残忍、褊狭、轻浮，才能做到心直虑正，有益于人体的健康。日积月累，人就会保持一种积极乐观、轻松恬静的心态。而何应钦拿得起，放得下，能屈又能伸，不以物喜，不以己悲，不以喜怒哀愁损伤自身元气，故此能够延年益寿。

其二，有规律的生活习惯。何应钦打小就养成了有规律的生活习惯，何时读书，何时上班，何时锻炼，何时休息，几乎日日都按部就班，极少打乱。他不好女色，不嗜烟酒，不暴饮暴食，

何应钦（左二）与同僚打桥牌自娱

还不熬夜。即使在战乱频仍的年代，没有特殊情况，他也不会改变自己的作息规律。人生活比较简朴，每餐不过四菜一汤，荤素搭配。此外，何应钦还注意体育锻炼，到台湾后还热衷"三打一跳"：打猎，打桥牌，打高尔夫球，跳交谊舞。即使年入高龄，仍天天坚持早晨散步，坚持时常打网球，自己动手整理庭院花草。栽种兰花是何应钦的一大爱好，他在家中栽种了200多盘兰花，每逢有兰花展，他一定会去观赏。他还经常散步到附近的朋友家中看兰花。

其三，相信医生。何应钦认为，王文湘患晚期癌症后还再活了二十几年，主要在于现代医学医药的发达。假如不是常到日本、欧美等地持续治疗，很难说王文湘能活到八十几岁。但是，何应钦并不迷信药物，而是有着自己独特的看法。对于用药，他认为，自我保健重于吃药打针；疾病在于及早治疗，生了病要趁早上医院看病，但药要少吃，更不能够滥吃。古人说，是药三分毒，无病就不要没事找事，就无需看医生，更无需吃药。

第五节　"轸悼耆勋"

垂老不忘国家统一，这种精神的确可嘉。然而，死亡是人人都无法抗拒的。1986年初何应钦的身体每况愈下，4月，何应钦自感身体不适，住进台北荣民总医院，确诊为脑中风。在住院治疗期间，他有时坚持参加一些会议、活动。

1987年3月，何应钦自感去日无多，就让家人将他历年珍藏的勋章、照片、墨迹、奖品等与国民党军军史有关的文物40种约

200 余件，悉数交付"国军历史文物馆"保管。该馆专为他单辟一个展室，名为"应钦堂"，展示这些从黄埔建军到赴台以来所获得的荣耀。此举既为国民党军，也为何应钦的戎马宦迹一生保存了弥足珍贵的见证。

自从入住医院荣民总医院以来，医院使用一流的医疗设备与最好的药物，尽可能地延长何应钦的生命，何丽珠一家与何应钦的侄儿侄女们，也都轮流来医院护理、陪伴，希望他能拖过百岁寿辰。

死亡总是不请自来不期而至的。1987 年 10 月 21 日上午，何应钦因心脏衰竭而去世，终年 98 岁。何应钦，这个兴义泥凼的放牛娃，从"福将"到"管家"，从"亲日派"到"野心家"，从抗日斗士到反共先锋，从"何婆婆"到"外交家"，如今终于结束了他那辉煌而又艰辛、荣光而又耻辱、漫长而又短暂的一生。

当天，蒋经国发布"总统令"：

> "总统府"战略顾问一级上将何应钦，少慕戎轩，长娴兵略。鼎革橐传，及锋小试；讨袁护法，执戈前驱。遂干英特之材，上膺干城之选。自此股肱元首，羽翼中枢。出掌戎机，入参庙议。乃至长缨系敌，奏凯受降，实极殊荣，都无遗算。而于赤祲日深之际，出任行政院长，渊谟默运，靖献尤多。方期寿迈期颐，亲观复旦，以主义统一中国，以道德重整人心。忽闻徂谢，轸悼良深。特派李登辉、薛岳、谷正纲、俞国华、沈昌焕、李焕敬谨治丧。饰终之典，务从隆厚，以示崇褒。

12 月 1 日，台湾地方当局举行公祭何应钦仪式，台湾各界要人李登辉、谢东闵、俞国华、郑为元、郝柏村、李焕等参加了公祭。蒋经国因病不能亲自前来祭吊，乃颁赠"轸悼耆勋"的挽额。大殓前，台湾地方当局特派陈立夫、谷正纲、张宝树、李焕为何应钦的灵柩上覆盖中国国民党党旗；由李登辉、薛岳、俞国华、

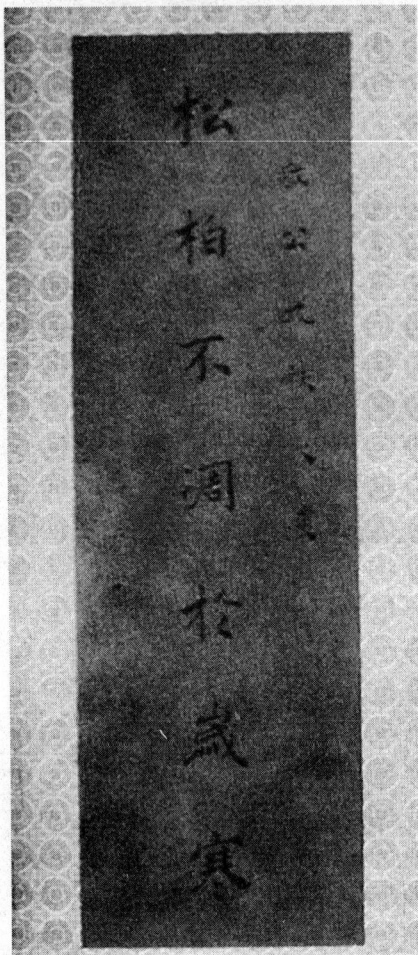

何应钦 90 岁生日时，蒋经国赠送的寿轴

沈昌焕覆盖"中华民国国旗"。根据蒋经国的指示，将何应钦的灵柩葬于台北县五指山。而在他的家乡贵州，统战部门和他的亲友也都发出唁电或挽词，呼唤"魂兮归来"。

最后，笔者以 1979 年蒋经国在何应钦 90 岁生日的贺词来为本文的结尾，虽然是一面之词，却也见出何应钦在国民党人心中的分量与功勋：

……敬公追随国父与先总统蒋公献身国民革命，不仅在军事上、政治上，贡献国家民族，勋绩崇隆，而且致力于促进民主宪政，文化复兴，道德重整，革命外交，事功德业，树立了国人一致仰望的风范。

敬公革命一生，实在和我们国民革命光荣奋斗的历程，息息相关，密不可分……敬公的清怀亮节，真是岁寒不凋的松柏，愈受风霜，愈见刚毅，愈经冰雪，愈加劲挺。今天我们更明白地看到，敬公一生奋斗的精神和方向，对于革命主义的实践笃行，对于革命责任的全力贯彻，对于革命艰难的无畏无惧，不成不已，敬公的伟大志事和风范，实在使我们大家向慕景仰。

何应钦年表

1890 年 1 岁

4 月 2 日，出生于贵州省兴义县泥凼村，字敬之，排行第三。

1896 年 7 岁

入私塾读书。

1903 年 14 岁

进入了县立高等小学堂学习。

1905 年 16 岁

毕业于县立高等小学，被保送贵阳陆军小学。

1908 年 19 岁

陆军小学毕业，获得湖北武昌陆军第三中学的保送资格。

1909 年 20 岁

年末，考取了留日资格。

入日本振武学校学习。

认识校友蒋介石。

1910 年 21 岁

加入了同盟会。

1911 年 22 岁

10 月，回国参加武昌起义。

1912 年 23 岁

任陈其美沪军都督府训练科一等科员，少校参谋。

10 月 13 日，母亲史氏病逝。

1913 年 24 岁

7 月，参加二次革命。

秋，二次革命失败，重回日本振武学校学习。

1914 年 25 岁

春，在宇都宫五十九连队实习，为上等兵，半年后升下士。

秋，入日本士官学校 27 期步科学习。

1916 年 27 岁

6 月，从士官学校毕业回国，投身贵州政坛。

1917 年 28 岁

3 月，任黔军第 1 师步兵团长。

同年农历三月，与王文湘结婚。

7 月 3 日，任贵州陆军讲武学校校长。

7 月 16 日，和韩建铎率黔军第 1 支队赴川参加刘戴战争。

11 月，协助袁祖铭攻打重庆附近的三百梯。

1918 年 29 岁

11 月 10 日，发起少年贵州会，在贵阳市忠烈祠举行成立大会。

1919 年 30 岁

3 月 1 日，积极准备出版少年贵州会专门刊物《少年贵州日报》。

6月1日，贵州省国民大会召开。

7月16日，负责成立全国学生联合会贵州支会。

1920年31岁

7月20日，任全省警务处处长兼省会警察厅长。

8月，任黔军第5混成旅旅长。

11月11日，指挥"民九事变"，指使人暗杀熊范舆、郭重光等旧派人物，逼迫刘显世离开贵州政坛。

1921年32岁

3月16日，王文华被袁祖铭、张彭年等雇刺客刺死于上海。

5月，黔军划分防区，就任贵阳中央防区司令，操纵省政。

12月，被黔军第2混成旅旅长谷正伦及警备团团长孙剑锋等排挤离黔，赴昆明。

在昆明，被刘显世派来的刺客辈刺伤，经抢救脱险。

1923年34岁

秋，赴广州拜见孙中山。

1924年35岁

2月8日，以大本营参议名义，加入黄埔军校筹办工作。

3月24日，主持考选下级干部，并且对这批干部进行短期训练。

5月9日，任黄埔军校总教官。

10月，黄埔教导团参与了平定商团叛乱。

同月，任教练部副主任。

11月，指挥一期生的毕业演习。

11月20日，教导团正式成立，就任教导团团长。

1925 年 36 岁

1 月 30 日，黄埔教导团和校军官兵一齐誓师北伐。

2 月 15 日，率领教导团 1 团夺得淡水城。

3 月 12 日，孙中山病逝。

3 月 13 日，教导团取得棉湖大捷。

7 月 1 日，"革命政府"改称"国民政府"，国民革命军第 1 军成立，任第 1 军第 1 师师长。

10 月初，国民政府组织进行第二次东征。

10 月 14 日，攻取惠州城。

11 月 4 日，革命军克复潮汕。

11 月 5 日，率第 1 师进驻潮安城，被国民政府委任为潮汕善后督办。

12 月 10 日，任第 1 军军长兼陆军军官学校潮州分校校长。

1926 年 37 岁

1 月 20 日，正式就任第 1 军军长之职。

3 月 20 日，在潮汕拘捕第 1 军中的共产党员以响应蒋介石逮捕共产党人的行动。

7 月 6 日，广州革命政府发表《北伐宣言》，讨伐直奉皖等军阀的北伐战争正式开始。

10 月 13 日，平定福建军阀周荫人部。

10 月 18 日，就任北伐东路总指挥职。

11 月 10 日，东路军进占福建漳州。

1927 年 38 岁

2 月 18 日，白崇禧率部攻下杭州。

3 月 25 日，进驻南京。

4 月 9 日至 12 日，在南京进行"清党"。

4 月 18 日，蒋介石在南京建立国民政府，与武汉国民党中央政府对立。

5月1日，蒋介石决定继续北伐，何应钦被任命为东路军总指挥。

7月6日，成为军事委员会常务委员。

8月8日，徐州失守。

8月13日，默许桂系李白逼宫，蒋介石下野。

8月31日，取得龙潭大捷。

9月16日，宁汉合流。

9月26日，南京军事委员会改组，为军委会委员、主席团成员。

改编自己所率的部队并专任军长，继续向北洋军阀进攻。

12月16日，徐州攻克，各军纷纷拥电蒋介石复出。

12月20日，何应钦发电拥蒋复出。

1928年39岁

1月4日，蒋介石正式复职。

2月3日，南京召开二届四中全会，仍为军委会常务委员。

2月9日，被蒋介石撤去东路军总指挥一职。

2月10日，发电辞职。

2月22日，任北伐军总司令部参谋长。

6月30日，举行军缩会议。

10月10日，任国民政府委员。

12月2日，任国军编遣委员会筹备主任。

12月11日，就任军政、参谋、训练总监三部之训练总监。

1929年40岁

1月1日，主持召开国军编遣会议。

2月15日，就任中央编遣主任。

3月15日，国民党在南京召开第三次全国代表大会，被选为中央执行委员。

4月3日，兼任编遣委员会编组部主任。

4月5日，蒋桂战争结束，桂系失败。

5月1日，赴武汉负责整理两湖党务，负责改编整顿桂系军队。

5月24日，任武汉行营主任，辞去训练总监职务。

8月1日，主持国军编遣实施会议。

9月15日，父亲何明伦在贵州兴义逝世。

11月12日，赴山西会见阎锡山，收买阎锡山反冯玉祥。

11月25日，任广州行营主任，讨伐桂系和张发奎。

12月22日，去武汉讨伐唐生智。

1930年41岁

1月1日，获国民政府一等宝鼎勋章。

1月2日，率部击讨唐生智。

1月8日，唐生智投降。

1月10日，就任中国童子军总司令。

3月10日，就任军政部长。

4月2日，蒋冯阎大战爆发，兼任武汉行营主任，指挥该方面军事。

6月15日，受蒋介石令统一指挥湘赣鄂粤部队，与冯阎作战。

6月17日，国民党军攻下长沙。

8月4日，下令国民党军进攻湘赣红军。

10月9日，任郑州行营主任，主持西北善后，整编冯阎军队。

12月30日，对红军的第一次"围剿"被粉碎。

1931年42岁

1月1日，发表《训政时期的军事工作》，配合蒋介石召开"国民大会"，选举国民政府主席。

2月10日，兼任南昌行营主任，亲自指挥对中央红军的第二次"围剿"。

4月1日，任总司令，指挥20万国民党军，进攻苏区。

5月5日，国民政府"国民大会"在南京举行，通过了《中华民国训政时期约法》，代表蒋介石作了《剿灭"赤匪"报告说明书》。

5月16日，红军粉碎国民党军的第二次"围剿"。

7月，任第三次"围剿"红军参谋长。

9月18日，"九·一八"事变爆发。

11月23日，国民党第四次全国代表大会召开，继续当选为中央执行委员。

12月1日，任国民政府驻赣绥靖主任。

12月15日，蒋介石再度下野。

1932年 43岁

1月28日，日军强占闸北，淞沪抗战爆发。

3月4日，参加在洛阳举行的国民党四届二中全会，报告军事，大谈对日防卫与积极"剿共"。

4月19日，任赣、粤、闽、湘边区"剿匪"总司令。

9月，调停四川刘湘和刘文辉冲突。

1933年 44岁

3月12日，取代张学良，兼任军委会北平军分会代理委员长之职。

5月14日，下令国民党军于18日撤至密云、平谷、玉田、蓟县、唐山一线。

5月17日，派熊斌和行政院驻北平政务整理委员会委员长黄郛与日军进行谈判。

5月30日，熊斌日方代表冈村宁次谈判，31日，签订《塘沽协定》。

9月下旬，派重兵围攻、扼杀了冯玉祥、吉鸿昌等领导的察哈尔民众抗日同盟军。

1934 年 45 岁

3 月 7 日，国民党中央政治会议决定设立"蒙古地方自治政务委员会"，何应钦为指导长官。

11 月 1 日，任中国童子军总会副会长。

1935 年 46 岁

2 月，两次遭日本人暗杀。

3 月 27 日，晋授陆军一级上将。

7 月 6 日，"何梅协定"以备忘录的形式事实上达成。

8 月 1 日，中共中央发表《八一宣言》。

11 月 23 日，蒋介石命令在华北成立了"冀察绥靖公署"，以宋哲元为主任。

12 月 3 日，筹组冀察政务委员会，提出处理华北问题的妥协四原则。

1936 年 47 岁

3 月 1 日，令建立苏、浙、皖、赣、豫、鄂等六省试行兵役法，后逐步在全国推行。

7 月 10 日，参加国名党五届二中全会，蒋介石在会上做了《救亡御辱的步骤与限度》。

9 月 26 日，被特派为广州行营主任，处理"两广事变"善后问题。

12 月 12 日，西安事变。张学良、杨虎城逼蒋抗日。

12 月 13 日，主张讨伐张学良，与孔祥熙、宋美龄等发生激烈争论。

12 月 16 日，任讨逆军总司令，下令中央军向前推进，讨伐张杨。

12 月 17 日，周恩来应张学良邀请抵达西安。

12 月 18 日，接到蒋介石的手谕，停止对陕西方面的轰炸。

12 月 25 日，蒋介石在中共调停下同意抗日，由张学良陪同回到南京，西安事变和平解决。

1937 年 48 岁

6 月 9 日，任川康军事整理委员会主任委员。

7 月 7 日，日本侵略军发动"卢沟桥事变"，中国全面抗日战争开始。

8 月 6 日，兼任第四战区司令长官。

8 月 12 日，国民党举行国防会议。仍任军政部长，负责抗日期间的一系列军政问题。

1938 年 49 岁

1 月 1 日，何应钦兼任军委会参谋总长。

4 月，参与指挥徐州会战。

6 月，参与指挥武汉会战。

11 月 25 日，出席第一次南岳军事会议。

1939 年 50 岁

2 月 1 日，主持军政部兵役署成立大会。

2 月 14 日，主持全国第二次兵役会议。

10 月 29 日，出息第二次南岳军事会议。

1940 年 51 岁

3 月 20 日，主持全国第三次兵役会议。

4 月 1 日，出席国民参政会并作军事报告。

7 月 1 日，出席国民党五届七中全会并作军事报告。

10 月 19 日，发动第二次反共高潮。

1941 年 52 岁

1 月 6 日，皖南事变发生。

1 月 15 日，主持会议，决定撤销新四军番号，呈报蒋介石核示公布。

3 月 24 日，出席国民党五届八中全会，并作报告。

4 月 9 日，赴西安商讨包围陕甘宁边区事宜。

10 月 11 日，与美国军事参谋团团长麦克鲁少将商谈有关美援诸事。

11 月 17 日，在国民参政会上作军事报告。

1942 年 53 岁

1 月 3 日，盟军中国战区成立，蒋介石任最高统帅，何应钦命令中国远征军开赴缅甸协防。

1 月起，在国民党军中试行军需独立制度。

4 月 16 日，对沦陷区人民发表题为《中国必胜》的讲话。

11 月 18 日，在国民党五届十中全会上，作兵役报告。

12 月 25 日，检阅重庆国民兵。

1943 年 54 岁

2 月赴印度视察中国驻印军。

4 月 5 日，三民主义青年团召开第一次全国代表大会，何应钦发表《建国与青年》的演讲。

5 月 7 日，美国总统罗斯福决定颁赠何应钦"司令"勋章及奖状，7 月 7 日，史迪威代为颁赠。

6 月 11 日，规定国民党各部队机关及军校，一律实施军需独立制度。

7 月 7 日，发表《抗战第六年之军事》报告。

7 月 8 日，在成都主持军校学员毕业及阅兵典礼。

9 月 4 日，出席国民党五届十一中全会，并作军事报告。

9 月 21 日，出席国民参政会并作报告。

10 月 10 日，获国民政府颁赠青天白日勋章。

10 月 18 日，出席中、美、英高级将领会议，商讨军事合作机对日作战计划。

10 月，获国民政府颁赠的一等复兴勋章。

12 月 3 日，中、美、英发表《开罗宣言》。

12 月 31 日，颁布《陆军各部队改进大纲》。

1944 年 55 岁

1 月 20 日，参与指导缅北会战。

2 月，获国民政府颁赠一等卿云勋章。

3 月 3 日，获英王乔治六世颁赠二级军师荣誉会员巴斯顿骑士勋章。

5 月 11 日，参与指挥滇西中国军队强渡怒江，入缅作战开始，9 月 14 日入滇西日军全被逐出国境。

5 月 20 日，在国民党五届二十中全会上作军事报告。

8 月，出席国民参政会报告军事。

11 月 20 日，被任命为中国战区陆军总司令，辞去军政部长职务。

12 月 2 日，到贵州指挥防御日军侵黔。

12 月 25 日，中国战区中国陆军总司令部在昆明成立，何应钦任总司令职。

1945 年 56 岁

1 月 20 日，中国远征军攻克畹町，次日，赴畹町前线视察，并举行升旗仪式。

1 月 30 日，中印公路重开，何应钦主持通车典礼。

2 月 28 日，与总司令部顾问美军作战司令麦克鲁少将飞抵缅北战场与索尔登将军商讨中美作战联系诸事。

3 月 15 日，偕麦克鲁巡视滇西各部队。

3 月 28 日，主持后勤司令部各区司令会议闭幕典礼。

4 月 9 日，日军发动湘西会战，何应钦于次日赴前线视察。

4 月下旬，指挥中国军队发动桂柳反攻。

5 月 27 日，攻克南宁，29 日攻克柳州，7 月 28 日，攻克桂林。

5月5日，出席国民党第六次全国代表大会，并作军事报告。

5月20日，继续当选国民党中央执行委员。

8月10日，日军向盟国投降。

8月15日，日军向中国政府正式宣告无条件投降；何应钦奉蒋介石命令，代表中国战区最高统帅接受日军投降。

8月20日，飞抵湖南芷江，与日军洽降代表商谈受降事宜。

9月9日，在南京主持中国战区日军无条件投降签字典礼。

10月10日，获国民政府颁授胜利勋章。

11月11日，在重庆主持复员整军会议。

1946年57岁

1月，获国民政府颁授忠勤勋章。

3月4日，在重庆出席国民党刘届二中全会，报告受降经过。

4月20日，编著《八年抗战之经过》一书完成。

5月5日，国民政府还都南京，何应钦在大典上发表讲话。

5月30日，中国战区陆军司令部宣布结束，军委会裁撤，在行政部下设国防部，掌管军令、军政，白崇禧和陈诚为参谋长。何应钦陆军总司令职务和总参谋长职务被解除。

7月12日，以联合国安全理事会军事参谋团中国代表团团长兼驻美国军事代表团团长身份赴美。

7月29日，拜会美国总统杜鲁门。

1947年58岁

1月3日，赴加拿大尼亚加拉大瀑布参加世界道德重整会会议。

4月1日，被任命为新成立的总统府战略顾问委员会主任，暂由龙云替代。

12月4日、18日，主持军参团第63、64次会议。

1948年59岁

3月31日，回到南京。

4月1日至5月1日，出席第一届国民大会第一次会议，被选为主席团成员，蒋介石在这次会议上被选为总统，李宗仁为副总统。

6月3日，何应钦被选为国防部长。

10月25日，赴台北主持台湾光复三周年纪念大会。

11月26日，辞去国民政府国防部长职务。

1949年60岁

1月21日，蒋介石下野。

3月12日，被任命为李宗仁政府的行政院院长。

4月1日，国共和谈在北平进行。

4月20日，南京政府拒绝了中共提出的和平协议，和谈破灭。

4月23日，南京解放，国民政府宣告灭亡。

5月21日，何应钦致函李宗仁，坚辞行政院长职务。

10月1日，中华人民共和国成立。

1950年61岁

5月1日，就任台湾当局"总统府战略顾问委员会"主任。

9月19日，出席台湾当局"中国童子军全国理事会"第五届第一次会议。

11月1日，主持台湾当局第一次童子军大会。

1951年62岁

1月，因妻子患癌症，赴日求医，访问日本。

7月，偕夫人返台。

1952年63岁

2月25日，以副会长身份出席台湾当局"中国童子军总会"成立25周年纪念。

3月10日，出席台湾何氏宗亲会。

4月28日，参加台湾当局台日双边合约签字仪式。

7月29日，台湾当局"中日文化经济协会"成立，何应钦作为发起人，被推为常务理事。

1954年 65岁

6月16日，发表《庆祝军校三十周》的文章。

10月27日，当选为台湾当局"中日经济协会"会长。

1955年 66岁

3月13日，出席棉湖大捷30周年纪念会。

6月22日，主持接待"世界道德重整运动"访问团。

7月12日，携夫人访日，至次年3月9日来台。

1956年 67岁

7月20日，率台湾当局出席"世界道德重整会"代表团赴瑞士柯峰与会。

10月31日，率全体"总统府战略顾问委员会"顾问为蒋介石生日致颂词，主持童子军第三次大检阅，为蒋介石祝寿。

1957年 68岁

7月20日至10月7日，率台湾当局代表团出席在美国麦金诺岛举行的"世界道德重整"会，其间，获卜克曼之邀请，组成了"青年救国团"100人到美国受训。

1960年 71岁

8月14日，赴美参加"道德重整"国际大会。

1961年 72岁

8月6日，何应钦等人指导编排的《龙剧》以瑞士柯峰为第一站，至次年2月演出结束，长达十个月。

1962 年 73 岁

5 月 12 日，率《龙剧》及"国际部队"在美巡回演出。

1963 年 74 岁

5 月 6 日，被选为台湾当局"中华民国联合国同志会"会长。

9 月 9 日，发表讲话，反对日本与中华人民共和国贸易。

1965 年 76 岁

1 月 1 日，主持台湾当局国民党中央元旦团拜会；自后一直主持该会。

1971 年 82 岁

2 月 27 日，主持台湾当局"中日经济协会"第十届一次大会，从该会成立以来，几乎每一届的会议何应钦都主持或者参加。

1972 年 83 岁

7 月 1 日，国民党台湾当局"总统府战略顾问委员会"撤消，改任台湾当局"总统府"陆军一级上将战略顾问。

1975 年 86 岁

4 月 5 日，蒋介石逝世，何应钦为治丧委员之一。

8 月 15 日，发表《受降三十年有感》。

1978 年 89 岁

4 月 23 日，王文湘在台北去世。

5 月 20 日，参加蒋经国的"总统"就职典礼。

1979 年 90 岁

3 月 11 日，九十诞辰，获蒋经国授予国光勋章，台北各界举行祝寿会。

5 月 22 日，与顾祝同、刘安琪等一行视察金门、澎湖。

1984 年 95 岁

4 月，《何应钦将军九五纪事长编》出版。

1985 年 96 岁

9 月 9 日，主持台湾当局日军投降大典四十周年纪念大会，发表谈话。

1986 年 97 岁

5 月 1 日，因患脑中风住进台北荣民总医院。

1987 年 98 岁

10 月 21 日，因心肺衰竭去世。

12 月 1 日，台湾各界在台北举行何应钦公祭仪式，公祭后，灵柩安葬在台北汐止五指山"国军"示范公墓特勋区。

参考文献

1. 《中国内幕》，新中国报出版社，1943 年版。

2. 陈兴唐、韩文昌、潘缉贤著：《从有关冯玉祥档案中看国民党政府时西安事变的对策》，《历史档案》，1985 年第 2 期。

3. 中国第二历史档案馆、云南省档案馆、陕西省档案馆合编：《西安事变档案史料选编》，档案出版社，1986 年版。

4. 蔡德金辑：《西安事变前后汪精卫与陈璧君等来往电函》，《近代史资料》，总 60 号。

5. 中国社会科学院近代研究所译：《顾维钧回忆录》，中华书局，1985 年版。

6. 康泽等著：《西安事变亲历记》，中国文史出版社，1986 年版。

7. 宋希濂著：《鹰犬将军》，中国文史出版社，1986 年版。

8. 张治中著：《张治中回忆录》，文史资料出版社，1985 年版。

9. 李世平等著：《周恩来和统一战线》，四川大学出版社，1986 年版。

10. 陈枫著：《皖南事变本末》，安徽人民出版社，1984 年版。

11. 中国社会科学院现代史研究室编：《西安事变资料》，人民出版社，1980 年版。

12. 杨天石著：《孔祥熙所藏西安事变期间未刊电报》(一)，《团结报》，1990 年 12 月 22 日版。

13. 张魁堂著：《挽危救亡的史诗——西安事变》，广西师范大学出版社，1994 年版。

14. 宋美龄著：《西安事变回忆录》，台北正中书局，1975 年版。

15. 李锷等编著：《苦笑录——陈公博回忆》(1925—1936)，

香港大学亚洲研究中心出版，1980年版。

16. 孔祥熙著：《西安事变回忆录》，台湾《革命文献》，第94辑。

17. 倪抟九著：《何应钦上将传》，台湾黎明文化事业有限公司，1984年版。

18. 陈枫著：《皖南事变本末》，安徽人民出版社，1984年版。

19. 李世平等著：《周恩来和统一战线》，四川大学出版社，1986年版。

20. 赵荣声著：《回忆卫立煌先生》，文史资料出版社，1985年版。

21. 中国第二历史档案馆编：《抗日战争正面战场》，江苏古籍出版社，1987年版。

22.（美）约瑟夫·史迪威著，董加林、张红叶、陈宇、米小平译：《史迪威日记》，世界知识出版社，1992年版。

23. 李宗仁著：《李宗仁回忆录》，政协广西壮族自治区文史资料研究委员会，1980年版。

24. 何应钦将军九五纪事长编编辑委员会编：《何应钦将军九五纪事长编》，黎明文化事业股份有限公司，1984年版。

25. 陈诚著：《八年抗战经过概要》，国防部史料局，1946年版。

26. 徐永昌著：《徐永昌日记》，台湾中央研究院近代史研究所刊印，1991年版。

27. 刘庭华编：《中国抗日战争与第二次世界大战系年要录·统计荟萃》，海军出版社，1988年版。

28. 姚凡立、雷建闽、吴永华译：《蒋介石的外国高级参谋长——史迪威》，（据美国麦巳米伦出版公司1978年版），黑龙江人民出版社，1988年版。

29.（日）古屋奎二著，台湾中央日报译：《蒋总统秘录》，1982年版。

30.（日）冈村宁次著，稻叶正夫编，天津市政协编译委员会译：《冈村宁次回忆录》，中华书局，1981年版。

31. 李仲明著：《何应钦大传》，团结出版社，2008年版。

32. 程思远著：《政坛回忆》，广西人民出版社，1983 年版。

33. 宋希濂著：《回忆 1948 年蒋介石在南京召集的最后一次重要军事会议实况》，《文史资料选辑》，第 13 辑。

34. 李勇、张仲田著：《蒋介石年谱》，中共党史出版社，1995 年版。

35. 何应钦著：《为邦百年集》，台北黎明文化事业股份有限公司，1987 年版。

36. 程思远著：《李宗仁先生晚年》，文史资料出版社，1985 年版。

37. 余湛邦著：《一九四九年国共北平和谈始末记》，《文史资料选辑》，第 67 辑。

38. 李汉魂著：《李汉魂将军日记》，香港联艺印刷有限公司，1977 年版。

39. 孙国庆主讲：《何应钦在台湾的岁月》，"台湾万象"栏目。

40. 吴伯卿、林养志编：《蒋委员长中正抗战方案手稿汇辑》，台北"国民党党史委员会"，1992 年版。

41. 李云汉著：《宋哲元与七七抗战》，台北传记文学出版社，1978 年版。

42. 吴醒耶著：《抗战前夕与何应钦的一次晤谈》，《杭州文史资料》，第 10 辑。

43. 何应钦著：《日军侵华八年抗战史》，台北黎明文化事业公司，1982 年版。

44. 贺德宏著：《何应钦曾带兵住傅公祠》，《文史月刊》，2006 年第 7 期。

45. 阎伯川先生纪念会编：《《民国阎伯川先生锡山年谱》，台湾商务印书馆，1988 年版。

46. 汪东林著：《访梁濑溟问答录 >（五），《人物》，1986 年第 6 期。

47. 熊宗仁著：《何应钦的宦海沉浮》，河南人民出版社，1994 年版。

48.（苏）亚·列潘诺夫:《中国国民革命军的北伐》，中国社会科学出版社，1981 年版。

49. 张全盛著:《防"齿寒"拒"唇亡"》。

50. 冯玉祥著:《冯玉祥日记》，中国第二历史档案馆。

51. 李仲公著:《我的历史交代》，1953 年 5 月，手稿本。

52. 李仲公著:《我所知道的何应钦》，《文史资料选辑》第 36 辑，中国文史出版社。

53. 李芳著:《李仲公与〈北伐宣言〉》，《贵州文史丛刊》，2008 年第 2 期。

54. 李幼华著:《"李仲公诬陷贺龙"事件始末》，《文史天地》2009 年第 11 期。

55. 聂茂:《民国陈迹之落幕枭雄》，河南文艺出版社，2008 年。

后 记
日月无声转，家国梦依旧

即使以今天的眼光来看，何应钦早年也是一位勤奋好学的尖子生，从一个放牛娃到新式学堂的优等生，再到留日学生，或考取，或被保送，一路顺风顺水，这说明勤奋好学永远不失为一条成才成功的捷径。黄金屋，颜如玉，千钟粟，都可以凭借读书而搏得，何应钦的一生就是一个最好的诠释。不过，何应钦还不是死读书，更注重从实践中去学习，注重从生活中去学习，就是一件小时候学到的辨别木炭好坏这一简单的日常生活常识，日后也让他在日本间谍精心布置的谋杀危险中轻易地就化险为夷，无意之中救了自己一命，让人不得不感叹，世事洞明皆学问，人情练达即文章。智慧不仅来自于书本，更来自于生活。

何应钦的早期是爱国的，是革命的，1910 年加入同盟会，1911 年辛亥革命发生之际，作为留日学生，积极回国响应参战，于辛亥革命亦是有功的。1916 年回到贵州，加入"新派"，与王文华等人制造"民九事变"，刺杀贵州政坛诸多"旧派"头面人物，虽然手段毒辣，行事过激过左，却也刷新了贵州政坛，推进了贵州政坛的革命运动。从何应钦个人的角度来说，这也说明何早年涉入政坛行事偏激，远没有他中年以后历经磨练而成的沉稳与老练。"民九事变"树敌颇多，为"新派"首脑人物招致了杀身之祸，贵人王文华遇刺身亡，谷正伦心怀不满，何应钦独木难支，不得不仓皇出走，投奔滇督顾品珍，却在昆明遇刺，大难不死，转投上海，南下广州，拜见孙中山，最终成就了一代黄埔名将。

作为战术总教官，何为黄埔军校网罗一批同僚，培养了几期学生，由此构成了蒋记黄埔系中的何应钦系的班底，却不为蒋介石所见容，只能屈身"八大金刚"之首。东征，北伐，勇夺淡水，激战棉湖，赢得了"福将"之誉，也奠定了与蒋的生死之交，义结金兰，但是，何应钦野心勃勃，有龙蛇之想，1926 年秋，默许甚至于怂恿桂系李宗仁、白崇禧逼蒋介石下野，好坐享其成，成为黄埔军事集团的老大。然蒋只下野 5 个多月，即奇迹般地复出，随即治何一个下马威；何应钦由此领教了蒋的手段与厉害，失去了直接指挥部队的权力，自此谨小慎微，不再轻举妄动，如童养媳般地在蒋介石身边充当了"小二"的角色，惟蒋之鼻息是从。没有了挟兵以自重的机会，何应钦系也只是一个模糊的影子集团，从而失去了与蒋介石分庭抗礼的本钱。

西安事变起，何应钦虽然力主武力讨伐张、杨，却没有表露出取而代之的心迹，主张武力救蒋，也只是借用武力来树中央威权，以儆效尤，当然，何应钦也做好了两手准备，万一蒋回不来，死于非命，何也做好了接替的准备，这也在情理之中，作为国民政府军事上的二把手，于非常时刻，他有责任肩负起领导国家的重任。只是历史仍然没有给他机会，1936 年 12 月 25 日，喧嚣一时的西安事变在各方的利益博弈之下和平解决。

记得中学时代的历史教科书上说何应钦是"亲日派"，"卖国贼"，而今在接近历史真相的过程中越来越觉得，这个结论有点武断，有点主观。1933 年 3 月，何应钦取代张学良成为南京政府北平军分区代理委员长，自此至卢沟桥事变发生之时，何一直是国民政府在华北地区的最高军政长官，是蒋介石钦命的自己在华北地区的代理人，其间，1933 年何与日本签订了《塘沽协定》，1935 年被迫形成了事实上的《何梅协定》，丧权辱国，一时"卖国贼"、"汉奸"之指责充斥于国人之中，实则，此时的何应钦不过是蒋介石操纵的一个工具而已，主角是蒋介石，何充其量不过是一个帮凶，替人受过。如果何是"亲日派"，那么 1935 年初，日本人又何以几次设计刺杀何应钦，欲从肉体上消灭他呢？因此，说他是"亲日派"显然证据不足，但是，何又为何一向迁就日本人，在日本人面前软弱无力呢？

　　即不是"亲日派"，又在日本人面前软弱无力，屈辱求和，这的确是一个矛盾，其实，矛盾的根源还在于蒋介石的"攘外必先安内"的错误政策上，在对待抗日与反共的态度上，蒋、何是一个鼻孔出气的，观点与做法高度地一致。他们错误地认为，日本人即使灭亡了中国，国民政府还可以从头再来，而一旦共产党坐大成势，取得了天下，国民政府就会陷入万劫不复的深渊，永无出头之日，因此，把反共放在抗日之前，为了反共，甚至于不惜对日本人的侵华战争采取不抵抗政策，以至于东北沦陷，华北沦陷，到1937年日本发动全面侵华战争，中国人民蒙受了日寇铁蹄的蹂躏与屠杀。即使在国共二次合作全面抗战的八年期间，蒋、何二人仍然把防共放在抗日之上，念念不忘"剿灭"共产党，甚至在日本投降后，不惜借助于日本人的力量来对付共产党，最明显的例子是，无条件释放冈村宁次，只因为冈村对共产党有深刻的研究，国民党在国共内战期间还可以借重于他的"智慧"，所以，就百般为双手沾满中国人鲜血的日军侵华的头等战犯开脱罪责，最终于1948年让他秘密回到日本。机关算尽太聪明，反误了卿卿性命，蒋、何的如意算盘最终还是落了空，南京国民政府在解放军的凌厉攻势下，只用三年时间就土崩瓦解了，蒋介石不得不败退台湾岛。而今分析，蒋、何把国内矛盾置于民族矛盾之上，既给中国人民带来了巨大的灾难，也把自己的政权一起埋葬了，其实，这是一个简单的道理，兄弟相争毕竟是家庭内部的事务，一旦有外人要来欺凌，兄弟应该齐心协力对付以御外侮，而不是听任外人把自家灭了，倘使家都没有了，兄弟之间还有什么好争的呢？因此，蒋、何在抗日与反共之间的错误拿捏，最终让国民党满盘皆输，输得倾家荡产。倘使蒋、何于反共与抗日之间把握正确，面对日本人的侵略，全力以赴，保家卫国，则日本人连东三省都不可能吞并，则历史或许又会是另外一种走向。但是，何不是"亲日派"，与汪精卫等"卖国贼"之流是有本质上的区别的。这一点是肯定的。

毋庸置疑，站在内地的立场来看，何应钦的一生都是反共的，是蒋介石反共反人民的左右手、急先锋，三次指挥对苏区的"围剿"，指挥顾祝同制造皖南事变，忠实地推行蒋介石"攘外必先安内"的政策，主持出台了丧权辱国的《塘沽停战协定》，制造了臭名昭著的《何梅协定》，虽是奉蒋介石之指令行事，但他身为国民政府的军政部长，作为直接主事者，委曲求全，亦难辞其咎，以至于被国人指为"卖国贼"。虽说弱国无外交，但面对日本人的狼子野心，每一位有血性的中国人都应该奋起抗争，头可断，血可流，大好河山不可拱手与人，即使是宁为玉碎，也不可苟全性命。纵观何应钦主持国民政府军政部 15 年之间，于此一点，是有愧于民族气节的。

即使到了台湾地区，何仍然热衷于反共，仍然想借重于日本人的力量，即使在蒋介石把"反共复国"作为自己巩固在台湾地区统治权的手段之际，何仍然固执地充当"反共"的旗手，至死不改，最终成为逆历史潮流而动的顽固分子。

随着阅历的增长，随着年岁的增长，何应钦也渐渐地老练、圆滑起来，刚年过花甲便被蒋介石拨出了国民党核心权力圈，靠边站了，但是，何应钦似乎对此看得十分淡定，安心做蒋的"顺民"，充当花瓶式的"顾问"，并学会了吹捧蒋介石，从而在台湾岛上 38 年，虽然失权失势，但于蒋氏父子面前却从不失宠，保持了一个党国大佬的荣光。不过，晚年的何应钦何以会有一份于名利权位超然淡定的心态呢？几经思考，我们认为，答案在于何应钦是一个有信仰的人。何应钦与夫人王文湘一道皈依了基督，成了虔诚的基督徒。一个人一旦有了信仰，就会心有所属，于身外之物亦会看得淡一些。正因为有了信仰，何应钦才能洁身自好，不贪财，不贪色，不贪杯，处事不愠不火，养就一种比较淡定的心态。的确，有信仰比没信仰要好得多，人有了信仰就会有所畏惧，信基督的会畏惧死后进不了天堂，所以行事就会有所顾忌，不违背自己的信仰；而没有信仰的人，往往会无所畏惧，以至于无法无天，干出许多非法的勾当来。今日有些被媒体曝光出来的高官为何动辄贪腐上亿，情人上百，拜倒在享乐主义的脚下，就是没有信仰所致。就何应钦和他夫人王文湘而言，有了信仰，看淡了权位，看开了生死，王文湘患了癌症，仍然乐观地活了二十几年，而何应钦更是长寿到年近百岁。这应该是何应钦作为历经20世纪上半叶民国诸多灾难岁月而仍能高寿而给后人留下的一点非常有价值的启示。

2011 年是辛亥革命 100 年纪念年，海峡两岸都视辛亥革命100 年为一重大纪念活动，这说明海峡两岸皆没有忘记民初之际那段开创新时代的历史。不忘记历史，这一点是值得肯定的，但是我们不能单纯地为了纪念历史事件而纪念，纪念的目的是为了继往开来，为了历史的前进。具体到辛亥革命，应该把纪念活动作为推进海峡两岸统一的一件大事来展开，说白了，纪念辛亥革命就是为了在海峡两岸共同认可的历史渊源上来推动祖国的和平统一，如此，纪念辛亥革命一百年活动就被赋予了崭新的历史使命。否则，为了纪念而纪念，为了纪念而翻故纸堆，是没有多少价值的，甚或是人财物力的一种变相浪费。而这一套为纪念辛亥革命一百周年而推出的"黄埔风云榜"，亦是站在时代使命的角度来重新定位民国风云人物，还原历史真相，为海峡两岸的早日统一而做出的一种文化上的呼吁。从这一角度来看，"黄埔风云榜"系列丛书就不是一种简单的历史人物传记作品了，而是对辛亥革命以来，国共两党内部有黄埔军校渊源的重要人物的一次超越时空的握手言欢式的聚会，同为炎黄子孙，相逢一笑，恩仇尽泯，同根同宗，早日合为一家。

本书在编辑过程中参考了海内外专家、学者的研究成果，并列出了参考文献，特此致谢，鉴于作者水平有限，文稿或有错讹之处，敬请读者、学者指正。

德玄馨

2010 年 9 月 11 日